KB091826

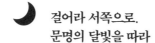

걸어라 서쪽으로.
문명의 달빛을 따라

유라시아 견문 1

몽골 로드에서 할랄 스트리트까지

초판 1쇄 발행 2016년 9월 12일
초판 7쇄 발행 2023년 2월 10일

지은이　　이병한
펴낸이　　이영선
책임편집　김선경

편집　　　이일규 김선정 김문정 김종훈 이민재 김영아 이현정 차소영
디자인　　김회량 위수연
독자본부　김일신 정혜영 김연수 김민수 박정래 손미경 김동욱

펴낸곳 서해문집 | 출판등록 1989년 3월 16일(제406-2005-000047호)
주소 경기도 파주시 광인사길 217(파주출판도시)
전화 (031)955-7470 | 팩스 (031)955-7469
홈페이지 www.booksea.co.kr | 이메일 shmj21@hanmail.net

ⓒ이병한, 2016
ISBN 978-89-7483-809-6 04910
ISBN 978-89-7483-808-9 세트

이 도서의 국립중앙도서관 출판예정도서목록(CIP)은 서지정보유통지원시스템 홈페이지(http://seoji.nl.go.kr)와 국가자료공동목록시스템(http://www.nl.go.kr/kolisnet)에서 이용하실 수 있습니다.(CIP제어번호: CIP2016020389)

유라시아
견문

몽골 로드에서
할랄 스트리트까지

이병한 지음

I

서해문집

유라시아 견문, 1년 6개월째가 지나고 있다. 3년 계획의 반환점을 돈다. 마침
유럽과 아시아의 경계, 아니 유럽과 아시아가 만나는 곳인 이스탄불에 머물고
있다. 서진西進에 서진을 거듭하여 터키까지 이른 것이다. 아시아에서 해가
떠서 유럽으로 해가 지는 나라다. 지중해에서 달이 떠서 흑해로 달이 지는
도시다. 모스크의 기도 소리를 들으며 맞이하는 새벽은 매일같이 경건하다.
공항 테러부터 쿠데타 좌초까지 격동의 역사를 통과하고 있지만, 정작 나의
일상은 더없이 고요하다. 관광객이 뚝 끊긴 한적한 이스탄불 거리를 느긋하게
산보한다.

견문의 첫발을 떼었던 작년 2월을 돌아본다. 태국 북부 국경에 자리한 고산
마을에서 출발했다. 마냥 부풀어 있지만은 않았다. 마음 한구석에 묵직한
불편함이 남아 있었다. 선생님의 뜻에 반하여 시작한 일이다. 더 정확하게
말하면 선생님께 의견을 구하지도 않은 채 감행한 일이었다. 미리 상의를
구하면 반대하실 것이라고 생각했다. 먼저 사달을 낸 후에 자초지종을 알리는
편이 낫겠다고 판단했다.

무척 괘씸하셨을 것이다. 혹은 크게 서운하셨을 것이다. 내가 서둘러 박사

학위를 마칠 수 있도록 여러 편의를 봐주셨다. 나는 아메리카에 있었고, 그분은
아시아에 계셨다. 태평양을 사이에 두고 이메일로 논문 지도를 받았다. 초고를
마치면 곧장 덜어내야 할 부분과 보태야 할 지점을 정확하게 지적한 답장을
보내주셨다. 매 챕터를 완성할 때마다 학술지 투고의 기회도 열어주셨다.
누구보다도 바쁜 분이라는 것을 누구보다 잘 알고 있었다. 붉은색으로 꾹꾹
눌러 써서 여백을 꼭꼭 채운 듯한 논평 역시 동아시아의 여러 도시를 오가는
길에 공항에서, 호텔에서 달아주셨을 것이다. 박사 논문이란 게 홀로 쓰는
작업이 아니라 사제師弟 간의 협업임을 십분 실감하던 시간이다. 훌륭한 스승을
만나는 것은 공부하는 사람이 누릴 수 있는 최고의 행운일 것이다. 나는 복
터진 행운아였다.

허망하다, 하셨다. 착 내려깔리던 그 눈빛이 지워지지 않는다. 나지막한
한숨도 새어나왔던 것 같다. 그분 나름으로 나의 박사 이후를 구상하고 계셨던
모양이다. 그러셨을 것이다. 원체 책임감이 투철하신 분이니까. 본인이 키운
제자가 제 자리를 잡고 제 구실을 할 수 있을 때까지 물심으로 도와주셨을
것이다. 그 길을 따라갔더라면 조금 더 수월하게, 한결 더 순탄하게 대학에,

사회에 안착할 수 있었을 것이다. 그것이 순리이기도 했을 것이다.

그것을 모르는 바 아니었다. 아니, 너무 잘 안다. 그래서 탈이었다. 내 마음은 이미 다른 길로, 딴 길로 크게 기울어져 있었다. 내 길을 가고 싶었다. 새 길을 내고 싶었다. 유럽과 아시아 사이의 공간적 장벽을 허물고, 전통과 근대 사이의 시간적 단층을 돌파해내고 싶었다. 유라시아의 길을 걷고 싶었다. 유라시아사를 쓰고 싶었다.

간혹 불안이 엄습한다. 카슈가르 사막의 쏟아질 듯한 은하수를 바라보며, 카슈미르 고원의 찬란한 무지개를 내다보며, 불현듯 두려움이 밀려와 아름다움을 잠식할 때가 있다. 내가 무슨 짓을 하고 있는 건가, 이 3년 여정이 모두 끝나고 나면 어떤 미래가 기다리고 있을 것인가. 울적한 마음에 맥주라도 한잔 걸치면 외로움까지 사무친다. 그러나 길 위에서는 후회조차 사치다. 후회는 길이 끝난 다음에야 비로소 허락되는 사후의 감정이니까. 도중작파를 할 수는 없는 노릇이었다. 마음을 추스르고 계속 나아가는 수밖에 없었다. 그때마다 '허망하다'시던 말씀을 떠올렸다. 되새기고 되뇌며 분발심을 키워갔다. 그 허망함을 조금이나마 달래드려야지. 부족하나마 일부라도 채워드려야지. 지금까지 버텨온 동력이고, 물러서지 못하는 최후의 보루이다.

첫 갈무리로 《유라시아 견문》 제1권을 내놓는다. 몽골의 울란바토르부터 인도네시아의 자카르타까지, 첫 1년의 기록을 한 권으로 담았다. 혹여 이 책에서 건질 만한 내용이 있다면, 그것은 석사와 박사 도합 6년 동안 나를 혹독하게 훈련시켜주셨던 그분의 덕이라고 생각한다. 발상이 승하고 말이 앞서는 나를 자료와 사료에 단단히 결박될 수 있도록 거듭 누르고 다져주셨다. 그럼에도 여전히 이 책에서 모자라거나 지나친 점이 있다면, "아는 것의 8할만 말하라"고 하셨던 그분의 충고를 여태껏 체화하지 못했기 때문일 것이다. 공功은 오롯이 그분의 몫이고, 과過는 순전히 나의 탓이다. 나는 그분을 '여헌 선생님'이라고 부른다.

여헌余軒 백영서 교수님께, 이 책을 드린다.

2016년 8월 15일
이스탄불에서

A New Map of the WHOLE

According to ẙ latest and most Exact Obs-

In this Maps is inserted A View of ẙ General & Coasting Trade-
winds, Monsoons or ẙ Shifting Trade-winds Note that ẙ Arrows
among ẙ Lines shew ẙ Course of those General & Coasting Winds.
and ẙ Arrows in ẙ void Spaces shew ẙ Course of ẙ Shifting Trade-
winds, and ẙ Abbreviation Sept: &c.
shew ẙ Times of ẙ Year when
such Winds Blow.

The Great
NORTH
AMERICA
Ocean
Pts

Arctick Circle

The GRE

NORTH
AMERICA

Baffin's Bay
Groenland
Iseland
C. Farewel
Davis Str.

Hudson Bay
N. Br.
Canada
N. France

W. Found Land
N. Scotland
N. England
N. York
Mary Land
Virginia
Carolina
Bermudas
Azores I.

Annian Str.
Variable Winds
Tro. of Cancer
California
Mexico
Loui siana
Bahama I.
C. Virg.

Western Ocean

Equin

Mogores
I.

Fly I.
Dog I.
I. Salomon
Davis Iand
I. S. Iuan F.

Peru
Guay
Brazil
La Plata

Tro. of Capricorn
Variable Winds
New Zeeland
SOUTH SEA

Chili
Paystorus
B. Sinfundo
R. de la Plata
Saxen Burg

Str. of Magellan
C. Horn
I. Falkland
I. Unknown I.

Antarctick Circle

OCEAN

"새 길을 내고 싶었다. 유럽과 아시아 사이의 공간적 장벽을 허물고,
전통과 근대 사이의 시간적 단층을 돌파해내고 싶었다.
유라시아의 길을 걷고 싶었다."

민스크
벨라루스
키예프
우크라이나
몰도바
마니아
리아
조지아
아르메니아 아제르바이잔
이스탄불 앙카라
터키
레바논 시리아
베이루트 다마스쿠스
이스라엘 예루살렘
요르단
카이로
이집트
수단
에리트레아
예멘
사나
지부티
에티오피아
남수단
우간다
케냐
르완다
콩고 부룬디
주공화국 탄자니아
잠비아

러시아
아스타나
카자흐스탄
우즈베키스탄
타슈켄트 키르기스스탄
타지키스탄 카슈가르 타클라마칸 사막
투르크메니스탄
테헤란 카불
아프가니스탄 이슬라마바드
바그다드
이라크 이란 파키스탄 티베트 고원
쿠웨이트 네팔 부탄
바레인 뉴델리 카트만두
리야드 카타르 아부다비 카라치 방글라데시
사우디아라비아 아랍 무스카트 인도 콜카타
에미리트
오만
우루무치
스리랑카
콜롬보
소말리아

유라시아 전도

베트남 하노이의 호떠이.

프롤로그

유라시아의 길

동아시아

지난 1년 베트남 하노이의 호떠이에서 살았다. 하노이는 강과 호수로 둘러싸인 물의 도시다. 그중에서도 가장 큰 호수가 호떠이다. 덕분에 아침은 근사했다. 물안개 위로 떠오르는 일출이 일품이었다. 산책하며 자문했다. 어쩌다 이곳까지 왔나. 답은 자명했다. 동아시아였다. 동아시아론에 감화되어 베트남까지 이른 것이다.

호떠이Hồ Tây는 호서湖西이다. 우리식으로는 서호西湖다. 비단 하노이의 서편에 자리해서만은 아닐 것이다. 서호는 그 자체로 역사적·문학적 은유다. 중국의 항저우杭州에는 바다와 같은 서호가 자리한다. 바람이 불면 파도가 일 만큼 커다란 호수다. 시심詩心을 절로 일으키는 강남 문화의 처소이다. 한반도 수원성 근방에 서호가 자리하고 있는 것도 같은 이치다. 학자군주 정조의 정신세계에도 서호가 있었다. 동아시아의 공통 유산인 것이다.

과연 호떠이를 걷노라면 중화세계의 흔적이 역력하다. 최고 명문 고등학교의 이름은 베트남 최초의 유학자 쭈반안에서 따왔다. '베트남의 정도전'에 빗댈 수 있는 레黎 왕조의 개국공신 응우옌짜이가 석양을 바라보며 시를 썼다는 자리도 기리고 있다. 천년사千年寺를 비롯한 사원과 서원도 여럿이다. 천년 고도의 기품을 찬찬히 음미할 수 있다.

그러나 그게 다가 아니었다. 베트남은 중화세계의 가장자리이면서 동북아와 동남아가 만나고 갈리는 곳이기도 했다. 무엇보다 유럽이 부쩍 가까웠다. 조선이나 대만(타이완)과 달리 제국일본의 영향이 미미했다. '하노이'河內, Hà Nội라는 명칭부터가 프랑스 통치의 산물이다. 본래는 탕롱昇龍이었다. 용이 날아오르는 곳이었다. 그 상징성을 지워버리고, 지리적 특징을 딴 범범한 이름으로 고친 것이다. 한자가 사라지고 알파벳을 '국어'로 사용하게 된 기원도 프랑스에 있다. 시내 한복판에 자리한 오페라 극장은 파리풍이 여실하다. 오늘의 국가도서관은 백 년 전 인도차이나대학이었다.

그런데 서구만도 아니었다. 동구도 멀지 않았다. 당장 내가 살던 집의 지척에는 러시아어, 즉 키릴 문자로 간판을 새긴 작은 호텔이 있었다. 1975년 베트남이 통일되던 해 문을 열었다. 이웃한 우크라이나 식당의 흑맥주 맛도 손색이 없었다. 주인장은 1980년대 공업기술을 전수하러 파견 나온 사람이었다. 하노이 처녀와 정분이 나서 눌러앉은 것이다. 하노이의 시청은 모스크바풍이었으며, 레닌 공원의 동상도 철거되지 않았다. 그만큼 베트남은 러시아와 동유럽은 물론 오늘의 중앙아시아 국가들과도 깊게 교류하고 있었다. 그리하여 하노이는 동방 천 년과 동서구 백 년의 유산이 어우러진 독특한 풍경을 빚어내고 있었다. 혼종적이고 잡종적인 코즈모폴리턴 도시였다.

나는 이곳에서 (북)베트남과 북조선의 연결망을 복원하는 작업을 했더랬다. 허나 문헌이 턱없이 부족했다. 아쉬운 대로 김일성종합대학 등 여러 곳에서 유학했던 분들의 말씀을 청해 들었다. 베트남전쟁이 한창일 때 '너희들은 타국에서 배우고 익혀 조국의 전후 건설을 준비하라'는 호찌민(1890~1969)의 뜻을 따랐던 이들이다. 그중에서도 평양의 대동강에서 몽골 유학생과 중-소 논쟁*을 주제로 언쟁을 하다가 주먹다짐까지 벌였다는 일화가 깊은 인상을 남겼다. 퍼뜩 떠오른 것이 연암 박지원의 《열하일기》였다. 아하, 필담으로 향유했던 중화세계의 문예공화국이 사라지지 않았던 것이로구나. 사라지기는커녕 더욱 넓어지고 깊어지고 있었다.

냉전기 저들은 서로의 국가를 방문하고 유학하며 중국말로, 조선말로, 몽골말로, 월남(베트남)말로 소통하고 있었다. '죽竹의 장막'**에 갇혀 있던 쪽은 이편이었지 저편이 아니었다. 저편은 중화세계 너머 제3세계까지 활짝 열려 있었다. 더 중요하게는 신/구新/舊의 단절이 아니라 고/금古/今의 계승이 이루어지고 있었다. '사회주의 국제주의'라는 이름 아래, 혹은 비동맹운동이라는 깃발 아래, 좁게는 중화세계의 연결망이, 더 넓게는 유라시아적 교류망이 재건되고 있었다. 멀리는 혜초가, 가깝게는 연암이 밟았던 길이 더욱 넓어지고 촘촘해졌던 것이다. 그래야만 북

---

* 1960년대 중국공산당 지도부와 소련공산당 지도부가 국제공산주의운동의 원칙을 둘러싸고 벌인 논쟁. 소련은 스탈린 사망 후 흐루쇼프를 선두로 미-소 평화공존을 주장했으나, 중국의 마오쩌둥 지도부는 이를 수정주의라 비판하면서 격렬한 논쟁을 벌였다.

** 2차 세계대전 후 소련권 국가들의 폐쇄성을 풍자한 표현인 '철의 장막' (Iron Curtain)에 빗대어 중국의 배타적 정책을 가리키는 말. 중국과 비공산권 국가들 사이에 가로놓인 장벽을 중국의 명산물인 대나무에 비유한 것이다.

조선 문단의 일인자 한설야의 이름을 딴 대로大路＊가 우즈베키스탄의 수도인 타슈켄트 도심에 자리하고 있는 까닭도 어렴풋하게나마 짐작할 수 있다.

고로 탈냉전 또한 동서냉전의 종식으로만 치부하고 마는 것은 모자람이 크다. 냉전 이후의 실상이란 동서냉전에 저항했던 운동, 탈냉전운동의 확대와 심화라고 할 수 있다. 유라시아의 재결합과 재통합이 더욱 확산되고 깊어지고 있다. '동아시아의 귀환' 또한 '유라시아의 귀환'의 일부였다. 아니, 동아시아에 한정되어 있던 발상 자체가 한반도의 남쪽에 묶여 있던 냉전기와 그 세대의 경험적 한계의 소산이다. 한국에서 동아시아론이 발진하고 있을 때, 탈북자들은 중국을 지나 동남아와 동유럽으로 필사적으로 탈출하고 있었다. 냉전기에 다져진 유라시아의 길이 탈북한 조선인들의 생명선이 되어주었다.

대아시아

동아시아만으로는 족하지 못하다는 발상이 유별난 것은 아니지 싶다. 2014년 말, 일본에서는 《몽夢, 대아시아》라는 신생 잡지가 창간되었다. 일본과 아시아를 재차 고민하는 듯하여 반갑기 그지없었다. 하토야마 민주당 정부의 '동아시아 공동체' 구상이 조락하고, 아베 정권의 퇴행적인 전후체제 탈각 작업을 착잡하게 지켜보던 와중이었다. 민간의 대안적 지역 구상에 솔깃했던 것이다.

출범 장소부터 흥미로웠다. 규슈의 후쿠오카이다. 규슈의 날씨는 열

＊　1958년 제1회 아시아-아프리카 작가회의가 타슈켄트에서 열렸는데, 이를 기념하여 각국을 대표하는 작가들의 이름을 딴 거리를 조성했다. 북조선에서는 한설야가 채택되어 '한설야 거리'가 만들어졌다.

도보다 반도에 더 가깝다. 대마도(쓰시마 섬)를 지나 해류를 타면 한걸음에 닿는다. 그만큼 아시아의 바닷길과 오랫동안 연결되어 있었다. 반면으로 아시아 진출의 교두보이기도 했다. 대륙 침략의 전진기지 노릇을 했다.

불행히도 이들《몽, 대아시아》사람들은 후자를 잇고 있었다. 겐요샤玄洋社*의 후예를 자처했다. 2015년은 마침 을미년이다. 을미사변 120주년이다. 명성황후 시해의 주범이 겐요샤와 깊이 결부되어 있었다. 당시 일본공사였던 미우라 고로 또한 겐요샤 출신이었다. 일순 기대가 꺾이고 불안이 엄습했다. 과연 민권보다는 국권, 국권보다는 천황을 중시하는 헌법 개정도 추진하고 있었다. 아베 정권을 능가하는 민간 우익이었다.

그들은 재차 아시아의 독립과 해방을 주창했다. 후쿠오카가 아시아 독립운동의 거점 도시였음을 환기시켰다. 순 거짓말은 아니다. 겐요샤는 쑨원孫文과 신해혁명(1911)을 지원했었다. 그러나 본심은 달리 있었다. 대청제국을 와해시키는 것이었다. 분리독립한 지방 성들을 제국일본의 품으로 끌어들일 작정이었다. 조공국들 또한 그런 식으로 식민지로 삼았다.

그리하여 '독립'獨立이라는 화두가 다시금 불온하다. 중화세계를 해체하고 제국일본을 관철시켰던 선도적인 구호가 재차 강조되고 있는 것이다. 강요된 홀로서기는 자립과 자주, 자치를 허용치 않았다. 자칭 '국제회의'에 불러들인 이들의 면모에 의구심은 더욱 커졌다. 왕년의 조선, 대만, 만주를 대신하여 이제는 티베트, 내몽골, 위구르(신장), 미얀마(버마), 태국(타이)에 공을 들였다. 명명도 불손하다. 내몽골은 남몽골로, 위구르는 동투르키스탄으로 고쳐 불렀다. '내몽골'이 중국의 '내부'라는 뜻이라면 '남몽골'은 북쪽의 몽골공화국과 등치시키는 독법이다. '신장'이 중국의 '새로운 강역'을 의미한다면 '동투르키스탄'은 서쪽의 투르키스탄과 병치시키는 명명이다. 이쯤이면 중화인민공화국의 분화와 와해를 지원하는 외곽 단체 노릇을 하겠다는 뜻이다. 아찔하고, 아연했다.

그들은 발기문에서 아시아의 '새로운 패권주의와 확장주의'를 우려하고 있었다. 중국의 굴기屈起를 겨냥하고 있음이 명백하다. '대아시아몽' 또한 '중국몽*'에 맞선 대항담론일 터이다. 중국의 타자화가 여전하다. 20세기 초기에는 반봉건의 이름으로, 20세기 후반에는 반공의 이름으로 중국과 일백 년 적대했다. 이제는 반패권의 이름으로 중국을 봉쇄하는 대아시아를 건설하겠단다. 안타깝다. 안쓰럽다. 가능하지도 않고, 가당치도 않다. '일대일로'一帶一路**를 축으로 유라시아를 종과 횡으로 엮어가고 있는 작금의 실상에 비추어 보자면, 반중反中연합에 기초한 대아시아 구상이란 몽상이자 망상이 아닐 수 없다. 다만 반서구 아시아 연대에서 반중국 아시아 연대로의 전환이야말로 지난 백 년의 변화를 함축하고 있다 하겠다.

서구는 점점 멀어지고 있다. '中國'이 다시 축이 되고 있다. 세계체제의 '재균형'이다. 국제질서의 '민주화'다. 비정상의 정상화이며, 신상태新常態***, 뉴노멀New Normal 시대이다.

---

* '아메리칸 드림'에 빗대어 2013년 시진핑 주석의 취임 첫 연설에서 중국의 비전으로 제시되었다.

** 중국의 신(新)실크로드 전략. 중앙아시아와 유럽을 잇는 육상 실크로드(One Belt)와, 동남아시아와 유럽, 아프리카를 연결하는 해상 실크로드(One Road)를 뜻한다.

*** 고도성장기가 끝나고 이제는 경제성장의 패러다임을 바꿔야 한다는 중국 정부의 신(新)경제기조. 원래 이 말은 글로벌 금융위기 이후 경제침체가 구조적으로 고착화된 상황이 새로운 표준이 되었다는 뜻으로 미국에서 대두된 용어인 '뉴노멀'에서 나온 말이다.

유라시아

중국은 이미 동아시아를 넘어섰다. 동아시아로는 더 이상 중국을 담아 낼 수 없다. 동남부 연안 중심의 개혁개방이 기존의 세계체제에 편입·편승하는 적응 과정이었다면, 서부대개발과 일대일로는 새로운 세계체제의 개조와 재편을 꾀하는 극복 과업이다. 태평양에서 유라시아로 축이 옮아간다. 20세기형 지정학과 국가간체제Inter-state system도 낡고 진부해진다. 국가주의는 문명권별 지역질서를 해체하고 나라별로 쪼개어 분리통치하는 방편이었다. 지정학은 한 몸으로 운동하던 유라시아를 동아시아, 동남아시아, 중앙아시아, 북아시아 등으로 분화시켜 지배하는 구미의 전략이었다. 결국 '거대한 체스판'의 졸卒이 되었다.

하여 새 천년 초원길과 바닷길의 복원은 판갈이의 출발이다. 백 년간 끊어지고 막혔던 동서의 혈로를 다시 뚫어 물류와 문류文流를 재가동하는 유라시아의 재활운동이다. 국경Border이 통로Gateway가 된다. 지리는 재발견되고, 지도는 다시 그려진다. 21세기의 대세大勢이고 메가트렌드 Mega-Trend이다.

따라서 작금의 모순과 균열을 미-중 간의 패권 경쟁으로 오독해서는 심히 곤란하다. 그러한 그릇된 인식을 줄기차게 발신하는 곳이 어디인지를 밝히고 따지는 편이 이로울 것이다. 실상은 '대세'와 '반동'의 갈등이다. 유라시아의 (재)통합을 지향하는 운동과, 20세기형 분열과 분단을 지속하려는 세력 간의 길항이다. 유라시아형 세계체제를 건설하려는 세력과, 유럽-아프리카, 유럽-아메리카형 세계체제의 지속을 도모하는 세력 간의 '문명의 충돌'이라고도 하겠다.

세계체제 갱신은 세계사 재인식과 동시적으로 수행될 것이다. 서구 중심주의를 중국 중심주의로 대체하자는 것이 아니다. 유럽적 가치에 동아시아의 전통을 맞세우는 것도 정답이 아니다. 구미적 근대성이나

새 천년 부활을 꿈꾸는 초원길과 바닷길은 20세기 침묵을 강요당했던 유라시아가 세계사 격변의
현장으로 떠오르는 신호다.

아시아적 가치론이나, 자족적이고 자폐적이기는 매한가지다. 서구를 배타하지도, 흠모하지도 않는다. 근대를 폄하하지도, 과장하지도 않는다. 사물을 제자리에 돌려놓을 뿐이다. 유럽을 유라시아의 서단으로 지방화하는 것이다. 그리하여 이름을 바르게 불러주는 것이다. 유럽과 아시아, 근대와 전근대의 분단체제를 허물고 유라시아적 맥락으로 동서고금東西古今을 재인식하는 것이다. 유럽의 자만도, 아시아의 불만도 해소하는 대동大同세계의 방편이다.

그럼으로써 마침내 우리 또한 과거사와 화해할 수 있을 것이다. 조선과 고려, 발해와 신라, 고구려, 백제, 고조선을 재인식하고 재발견해야 한다. 아我와 비아非我의 투쟁이 전부가 아니었다. 봉건과 정체停滯도 아니었다. 고대니 중세도 허튼 소리였다. 영겁을 회귀하는 시간의 망망대해에서 '진보'Progress는 근대인의 부질없는 망념이었다. 과거와 현재, 미래는 근본적으로 평등하다. 반만년의 역사야말로 새 천년의 자산이다. 한반도의 분단체제 극복 또한 좌우左右와 남북南北이 공히 앓고 있는 고/금 간의 분단을 해소하는 작업과 필히 연동될 것이다.

앞으로 3년간 유라시아의 (재)통합 현장을 견문見聞하려고 한다. 보고 들은 얘기들을 쓰고 옮길 것이다. 주축은 일대일로다. 하지만 대로大路에만 편중되지도 않을 것이다. 주변의 샛길에도 눈길을 줄 것이다. 아메리칸 드림에 도취되었듯 중국몽에 현혹되지도 않을 것이다. 직시하고 직문할 것이다.

유라시아는 미래파의 선언, 신상품이 아니다. 때늦은 자각이며, 뼈아픈 후회이다. 참회하는 마음으로 옛사람의 글을 다시 읽고, 옛사람들이 오갔던 길을 따라 걸을 것이다. 먼지 쌓인 고古지도를 청사진으로 삼을 것이다. 한반도 동남단, 경주의 석굴암은 서역西域과 페르시아로 이어졌던 누천년 유라시아 연결망을 묵묵히 증언하고 있다. '유라시아 견문'이

식민과 분단으로 망실해버린 유라시아적 정체성을 회복하는 데 일조할 수 있으면 좋겠다. 해방과 분단 70주년을 맞이하는 내 나름의 통일 사업이고 실력양성운동이다.

연행록과 견문록

개화기의 사대부 유길준,
우리는 그를 몰랐다

《서유견문》 다시 읽기

연초 연달아 여행기를 읽었다. '유라시아 견문' 준비차였다.《왕오천축
국전》으로 출발해《동방견문록》,《이븐 바투타 여행기》,《서유기》를 지
나《열하일기》까지 내달렸다.《오도릭의 동방기행》도 곧 손에 들 작정
이다.

유라시아는 오래전부터 책冊으로도 연결되어 있었다. 종교와 사상과
문화가 흐르고 섞이는 문류망이 도저했다. 이 서물들에 대한 소회는 그
때그때 다룰 기회가 있을 것이다. 을미년 초두에, '유라시아 견문'의 서
두에 각별하게 할애하고 싶은 책은 따로 있다. 유길준의《서유견문》西遊
見聞이다.

올해(2015)가 꼭 출간 120주년이서만은 아니다. 의외로 배운 지점이
많았다. '의외'였다는 점이 포인트다. 애당초 기대가 적었다. 명색이 동
아시아 현대사를 전공한 역사학자지만 개항기가 산출한 최고의 문헌을

《서유견문》은 어떻게 조선의 근대를 자주적으로 이룰 것인가를 깊이 궁리하고 써내려간 국정개혁 제안서였다.

읽어보지 못했다. 후쿠자와 유키치福沢諭吉(1835~1901)의 《서양사정》을 베꼈다는 풍문이 선입견을 더했다. 구미형 근대화를 맹숭하는 개화파의 태작이려니, 지레짐작하고 있었다. 미리부터 1894년 동학東學을 누르고 서학西學의 승리를 확인하는 저작으로 재단하고 있었던 것이다.

막상 책을 펼치니 빠져들었다. 만만치 않았다. 간단치가 않았다. 과연 어설프게 아는 것은 모르는 것만 못한 법이다. 그가 궁리하는 개화開化의 개념과 방법이 발군이었다. 어떻게 조선의 근대를 자주적으로 이룰 것인가를 깊이 궁리하고 써내려간 국정개혁 제안서였다. 전혀 낯설지만은 않았다. 조선 사대부의 시무책을 잇고 있었다. 정치, 경제, 법률, 교육, 문화 등 다방면의 개혁안을 제시했던 연행록의 전통을 계승하고 있었다.

시점이 절묘했다. 《서유견문》이 출간된 1895년은 마지막 연행단이 귀국한 해이기도 하다. 사정이 복잡했다. 파행의 연속이었다. 그들이 중국을 방문한 해는 1894년이었다. 하필 청일전쟁이 발발했다. 귀환 날짜가 밀리고 밀려서 해를 넘겼다. 청의 패배가 확정되고 시모노세키 조약이 체결된 후에야 귀국할 수 있었다. 귀로 또한 생경했다. 사행단이 오가던 육로가 아니었다. 청의 군함에 실려 인천으로 들어왔다. 바다의 시대가 조선을 삼키고 있었다.

귀국 후 행적도 이전과 달랐다. 의당 수행해야 할 왕에 대한 보고가 누락되었다. 조-청 관계가 극적으로 변했던 탓이다. 조선은 어느새 자

1883년 미국에 도착한 보빙사 일행. 그해 정부사절단이 최초로 미국에 파견되어 서구 문명을 시찰했다. 뒷줄 왼쪽에서 세 번째가 유길준이다.

주독립국이 되어 있었다. 대청사행을 보고해야 할 까닭이 사라져버렸다. 누천년 사대事大-자소字小* 관계가 일시에 무너졌다. 일본과 중국, 그리고 러시아와 평등하게 경쟁하라는 만국공법(국제법) 시대가 열렸다. 조선은 갑오개혁을 단행했다. 연행단이 베이징에 발이 묶여 있을 무렵이었다. 연행록은 더 이상 선진 문물을 수용하는 경로가 될 수 없었다. 그들의 귀국은 너무나 늦은 것이었다.

연행록을 대신한 것이 바로 《서유견문》이었다. 유길준은 자타가 공인하는 조선 최초의 미국 유학생이다. 도쿄에서는 일본 근대화의 사상적 대부인 후쿠자와 유키치를 사사했다. 신청년의 첨병, 신문화의 첨단

---

* 작은 나라는 큰 나라를 믿음으로써 섬기고[事大], 큰 나라는 작은 나라를 어짊으로써 보호한다[字小]는 뜻. 근대 이전의 동아시아 국제사회에서는 이러한 사대-자소 교린의 예가 외교정책의 핵심이었다.

·33

이라 해도 손색이 없을 것이다. 그러나 반전이 있었다.《열하일기》(1780)와《서유견문》(1895) 사이가 그리 멀지 않았다. 양자를 잇는 자리에 환재 박규수가 있었다. 박규수는 박지원의 손자이자, 유길준의 스승이었다. 혈연과 학연을 타고 조선의 문류도 흐르고 있었다. 북학파와 개화파, 백 년을 잇는 연결망이었다.

儒學과 留學

유길준은 1856년 북촌에서 태어났다. 조선 정통의 명문가 출신이었다. 가학家學, 즉 밥상머리 교육을 통해 양질의 유교적 소양을 터득할 수 있었다. 더불어 당시 첨단이었던 경화京華학계*의 학풍을 섭렵했다. 소싯적부터 조선 주자학의 정수를 충분히 흡수했던 것이다.

환재 박규수를 만난 해는 1873년. 유길준은 18세 청년이었고, 박규수는 66세 노년이었다. 환재가 별세하는 1877년까지 만년의 완숙한 사상을 전수받았다. 청나라의 세계지리서《해국도지》海國圖志를 건네받은 것도 박규수의 사랑방이었다. 이로써 청의 양무운동을 학습하고, 유형원과 정약용 등 조선실학에도 관심을 가질 수 있었다.《서유견문》을 비롯한 숱한 시무책에도 논어, 맹자, 주자는 물론 실학파의 연구 성과가 크게 참조되었다.

---

* 경화(京華)는 과거 서울을 지칭하는 여러 명칭 가운데 하나. 조선 후기부터 서울의 도시적 발전이 두드러졌는데, 서울 근교에 거주하면서 여러 대에 걸쳐 관료생활을 하며 성장한 지식인 집단을 경화학계라 일컫는다. 이들은 전통주자학과 명분론만을 고수하던 이전의 성리학자나 당시 향촌의 유림들과는 달리 새로운 시대를 향한 다양한 모색을 시도하면서 중심 세력으로 떠올랐다.

즉 유길준은 구미 유학을 통하여 개화파로 전향했던 것이 아니다. 조선을 떠나기 전에 이미 개화파였다. 조선의 전통을 이탈한 것이 아니라, 조선의 일부를 계승하고 확대 발전시킴으로써 자생적 개화파로 거듭났던 것이다. 즉 유교적 변통變通론의 연장선에서 구미 문명을 수용했다고 하겠다. 때문에 당시는 말할 것도 없고 오늘날까지도 이어지는 유학생들의 고질적인 병폐를 면할 수 있었다. 유학하는 국가에 대한 맹목과 맹종을 거두었다. 조선적인 것을 떨쳐내려고 안간힘을 쓰기는커녕, 전통에 대한 자부심으로 단단했다. 자학과 자만 너머에 떳떳한 자긍을 세웠다.

이러한 태도는 국한문혼용체로 표출되었다. 《서유견문》은 최초의 국한문혼용체 문헌이라는 점에서도 각별하다. 유길준은 몸소 문법책을 저술했을 만큼 문체 연구에도 열심이었다. 모름지기 문체는 사상의 뼈대이다. 그가 한문漢文 탈피를 표방했음은 분명하다. 그러나 국문國文이 곧 한자漢字 탈피는 아니었다. 한자 또한 국문의 하나였다. 아니, 가장 오래된 국문이었다. 도무지 한자를 버릴 수는 없었다. 한글과 한자를 병용하는 것이 새로운 국문이요, 새 시대의 문체였다.

이 또한 한글 전용으로 내달리며 일어와 영어에 복무했던 설익은 개화파들과는 결을 달리하는 지점이었다. 그는 문체에서도 동서고금 균형을 잃지 않았다. 즉 국한문 혼용은 비단 한글 전용으로 가기 위한 이행기의 흔적이 아니었다. 나름의 고금 간 통합술이었다. 그래서 한학漢學에 함몰되지도 않고 국학國學에 매몰되지도 않는, 내재적 지역학Area studies으로서 또 다른 동학東學의 가능성을 품고 있었다. 서학西學으로 단련된 유학儒學, 지구지역학Glocalogy으로서의 동학 말이다.

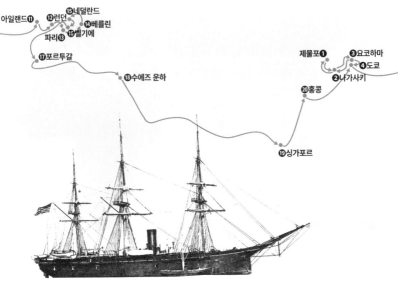

아일랜드⑪ ⑫런던 ⑮네덜란드
파리⑬ ⑯벨기에 ⑭베를린
⑰포르투갈

⑱수에즈 운하

제물포① ③요코하마
④도쿄
②나가사키
⑳홍콩

⑲싱가포르

유길준의 이동 경로와 귀국길에 탄 증기선.

개화와 중도

그만큼 개화파도 천차만별이었다. 본인도 절감했던 모양이다. 스스로
개화의 등급을 나누었다. 유길준에게 개화는 곧 근대화가 아니었다. 서
구화는 더더욱 아니었다. 일본 따라잡기, 미국 따라하기와 일선을 그었
다. 무릇 개화란, 인간의 천사만물이 지선극미한 경지에 이르는 것을 일
컬었다. 까닭에 개화의 여부를 한정할 수가 없었다. 개화에는 종점이 없
으며, 고로 역사에도 종언이 없었다. 역사란 변혁과 성쇠의 순환이지,
진보와 발전이 아니었다. 그리하여 그가 견문한 구미 또한 문명의 정점,
개화의 최종 형태가 아니었다. 아니, 서구 문명을 '진眞개화'라고 장담할
수 없으며, 앞으로 그 처지가 어찌될지 알 수 없다고 단서를 달았다. 과

⑩셀렘
⑥시카고 ⑨보스턴
⑤샌프란시스코 ⑧뉴욕
⑦워싱턴

연 20년 후에 유럽에서 1차 세계대전 (1914)이 발발했고, 슈펭글러의 《서구의 몰락》*이 출간된 것은 1918년이었다.

우유부단함이 아니었다. 득중得中의 태도였다. 개화한 자는 천만 가지 사물의 이치를 따지고 밝혀 경영하는 자이다. 따라서 날마다 나날이 새로워져야 한다. 그러면서도 중심을 잃지 않아야 했다. 남의 장기를 취하되 자기의 장점도 키워야 했다. 처지와 시세를 감안한 후 제 나라를 보전하면서 개화의 공을 이루어야 했다. 추수가 아니라 혁신이었다. 변혁적이되, 중도적이었다.

때문에 개화당과 수구당을 공히 비판했다. 갑신정변에 호통을 쳤다. 시세와 처지의 분별 없이 남 것만 숭상하고 제 것을 업신여긴 착오를 범했다고 했다. 그래서 '개화의 죄인'이었다. 반대로 남 것은 덮어놓고 오랑캐라며 배척하고 제 것만 천하제일인 양 여기는 수구당은 '개화의 원수'라고 질타했다. 또 주견 없이 남의 겉모습만 따르는 자는 '개화의 병신'이라 일갈했다. 즉 그의 득중이란 좌/우, 보수/진보 사이에서 회색 중도를 의미하는 것이 아니었다. 동과 서, 고와 금에서 중용을 지키는 자세였다. '전통 없는 근대'가

---

* 1차 세계대전 당시, 시대의 징후를 예민하게 감지하고 서구 문명의 몰락을 예견했던 독일 철학자 슈펭글러의 저작. 서구의 단선적·단계적 역사관을 비판하고 역사를 살아 있는 하나의 문화유기체로 파악하면서 시대와 역사를 직관하는 힘이 돋보이는 역사철학서이자 문명비판서이다. 1918년에 제1권이, 1922년에 제2권이 출간되었다.

개화의 죄인이라면, '근대 없는 전통'은 개화의 원수였다. 기민함과 완고함의 차이가 있을 뿐, 분별력이 모자라고 몰주체적임은 개화파도 수구파도 마찬가지였다.

개화의 여실은 주체의 역량에 달려 있었다. 핵심은 교화된 인민의 존재였다. 개화開化는 교화敎化의 산물이었다. 개화는 곧 진화進化이기도 했다. 경쟁이 적자생존, 우승열패를 의미하지도 않았다. 진화와 경쟁을, 향상심을 발동시키는 수양이자 격려로 수용했다. 내면의 수련을 통한 교화의 최종적 결실이 개화로 맺어지는 것이라고 풀이했다. 그래서 득중을 먼저 이룬 자가 지나친 자를 타이르고, 모자란 자를 다독일 것을 권장했다. 민중을 추키지도 않았고, 대중을 깔보지도 않았다.

결국 두루 선비가 되는 나라, 국민개사國民皆士론을 제창했다. 훗날 흥사단興士團도 설립했다. 서구의 시민이 '재산'에 기초한 주체라면, 동방의 시민은 '덕성'에 바탕을 둔 주체였다. 그래서 민民을 정치적 주체로 세우는 제도적 절차(선거)만큼이나 민의 인격적 도덕화를 강조했다. 아니, 정부의 역할 자체를 사람의 권리 보장(복지국가)에 보태어 사람의 도리 교화(인문국가)에 있다고 여겼다. 정치란, 불완전한 인격체를 조금 더 나은 인격체로 조금씩 진보시키는 학습 과정에 다름 아니었기 때문이다. 결국《서유견문》에서 피력하고 있는 이상적인 개화 또한 법치와 덕치의 최종적 상태인 '무위지치'無爲之治에 근사했다. 그는 천생 사대부, 개항기의 개화된 사대부였다.

진眞개화

유길준의 독보를 추앙하려는 뜻이 아니다. 단독자도 아니었다. 눈을 유라시아로 돌리면 여럿이었다. 중국에는《대동서》大同書를 집필한 캉유웨이康有爲(1858~1927)가 있었다. 향촌건설운동의 량수밍梁漱溟(1893~1988)도 있었다. 인도에는 타고르(1861~1941)가 있었고, 간디(1869~1948)가 그 뒤를 이었다. 오스만제국의 폐허에서는 자말 알딘 알아프가니Jamāl al-Dīn al-Afghānī(1838~1897)가 고투했다. 각자 처한 장소는 달리했지만, 동서고금을 회통하는 진眞개화를 궁리했다는 점에서 동지이고 반려였다.

하지만 현실에서는 좌절했다. 20세기는 사나웠다. 설익은 개화파, 웃자란 쭉정이들이 전성기를 구가했다. 그들의 후예가 개발파와 개혁파였다. 산업화는 따라잡았고 민주화도 따라했다. 하건만 나라꼴도 지구촌도 갈수록 흉흉하다. 헛개화의 말로이다.

판갈이는 이미 시작되었다. 탈냉전은 또 다른 개항기였다. 대륙으로, 유라시아로 다시 길이 열렸다. 왕년의 초원길, 바닷길에 하늘길까지 분주하다. 고로 '포스트모던'은 치우친 독법이었다. '서구적 근대의 종언'이자 '탈서구적 근대의 개막'이 더욱 합당할 것이다. 유라시아는 그 '지구적 근대'의 중원中原이다. 20세기에 억압되었던 역사의 무의식이 중국몽, 인도몽, 아세안몽, 이란몽, 터키몽으로 피어난다. 유라시아로 방향을 선회하여 견문을 이어가는 까닭이다. 헛개화를 거두고 진개화를 이루는 새 역사의 현장을 목도하기를 소망한다. 개화는 여전히, 영원히 진행형이다.

21세기 중화망

태국 치앙라이,
고산 마을 가는 길

마에살롱과 단 장군

《서유견문》을 읽어간 곳은 치앙라이였다. 태국 최북단, 미얀마와 라오스와 국경을 접하고 있는 곳이다. 부모님이 두세 달 겨울을 나시는 피한지避寒地다. 날씨는 포근하고 공기는 깨끗하며 물가는 저렴했다. 그곳에 진을 치고 앉아 오래된 여행기들을 하나씩 살펴갔다.

하루는 부모님이 짧은 여행을 권하셨다. 주변 지역 일대를 둘러보자는 것이다. 숙소를 떠난 차는 구불구불 산으로 향했다. 마에살롱이라는 고산 마을에 가는 길이라 했다. 산세가 제법 근사했다. 흡사 윈난 성雲南省의 구이린(계림桂林)을 닮았다.

한참을 오르니 벚꽃이 피었다. 태국은 사시사철 여름인 줄만 알았는데 산속은 또 그게 아닌 모양이다. 2월 초, 때 이른 봄맞이에 기분이 절로 청량했다. 산 중턱에 이르자 녹색 차밭이 넓게 펼쳐졌다. 차밭이 관광 코스의 하나였다. 하지만 그런 곳이라면 이미 여러 곳 둘러본 적이

•41

있다. 오히려 내 시선을 잡아끈 것은 커다란 공자상이었다. 옷차림이나 얼굴 생김새, 아무래도 공자였다. 태국 차밭에 어인 공자상인고? 의아하고 궁금했지만 물음을 삼켰다. 태국어는 모르고 영어는 통하지 않으니, 마땅히 물어볼 길이 없었다.

산을 더욱 오르자 길 주변으로 숙소와 찻집, 밥집이 늘어났다. 덩달아 한자 간판들도 불어났다. 표기의 순서는 산 아래와는 반대였다. 한자가 먼저이고 태국어가 뒤를 이었다. 신기한 일이로세, 흥미가 돋던 차 "興華中學"홍화중학이라는 학교 앞 표석이 눈을 찔렀다. 흥화, 즉 '중화中華의 중흥重興'이란 뜻이렷다. 대체 이 마을의 정체가 뭐기에? 호기심이 마구 솟아났다. 차에서 내리자마자 학교부터 카메라에 담았다. 돌아오는 길에 마을을 찬찬히 살피니 유독 잦은 이름이 보였다. "段將軍"단 장군. 단장군카페, 단장군호텔, 단장군식당 등 여럿이었다. 단 장군의 묘지를 안내하는 표지도 있었다.

부모님은 시장 구경 중이셨다. 자연산 송이버섯을 고르며 흥정이 한창이다. 곁에 이르자 이번에는 주인아주머니의 말이 귀를 찔렀다.

"쩌이거스하오츠더."

소리는 문자로 전환되었고, 의미가 되어 해독되었다.

'这个是好吃的.' → '이거 맛있어요.'

어라? 나는 곧장 되물었다.

"니스쭝궈런마你是中国人吗(중국인이세요)?"

"스더是的." 그렇단다. 이번엔 똥그래진 눈으로 그쪽에서 물어왔다.

"어떻게 중국말을 해요? 홍콩 사람이에요?"

"아니요. 한국 사람입니다. 중국 현대사를 연구하는 학자예요. 베이징이랑 상하이에서 공부한 적도 있습니다."

통성명이 끝나자 말문이 터졌다. 마침내 이 마을에 대한 궁금증을 해갈해줄 분을 만난 것이다. "여기는 언제 오셨어요?" "중국 어디서 오셨어요?" "저기 저 '단 장군'이라는 분은 누구죠?" 나는 점점 20세기 중엽, 동아시아 냉전사의 한복판으로 진입하고 있었다.

냉전의 마을

1949년 10월, 중화인민공화국이 일어섰다. 공산당이 국민당을 밀어내고 중원을 차지했다. 그러나 대륙은 원체 크고 넓었다. 건국 선언을 했음에도 대일통大一統은 미완이었다. 특히 서남부 내륙이 그러했다. 윈난 성에는 여전히 중화민국*을 받드는 세력이 있었다. 93사단과 237사단을 주축으로 한 소위 '국민당 잔군'들이다. 그들에게 베이징은 아득한 곳이었다.

인민해방군이 남진하여 이들과의 격전 끝에 윈난 성의 성도省都인 쿤밍昆明을 장악한 것은 1950년 1월이었다. 항복을 거부한 일부는 남하하여 버마(미얀마)의 정글로 숨어들었다. 항일전쟁기 미국이 중국(중화민국)의 물자 보급을 도왔던 '버마 로드'가 국민당판 '대장정'의 피난길이 되었다. 갓 독립한(1948) 버마는 국민당 잔군들이 불편했다. 그러나 항일전쟁과 국공내전으로 단련된 그들의 전투력을 감당할 수 없었다.

잔군들은 버마의 만사孟薩를 국민당의 '옌안'延安**으로 삼고자 했다.

---

　*　중국에서 1911년 신해혁명으로 청나라가 무너지고 성립되었던 공화국. 현재 대만의 공식 국호이기도 하다.

　**　옌안은 국민당의 탄압을 피해 대장정에 나섰던 공산당이 변방에 마련한 근거지였다. 그곳에서 와신상담을 다짐하며 대역전극을 준비했던 것이다. 이제는 처지가 바뀐 국민당이 버마를 거점으로 삼아 대륙과 중원을 재탈환할 기회를 엿보았던 것이다.

홍화중학(興華中學) 표석. '중화의 중흥'이란 뜻이리라.

이름도 거창했다. 윈난반공구국군雲南反共救國軍이라 개칭했다. 와신상
담의 기회는 때 이르게 찾아왔다. 한국전쟁이 발발하고, 신중국(중화인민
공화국)이 참전했다. 서남부에 배치되었던 인민해방군이 대거 북진했다.
군사력의 공백이 생겨난 것이다. 윈난 성 탈환과 대륙 수복, 대역전의
틈이었다.

　국민당과 미국도 기민하게 대응했다. 대만은 전술 훈련을 담당할 교
관을 파견했다. 사상교육을 담당하는 반공항아대학도 세웠다. 항일抗日
이후의 항아抗俄*를 선전했다. 그들은 중화인민공화국이 소련의 괴뢰라
고 가르쳤다. 중국의 내부 정보에 굶주리던 미 중앙정보국(CIA)은 반공
구국군을 낙하산부대로 훈련시켜 내륙으로 침투시켰다. 그래서 1952년

* '아라사'(俄羅斯), 즉 러시아(소련)에 대항한다는 뜻.

단 장군과 묘지 입구. 버마에서도
쫓겨난 국민당 잔군들이 다시 산을
타고 넘어 정착한 곳이 태국의
마에살롱이었다. 그 4천 명의 군인과
식솔을 이끌었던 이가 바로 단 장군,
즉 단시원 장군이었다.

까지 총 일곱 차례 윈난 성 공격을 감행했다. 1953년 한반도의 휴전협
정에도 불구하고, 서남부 전선은 총성이 멈추지 않았다.

반공구국군은 갈수록 세를 더했다. 버마와 태국 산악지역에 살고 있
는 소수민족도 끌어들였다. 중국인과 아시아 제민족 연합이라는 명분
아래 동남아인민반공연군東南亞人民反共聯軍을 결성했다. 곤혹스런 버마
정부는 국제사회에 호소했다. 유엔 총회에서 중화민국을 꼬집어 지목

했다. 버마의 영토주권을 침해하고 있으니 잔군을 철수시키라는 요구였다. 당시 중화민국은 엄연히 유엔 상임이사국의 하나였다. 세계 5대국의 체통이 달려 있었다. 장제스蔣介石(1887~1975)는 윈난반공구국군의 해산을 선포했다. 그러나 시늉뿐이었다. 약 1만 명에 달하는 정예부대는 남겨두었다. 자신의 명령을 어긴 불복자들은 어찌할 방도가 없다며, 발뺌했다.

그러나 미국은 국제사회의 시선을 의식하지 않을 수 없었다. 1955년 반둥 회의* 이래 탈식민의 물결을 거스를 수 없었다. 직접 장제스에게 완전 철군을 요구했다. 그러지 않으면 대만에 대한 군사·경제 원조를 중지하겠노라 으름장을 놓았다. 결국 1961년 두 번째 철군이 단행되었다. 이번에는 대규모였다. 대만에선 대대적인 '귀국' 환영행사가 열렸다. 그럼에도 여전히 일부는 남았다. 그들에게 대만은 낯선 땅이었다. 그들은 귀국歸國이 아니라 귀향歸鄉을 꿈꾸었다. 결국 중화민국 군적 자료는 소각했다. 잔군은 이제 '고군'孤軍이 되었다. 타향을 떠도는 무적자無籍者였다.

버마에서도 쫓겨난 이들은 다시 산을 타고 넘었다. 그리고 정착한 곳이 마에살롱이었다. 그 4천 명의 군인과 식솔을 이끌었던 이가 바로 단장군, 즉 돤시원段希文(1900~1980)이었다. 그러나 거처가 마련되었다고 해서 생계가 해결되지는 않았다. 국민당의 지원마저 끊어진 마당에 당장 먹고살 길이 막막했다. 그래서 피난길을 상로商路로 전환했다. 버마와 태국의 국경무역을 중계했다. 상품은 단연 아편이었다. 해발 1,800미

* 1955년 4월 18~24일 인도네시아 반둥에서 개최된 국제회의. 정식 명칭은 '아시아-아프리카 회의'이다. 이 회의에서 식민주의 문제에 관한 열띤 논쟁을 벌인 끝에 소련 및 서방 열강을 비난하는 내용의 선언문이 채택되었다.

터의 고산지대라 양귀비를 재배하기에 적격이었다. 단 장군은 이렇게 강변했다.

"우리는 공산주의 원수와 계속 싸워야 한다. 싸우기 위해서는 군대가 필요하고, 군대는 총이 필요하다. 총은 돈이 있어야 하며, 이 산지에서 돈이 될 수 있는 것은 오직 아편뿐이다."

그리하여 버마, 태국, 라오스의 강줄기가 만나는 골든트라이앵글은 냉전기 동남아 아편 무역의 허브가 되었다.

생계책을 세웠다 해도 무적자의 신분은 불안한 것이었다. 태국 정부 또한 공짜로 망명지를 제공하지 않았다. 이들을 태국의 반공 작전에 투입키로 했다. 버마를 접경한 북부 산악지대는 태국공산당의 거점이었다. 신중국을 추종하는 '붉은 화교'도 적지 않았다. 이들을 토벌하는 데 전직 국민당군의 복수심을 활용키로 한 것이다.

1970년 12월 단행된 대규모 토벌 작전에도 이들이 맨 앞자리에 섰다. 5년간 지속된 토벌로 천 명 이상의 빨치산을 소탕했다. 태국이 미국의 동맹국으로서 베트남전쟁에 깊숙이 개입하고 신중국이 북베트남을 지원하고 있었던 사정까지 고려한다면, 태국 북단에서도 동남아의 좌/우 대결로서 유사─베트남전쟁이 진행되고 있던 것이다.

완전 진압은 1982년에 가서야 이루어졌다. 태국 정부는 상찬을 표했다. 덕분에 태국이 한반도나 베트남, 중국처럼 분단되는 것을 막았다는 것이다. 국왕이 직접 노고를 치하하며 태국 국적까지 부여했다. 마침내 합법적인 주거의 권리를 얻은 것이다. 이로써 윈난에서 버마로, 태국으로 이어진 피난과 유랑 생활도 마감할 수 있었다. 총을 내려놓고 차를 재배했다. 생활세계의 탈냉전이었다.

단 장군이 눈을 감은 것은 1980년이었다. 그의 무덤은 마을이 한눈에 내려다보이는 언덕에 자리 잡고 있었다. 남중국풍이 물씬한 사당처

태국 치앙라이의 마에살롱 마을 전경. 산세가 제법 근사해 흡사 윈난 성의 계림을 닮았다.

럼 꾸몄다. 그의 인솔 아래 중국공산당, 버마공산당, 태국공산당과 차례로 싸우다 숨진 부하들의 명패도 모셔져 있었다. 일종의 반공열사릉이었던 셈이다. 파란의 동아시아 현대사가 응축된 상징적인 장소였다.

좌파Left를 청춘의 패션으로 치장했던 20대 시절이었다면 저들을 우익분자들이라며 싸늘하게 등을 돌렸을 것이다. 그러나 죽음마저 좌/우로 갈랐던 저 우매한 20세기와는 작별을 고한 지 이미 오래였다. 나도 향을 피우고 절을 올렸다. 그들의 소망이었던 '흥화'興華를 두 손 모아 기도했다.

네트워크 중화제국

빨치산 토벌로 통제되었던 마에살롱은 1994년부터 관광지로 개발되었다. 태국 정부는 '산티키리'라는 새 이름을 지어주었다. '평화의 언덕'이란 뜻이라고 한다. 마에살롱에 각인되어 있는 냉전의 추억과 아편의 흔적을 지우려는 것이다. 지금은 그 예외적인 역사적 배경에 자연 풍광이 어우러져 태국의 10대 여행지 중 하나가 되었다.

저 푸르고 너른 차밭이 본래는 양귀비를 키우던 곳이었다는 말이다. 마약 기운이 스머든 땅에서 자란 차인지라 특히나 맛있다는 우스개도 있었다. 산티키리는 윈난 성 본산의 고급 우롱차를 주로 생산한다. 해발 1,200~1,400미터가 우롱차 재배의 최적지다. 그래서 치앙라이 주州 생산량의 80퍼센트를 이 마을 홀로 감당하고 있었다. 최근에는 커피와 과수, 약초 재배도 시작했다. 산티키리의 판로는 다국적·초국적이었다. 태국은 물론이요 중국과 대만, 동남아 화교/화인 사회까지 넓게 퍼져 있었다. 중화망中華網의 한 연결고리였다.

기실 치앙마이에 속해 있던 치앙라이가 독립된 한 주로 승격한 것부터 탈냉전의 소산이었다. 중국과 태국을 잇는 고속철이 통과하는 지역으로 낙점되면서 투자 건설이 부쩍 활발해졌다. 고속철 노선도를 따라서 호텔과 리조트, 레스토랑이 속속 들어서고 있었다. 마에살롱의 2세와 3세들에게도 기회의 창이 열렸다. 중국어를 구사하는 덕에 산 아래서 일자리를 구할 수 있게 되었다. 이미 주요 여행지의 안내 표지는 한자로 표기되어 있고, 호텔 조식의 식단 또한 변해가고 있었다. 커피만큼이나 우롱차를 마시며, 베이컨과 스크램블의 옆자리에는 쌀죽과 국수가 자리했다. 햄버거 대신에 만두를, 콜라보다는 매실차를 마실 날이 머지않았다.

실은 마에살롱에서 점심 끼니를 때웠던 국숫집에서부터 중국어 방송이 흘러나오고 있었다. 자막을 보니 간체자. 대만이 아니라 대륙 방송이었다. 짐작으로는 윈난 성에서 발신하는 방송이지 싶다. '작은 윈난' 마에살롱은 그렇게 위성 전파망을 통하여 고향과 접속하고 있었다. 그들이 향수하는 대상 또한 국토國土보다는 향토鄕土에 가까웠다. 혹은 중화민국이나 중화인민공화국보다 한층 근원적인 대지로서 역사적·문화적 '中國'을 향한 것이었다. 윈난과 마에살롱, 향토와 향토를 잇는 연결망, 인터로컬리즘Inter-localism의 발현이다.

태국의 영자신문을 사려고 들렀던 편의점에는 중국어 신문이 두 종류나 비치되어 있었다. 내가 고른 것은 〈세계일보〉世界日報였는데, 읽다 보니 태국의 화교/화인 신문이었다. 번체를 고수하는 것만 보아도 중화민국의 후예들이었다. 그럼에도 사설은 남달랐다. 오는 9월 항일전쟁 승리 70주년 기념 열병식에 대만의 총통도 초대해서 공동행사를 열라고 시진핑習近平에게 제안하고 있었다. 실제로 1945년 항일전쟁 승리의 주역은 국민당이고 장제스였다. 태국의 화교/화인들에게 할아버지/아버지 시절의 국공 분열, 좌우 투쟁은 더 이상 중요치 않았다. 신세기 새

치앙라이의 한 음식점. 미얀마, 라오스와 국경을 접하고 있는 태국 최북단의 치앙라이는 21세기 중화망의 현장이다.

세대들이 양안兩岸의 화해와 통합을 선도하고 있었다.

　이처럼 신세기 중화망은 대륙과 대만의 안과 밖으로 국민국가Nation-state를 돌파하고 있었다. 안으로는 중화제국의 갱신으로서 복합국가로 진화 중이며, 밖으로는 전 지구적 화교/화인 사회와 연결된 네트워크 국가로 변모하고 있었다. 둘을 합하면 '네트워크 중화제국'의 부상이다. 따라서 양안의 통일 또한 못다 이룬 영토국가의 때늦은 달성과는 성격을 달리할 것이다. 국민국가의 완성이라기보다는 중화제국의 복원과 네트워크 국가의 실현에 가까울 법하다. 마에살롱의 뿌리, 윈난 성이 동남아와 인도양을 잇는 해양 실크로드의 핵심 거점이 되었음은 상징적이다.

　지난 세기 국공내전의 파장으로, 양안 분열의 확산으로 한국전쟁과 베트남전쟁, 동남아의 내전과 냉전이 거듭되었다. 대륙은 그 규모로 말미암아 언제나 주변에 지대한 영향을 끼친다. 이제는 네트워크 중화제국의 굴기가 이웃으로 커다란 파급을 일으키고 있다. 목하目下 중국풍이 드세게 불고 있는 제주도 또한 국지적인 동시에 지역적이며 세계적인 현장이라 하겠다.

아직은 순풍일지 삭풍일지 가늠하기 힘들다. 일대일로 건설로 더욱 박차를 가하게 될 21세기 중화망이 낙수 효과를 선사할 것인지, 침수 효과를 빚어낼 것인지 신중하게 관찰하고 판단해야 하겠다. 마침 태국의 영자신문 〈방콕 포스트〉에서는 중국의 해양 실크로드 구상과 아세안(동남아시아국가연합, ASEAN)Association of South-East Asian Nations의 미래를 토론하는 학술회의가 예고되어 있었다. 단박에 솔깃한 주제였다. 현장을 찾지 않을 수 없었다.

004

방콕의 춘절
중국 '춘절'이
글로벌 축제가 될 수 있을까?

하늘길

치앙라이에서 방콕까지는 하늘길을 이용했다. 이륙 후 한 시간 반이 지나자 돈므앙 공항에 도착했다. 유서가 깊은 공항이다. 1914년에 개장했으니 백 년 역사를 자랑한다. 그 세월만큼이나 사연도 구구하다. 무엇보다 베트남전쟁과 악연이 깊다. 미 공군이 주둔했던, 베트남 폭격의 전초기지였다. 폭격기의 80퍼센트가 이 공항에서 출격했다. 정점을 찍었던 1969년에는 당사국인 남베트남에 주둔했던 미군보다 더 많은 미군이 돈므앙에 근무했다. 태국은 북베트남이 주도하는 '붉은 인도차이나' 저지의 핵심 보루였던 것이다.

태국에도 나름의 사정이 있었다. 시암Siam*과 월남越南은 오랜 앙숙이었다. 라오스와 캄보디아를 두고 18세기부터 치열하게 경합했다. 특

* 태국의 옛 이름.

히 태국은 입헌군주제를 고수하면서 이웃 라오스 왕정을 은밀하게 지원했다. 그리하여 동남아의 내전과 냉전은 좌/우 대결만큼이나 왕당파와 공화파 간의 길항으로도 치열했다. 베트남의 인도차이나주의와 태국의 범타이주의의 알력은 따로 다룰 기회가 있을 것이다.

1961년부터 주둔하기 시작한 미 공군이 완전히 철수한 것은 1976년이었다. 1975년 베트남 통일(4월)과 라오스인민민주주의공화국의 수립(12월)으로, 공산주의 확산을 저지한다는 그들의 임무는 실패로 끝이 났다. 그럼에도 미국 본토나 하와이로 돌아가지는 않았다. 일본으로 '복귀'한 오키나와*로 거처를 이전했다. 이로써 오키나와는 세계 최대의 미 공군기지가 되었다. 오늘까지도 이어지고 있는 오키나와 문제의 불씨를 더욱 키운 것이다.

군항기가 떠난 돈므앙만큼은 민항기의 전성기를 맞았다. 미군이 전투의 고단함을 달래고자 방콕을 휴가지로 삼았던 전쟁기의 유산이 관광산업 부흥이라는 역설을 낳았다. 초창기 손님들은 거개가 미국과 유럽 출신이었다. 동양에서의 유흥과 환락을 탐했다. 1980년대부터는 일본, 1990년대 이후에는 한국의 배낭족들도 방콕을 찾았다. 명실상부 동남아 여행의 허브이자 배낭여행의 메카가 된 것이다. 새 천년에는 단연 대륙의 유커旅客들이 몰려들고 있다.

하여 돈므앙만으로는 더 이상 여객들을 소화할 수가 없었다. 2006년 규모를 대폭 늘린 수완나품 공항이 새로이 문을 열었다. 돈므앙 공항은

----

* 원래 오키나와에는 류큐 왕국이라는 독립국이 450년간이나 존재했었다. 1429년 통일왕국을 이루었던 류큐 왕국은 1609년 일본의 침입으로 그 지배 아래 놓였다가, 1879년 다시 일본 메이지 정부의 침략을 받아 왕조가 무너지고 오키나와 현이 되었다. 그리고 2차 세계대전에 휘말려 전후 27년 동안 미군의 통치를 받다가 1972년 다시 일본에 복귀됐다.

국내선 전용으로 2007년 재개장했다. 그러나 태국을 찾는 손님이 갈수록 늘어났다. 신공항의 수용 한계치를 훌쩍 넘어서 버렸다. 특히 아세안 내부의 인구 교류가 확대일로이다. 2000년 이후 매해 두 자릿수 증가세가 이어지고 있다. 공항 출입국 심사대에는 내국인과 외국인 사이에 아세안 창구를 따로 두었을 정도다. 역내 인구 이동의 폭발로 아시아 저가항공사들도 활황을 누리고 있다. 에어아시아Air Asia, 녹에어Nok Air, 오리엔트항공Orient Airline, 비엣젯Viet Jet 등 다양하다. 돈므앙은 아시아 역내 교류를 주도하는 저가항공사들의 허브 공항으로 탈바꿈했다.

돈므앙의 주요 연결망을 보노라면 그 성격이 한층 도드라진다. 말레이시아 수도 쿠알라룸푸르, 싱가포르, 중국의 마카오와 홍콩, 베트남의 호찌민, 미얀마의 양곤, 중국의 충칭, 인도네시아 수도 자카르타, 중국의 광저우와 우한 순으로 연결 빈도가 높다. 아세안과 남중국이 하나의 권역으로 엮이고 있는 것이다. 이 하늘길을 오고가는 사람들도 왕년의 정부 관료, 대기업 임원, 교수 등이 아니다. 보따리 장사부터 가족여행까지, 쇼핑과 관광이 대세다. 사람들이 먹고 마시며 놀고 쉬는 풍경이 달라지고 있는 것이다. 일상의 변동, 생활감각의 변화이다.

당장 나만 해도 저가항공 덕을 톡톡히 누리고 있다. 사회주의 티를 낸답시고 베트남은 외국 책 반입에 유독 까탈이다. 검열에 세금까지 왕창 매긴다. 그래서 영어와 일어, 중어 책을 구하려면 방콕이나 싱가포르에 다녀오는 편이 낫다. 왕복 10만 원 남짓이니, 해외배송에 견주어 남는 장사다. 게다가 서점 또한 기노쿠니야紀伊国屋. 도쿄 유학 시절 애용했던 일본 대형 서점의 해외 지점이다. 여러모로 아시아가 하나의 생활세계가 되고 있음을 실감하게 되는 것이다.

태국 방콕의 차이나타운. 200여 년 전부터 이주가 시작되어 지금은 50만 명의 화교/화인들이 거주하고 있다.

글로벌 춘절

돈므앙 공항은 붉게 치장되었다. 회의장으로 향하는 거리도 온통 홍색 물결이다. 때는 마침 설날 무렵, 중국식으로 '춘절'春節이었다. 최고 기온 37도, 방콕의 새봄맞이가 한창이었다. 우연찮게 차이나타운도 통과했다. 규모와 발전 면에서 동남아 으뜸을 자랑한다는 야오와라트 거리를 지나갔다. 200여 년 전부터 이주가 시작되어 지금은 50만 명의 화교/화인들이 거주하는 곳이다. 조상들은 시암의 왕궁과 사원을 짓는 건설 노무자였다. 후세들은 선조들의 이동로를 따라 남중국과 동남아를 잇는 상업망과 무역로를 발전시켰다. 거개가 광둥 성廣東省 출신이라고 한다. 그래서 일상에서는 조주화潮洲話가 통용되었다. 광둥 성 동편의 토박이 말이다.

올해 춘절은 특별히 남달랐다. 중국 문화부 부부장 자오웨이쑤이趙維綏가 몸소 중국 8개 지역의 예술단을 이끌고 방콕을 방문했다. 거리는 홍등으로 장식되고 용춤 퍼레이드도 펼쳐졌다. 대형 쇼핑몰에서는 신춘新春 고객들에게 새해 운수를 봐주며 홍색 봉투를 선물했다. 대륙 못지않게 흥이 올랐다. 중국의 소프트파워, 매력 공세였다.

기실 태국에서 음력설은 공휴일도 아니다. 중화세계의 외부였던 것이다. 춘절은 차이나타운의 마을 행사에 그쳤을 것이다. 올해로 본토 예술단 방문 5년차, 이제는 1~2월 방콕 여행을 대표하는 관광상품으로 자리 잡았다. 방콕 시민들은 물론이요, 태국을 찾는 세계인들이 함께 즐기는 만인의 축제가 된 것이다.

각국의 여행객들은 동방의 새해를 맞는 카운트다운을 외치며 밤새도록 붓고 마셨다. 현지의 태국인들은 이른 아침부터 절과 사원을 찾아 부처님께 새해 복을 빌었다. 2015년, 조선이 양력陽曆을 도입한 지 어언 120년이다. 지난 세기 양력의 유입과 함께 크리스마스가 전 지구적 축제가 되어갔다. 그러하면 이번 세기, 춘절이 세계적인 봄맞이 행사로 오대양 육대주로 뻗어나갈 것인가?

차이나타운의 한자 표기는 '唐人街'당인가. '당인들의 거리'라는 뜻이다. '당인'이란 애당초 종족도, 민족도, 국민도 아니었다. 대당제국에 거주하는 만국萬國인, 세계시민Cosmopolitan의 원조였다. 내 가방 속에는 《대당제국과 실크로드》라는 일본 책이 들어 있었다. 수도 장안長安의 일상을 묘사하는 대목에서 어렴풋이 21세기 지구촌이 비치는 듯했다. 런던과 뉴욕, 테헤란(이란)과 뭄바이(인도)를 붉게 물들이는 춘절을 상상해본다. 한참 꿈 나래를 펼치던 차, 저 앞으로 "중국과 동남아, 신新실크로드"China and the AEC under the new silk road라는 플래카드가 보였다. 몽상을 거두고 이성을 깨웠다. 회의장 문을 열고 현실계로 들어섰다.

'일대일로'와 대중화공영권?

해양 실크로드 구상이 처음 제기된 것은 2013년 브루나이에서 열린 16차 아세안-중국 정상회의였다. 중국의 리커창李克强 총리는 경제발전과 상호이익을 바탕으로 전략적 신뢰와 이웃애를 증진하자고 역설했다. 시진핑 주석 또한 같은 해 10월 인도네시아 의회 연설에서 해양 실크로드 건설을 주창했다. 중국과 아세안은 '운명공동체'라고 말을 보태었다. 두 지도자가 임기를 다하는 2022년까지 '일대일로'는 열쇳말이 될 것이다. 유럽, 아프리카, 중동, 아시아 등 중국 고위인사들이 참여하는 숱한 회의에서 줄기차게 듣게 될 공산이 매우 크다.

아세안 또한 올해 또 한 번의 역사적 획을 긋는다. 2015년 12월, 인구 6억의 단일 시장인 아세안경제공동체(AEC)ASEAN Economic Community로 진화하는 것이다. 마침내 상호 무비자, 무관세의 장벽 없는 경제 •59

방콕의 춘절 풍경. 지난 세기 크리스마스가 전 지구적 축제가 되어갔듯이, 이번 세기에는 춘절이 세계적인 봄맞이 축제로 뻗어나갈 것인가?

공동체가 출범한다. 특기할 점은 아세안 국가 간 장벽 허물기에도 중국의 역할이 다대하다는 것이다. 미얀마와 태국 간 도로 건설을 지원하고, 태국과 라오스 간 다리를 놓으며, 라오스와 베트남을 잇는 철도를 보수해주고 있다.

실로 중국은 아세안의 최대 교역국이다. 또 아세안은 유럽연합(EU)과 미합중국에 이은 중국의 3대 교역 상대이다. 2014년 중국과 아세안의 교역은 8.3퍼센트 증가했다. 중국의 대외교역 성장률 4.9퍼센트를 훌쩍 상회하는 수치다. 양자의 교역액은 4,800억 달러, 2015년에는 5,000억 달러를 돌파하고, 2020년에는 1조 달러에 달할 것으로 전망된다. 그때면 산출 표기가 달러가 아니라 위안화일지 모른다.

말레이시아, 베트남, 싱가포르는 중국과 교역이 가장 많은 국가들이며, 미얀마, 베트남, 필리핀은 중국과 교역이 가장 빠르게 증가하고 있는 나라들이다. 또 필리핀, 라오스, 캄보디아, 싱가포르는 중국의 투자액이 가장 많은 국가들이기도 하다. 중국과 아세안의 상호 투자는 2020년까지 15조 달러에 이를 것으로 전망된다. 이 투자액 중 상당 부분이 해양 실크로드 건설에 투입될 것이다.

중국의 일대일로 프로젝트를 미국의 마셜플랜Marshall Plan에 빗대는 경우가 있다. 마셜플랜은 2차 세계대전 이후 유럽의 재건을 위한 원조 프로그램이었다. 그러나 철저한 갈라치기devide and rule였다. 서유럽을 소련과 동유럽에서 분리하고, 자유 아시아를 공산 아시아와 분할하는 정책적 방편이었다는 것이다. 즉 유라시아의 서단과 동단을 아메리카와 접속시킴으로써 소련과 신중국을 축으로 한 유라시아를 봉쇄하는 전략이었다는 것이다. 분할과 분단으로 유라시아의 통합을 가로막는 것은 지금껏 '거대한 체스판'을 다루는 미국 대외정책의 핵심 방침이기도 하다. 그러므로 연결과 통합을 지향하는 일대일로와는 그 성격이 다르다는 것이다. 퍽이나 우호적인 해석이라고 하겠다.

　서방의 지역통합(북미자유무역협정, 유럽연합)과 중국의 일대일로를 구분 짓는 견해도 제출되었다. 서구형 지역통합은 '경제적 자유화'를 핵심으로 삼는다. 다자 간 협정으로 교역과 투자를 위해 국가 간 법률과 제도의 장벽을 허무는 것이다. 그리하여 단일한 규칙과 표준을 마련한다. 자본의 운동을 최대화·최적화할 수 있는 '평평한 세계'를 창출해내는 것이다. 반면 중국의 지역통합은 '교류의 촉진'에 있다고 한다. 시장의 연결망을 더욱 확대시킴으로써 교역과 투자를 강화하는 것이다. 가령 교통망과 통신망의 확충, 인적 교류의 증진을 도모하는 것이다. 그리하여 유라시아를 순환하는 범대륙적 회랑 건설을 목표로 한다. 그럼에도 특정한 제도와 가치, 표준을 강제하지는 않는다. 그래서 전체 통합 과정을 규율하며 '체제 이행'Regime Change을 요구하는 초국가적 관료기구도 필요치 않다는 것이다. 역시나 꽤나 호의적인 평가다. '대중화공영권'에 대한 우려로 치열한 난상토론을 기대했던 나로서는 다소 김이 빠졌다.

세대교체

맥락을 살필 필요가 있겠다. 이 학술회의는 태국의 중앙은행인 태국은행이 주최했다. 그런데 태국은행을 좌지우지하는 막후 자본가들이 화교/화인들이라고 한다. 이들은 태국 인구의 14퍼센트에 불과하지만, 태국 돈줄의 6할을 장악하고 있다. 화교/화인 자본이 중국의 개혁개방에 일조했음은 널리 알려진 사실이다. 그렇게 쌓인 대륙의 부가 이제는 주변으로 흘러넘치고 있다. 태국 및 동남아의 화교/화인 자본가들이 중국의 해양 실크로드 구상에 호의적일 가능성이 매우 높은 것이다. 아니, 그들이야말로 21세기 해양 실크로드의 선구자라고 자임할 법도 하다.

정치적으로도 무척 미묘한 시점이었다. 1987년 민주화* 이래 파행을 거듭하던 태국 정계는 2014년 다시금 군부가 전면에 등장했다. 2016년 초까지 한시적인 계엄령 상태다. 미국은 조기에 민간정권으로의 이행을 독촉하고 있는 반면에, 군사정권은 '태국에는 태국의 사정이 있다'며 어깃장을 놓고 있다. 특히 2015년 2월에는 양국의 갈등이 수면 위로 불거졌다. 미 국무부 동아태 차관보 대니얼 러셀이 태국의 한 대학 강연에서 현 상황을 공개적으로 비판하자, 육군참모총장 출신 프라윳 총리가 반박 성명을 발표한 것이다. 태국은 미국의 오래된 맹방이다. 양국의 우호 조약은 1833년에 체결되었고, 방콕에는 세계에서 세 번째로 큰 미국대사관이 자리한다. 그만큼 태국 정부가 미 대사를 직접 소환하여 항의하는 모습은 무척이나 이례적인 것이었다.

그 틈을 비집고 중국이 파고드는 형세다. 으레 '내정 불간섭'이라는 '신형 대-소국 관계'의 원칙을 앞세웠다. 사사건건, 시시콜콜, 시비를 걸지 않는다. 서구식 민주주의에 비판적이지만, 그렇다고 중국식 일당 통치를 따르라고 하지도 않는다. 도리어 중국 문화부는 양국의 우의를 기리는 춘절 선물이라며 태국 정부에 백옥 사자상을 선물했다.

이에 화답하듯 왕실의 둘째공주 시린톤은 중국식 전통 복장으로 한껏 멋을 내고 차이나타운을 방문하여 문화행사를 관람했다. 시린톤 공주는 노환이 깊은 푸미폰 국왕이 세상을 등지면 왕관을 물려받을 수 있는 유력한 후보다. 태국은 여왕 계승을 인정하는 법률 개정을 진즉에 마쳤다. 작금의 군부통치 또한 '민주화로의 재이행'보다는 두 공주와 막내 왕자 사이의 알력을 조정하여 왕위 계승을 순조롭게 하기 위한 밀실정 치라는 설이 유력하다. '태국의 사정'이란 것도 이러한 정황을 말하는 것일 테다. 전통적으로 태국 군부는 정권보다는 왕실에 충성했다. 정권 은 바뀌어도, 왕가는 지속된다. 국군보다는 황군에 가깝다.

푸미폰 국왕은 1946년 즉위부터 현재까지 오롯이 미국의 패권기와 함께 일생을 보냈다. 베트남과 라오스, 캄보디아의 혁명에 맞서 미국 편 에 가담했던 것도 자유민주주의 수호보다는 입헌군주제의 보위를 위 해서였다고 하는 편이 더욱 합당할 것이다. 그리하여 동남아 혁명을 옹 호했던 신중국은 푸미폰 국왕의 주적이기도 했던 것이다. 그렇기에 그 의 딸이 직접 차이나타운을 방문하여 춘절을 즐기는 현재의 모습이 예 사로이 보이지 않는다. 그녀는 영어뿐 아니라 중국어에도 능통하며, 태 국 역사를 가르치는 학자이기도 하다. 태국 왕실에 흐르고 있는 남중국 계의 핏줄을 모를 리가 없을 것이다. 세기가 바뀌고 세계가 변화하면서, 그 달라진 세상을 이끌어갈 세대도 교체되고 있다.

그 변화하는 세계의 단적인 단서로 아시아인프라투자은행(AIIB)Asian Infrastructure Investment Bank의 출범(2016년 1월 16일)을 꼽을 수 있다. 태국 은 2014년 베이징에서 일찌감치 아시아인프라투자은행 가입을 공식화 했다. 돈므앙 공항과 방콕 시내를 잇는 고속도로에도 "금융으로 세계를 잇다"Global Financial Bridge라는 중국공상은행中國工商銀行의 광고판이 번 쩍거리고 있었다. 전 지구적 금융질서가 가파르게, 확 달라지고 있다. 아시아인프라투자은행의 역사적 의미를 따져보지 않을 수 없겠다.

005

신新동방무역 시대
아시아인프라투자은행의
탄생

영국의 작심

'미국의 푸들'이 변했다. 이라크 침공을 비롯해 미국에 충성했던 영국이 단단히 마음을 고쳐먹었다. 아시아인프라투자은행(AIIB) 참여를 만류했던 미국의 간섭에도 불구하고 앞장서서 가입을 결단한 것이다(2015년 3월). 재고再考와 장고長考 끝의 승부수다. 그래서 변심變心보다는 작심作心이 어울리겠다. 그간 줄을 잘못 섬으로써 오명과 손실이 다대했다. 명예는 실추되었고, 살림은 팍팍해졌다. 국가의 노선을 변경치 않을 수 없었다. 영국이어서 더욱 극적인 측면도 있었다. 멀게는 산업혁명의 원조이며, 가깝게는 신자유주의의 고향이다. 이제 21세기는 '아시아의 세기'임을 인정하고 중견국(Middle Power)에 적응하고 있는 것이다. 아편전쟁 이래 200년의 세계체제가 저물어간다.

현재의 금융질서에 대한 문제 제기는 오래된 것이다. 1997년 아시아 금융위기에도 아시아통화기금(AMF) 창설 논의가 활발했다. 중국은 물론 일본도 호의적이었다. 그러나 미국이 불편한 심기를 비치자 일본이 몸을 사려 뜻을 굽혔다. 미봉책에 그침으로써 병을 더욱 키웠다. 2008년, 이제는 뉴욕이 세계적 금융위기의 화근이 되었다. 이번만큼은 세계은행과 국제통화기금(IMF)의 구조개혁이 필요하다는 중론이 모아졌다. 그럼에도 한없이 미루어지고 있다.

이토록 혁신이 더딘 타성적 조직이라면 타개할 방법은 하나뿐이다. 판을 엎고 새 판을 짜는 것이다. 아시아인프라투자은행이 정답이라고 할 수는 없다. 다만 글로벌 거버넌스의 '기울어진 운동장'을 바로잡을 수 있는 해법의 하나가 마침내 도출된 것이라고 하겠다. 아시아인프라투자은행은 창설국들의 GDP(국내총생산)에 기초해 지분을 할당할 계획이다. 미국이 향유하던 거부권도 중국은 행사하지 않기로 했다. 투명성과 신뢰성을 강구할 제도 마련도 '합의제'에 근거할 것이다. 주도국의 아량과 도량을 베풂으로써 주저하던 서방 국가들의 동참을 견인해 낸 것이다. 덕치德治이고, '스마트 파워'이다. 세계질서는 점점 더 재균형 Rebalance을 향해 '민주화'되고 있다.

미국과 중국의 거버넌스 차이도 확연해졌다. 아시아인프라투자은행 출범은 공화당이 주도하는 미 의회의 자충수 성격이 강하다. 브릭스 (BRICS)*를 비롯한 신흥국의 지분을 늘리는 것을 골자로 한 IMF 개혁 법안을 5년째 보류시킴으로써 정작 자국이 주도하던 국제 금융기구의 쇠락을 앞당긴 꼴이 되었다. 미 의회는 아시아인프라투자은행 참여에도 부정적일 공산이 크다. 그럼으로써 영향력 상실을 더욱 부추겨 스스로

---

* 2000년대를 전후해 빠른 경제성장을 보이는 브라질(B), 러시아(R), 인도 (I), 중국(C), 남아프리카공화국(S)의 신흥 경제 5개국을 지칭한다. 원래 4 개국이었으나 2010년 남아프리카공화국이 추가돼 명칭도 BRICs에서 BRICS로 변경되었다.

를 궁지로 몰아넣을 것이다.

반면 아시아인프라투자은행은 구상부터 실현까지 불과 2년 남짓의 시간이 소요되었다. 2015년 3월 말 보아오 포럼Boao Forum for Asia[*]에서는 세부적인 계획안이 제출되었고, 카자흐스탄 알마티에서는 실무자 회의까지 열렸다. 일사천리, 중국식 세계화를 이끄는 '책임대국'의 면모를 과시하고 있다.

영국의 작심 이후 미국의 눈치를 보던 국가들의 가입이 봇물을 이루었다. 독일, 프랑스, 이탈리아는 공동 발표의 형식을 취했다. 이로써 유럽 4대국이 모두 참여하게 되었다. 확연하게 유럽의 축이 아시아로 이동(Pivot to Asia)하고 있다. 유라시아도 점점 실체가 되어간다. 덕분에 아시아의 중소 규모 국가들도 중국 독주의 우려를 덜어낼 수 있었다. 중국 또한 '신식민주의'의 혐의를 벗어날 수 있었다.

영국의 편승 전략은 합당한 귀결이다. 영국은 21세기에도 런던을 세계 금융의 허브로 유지하는 것을 목표로 삼고 있다. 필히 중국의 인민폐와 접속해야 한다. 여타 국가들도 마찬가지다. 자국의 금융계와 산업계에 활로를 열어주었다. 장차 유라시아에 펼쳐질 각종 프로젝트에 참여하게 될 것이다. '중국 기회론'이 '중국 위협론'을 삼켜버렸다.

실제로 유로존 위기 이후 중국의 유럽 투자는 확대일로이다. 2011년에 1조 달러를 돌파하더니, 2014년에는 1조 8,000억 달러에 달했다. 영국에선 금융상품을 구입하고, 독일에선 선진 기술에 투자하고, 그리스에서는 항만을 건설하고, 포르투갈에서는 은행을 구제하며, 스페인에서

---

[*] '아시아의 다보스 포럼(세계경제포럼)'을 지향하며 아시아 국가들의 협력과 교류를 통한 경제발전을 목적으로 창설된 비정부·비영리 민간기구. 2001년 2월 아시아 26개국 지도자들이 모여 중국 하이난 성의 보아오(博鰲)에서 출범식을 연 이래 매년 4월경 개최되고 있다.

동방무역 시대, 유라시아의 길을 앞서 걸었던 이로 마르코 폴로가 있었다. 이제 신동방무역
시대를 맞아 유러피언 드림과 중국몽이 합류하여 유라시아 르네상스를 예비한다.

는 부동산을 구매한다. 앞으로 더욱 증가할 것이다. 일방향만은 아니다. 유로화 환율 하락으로 유럽의 수출이 늘고 있다. 그 수출길이 아시아다. 중국, 인도, 아세안 등 많은 인구에 바탕을 둔 유라시아의 소비시장으로 향하고 있다.

일찍이 마르코 폴로는 유럽을 아시아와 연결시켰다. 아니, 이미 연결되어 있던 길을 따라서 유럽에 아시아를 소개했다. 동방의 국수는 누들로드를 따라 지중해를 만나 스파게티가 되어갔다. 파스타도 유라시아적 교류(Made in Eurasia)의 산물이다. 마침 2015년은 중국과 유럽의 관계가 정상화된 지 40주년이 되는 해이다. 유러피언 드림과 중국몽이 합류하여 유라시아 르네상스를 예비한다. 미국이 유럽에 손짓했던 환대서양 르네상스Trans-atlantic Renaissance는 사어死語가 되었다.

독일의 회심

유럽의 심장은 독일이다. 영국의 작심이 상징적이라면, 독일의 회심回心은 실질적이다. 유라시아로의 이행과 전환을 주도하고 있는 나라가 대륙국가 독일이기 때문이다. 2015년 3월, 메르켈 총리의 주관 아래 개막식이 열린 하노버 박람회는 금융질서 못지않은 실물경제에서의 구조변동을 뚜렷하게 보여주었다.

독일은 '산업Industry 4.0'을 국책으로 삼고 있다. 증기기관, 공장식 대량생산, 전자통신 이후의 네 번째 산업혁명을 주도하겠다는 뜻이다. 정보통신(IT) 기술과 네트워크 시스템을 이용해 제조업의 스마트화를 꾀하는 전략적 개념이다. IT 기술을 공장에 적용하여 제조업의 혁신을 도모한다. 이 정책을 처음 발표한 자리도 2013년 하노버 박람회였다. 그리고 2015년에 합작 파트너로 선택한 나라가 바로 중국이었다. 약 600

여 개의 중국 제조업체가 참여하여 박람회는 대성황을 이루었다.

손뼉도 마주 쳐야 소리가 난다. 중국은 '중국 제조 2025'와 '인터넷+'라는 계획으로 맞장구를 치고 있다. 역시 산업화와 정보화의 융합이 골자다. 모바일 인터넷, 클라우드 컴퓨팅, 빅 데이터, 3D 프린팅 등 다방면에서 독일과의 협력을 심화하기로 했다. 추임새를 넣은 것은 미래학자 제러미 리프킨이다. 초청 강연에서 본인이 제창했던 '제3차 산업혁명'의 주역으로 독일과 중국의 합작을 치켜세웠다. 양국의 주도 아래 사물인터넷을 통한 제조업의 혁명이 가능할 것이라며 장밋빛 전망을 제시했다.

2014년 3월 시진핑 주석이 독일을 방문했을 때, 양국은 '전면적 전략 동반자 관계'에 합의했다. 중국의 리커창 총리는 취임 후 연거푸 독일을 찾아 '산업 4.0'을 공동 추진하는 구체적인 계획안을 110개나 마련했다. 전기자동차, 스마트 에너지, 스마트 홈 등 다양한 미래산업이 포함되었다. 벌써 중-독 표준화위원회도 설립되었다. 21세기 제조업의 표준을 선도하는 데 의기투합한 것이다.

중국은 양국의 협력을 상징하는 선물로 노반쇄魯班鎖를 선사했다. 중국의 고대 발명가인 노반이 창안하고 제갈량이 만들었다는 자물쇠 퍼즐이다. 한국서는 흔히 공명쇄孔明鎖라고 불린다. 짝퉁으로 출발했던 중국 제조업이 첨단으로 진화하고 있음을 역사 속 아이콘으로 환기시킨 것이다. 과연 인류의 3대 발명품, 종이, 화약, 나침반은 모두 중국산이었다.

독일의 회심 또한 합리적이다. 독일은 GDP의 50퍼센트를 수출에 의존하는 제조업 강국이다. 1990년 통일 당시의 24퍼센트에 견주자면, 수출이 차지하는 몫이 꾸준히 증가하고 있다. 고로 유럽 시장은 작고 좁다. 글로벌 시장 확대가 관건이다. 결제 장부 목록은 이미 달라지고 있다. 유럽이 차지하는 몫은 40퍼센트에 불과하다. 그마저도 점점 줄고 있다.

비중이 늘어나는 곳은 단연 아시아다. 실질적으로 독일은 유로존을 넘어서고 있는 것이다. 고쳐 말해 '유라시아존'으로 진입하고 있다. 유럽 최초의 위안화 결제 기관이 독일의 중앙은행인 분데스방크가 있는 프랑크푸르트로 낙점되었음도 우연만은 아니라고 하겠다. 유라시아를 향해 독일이, 또 유럽이 동진東進하고 있는 것이다. 공교롭게도 '실크로드'Seidenstrasse라는 개념을 처음 제시한 사람도 독일의 지리학자 리히트호펜이었다.

신동방무역 시대의 도래

영국의 산업혁명은 대분기Great Divergence의 시작이었다. 지하자원을 앞서 활용함으로써 지상자원에 의존하던 유라시아 제국들을 침몰시켜갔다. 서구의 굴기 속에 오만과 편견도 무럭무럭 자라났다. 셰익스피어를 인도 전체와 바꾸지 않겠다는 허풍이 버젓이 통용되었다.

그 영국의 의사당에 간디의 동상이 세워졌다. 2015년 3월이다. 20세기 인도의 정신적 지도자가 식민모국의 중심, 웨스트민스터에 우뚝 자리한 것이다. 영국식 과거사 청산이라 하겠다. 금전적 배상은 하지 않았다. 실질 구매력에서 인도는 이미 영국을 앞질렀다. 영국의 캐머런 수상보다 인도의 모디 총리의 말에 힘이 실리는 시대다. 하여 대영제국은 하얗게 잊어도 좋겠다. 그보다는 동인도회사를 공부하는 편이 한층 유익할 것이다. 그럼에도 셰익스피어만큼은 계속 읽어갈 필요가 있다. 특히 1600년 초판이 나왔던 《베니스의 상인》을 추천한다. 당시 지중해의 풍경이야말로 21세기 유럽의 미래상에 가깝기 때문이다. 동방무역으로의 회귀, 신新동방무역 시대의 개창이다.

아시아인프라투자은행의 본부는 베이징에 자리한다. 상하이에는 브 •71

릭스 신개발은행(NDB)New Development Bank*이 들어선다. 양대 은행을 축으로 전 지구적 금융질서의 판도가 새로이 그려질 것이다. 중국은 모든 형태의 무역 거래에 위안화를 사용하는 국제결제 시스템도 출범시킬 계획이다. '아시아의 세기'는 예상을 거듭 앞질러 훨씬 일찍 도래하고 있다. 상하이의 푸둥浦東에는 '동방명주'東方明珠 탑**이 빛을 낸다. 신동방무역 시대의 상징물이 제국주의의 흔적인 와이탄外灘의 옛 조계租界***를 굽어보며 팍스 시니카Pax Sinica****를 다짐한다. 비정상을 정상으로 되돌리는 대반전Great Re-volution의 세기이다.

반전시대의 여정이 순탄치만은 않을 것이다. 반동파도 여전하다. 신상태新常態, New Normal를 거부하고 구상태를 고수하며 신냉전을 획책하는 세력들이 없지 않다. 그 최전선에 우크라이나가 자리한다. 유라시아의 재통합과 분열/분단이 길항하는 첨예한 현장이다. 우크라이나 사태 1년을 돌아볼 필요가 있겠다.

──────

* 브릭스 5개국이 세계은행·국제통화기금(IMF) 등 미국 주도의 금융질서에 맞서 추진한 독자적인 금융협력체제로, '브릭스판 세계은행'이라 할 수 있다. 2015년 7월 21일 공식 출범했다.

** 중국의 미디어그룹인 동방명주그룹이 소유한 높이 468미터의 방송탑. 세계에서 다섯 번째로 높은 타워로서 상하이 마천루를 상징한다.

*** 조계란 제국주의 시대에 서구 열강이 중국을 침략하는 근거지로 삼았던 개항 도시의 외국인 거주지로서, 외국이 행정권과 경찰권을 직접 행사했다. 상하이의 입구인 와이탄은 각국이 관리하는 공동 조계였는데, 20세기 초반 대형 은행들이 모여들면서 상하이는 중국의 금융 중심이 되었다.

****2차 세계대전 이후 미국 중심의 세계평화를 뜻하는 '팍스 아메리카나'의 시대가 가고, 이제는 중국의 주도하에 세계의 평화질서가 유지될 것이라는 예측을 표현한 말.

006

우크라이나, 신냉전과 탈냉전

나치의 후예가 어떻게
민주투사가 되었나?

신냉전: 역사의 반복

우크라이나를 살피노라면 기시감이 거듭 인다. 20세기의 온갖 적폐가 고스란히 반복되고 있다. 우크라이나의 경제는 수렁에 빠져 있다. 2014년 GDP는 7.5퍼센트 감소하고, 물가는 20퍼센트 상승했다. 정치 불안으로 해외 투자도 대폭 줄었다. IMF 차관으로 간신히 연명하고 있다. 그런데 IMF 개입이 독배라는 점이 더욱 큰 문제다. '쇼크 독트린'*, 재난 자본주의가 재가동되고 있는 것이다.

---

* 캐나다 출신의 저널리스트이자 반지구화운동의 진보적인 활동가인 나오미 클라인이 만든 개념으로, 2007년 출간된 그의 저서 제목이기도 하다. 전쟁, 테러, 자연재해, 주식시장 붕괴 같은 큰 재난이나 위기를 맞아 혼란에 빠진 국민을 선동해, 정상적인 상황에서는 받아들이기 어려운 전면적 자유시장 프로그램 같은 경제적 충격요법을 밀어붙여 정부가 원하는 체제로 사회를 이끌고 가는 전략이다.

IMF는 언제나 선봉대였다. 1970년대 남미부터 1990년대 동아시아까지 신자유주의의 첨병이었다. 새 천년에는 아일랜드와 그리스를 '부채 식민지'Debt Colony로 만들었다. 이제는 우크라이나를 새 영토로 삼았다. 으레 구조조정을 요구하고 있다. 특히 농업 조항이 눈에 띈다.

우크라이나는 세계 세 번째 옥수수 수출국이자 다섯 번째 밀 수출국이다. 비옥한 흑토 덕에 천혜의 곡창지대를 가졌다. 그 풍요로운 국부의 원천이 생명공학 기업들의 이윤 창출 수단으로 넘어가고 있다. 승자는 예상 가능하듯, 몬샌토Monsanto와 듀퐁Du Pont이다. 2014년 이후 몬샌토는 14억 달러를 우크라이나에 투자했다. '규제완화'와 '민영화'가 착착 진행됨으로써 농경지를 손쉽게 탈취할 수 있었다. 2014년에 탄핵으로 쫓겨난 전임 대통령 빅토르 야누코비치가 결사코 막고자 했던 사태가 바로 이것이다. 국가를 '세계화의 덫'에 빠뜨리고 농업 기반을 외국 자본에 팔아넘기는 최악의 시나리오가 삽시간에 전개된 것이다.

그럼에도 우크라이나의 실상은 엉뚱하게 알려지고 있다. 비난의 표적이 IMF가 아니라 러시아와 푸틴 대통령이다. 서방의 오래된 기만책이 기막히게 먹혀들었다. 매체를 동원한 여론 조작이다. 2014년 크림반도의 러시아 합병은 그곳 주민들의 '민주적인' 의사결정에 따른 것이었다. 그럼에도 러시아가 우크라이나를 침공했다는 착시가 상당히 널리 퍼져 있다. 그만큼 서방은 선전선동에 능란하다. 아무런 물증을 제시하지 않고도 러시아에 경제제재를 가하고 있다. 이 또한 결코 낯선 풍경만은 아니다. 거짓 정보를 흘려 이라크를 침략하고 석유지대를 탈취했던 예전의 악습과 상통한다.

선전선동은 우크라이나에서도 기승이다. 아직도 21세기의 러시아를 20세기의 공산주의에 빗대는 시대착오가 만연하다. 전면적 반공주의를 관철시키는 새 법안마저 통과되었다. 정보기관은 이미 공산당 당수인 표트르 시모넨코를 체포했다. 이유가 가관이다. 러시아를 방문해 TV 인터뷰에 응함으로써 우크라이나의 국가 안보에 위해를 가했다는 것이다. 국가보안법의 악취가 풍긴다.

이쯤에서 2014년 우크라이나 사태(대통령 탄핵·추방)를 촉발한 '유로마이단 운동'의 기원을 추적할 필요가 있겠다. 70년을 거슬러 오른다.

1945년 5월, 독일이 패망했다. 그럼에도 우크라이나에는 나치를 추종하는 일군의 무리가 남았다. 소위 우크라이나민족주의연합Organization of Ukrainian Nationalists이다. 이들은 패전 후에도 소련에 대한 저항을 멈추지 않았다. 1949년 사회주의 공화국이 들어서자 해외로 거점을 옮겨, 우크라이나 '해방'을 위해 전복 활동을 계속했다.

서방, 특히 미국은 이 조직을 적극 활용했다. 지도자 미콜라 레베드가 대표적인 인물이다. 나치 협력의 이력은 문제 삼지 않았다. 소련에 맞설 냉전의 전사에 부합했기 때문이다. CIA는 연구기관과 출판사를 차려주었다. 반공/반소反蘇적 지식과 정보를 생산하도록 물심으로 지원했다. 라디오 방송을 하고, 반공 강연을 다니고, 신문과 책을 발행했다. 이른바 '문화 냉전'의 전위였다.

이처럼 우크라이나민족주의연합은 미국의 보호 아래서 수십 년간 신新 우크라이나 민족주의를 고취해왔다. 2차 세계대전의 역사도 교묘히 고쳐 썼다. 반소/반공의 역할을 일방적으로 부각시켰다. 이면으로 친親나치 전쟁범죄의 흔적은 슬며시 지워냈다. 1991년 소련이 붕괴하자 이들이 대거 우크라이나에 진입했다. 망명자들이 집필한 역사 교과서도 우크라이나로 반입되었다. 나치즘에서 배양되고 미국에서 숙성되었던 극단적인 민족주의가 고스란히 전파된 것이다.

이들은 2004년 '오렌지 혁명'* 이후 '민주화'의 허울 아래 세勢를 더욱 키워갔다. 그리고 10년 만에, '민주적'으로 당선된 대통령(빅토르 야누

우크라이나의 수도 키예프.

2014년 우크라이나 사태 당시 시내 곳곳에서 소요가 벌어졌다. 전체주의와 반공주의와
신자유주의, 20세기의 병폐가 집약된 우크라이나 사태는 작금의 유럽의 축소판이다. 실제로
유럽에서는 극우파들이 갈수록 맹위를 떨치고 있다.

코비치)을 몰아내는 민간 쿠데타에 성공한 것이다. 그럼으로써 친나치 시절의 반러시아, 반유대주의를 재차 공공연하게 표방하고 있다. 러시아인과 유대인이 많이 거주하는 우크라이나 동부를 상대로 내전을 추동하고 있다. 전체주의와 반공주의와 신자유주의, 20세기의 병폐가 집약되었다.

따라서 '유로마이단 운동'은 우크라이나뿐 아니라 유럽 전체의 현황을 노정하는 역설적 진실을 담고 있다. 유로마이단은 '유럽'과 '마이단' Maidan(광장)의 합성어로, '유럽의 광장'을 지향하며 유럽연합의 일원이 되고자 한다. 실제로 작금의 유럽은 우크라이나와 제법 흡사하기도 하다. 유럽의 동서를 막론하고 극우파들이 갈수록 맹위를 떨치고 있다.

멀찍이서 흡족한 나라는 미국이다. 유럽과 러시아를 다시 갈라침으로써Devide and Rule 유라시아의 재통합을 막을 수 있는 기회가 열렸다. 우크라이나를 북대서양조약기구(NATO)의 일원으로 편입시켜 러시아를 우크라이나의 전장으로 더욱 끌어들일 태세다. 그리하여 러시아를 경제적으로 소진시키고 궁극적으로 '체제 전환'을 도모한다.

러시아의 소위 '자유주의'적 반체제 인사들은 이 대국大局을 좀체 간파하지 못한다. '민주 대 독재'라는 흘러간 노래만 부른다. 지금 푸틴이 물러서면 러시아는 우크라이나의 전철을 밟게 될 것이다. 자국의 자원은 헐값에 넘어가고, 중앙아시아마저 덤으로 바치는 꼴이다. 불행 중 다행으로 국가보안위원회(KGB)에서 잔뼈가 굵은 푸틴은 좀체 호락호락하지가 않다. 왕년의 얼치기 자유주의자 옐친처럼 어리숙하지 않다. 이미 민스크 합의를 주도함으로써 반전의 발판을 마련했다.

─────   *   2004년 우크라이나 대통령 선거 당시, 여당의 부정 선거에 맞서 벌어진 민주화 시위. 야당을 상징하는 색이 오렌지색이었기에 '오렌지 혁명'으로 불린다.

탈냉전: 역사의 반전

푸틴과 보조를 맞춘 이는 독일의 강골, 메르켈이다. 그녀도 미국의 흑심을 좌시하지 않았다. 우크라이나 극우세력을 은밀히 지원하여 군사적 개입을 도모하는 호전책을 방관할 수 없었다. 미국의 군사 지원이 시작되면, 미국과 러시아가 직접 교전하는 상황으로 치달을 수 있다. 3차 세계대전의 양상이다. 게다가 미국은 북대서양조약기구의 모자를 뒤집어쓰고 참전할 것이다. 고쳐 말해 독일마저 휩말려 들어가는 것이다. 탈냉전 이후 최악의 위기였다.

하여 수작을 부리기 전에 선수를 쳤다. 서둘러 모스크바와 키예프(우크라이나 수도)로 날아간 까닭이다. 그래서 독일과 프랑스, 러시아와 우크라이나가 마주 앉아 중지를 모아냈다. 2014년 9월 5일, 벨라루스의 수도 민스크에서 협정이 조인되었다. 물론 이 민스크 협정은 미봉책이다. 하더라도 상징성은 대단하다. 미국을 배제함으로써 동유럽의 정전과 안정을 이끌어낸 것이다. 독일(과 프랑스)은 점점 더 미국의 울타리에서 벗어나고 있다.

그러므로 러시아가 서방의 봉쇄로 고립되어 있다는 진단 또한 좀체 사실과 부합하지 않는다. 미국과 그 동맹국들에서나 통하는 그릇된 통념이다. 오히려 푸틴이 독일에 제안했던 '대유럽'Greater Europe 구상에 대한 호감이 갈수록 늘고 있다. 포르투갈의 리스본에서 러시아 블라디보스토크에 이르는 유라시아 고속철을 건설하자는 것이다. 독일의 기술력과 러시아의 자원과 중국의 시장을 커다랗게, 또 촘촘하게 엮어내는 것이다. 이 솔깃한 구상을 독일이 마다할 이유가 전혀 없다.

러시아는 도리어 전방위적 외교를 펼치고 있다. 2015년 여름 브릭스 정상회의와 상하이협력기구(SCO)* 정상회의를 동시에 주최한다. 다극화 세계의 교두보인 브릭스는 신개발은행을 출범시킨다. 세계 인구의 5분의 2를 차지하는 국가들이 달러를 사용하지 않는 새로운 무역 체제를 선보이는 것이다. 상하이협력기구 역시 확대일로이다. 곧 남아시아의 대국, 인도와 파키스탄이 가입한다.** 여기에 서아시아의 터키 또한 상하이협력기구로 선회할 가능성이 크다. 거듭된 구애에도 유럽연합 가입이 좌절되었기 때문이다. 이슬람 국가라는 점이 끝내 발목을 잡았다. 그러나 상하이협력기구는 종교와 문명이 다르다고 타박하지 않는다. 2015년 초에 중국과 러시아산 무기 구입을 결정함으로써 터키 또한 유라시아로의 노선 변경을 본격화했다.

화룡점정은 이란이 찍을 듯하다. 2015년 4월 핵 합의가 이루어짐으로써, 국제 제재를 받고 있는 국가는 가입을 보류하는 상하이협력기구 헌장의 제약에서 벗어날 수 있게 되었다. 중국은 곧장 이란과 파키스탄을 잇는 천연가스 연결망 사업을 발표했다. 테헤란과 이슬라마바드가 베이징과 한 줄로 엮여든다. 이란은 곧 상하이협력기구의 정식 회원국이 될 가능성이 매우 높다.

여기에 2015년 4월, 그리스의 치프라스 총리가 모스크바에서 푸틴을 만나 그리스의 돌파구를 여는 장면도 충분히 인상적이었다. 두 사람은 양국이 공유하는 동방기독교의 전통을 회고하고, 나치즘에 함께 맞섰던 2차 세계대전의 기억을 나누었다. 같은 시기 러시아의 메드베데프 총리는 방콕을 방문 중이었고, 태국의 국방부 장관은 베이징에서 군사회담을 하고 있었다. 또 베트남은 2015년 1월에 닻을 올린 유라시아

---

* 중국, 러시아 및 중앙아시아 국가들이 참여한 지역 안보·경제 협력기구.

** 2016년 6월 24일 영국의 유럽연합 탈퇴(브렉시트)가 결정되던 날, 상하이협력기구는 인도와 파키스탄의 정식 회원국 가입을 결정했다. 이로써 회원국은 중국, 러시아, 우즈베키스탄, 카자흐스탄, 키르기스스탄, 타지키스탄, 인도, 파키스탄 등 8개국이 되었다.

경제연합(EEU)*과 자유무역협정(FTA)을 체결했다. 동과 서, 남과 북으로 유라시아의 재통합이 왕성하게 진행되고 있는 것이다. 좌/우를 가르지도 않고 민주/독재를 가리지도 않는, 대동大同세계의 새 물결New Wave이다.

신세계, 새 물결

우크라이나의 혼란을 통해 미국이 꾀하는 것은 유라시아의 삼분三分이다. 유럽, 러시아, 중국을 나누고 쪼개는 것이다. 러시아는 북대서양조약기구로 견제하고, 중국은 한-미-일 연합으로 봉쇄한다. 전자가 환대서양 동맹이고, 후자가 환태평양 동맹이다. 냉전기의 패권책을 반복하는 것이다. 그러나 차이 없는 반복은 반동적이다. 실로 대서양은 19세기가, 태평양은 20세기가 절정이었다. 어느덧 신세계New World야말로 구체제Ancien Régime가 되고 있다. 역사는 늘 그렇듯, 돌고 또 돌아간다.

중국, 러시아, 인도, 이란, 터키 등은 하나같이 유라시아의 고전 문명을 계승하는 유구한 나라들이다. 21세기의 '신형 대국大國관계'** 또한 이들로부터 도출되지 않을까 싶다. 오래된 세계를 갱신함으로써 더 멋진 신세계, 신천지를 일구는 데 의기투합하고 있기 때문이다. 그래서 중국의 실크로드 프로젝트만이 특별난 것이 아니라고 하겠다. 이슬람권은 향신료길Spice Route을 재발견하고 있고, 인도는 면화길Cotton Route을 주

---

* 서유럽 중심의 유럽연합(EU)에 대응해, 러시아가 중심이 된 옛 소련권 국가들의 연합체. 장차 '유라시아연합'으로까지 발전할 전망이다.

** 냉전기 미-소의 패권적 경쟁관계와는 다른 차원의 세계질서를 만들어가자며 시진핑 주석이 오바마 대통령에게 제안했던, 미-중 간 새로운 관계 모색의 핵심 개념이다.

목하고 있다. 유라시아를 가로질렀던 누들 로드Noodle Road 또한 빠뜨릴 수 없겠다. 자본주의 세계체제의 막다른 곳에서 비단길과 향신료길과 면화길과 국수길이 다시 만나고 이어지고 있는 것이다.

그 생생한 재생再生과 환생還生의 현장들을 차근차근 밟아갈 것이다. 우선 인도양의 바닷바람부터 가볍게 쐬어보기로 한다. 홍을 돋우는 배경음악으로는 뉴에이지New Age가 딱이겠다.

인도양에 부는 바람

재균형의 축,
인도

비단길과 면화길

인도양에도 대륙풍이 거세다. 21세기 해양 실크로드의 남진南進이 파죽지세다. 특히 스리랑카, 몰디브, 모리셔스, 세이셸 등 도서국가들이 거점이다. 언뜻 하와이, 괌, 필리핀, 오키나와를 발판으로 태평양에 진출했던 20세기의 미국을 연상시킨다. 미국은 대서양과 태평양을 양 날개로 비상했다. 중국은 태평양과 인도양을 양 축으로 발돋움하고 있다.

으뜸은 스리랑카이다. 중국이 스리랑카의 콜롬보 항과 함반토타 항 건설을 주도하고 있다. 중국은 이미 세계 10대 항만 가운데 7개 항만을 보유한 해양대국이다. 콜롬보와 함반토타 모두 '남아시아의 싱가포르'에 빗댈 만한 최고 수준으로 개발할 계획이다. 여기에 콜롬보, 갈레, 마타라를 잇는 연안 도시고속도로도 만들어주고 있다.

몰디브도 못지않다. 2013년 11월 압둘라 야민 정부 출범 이래 중국과 더욱 밀착하는 모양새다. 이듬해 9월에는 시진핑 주석이 친히 방문했다. 중국 최고 지도자로는 최초의 행차였다. 관광, 건설, 해양의 3대 산업에 집중 투자하기로 했다. 구공항은 보수하고 신공항도 세운단다. 수도 말레와, 국제공항이 자리한 훌훌레를 잇는 다리도 짓고 있다. 몰디브의 바닷길, 육지길, 하늘길을 모두 연결해주고 있는 것이다.

세이셸에도 정성이다. 위치가 중요하다. 인도의 서쪽은 아프리카의 동편이다. 중국은 아프리카의 자원과 에너지가 목마르다. 하지만 아프리카의 동해안이 잔잔하지 못하다. 수시로 해적이 출몰한다. 2011년 아덴 만 해적 소탕 작전 이후 중국 해군이 정기적으로 순시하고 있다. 그들의 중간 연료 주입지로 낙착된 곳이 바로 세이셸이다.

실은 스리랑카의 콜롬보 항에도 중국의 잠수함이 등장하여 적지 않은 파장을 일으켰다. 그 여파로 2015년 1월 대통령 선거에서 스리랑카의 정권이 교체되었을 정도다. 중국의 투자 덕에 연 7퍼센트 이상의 고성장을 구가하고 있음에도 중국 편중에 대한 우려가 높아진 것이다. 그래서 스리랑카 신정부는 한때 중국과의 대규모 사업을 전면 재검토할 것을 천명하기도 했다. 결국 '계속 시행'으로 귀착되기는 했지만, 중국의 인도양 진출에 대한 경각심이 점차 늘고 있음을 반증하는 일화였다.

그리하여 '재균형'의 축으로 호출된 나라가 인도이다. '인도양'은 말 그대로 인도의 텃밭이다. 인도의 모디 총리는 2015년 3월 스리랑카, 세이셸, 모리셔스를 잇달아 순방하며 존재감을 과시했다. "이웃부터 챙긴다"Neighbourhood-First라는 안성맞춤의 구호도 내세웠다. 순방 이후에는 인도의 동부 도시 부바네스와르에서 대규모 국제회의도 주최했다. "인도양: 해양 교역과 문명 교류의 재건"Indian Ocean: Renewing the Maritime Trade and Civilizational Linkages을 주제로 인도양 9개국의 전문가들이 대거 참여했다. 바로 이 자리에서 선언된 것이 '면화길'의 복원이다. 중국의 비단길 공세에 인도는 면화길로 응수한 것이다.

면화길을 복원하기 위해서는 아시아와 아프리카로 향하는 통로가 필요하다. 아시아의 거점으로는 이란이 꼽힌다. 인도는 이미 러시아와 함께 이란을 통하여 양국을 잇는 남북 회랑을 구상 중이다. 인도의 뭄바이 항에서 선적한 화물이 이란의 반다르아바스를 통과하고, 카스피 해를 지나 러시아의 아스트라한 항에 도착하는 물류망을 구축한다는 것이다. 또 이란의 차바하르 항을 통해서는 아프가니스탄과 접속하고, 더나아가 터키까지 이어질 수 있다. 인도판 유라시아 구상에 이란이 관건적 위상을 차지하고 있다.

아프리카의 거점은 남아프리카공화국이다. 남아프리카공화국은 이미 브릭스의 일원으로 관계가 돈독하다. 또 인도양에는 인도계 디아스포라가 산재한다. 그중에서도 간디도 머물렀던 남아프리카공화국에 특히 많다. 화교華僑가 비단길의 촉진자 역할을 하듯이, 2,500만 인교印僑 또한 인도와 아프리카를 잇는 면화길의 주역이 될 수 있다는 것이다. 이미 이집트에서 남아프리카공화국까지 동아프리카를 종단하는 연결망을 '인교 네트워크'를 통하여 구축한다는 야심찬 계획도 세워두었다.

아세안도 빠뜨릴 수 없겠다. 북으로는 미얀마의 시트웨 항 건설을 돕고 있다. 벵골 만을 통하여 인도의 동북부와 아세안을 잇겠다는 뜻이다. 미얀마까지 닿는 고속도로도 건설하여 동남아를 종횡하는 아세안 고속도로ASEAN Highway와도 접속할 계획이다. 남으로는 인도네시아가 중요하다. 세계 4위의 인구를 보유한 명실상부 아세안 최대 국가이다. 그중에서도 핵심인 수마트라와 자바가 모두 인도양에 자리한다. 2015년 4월 22일 공식 취임한 인도 최초의 아세안 대사 또한 자카르타를 첫 부임지로 삼아 인도네시아를 예우했다.

기실 인도는 동남아의 기층문화를 일군 발상지라고 할 수 있다. 불교와 힌두교에 이슬람까지, 막강한 소프트파워를 보유하고 있다. 유불도儒佛道의 중국에 견주어도 결코 밀리지 않는 매력이고 자산이다. 인도 역시 또 하나의 문명국가Civilization-state인 것이다.

다만 인도가 자랑하는 '세계 최대의 민주주의'가 복병이다. 갈대 같은 민심은 모디 정권 출범 채 1년이 되기도 전에 지방선거에서 야당으로 돌아섰다. 정권이 교체되면 지난 정권의 노선은 일단 뒤집고 보는 것이 작금 민주주의의 병폐다. 모처럼의 면화길 선언이 얼마나 지속 가능한 정책이 될는지 가늠하기 힘든 것이다.

주도면밀하게 십년지계十年之計를 세우고 일사불란하게 추진하는 중국에 비하자면, 인도의 거버넌스는 아무래도 어수선하다. 그럼에도 장기적인 추세는 낙관적이다. 일국의 정세가 '유라시아 르네상스'라는 세계사의 대세를 정면으로 거스르기는 어려울 것이기 때문이다. 문제는 방향보다는 속도이겠다.

신드바드와 장보고

모디 총리는 '청색 경제'Blue Economy도 제창했다. 인도양의 해양 경제에 바탕을 둔 청색 혁명Blue Revolution을 표방한 것이다. 인도의 국기 한복판에는 스물네 갈래로 뻗어가는 파란색의 법륜法輪이 자리한다. 실로 인도는 동아프리카, 호르무즈 해협, 수에즈 운하, 홍해, 아덴 만, 페르시아 만, 아라비아 해, 벵골 만, 믈라카 해협, 남중국해를 잇는 광활한 바다의 한가운데 자리한다. 인도양을 에워싸고 있는 국가들은 해양 생태계를 보존하고 기후변화와 각종 재난에 공동 대처하는 운명공동체(Indian Ocean Community)임을 선언한 것이다.

새삼 이를 일깨워준 비극적인 사건도 있었다. 10여 년 전 인도네시아 수마트라를 강타한 대지진과 쓰나미다. 17만 명을 헤아리는 막대한 희생자 가운데는 소말리아와 케냐, 탄자니아 등 아프리카 사람도 160명이 있었다. 쓰나미가 일어난 날은 2004년 12월 26일. 해일은 겨울계절풍을 타고 2005년 1월 동아프리카까지 가닿았던 것이다. 인도양은 바람과 파도로 이어지는 하나의 생태계였다.

인도양 세계는 몬순 계절풍의 산물이다. 11월부터 3월까지는 인도양 동북부(아라비아 반도, 페르시아 만, 인도 아대륙)에서 동아프리카 해안(소말리아에서 마다가스카르까지)으로 건조하고 더운 북동계절풍이 분다. 4월부터 6월까지는 폭풍과 장마가 잦다. 7월이 되어야 하늘이 걷히고 바람의 방향도 바뀐다. 인도양 서부에서 동부를 향해 여름계절풍이 부는 것이다. 항해사와 상인들은 이 몬순의 순환을 따라서 인도양을 하나의 생활 세계로 만들어갔다. 동서의 문화 전파와 인구 이동을 매개했던 것이다. 대서양과 태평양이 발견과 정복의 거친 바다였다면, 인도양은 교류하고 소통하는 세련된 코즈모폴리턴 세계였다. 그 인도양 세계의 보편어는 아랍어였고, 그 물길과 말길을 따라서 알라와 무함마드(마호메트)의 말씀도 널리널리 퍼져나갔다.

그래서 인도양 세계의 출현은 아무리 늦게 잡아도 이슬람이 약진했던 8~9세기로 거슬러 오른다. 아랍과 페르시아의 상선들이 인도양을 순회하기 시작했다. 중국의 정크선도 동남아로 진출하여 이슬람 상인들과 합류했다. 페르시아와 남중국을 잇는 바닷길이 천 년 전에 완성된 것이다.

이로써 탄생한 여행 서사가 바로 《신드바드의 모험》이다. 신드바드는 바그다드 출신 상인이었다. 동양의 진귀한 보물을 찾아 이라크의 바스라 항을 떠나 인도양으로 향했다. 남南으로는 동아프리카의 마다가스카르까지, 동東으로는 말레이와 자바까지 가닿았다. 그러나 당시만 해도 계절풍에 대한 정보가 충분히 축적되지 않았던 모양이다. 거친 풍랑을 만나 무인도와 낯선 섬을 전전하며 온갖 고생과 고초를 겪는다. 그러다 끝내 사란디브, 오늘의 스리랑카에 도착해 보물을 발견한다. 각종 보석과 상아를 수입하여 대부호가 된 것이다. 물론 소설이다. 하더라도 허무맹랑한 소리도 아니다. 오히려 9~10세기, 인도양 세계를 누볐던 아랍과 페르시아 상인들의 생활상을 생동감 넘치게 전하는 리얼리즘에 가깝다.

그들의 최종 목적지는 중국의 광저우廣州였다. 그래서 광저우에는 이슬람 상인의 대규모 거류지였던 번방番坊이 있었고, 모스크도 여럿이었다. 호기심 왕성한 일부는 중국 연해를 따라 북상했다. 푸젠 성福建省의 천주泉州나 장강 하구의 양주揚州에도 거류지가 생겨났다. 우리로서도 흥미롭지 않을 수 없다. 신라방이 자리했던 곳이기 때문이다. 즉 천주와 양주는 동아시아 교역권과 남아시아 교역권을 잇는 연결점nod이었다.

당시 동아시아 교역권을 주름잡았던 인물이 바로 해상왕 장보고였다. 즉 신드바드와 장보고는 딴 세상 사람들이 아니었던 것이다. 찻잔을 기울이고 실론티를 마시며 담소를 나누었을지 모른다. 엉뚱한 과장만도 아니다. 신드바드란 페르시아어로 '힌드바드', 즉 '인도의 바람'이란 뜻이다. 인도양의 계절풍을 이용하여 항해했던 바닷사람들의 총칭인 것이다. 이슬람과 한반도의 바닷사람들이 조우하여 천일야화를 나누었을 가능성은 얼마든지 있었던 것이다. 그네들의 세계는 넓고도 가까웠다.

인도양 세계의 전성기는 13세기였다. 몽골세계제국이 중화세계의 경제력과 이슬람 세계의 상업망을 커다랗게 통합했다. 대륙의 초원길과 해양의 바닷길이 하나로 연결되어 유라시아의 대동맥이 되었다. 그래서 혹자는 '13세기 세계체제'라고도 부른다. 중심과 주변의 위계로 작동하는 근대 세계체제와는 일선을 긋는, 공존과 관용으로 작동하는 다중심적 세계였다는 것이다.

여기서 '13세기 세계체제'의 실체를 규명할 것까지는 없겠다. 오히려 근대 세계체제의 기원을 16세기 지중해에서 구하는 기왕의 독법을 수정하는 편이 낫겠다. 지중해가 외따로 존재하여 자가발전했던 것이 아니다. 오히려 지중해는 인도양의 물결이 가장 늦게 도달하는 끝물에 자리했다. 그래서 바스코 다가마도, 콜럼버스도 그토록 인도로, 인도양으로 가고 싶어 했던 것이다. 지중해-인도양의 관계 양상이 지중해-대서양의 일방적이고 폭력적인 수탈 방식으로 전환된 것도 19세기에서야 전면화되었다. 그 전에는 그저 장사하고 무역하는 동인도'회사'에 그쳤을 뿐이다. 산업혁명 이후 증기선과 함포로 중무장한 전함들이 진군함으로써 정크선과 다우선*들이 속수무책으로 밀려난 것이다.

그러자 '자유 무역'이 번창했다. 바람과 파도에 순응하고 팔다리의 근력에 의존했던 '자연 무역' 대신에 석탄과 석유를 때어 해류를 거스르는 '자유 무역'이 이식된 것이다. 그러나 '자유 무역'은 결코 자유롭지도, 자연스럽지도 않았다. 소금, 목재, 면화, 비단, 도자기, 보석 등 '보이지 않는 손'의 비교우위에 기반을 둔 천 년의 교역망이 왜곡되고 굴절되었다. 고무와 사탕수수, 아편을 단작 경영하는 플랜테이션도 확산되었다. 인도양 사회만큼이나 생태와 식생 또한 식민화되었던 것이다.

그리하여 상인들이 주도했던 말랑말랑하고 물렁물렁했던 유기적이고 액체적인 세계가, 군인들이 앞장서는 딱딱하고 단단한 기계적 세계(=국가간체제)로 경직화되어 갔다. 본디 바다에는 산과 강처럼 대지를 가르는 자연적 경계가 없는 법이다. 그럼에도 '영해'領海라는 관념과 국제법을 들이밀며 바다 역시 육지화하고, 영토화하고, 군사화했다. 이러한

---

* 정크선은 한나라 때부터 사용된 중국의 전통 범선이고, 다우선은 고대 인도양에서 널리 사용되던 선박이다.

전환을 두고 20세기에는 '문명화'라거나 '근대화'라며 높이 떠받들었다. 그 가당찮은 어불성설이 표준적 지식과 이론으로 군림함으로써 천 년 간 유라시아의 허브로 약동했던 인도양 세계 또한 체계적으로 은폐되고 망각되었던 것이다. 인도양도 백 년이나 고독했다.

백 년의 역풍, 천 년의 순풍

딱딱하게 굳어진 세계가 쉬이 풀리지는 않았다. 간디의 읍소에도 불구하고 국가간체제가 아대륙(인도)에서도 복제되었다. 인도는 파키스탄과 분단되었고, 방글라데시마저 떨어져 나갔다. 영국 식민주의의 반작용으로 민족주의가 세계주의를 대체했다. 특히 인도는 간디식 자급/자립주의와 네루식 일국사회주의를 추구하며 제3세계에 자족했다.* 그리하여 동아시아 자본주의가 생산 및 유통, 소비 네트워크를 촘촘하게 구축하여 중화세계를 회복해갔던 것에 비하여, 남아시아는 여전히 재통합과 재융합이 더디고 무딘 편이다.

그럼에도 지구는 돌고, 계절은 순환하고, 바람도 방향이 바뀐다. 인도에서도 변화의 바람, 반전反轉의 바람이 불고 있다. 인도가 모삼 프로젝트Project Mausam를 공식화한 것은 2014년 중반이었다. 중국이 실크로드 프로젝트를 표방한 지 1년 후였다. '모삼'은 '몬순'Monsoon의 힌두식 발음이다. 몬순 계절풍에 기댄 고전적 교역망을 재건함으로써 인도양세계의 복원을 추진하겠다는 뜻이다.

---

* 간디는 비자본주의적 생산/생활 방식으로 마을 자치에 기반을 둔 자급자족 경제를 독립인도의 건국 청사진으로 제시했고, 초대 총리가 된 네루는 소련을 전범으로 삼아 일국 단위에서의 단계적인 계획경제를 추진했다. 양자 모두 경제와 무역에서의 국제협력과는 거리가 멀었다.

중앙정부의 방침에 가장 기민하게 호응하고 있는 곳은 남서부의 케랄라 주이다. 벌써 주정부 차원에서 왕년의 향신료길을 따라서 아라비아 반도를 지나 동아프리카에 가닿는 여행상품을 개발했다. 인도양 세계에서도 재차 활기가 넘쳐나고 활력이 솟아난다.

물론 비단길과 면화길의 충돌을 우려하는 견해가 없지 않다. 국제관계학 이론을 빙자하여 은근슬쩍 아시아 양 대국의 이간질을 꾀하는 글들도 적지 않다. 그럼에도 나는 친디아(China+India)의 시너지 효과에 낙관적인 편이다. 모자란 것은 보태고, 남는 것은 나눌 수 있는 여건이 조성되었다. 중국은 자본이 넘쳐나지만 노동력이 줄고 있다. 인도는 자본은 부족한데 인력은 넉넉하다. 상호 보완할 수 있다. 또 중국은 세계 최고의 인프라 대국이고, 지금 인도가 필요한 것이 바로 인프라 재건이다. 상부상조win-win할 수 있다. 유라시아의 대국적 견지에서도 양국의 협동은 중차대하다. 오늘의 G2는 미국과 중국이지만, 내일의 G2는 중국과 인도이기 때문이다. 하여 2015년 5월의 모디와 시진핑의 만남은 올해 가장 중요한 양자회담이라 하겠다. '중인대동'中印大同이야말로 태평천하太平天下의 주춧돌이 될 신형 대국관계이기 때문이다.

막연한 소망만은 아니다. 근거 없는 억측도 아니다. 엄연하게 역사를 기초로 한 나름의 전망이다. 신중국과 신인도는 '평화공존'에 충성할 것을 굳게 맹세한 바 있다. 60년 전, 1955년 반둥에서 열린 아시아-아프리카 회의(일명 '반둥 회의')에서였다. 네루(인도 총리)와 저우언라이(중국 총리), 나세르(이집트 대통령)와 수카르노(인도네시아 대통령) 등 아시아-아프리카의 거인들이 집결한 획기적인 모임이었다. 돌아보면 인도양 세계를 재건하는 출발점이기도 했다. 인도양의 동쪽 끝자락에 자리한 인도네시아가 괜히 주최국이 아니었던 것이다. 또 남-남南-南 연대를 조숙하게 다짐함으로써 새 천년의 세계질서를 준비하는 기원이었다고도 하겠다.

백 년의 역풍逆風을 천 년 순풍順風으로 되돌리는 '장기 21세기'*의 발원 지였던 것이다. 이만하면 반둥으로, 자카르타로, 인도네시아로, 가지 않을 수가 없겠다.

---

* 이탈리아 출신의 사회학자 조반니 아리기의 저서 제목인《장기 20세기》에 빗댄 말. 이 책은 자본주의 세계체계의 특수한 발전 단계를 구성하는 네 번의 장기 세기들 중 마지막 단계인 미국 헤게모니의 세기를 '장기 20세기'라 지칭하면서 자본주의 역사를 체계적 축적 순환 과정으로 재해석한다. 그리고 이를 통해 미국의 세기, 즉 '장기 20세기'의 시작과 몰락, 다음 세기로의 이행을 이야기한다.

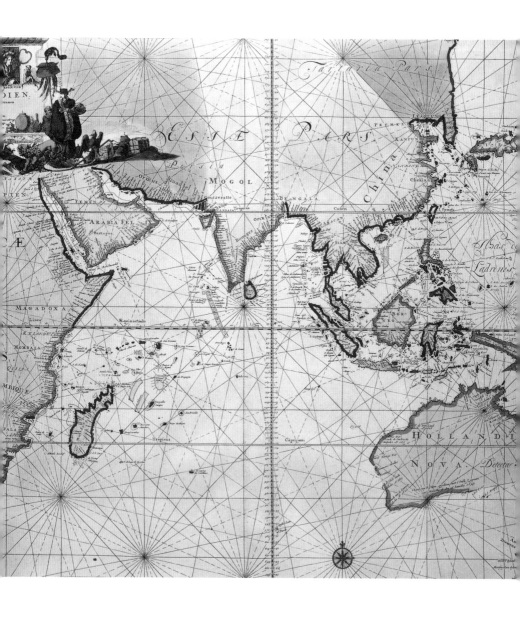

008

반둥, 위대한 유산

'아시아-아프리카 회의' 60년,
그날의 환희를 기억하라

인도네시아 반둥 가는 길

반둥 가는 길은 수월치 않았다. 자카르타의 교통 체증은 원체 악명이 높다. 한번 가보지 못했어도 귀에 익었을 정도이다. 한 친구는 자카르타에서 반둥까지 15시간이 걸렸다는 '무용담'을 들려주었다. 다행히 한인韓人들의 온/오프라인 네트워크는 넓고도 촘촘했다. 카카오톡 망을 두 번 거치자 지인의 지인을 통해 자카르타와 반둥을 오가는 기차표를 미리 구할 수 있었다. 가벼운 마음으로 인도네시아로 향했다.

반둥행 당일도 가뿐했다. 출발 2시간 전, 느긋하게 숙소를 나섰다. 그러나 오산이었다. 기차가 떠나고 15분이 더 지나서야 감비르 역에 도착했다. 택시에서 꼬박 두 시간 반을 갇혀 있었던 것이다. 10여 킬로미터를 꼼짝달싹하지 못한 구간이 화근이었다. 반대편 도로가 원활한 것을 보면 출근길 때문만은 아니지 싶었다. 다급한 마음에 택시 기사에게 정황을 물었지만, 알아들을 수 없는 인도네시아 말이 되돌아왔을 뿐이다. •93

병목 지점에는 웅장한 이슬람 사원이 자리했다. 인파와 차량이 빼곡하여 일대가 마비 상태였다. 무언가 중요한 종교 행사가 있었던 모양이다. 모스크의 기도 소리를 들으며 잠에서 깨어난 새벽만 해도 경건하게 하루를 시작하는 듯해 기분이 좋았더랬다. 이제는 그저 원망스러울 뿐이다. 반둥행이 불발되었던 지난번 기억이 불길하게 떠올랐다.

석사 논문의 소재가 '반둥 회의'였다. 중국 외교부 자료관에 가서 저우언라이가 즉석에서 수정하고 보완했던 육필 원고까지 필사하는 정성을 들였었다. 그럼에도 정작 반둥에는 가보지 못했다. 가려고는 했었다. 현장에서 생동감 있게 읽고자, 각종 사료들을 싸 짊어지고 비행기에 올랐다. 그러나 경유지였던 나리타 공항에서 발이 묶였다. 자카르타로 출국할 수 없다는 통보를 받았다. 여권 만료 기간이 5개월밖에 안 남았다는 것이 이유였다. 6개월 미만이면 입국이 안 된다는 사실을 그때서야 처음 알았다. 망연하고 자실했다. 툴툴 인천으로 돌아오지 않을 수 없었다. 2009년 4월, 꼭 6년 전 이맘때의 일이다. 반둥과는 영 연이 없는 것인가, 속이 타들었다.

다행히 반둥 가는 기차는 여럿이었다. 더 다행히 좌석표도 남아 있었다. 덤으로 뜻밖의 인연도 맺었다. 내 옆자리에 앉은 분이 반둥 회의 기념행사의 관계자였다. 게다가 대전에서 1년간 연수한 경험도 있던 행정관료였다. 다시금 아시아가 하나의 생활세계가 되고 있음을 실감하는 순간이었다.

그분도 반둥에 직접 가보고 싶다는 한국인이 반가운 눈치였다. 시종 현장 상황을 확인하는 전화로 분주했지만, 틈틈이 블랙베리 휴대전화에 저장된 5년 전 사진들을 보여주며 친절한 설명까지 베풀었다. 푸른색 한복을 입고 김치를 시식하고 있는 사진에는 광대 웃음이 터졌다. 한국 생활 중에 가장 그리운 것은 겨울에 내리는 눈이라고 했다. 태어나서 처음 본 눈이었고, 또 마지막 눈이었다. 한국에서 가장 부러웠던 것은 대중교통망이라고 했다. 지하철과 버스 노선이 훌륭하게 갖추어져 있다며 엄지손가락을 치켜세웠다. 방금 전에 곤욕을 치렀던 나로서도 격하게 공감하지 않을 수 없었다. 앞차를 놓치고 겨우 이 열차를 탄 것이라며 하소연을 늘어놓았다. 그러자 그가 태연하게 대답했다. 그 또한 알라의 뜻이라고, 그 덕에 우리도 만난 것이라고.

내가 읽던 〈자카르타 포스트〉의 1면에는 조코 위도도(일명 조코위) 대통령의 양편으로 시진핑 주석과 아베 총리가 나란히 앉아 있는, 이번 아시아-아프리카(AA) 정상회담 사진이 실려 있었다. 힐끗 쳐다본 그가 왜 한국의 대통령은 안 왔냐고 물어왔다. 중남미 순방 중이라는 대답이 궁색했다. 그래서 AALA(아시아-아프리카-라틴아메리카) 협력을 증진하시나 보다고 농을 보태었다. 헌데 그가 진심으로 알아듣고 다시 엄지를 세웠다. '훌륭한 지도자군요!' 순간 이 '세월'에 저 편으로 날아가 버린 분에 대한 울화가 치밀었지만 꿀꺽 삼켜버렸다. 외국인에게, 더구나 한국에서 연수까지 했다는 현지 관료에게 내 나라 대통령을 욕하고 싶지는 않았다.

위로가 된 것은 창밖 풍경이었다. 기차는 점점 오르막을 올랐다. 논과 밭 대신에 산과 숲이 눈에 들었다. 이 산과 저 산을 잇는 아찔한 다리도 여럿이었다. 아래로 내려다보이는 산세가 일품이었다. 하늘은 낮아지고 구름은 가까워졌다. 기차에서 내리자 상쾌한 나무 냄새가 훅 끼쳐왔다. 과연 아시아-아프리카 회의를 열기에 모자람이 없는 장소로구나. 역전에 도열하고 있는 노란색 택시들마저 그 이름이 'AA 택시'였다.

왜 반둥이었나

산책을 하거나 자전거를 타기에 제격이었지만, 첫 기차를 놓치는 바람

사진 위는 인도네시아 반둥의 아시아-아프리카 회의 박물관. 1955년 반둥 회의를 개최한 역사적 장소가 바로 이곳(당시 '자유의 집')이었다. 반둥 회의 25주년인 1980년부터 현재의 명칭으로 바뀌었다. 사진 아래는 옛 '자유의 집' 당시의 사진.

에 여유가 없었다. 기술과학부 국장 모하맛 일미 씨와 작별 인사를 나누자마자 곧장 약속 장소로 내달렸다. 숙소에 짐도 풀지 못하고, 옷도 갈아입지 못했다. 헐렁한 반바지 차림으로 아시아-아프리카 회의 박물관장인 예니 와히드를 만나러 갔다.

도저히 늦을 수는 없었다. 겨우겨우 마련된 자리였다. 첫 메일에는 답이 없었다. 그래서 석사 논문을 팔았다. 영문 요약본을 보내며 재차 만남을 청했다. 이번에는 답신이 왔다. 반둥 회의 60주년 기념행사 준비로 너무 바빠 인터뷰를 사양한다는 내용이었다. 마지막으로 박사 논문의 일부를 보냈다. 반둥 회의의 후속물이라고 할 수 있는 '아시아-아프리카 작가회의'와 '가네포'(신흥국 경기대회, GANEFO)The Games of the New Emerging Forces에 관한 내용이었다. 특히 가네포는 인도네시아의 초대 대통령인 수카르노(1901~1970)가 주도했던 대안적 스포츠대회였다. 첫 개최지 역시 인도네시아였다. 마침내 승낙이 떨어졌다. 한 시간 정도 차를 마시자고 했다.

첫 대면부터 예상이 어긋났다. 카페 문을 열고 들어온 사람은 보라색 차도르를 걸친 단아한 중년 여성이었다. 사각 진 은테 안경을 꼈음에도 온화한 인상을 덮지는 못했다. 아직도 인도네시아 이름으로는 성별 감식이 잘 되지 않는다. 응당 남성이려니, 선입견이 깨진 것이다. 의외이기는 그분도 마찬가지였던 모양이다. 50대 언저리의 희끗한 연구자일 것으로 짐작했단다. 피차 어색한 긴장이 풀리자, 나는 오래 묵혔던 질문들을 쏟아냈다.

왜 반둥이었나? 6년째 품고 있던 궁금증이다. 그처럼 획기적인 국제회의라면 통상 수도에서 열리기 마련이다. 그런데도 왜 자카르타가 아니고 반둥이었나? 날씨와 경치 때문에? 그럴 수도 있겠다. 자바 섬의 서쪽에 자리한 반둥은 자카르타에서 180킬로미터 거리다. 아주 멀지 않은 편이다. 35도를 오르내리는 자카르타에 비하면 해발 780미터에 자리한 반둥은 연중 20도 안팎을 유지하는 '봄의 도시'이자 '꽃의 도시'다. 여기에 화산 온천도 즐길 수 있다. 그래서 휴양지로도 유명하다. 자카르타에서 만난 교민들도 주말여행으로 반둥을 자주 찾는다고 했다. 그럼에도 기후와 관광 때문이라고만 하기에는 성에 차지 않는다. 또 다른 이유는 없었을까?

그럼 왜 4월 18일이었을까? 그녀가 되물었다. 예상치 못한 질문에 당황했다. 장소가 궁금했던 것이지, 날짜를 궁리해본 적은 없었다. 독립 기념일은 8월 17일이다. 빈약한 인도네시아 현대사 지식을 아무리 복기해보아도 마땅한 답이 떠오르지 않는다. 그녀는 어리둥절해 있는 나를 이끌고 1955년 4월의 반둥을 안내하기 시작했다.

반둥 회의는 개막일부터 외교적 숙고의 산물이었다. 그해 라마단*이 시작되는 날이 4월 24일이었다. 24일 이후라면 아랍 국가 정상들이 참석하기 어려워진다. 그러므로 늦어도 23일까지는 회의를 마쳐야 한다는 뜻이기도 했다. 반면 반둥 회의 성사까지 공헌이 다대했던 버마(미얀마)의 우누 총리는 4월 16일까지 자국에 머물러야 했다. 중요한 불교 기념일이 있었기 때문이다. 그래서 불교 국가의 정상들이 출발할 수 있고 이슬람 국가수반들이 제때 귀국할 수 있는 적절한 날짜로서 4월 18일부터 23일이 회의 기간으로 설정된 것이다.

그런데 그게 또 다가 아니었다. 탁월한 외교적 수완가였던 수카르노는 아시아-아프리카 회의를 사시 눈으로 치켜보고 있던 미국도 염두에 두었다. 개막 연설을 통해 미국의 식민지 시절을 상기시킨 것이다. 1775

---

* 이슬람교에서 단식과 재계(齋戒)를 하는 달. 이슬람력의 아홉 번째 달로, 해가 뜰 때부터 질 때까지 식사, 흡연, 음주, 성행위 따위를 금한다.

년 4월 18일은 미국 역사에서도 중요한 날이다. 미국 독립혁명의 시위를 당긴 폴 리비어가 한밤중에 말을 타고 보스턴에서 콩코드까지 질주했던(Midnight Ride) 날이다. 시詩로도, 영화로도 재현되었을 만큼 유명한 일화라고 한다. 즉 아시아-아프리카 회의 또한 유럽의 식민 통치에서 가장 먼저 벗어난 미국의 독립혁명을 계승하고 있음을 은연중에 표방한 것이다. 그래서 4월 17일도 아니고 4월 19일도 아닌, 4월 18일이 개막일로 최종 낙찰된 것이다.

반둥은 수카르노 본인과도 연이 깊었다. 반둥은 네덜란드가 통치하던 시절부터 중요한 도시였다. 1920년대에는 수도를 바타비아(현 자카르타)에서 반둥으로 옮길 것까지 고려했다. 그래서 대대적인 도시 재건축이 단행되었다. 당시 유럽에서 유행하던 아르데코풍 건물들이 대거 들어섰다. 식민지 근대성이 만개하는 유럽풍 도시로 변모한 것이다. 그래서 '열대의 유럽'이나 '자바의 파리'라는 별칭도 생겼다. 응당 교육의 중심지이기도 했다. 인도네시아 현대사를 이끌어간 주요 엘리트를 배출했다. 그들이 학생으로서, 독립운동가로서 성장한 곳이 바로 반둥이었다. 가장 대표적인 인물이 반둥 공대 출신의 수카르노이다. 1921년 입학했고, 전공은 토목공학이었다.

수카르노는 도시와 건축의 힘을 잘 이해했다. 도시 공간의 재정비를 진두지휘했다. 독립기념탑과 붕카르노 경기장 등 1960년대 수도 자카르타를 재탄생시킨 주요 건축물도 그의 아이디어에서 비롯했다. 반둥 회의 준비 또한 그가 총설계자 역할을 맡았다. 중앙 모스크가 자리한 중심가는 '아시아-아프리카 광장'이라고 이름을 고쳤다. 고급 호텔이 많았던 'Great Eastern Road' 또한 '아시아-아프리카 거리'Jalan Asia Afrika라고 명칭을 변경했다.

당시 반둥 시 관계자들은 수카르노의 독단에 불만이 컸다고 한다. 반

아시아-아프리카 광장. 수카르노는 도시와 건축의 힘을 잘 이해해 도시 공간의 재정비를
진두지휘했다. 독립기념탑과 붕카르노 경기장 등 1960년대 수도 자카르타를 재탄생시킨 주요
건축물도 그의 아이디어에서 비롯했다. 중앙 모스크가 자리한 중심가는 '아시아-아프리카
광장'이라고 이름을 고쳤다. ⓒ 아시아-아프리카 회의 박물관

면 수카르노는 법률가와 행정가를 신뢰하지 않았다. 서류에 의존하는 그들은 좀체 영감이 없다고 불평이었다. 혁명과 정치는 영감을 불어넣는 예술이라는 것이 '교도敎導 민주주의'*의 창시자, 수카르노의 지론이었다. 자카르타와 반둥은 그가 도모하는 혁명을 공간적으로 구현하는 작품 공간이었다.

이 '극장국가'의 노하우를 전수받은 인물이 김일성이다. 그는 1965년 반둥 회의 10주년 기념식에 참가하여 자카르타와 반둥을 둘러볼 수 있었다. 그리고 북조선으로 돌아가 평양 개조에 나섰다. 그래서 들어선 것이 모란봉 경기장(1969)과 주체사상탑(1982)이다. 실제로 수카르노와 김일성은 막역한 사이였다. 자카르타의 독립기념탑 꼭대기에 있는 황금 횃불은 북조선이 선물한 것이다. 수카르노는 1960년대 중반 새로운 세계질서의 주축으로 자카르타-하노이-베이징-평양을 호명했었다.

아시아-아프리카 거리에는 '자유의 집'Gedung Merdeka도 있다. 이 건물이 처음 들어선 것은 1895년이었다. 네덜란드 고위인사들의 고급 사교장이었다. 1926년 개보수 이후로는 반둥을 대표하는 건축물이 되었다. 주말마다 대규모 연회가 열렸다. 일본군이 점령했을 때는 '야마토 회관'으로도 불렸다. 독립 이후에야 비로소 '자유의 집'이 된 것이다. 1955년 반둥 회의를 개최한 역사적 장소가 바로 이곳이다. 반둥 회의 25주년을 기념한 1980년부터는 '아시아-아프리카 회의 박물관'으로 이름이 바뀌었다. 이 박물관의 운영을 책임지고 있는 분이 바로 내 앞에 앉아 계셨다.

------

* 1945년 인도네시아가 독립하면서 대통령에 선출된 수카르노는 정국의 불안정과 민족 분열의 위기는 서구 정치제도의 모방에 원인이 있다고 판단하고 인도네시아에 적합한 민주주의를 제창했는데, 일반 대중에 대한 엘리트의 교도적 역할을 강조했다.

수카르노는 반둥 회의를 일종의 축제로 기획했다. 각국 대표단과 반둥 시민들이 교감할 수 있는 이벤트를 준비했다. 아시아-아프리카 거리에서 '자유의 집'까지 100여 미터를 걸어서 입장하도록 한 것이다. 29개 신생 국가의 정상들이 반둥 시민의 환호 속에 '자유의 집'으로 들어서는 스펙터클을 연출한 것이다. 시민들은 각국의 정상을 직접 보고, 악수를 나누고, 사인을 받고, 사진도 찍을 수 있었다. 이 '반둥 행진'은 훗날 반둥 회의의 상징이 되었다.

당시 인도네시아에서 발간된 화교 신문 〈동방일보〉를 보노라면 수카르노를 제외한 3대 스타로 네루와 나세르, 저우언라이가 꼽혔다. 저우언라이는 단연 외모가 돋보였던 모양이다. 그의 두껍고 진한 눈썹에 여성들이 시선을 떼지 못했다고 한다. 연한 회색빛 정장 차림도 화제를 모았다. 나세르는 아랍 세계의 젊은 혁명가로 주목받았다. 37세의 건장한 청년이 군복을 차려입고 등장했다. 탄탄하고 다부진 그의 육체야말로 이집트 독립의 상징이었던 셈이다. 네루는 세련된 몸짓으로 각광을 받았다. 여느 지도자처럼 손만 흔들며 입장을 한 것이 아니라 'Merdeka'(자유)를 앞장서 외쳤다고 한다. 그가 선창하면 반둥 시민들이 "Merdeka, pak!"(Freedom, sir!)으로 화답했다는 것이다.

그들이 묵었던 사보이 호만 호텔은 지금도 그날의 환희를 기억하고 있다. 144호 객실은 '네루 룸'이고, 244호는 '수카르노 룸'이며, 344호는 '저우언라이 룸'이다. 반둥에서 기념행사가 열릴 때마다 각국 정상들은 자국의 건국 영웅이 묵었던 방에서 하룻밤을 머물게 된다.

위대한 유산

2015년 4월 24일. 반둥에 다시 '자유'가 울려 퍼졌다. 자카르타에서 정상회담을 마친 아시아-아프리카 지도자들이 반둥으로 장소를 옮겨 재집결한 것이다. 60년 전 행진을 재연하는 퍼레이드가 펼쳐졌다. 언젠가부터 세계 각국의 국제회의장 풍경은 살벌해졌다. 바리케이드로 담을 쌓고, 밖에서는 시위가 벌어지기 일쑤다. 그러나 반둥은 전혀 딴판이었다. 새 판이었고, 살 판이었다. 흡사 마당극처럼 보이기도 했다. 지도자와 시민이 하나가 되어 "안녕! 안녕! 반둥!"을 합창했다. 수카르노와 만델라를 추모하는 '연대의 날'Solidarity Day 콘서트는 더없이 흥겨웠고, '우정의 날'Friendship Day에 열린 아시아-아프리카 민속축제는 한없이 다채로웠다.

그 화합의 현장은 실시간으로 아시아와 아프리카에 전송되었다. 인도네시아 방송국들은 물론이요, 알자지라와 중국 CCTVChina Central Television도 위성으로 생중계했다. 어린 학생들의 손에도 휴대전화가 쥐어 있었다. 시시각각 셀카를 찍어 페이스북과 트위터를 통해 친구들과 공유했다. 그 순간 반둥은 인도네시아의 허브이자, 아시아-아프리카의 메카처럼 보였다. 같은 시각 영국 BBC는 아프리카 난민의 유럽 유입을 근심하는 방송을 내보내고 있었고, 미 CNN은 공화당의 대통령 후보를 검토하고 있었다. 반둥 시민이 세계시민으로 화하는 역사적 현장으로부터 영미권 매체가 소외되어 있는 것 같았다.

60년의 세월만큼 주역들의 얼굴도 바뀌었다. 이번에는 네루 대신 시진핑이 선창을 맡았다. 그가 'Merdeka'를 외치면, 반둥 시민들의 합창이 아시아, 아프리카로 메아리쳤다. 시진핑의 옆자리에는 인도네시아의 현직 대통령 조코위가 있었고, 중국의 영부인 펑리위안의 옆자리에는 수카르노의 딸이자 전직 대통령인 메가와티 여사가 자리했다.

실은 조코위의 이번 회의 개막 연설 이후부터 인도네시아의 외교가 친중 노선으로 전환되는 것 아니냐는 설이 분분했다. 그는 작금의 불공

반둥 회의 60주년을 기념하는 반둥 시의 풍경.

정하고 불평등한 세계질서를 비판하면서 세계은행(WB)과 국제통화기금(IMF), 아시아개발은행(ADB)을 적시했다. 이들 기구를 통해 세계의 주요 문제를 풀어야 한다는 생각이야말로 낡은 것이라고 성토했다. 그러면서 더 공정하고 평화로운 세계질서의 예시로 거론한 것이 아시아인프라투자은행(AIIB)이었다. 게다가 만찬 연회장에도 조코위와 시진핑은 같은 색깔의 바틱Batik* 의상을 입고 등장해 이목을 더욱 집중시켰다. 의상의 색상은 우연이었을지 모른다. 그럼에도 조코위의 신新세계질서와 시진핑의 신형 국제관계는 깊이 공명하는 듯 보였다.

이에 화답하듯 시진핑은 재차 보따리를 풀었다. 이번 아시아-아프리카 정상회의에 참여한 저개발 국가들의 거의 모든(97퍼센트) 수입 품목에 대하여 관세를 철폐하기로 했다. 중국 시장을 대폭 개방하여 발전도상국의 수출 신장을 돕겠다는 뜻이다. 향후 5년간 양 대륙 10만 명에게 무상 교육과 직업 훈련의 혜택을 제공할 것이라고도 했다. 어떠한 정치적 조건을 달지 않는 원조도 지속할 것이라고 밝혔다.

당장 인도네시아에는 자카르타-반둥-치르본-수라바야를 잇는 860킬로미터 고속철의 자금과 기술을 제공하는 선물을 안겼다. 고속철이 완성되면 자카르타-반둥은 현재의 세 시간에서 한 시간으로 단축된다. 새 기차역 주변으로는 저우언라이 기념공원도 들어설 것이다. 2005년, 반둥 회의 50주년을 기념하여 각국이 선물했던 나무들이 자라고 있는 테할레가 공원 옆자리다. 벌써 아시아-아프리카의 수목들은 무성한 '더불어 숲'을 이루고 있었다.

그간 반둥 담론은 크게 두 갈래였다. 하나는 새로운 아시아-아프리카의 출발점으로, 식민 통치에서 벗어난 유색인종 국가들의 최초의 대류 간 회합이었다는 것이다. 그러나 환호가 오래 가지는 못했다. 현실주의적 시각에서 냉소와 냉담이 퍼져갔다. 새로운 제도를 창출하지 못한 실패한 기획이었다는 것이다. 환희도 냉소도 아닌 새 시각이 등장한 것은 새 천년 이후이다. 반둥의 유산을 '힘의 이동'이 아니라 '패러다임의 이동'으로 자리매김하자는 것이다. 나도 이 견해에 한 표를 던진다. 20세기보다는 21세기를 예비하는 미래파들의 조숙한 회합이었다.

미-소가 유럽의 양분을 담합했던 얄타 체제(1945)는 과거사가 되었다. 미-일이 동아시아의 분단을 획책했던 샌프란시스코 체제(1952)도 낡은 것이 되었다. 그에 반해 반둥 회의는 21세기에도 여전히, 아니 갈수록 생명력을 발하고 있다. G20과 브릭스, 아시아인프라투자은행 등의 동시적 등장은 제도적 변화를 통해 반둥 정신이 만개하는 시대로 진입하고 있음을 의미한다.

하여 미국에서 중국으로, 서구에서 동방으로, 북에서 남으로 권력이 이동하고 있다고 말하는 것만으로는 충분하지가 않다. 물론 권력이 이동하고 있음은 분명한 사실이다. 머지않아 중국이 미국을 넘어서는 것은 기정사실이다. 아시아가 구미를 능가하는 것도 시간문제다. 다만 중국이 미국을 흉내 내고, 동방이 서구를 복제하고, 남이 북을 답습하면 진정한 변화라고 하기가 힘들다. 그리하여 패러다임의 전환이 중요한 것이고, 그래서 반둥의 유산이 더욱 돋보이는 것이다.

반둥이 선언한 '평화공존 5원칙'은 저우언라이가 말한 네 글자, '구동존이'求同存異로 요약된다. 화합을 지향하되, 차이 또한 인정한다는 것이다. 규모와 체제의 다름에도 불구하고, 상생하고 공존하는 길을 찾는다는 것이다. 돌아보면 문명화와 근대화, 그리고 민주화로 이어진 20세기의 지배이념들은 차이를 좀체 인정하지 않는 배타적인 이데올로기였다. 그래서 그것들은 줄기차게 '체제 전환'을 요구했다. 문명화를 강요하고,

근대화를 이식하고, 민주화를 선동했다. 독점적이고 독선적이었다. 제국이 식민지를 농락하고, 강대국이 약소국을 겁박하는 패도覇道의 구호에 다름 아니었던 것이다. 이에 반해 반둥 회의는 일찍이 화이부동和而不同으로 구현되는 대동세계를 염원함으로써 당대의 G2(미국, 소련)는 물론이요, 장래의 대국(중국, 인도, 인도네시아 등)마저 규율하는 선견지명을 발휘했던 것이다. 위대한 유산이다.

2055년, 반둥 회의 100주년을 상상해본다. 아시아-아프리카의 주요 국가들도 건국 100주년을 통과했을 시점이다. 무릇 창업 이래 삼대三代는 지나야 새 국가의 전성기가 열린다. 그때 인도네시아는 중국과 인도를 잇는 아시아의 대국으로, 21세기판 'G7'이 되어 있을 공산이 크다. 세계 4대 인구대국이자, 세계 3대 민주국가이며, 세계 최대의 이슬람 국가이고, 아세안의 대표 국가이다. 무엇보다 '반둥'이라고 하는 시대정신과 상징자본을 담지하고 있는 소프트파워 강국이다. '적도의 대국' 인도네시아의 향로를 조망해볼 필요가 있겠다.

009

적도의 대국, 인도네시아
"미래는 적도에 있다"

상상의 공동체

인도네시아는 '상상의 공동체'였다. 20세기 중반에야 세워진 '인공 국가'이다.

1945년 이전에 인도네시아는 없었다. 적도의 아래위로 산재한 섬들의 군집이 있었을 뿐이다. 자바와 수마트라처럼 인구가 많은 섬도 있었고, 파도만 부서지는 바위섬도 있었다. 영해를 포함하면 인도네시아의 크기는 중국이나 미국의 영토에 필적할 만큼 광활하다. 그 너른 마당에 200여 개의 종족 문화와 언어 집단이 널리 산포되어 있던 것이다.

그래서 이곳에 처음으로 정치적 통일성을 부여한 경험은 길게는 300년, 짧게는 30년에 달하는 네덜란드 식민 지배라고 할 수 있다. 식민주의가 민족주의를 촉발한 것이다. 그러나 중국, 조선, 월남(베트남), 시암(태국), 버마(미얀마) 등과 같은 내륙형 중앙집권 국가의 경험이 부재했던 인도네시아로서는 민족주의에 동원할 역사도 전통도 부박했다.

종교와 친족, 상업망이 느슨하게 교차하는 '만달라 국가'*만이 존재했을 뿐이다.

독립국가의 상상력에 불을 붙인 계기는 1942년 대일본제국의 점령이었다. 일본은 하와이 진주만 공습 이후 동남아로 진격했다. 인도차이나**의 프랑스, 말레이 반도의 영국에 이어 인도네시아의 네덜란드마저 격파했다. 제국일본은 인도네시아에 반서구 아시아의 이념을 제공했다. 뿐만 아니라 네덜란드 식민 통치 기구를 물리적으로 붕괴시키는 결정적인 역할도 수행했다. 수마트라는 일본 육군 25사단, 자바는 16사단이 장악했고, 동부의 작은 섬들은 해군이 점령했다. 이들은 각각 싱가포르에 직속되었고, 싱가포르는 사이공의 예하였으며, 최종적으로는 도쿄에 복속되었다. 대동아공영권에 편입된 것이다. 즉 대동아공영권의 위계 및 명령 체계가 도쿄-사이공-싱가포르-자바 순으로 짜여 있었던 것이다. 자바의 표준시도 도쿄에 맞추어졌다. 자바의 수도 이름이 바타비아에서 자카르타로 바뀐 것도 이때다. 네덜란드식 거리 명칭도 모조리 변

* 동심원을 일컫는 불교-힌두교의 용어 '만달라'(mandala)에 빗대어 동남아 특유의 국가 성격을 일컫는 개념. 동남아의 주요 국가들은 영토성에 기반한 중앙집권형 국가가 아니었다. 혈연 중심의 계보 관념도 미약하다. 특정 가계의 세습이라는 왕조 개념이 사실상 부재했던 것이다. 그래서 시간적 연속성이나 영토적 감각에서도 '국가'(state)와는 확연히 다른 공속감이 배양되었다. 즉 만달라의 핵심은 직접적이고 절대적인 권력 침투가 아니다. 그래서 장소에 따라서는 복수의 만달라가 겹치고 포개지기도 한다. '주권'의 개념을 빌리자면, 주권이 공유(共有)되고 분유(分有)되는 것이다. 이러한 동남아 특유의 국가의식으로, 명료한 국경 없이 느슨하게 연계되는 지역이 만들어질 수 있었다. 상업을 통한 번영, 세계주의 문화, 분산형 권력 구조가 만달라 질서의 핵심적 특징이다.
** 중국과 인도 사이에 있는 대륙부의 총칭. 일반적으로 옛 프랑스령 식민지인 베트남, 라오스, 캄보디아 3개국을 가리킨다.

경되었다.

무엇보다 스스로를 '인도네시아인'으로 부를 수 있게 되었다. 게다가 근대적인 군사훈련도 받게 되었다. 네덜란드는 현지인 장교를 전혀 양성하지 않았다. 반면 제국일본은 현지 군인을 적극 배양했다. 대동아 아래서 장차 '인도네시아 국군'이 자라난 것이다. 이 과정을 관료로서 경험한 이가 수카르노였다. 일종의 '수습 기간'이었다.

수카르노는 1945년 건국 헌법에서부터 인도네시아의 도덕적 책무로서, 자유롭고 평화로우며 정의로운 세계질서 확립에 기여할 것을 표방했다. 1955년 반둥 회의가 괜히 열렸던 것이 아니다. 또 이 자리에 아시아-아프리카 가운데 유일한 제국주의 국가였던 일본이 초대된 것도 우연만은 아니었다. 실로 1960년대의 인도네시아는 1940년대의 일본과 흡사했다. 신新세계질서를 표방하며 영·미와 일전을 불사했다. 수카르노는 올림픽을 대체하는 가네포(GANEFO)를 주도했고, 유엔을 대신하는 코네포(신생국회의, CONEFO)Conference of New Emerging Forces까지 추진했다. 동북아에 자리한 일본이 대동아에 그쳤다면, 동남아에 자리한 인도네시아는 아프리카까지 포함하는 더 큰 포부를 품었다.

그래서 건국이념이었던 "다양성 속의 통일성" 또한 국내적인 동시에 국제적인 발언이었다. 인도네시아라는 '상상의 공동체'부터가 이미 수많은 종족/민족과 다양한 종교/문화로 이루어진 '작은 아시아-아프리카'였다. 즉 범아시아아프리카주의와 범인도네시아주의는 공진화했던 것이다.

허언만도 아니었다. 2억 4천만 인구 가운데 1억 3천만 명이 사는 자바의 문화가 인도네시아 문화를 대표할 수밖에 없었다. 그럼에도 자바어가 아니라 말레이어의 일종을 나랏말로 선택했다. 인도양 동부의 보편어를 국어로 채택함으로써 자바 패권주의를 억제한 것이다. 지금도 학교와 방송 등 공적 영역에서는 오로지 말레이 계통의 표준어만 허용된다. 또 인구의 약 90퍼센트가 무슬림이면서도 '이슬람 국가'를 표방하지 않았다. 15세기부터 이슬람이 약진하기 전까지 적도의 섬들에는 불교와 힌두교가 중요했다. 발리는 여전히 힌두 문화의 처소이며, 곳곳에 중국식 사원과 성당, 교회도 여럿이다. 신정神政국가 대신에 세속 정부를 지향한 것이다.

이러한 종교적 다양성과 개방성은 인도와 중국은 물론이요 인도양 건너 아프리카와도 교류했던 천 년 역사의 소산이다. '다양성 속의 통일성'은 두 세대에 걸친 '국민교육'을 통해서 국가 정체성으로 자리 잡았다. 수카르노(1901~1970)는 좌로 기울고, 수하르토(1921~2008)는 우를 선택했다는 이데올로기의 차이는 있었다. 그럼에도 인도네시아를 상상의 영역에서 실제의 영역으로 전환시켰다는 점에서 두 사람은 공동의 공로자였다.

새 천년 인도네시아는 세계 10위의 GDP를 확보하며 G20의 일원이 되었다. 미국의 다국적 컨설팅 업체인 매킨지 사의 예측에 따르면, 2030년이면 세계 7위 국가로 부상한다. 브릭스에도 포함되지 않아 상대적으로 조망을 덜 받고 있지만, 21세기를 주도할 신흥 국가의 하나임에 분명하다.

과연 규모는 관건적이다. 세계 4대 인구대국이고, 세계 최대 무슬림 국가이며, 아세안의 최대 국가이자 세계 3대 민주주의 국가이다. 갈수록 목청이 커질 수밖에 없다. 내실도 만만찮다. '상상의 공동체'였기에 더욱 유연함을 발휘할 수 있었다. 인도네시아만의 오랜 역사, 독자성, 정체성을 일방으로 강조하지 않는다. 코즈모폴리턴 문화가 곧 토착 문화라는 역설이야말로 21세기 지구촌 시대에 걸맞은 최적의 자산이 되고 있다.

'인도태평양'의 역동적 균형자

라이잘 쿠크마를 만난 것은 아시아-아프리카 정상회의가 열린 다음 날 오후였다. 역사박물관을 조망할 수 있는 '바타비아 카페'에서였다. 역사박물관은 옛 네덜란드 식민지 총독부를 개조한 곳이다. 이제는 붉고 하얀 인도네시아 깃발이 바타비아 광장에 펄럭이고 있었다.

쿠크마는 국제관계전략센터 소장으로, 100대 '글로벌 싱커thinker'로 꼽힌 적도 있는 명망가다. 인도네시아에 가기 전 선행학습으로 읽었던 여러 논문과 저서 가운데서 단연 돋보였던 인물이다. 현 조코위 대통령의 외교를 자문하는 핵심 책사로 꼽히기도 한다.

한 교민의 표현을 빌리면 조코위 대통령은 '인도네시아의 노무현'에 가까웠다. 자그마한 도시의 시장을 역임하다가 자카르타 주지사를 짧게 거치고 곧바로 대통령까지 당선된 입지전적인 인물이다. 그래서 주류 사회와는 거리가 먼 '서민의 대변자' 이미지가 크다. 반면에 국제사회의 경험은 부족했다. 국제주의자를 자처했던 전임 대통령 수실로 밤방 유도요노에 견주어 외교력의 부족을 걱정하는 사람들이 많았다. 외교보다는 내치에 집중할 것이라는 전망이 일반적이었다.

이런 우려를 일시에 불식시킨 것이 아시아-아프리카 정상회의 개막 연설이었다. 국제사회의 데뷔 무대에서 뚜렷한 존재감을 세운 것이다. 발전도상국의 대변자이자 이슬람 세계의 중재자로서 신정부의 외교 청사진을 명료하게 밝혔다. 신흥국들이 제 몫을 누리는 새로운 세계 경제 질서 창출을 선언하며 유엔과 세계은행, IMF의 개혁을 촉구하는 대목도 화제를 모았다. 얼핏 수카르노의 재림처럼도 보였다. 이 개막 연설의 준비 과정에도 깊이 개입했다고 알려진 인물이 바로 쿠크마였다.

그는 '포스트-아세안'의 주창자로 유명하다. 인도네시아에서의 '지역' 개념은 이미 동남아와 아세안을 넘어섰다. 대표적인 것이 '인도태

평양'Indo-Pacific이다. 인도양과 태평양이라
는 두 해양을 잇고, 아시아와 아프리카 두
대륙을 연결하는 네트워크 국가로서 인도
네시아를 자리매김한 것이다. '협력의 지정
학', '역동적 균형' 등과 같은 선도적인 개념
을 제출하며 새로운 규범을 제시하는 역할
(Norm Setter)을 지향하고 있다.

라이잘 쿠크마 인도네시아
국제관계전략센터 소장.

'역동적 균형'Dynamic Equilibrium이란 무
엇인가? 인도태평양의 4대 대국, 즉 미국·
중국·일본·인도의 균형자 역할을 하겠다
는 뜻이다. 언뜻 노무현 참여정부의 '동북아 균형자론'이 떠오른다. 동
북아에도 4대 대국이 있다. 그럼에도 흔히 사용되는 'Balance'라는 말
을 쓰지 않고 있음이 눈에 띈다. 기존의 세력 균형Balance of Power과는
다른 발상인 것일까? 그는 그 이유를 군사동맹이나 군비 경쟁을 통한
군사력의 균형을 추구하지 않기 때문이라고 했다. '악순환의 재균형'을
지양한다는 것이다.

실제로 인도네시아는 냉전기부터 초강대국이 주도하는 지역안보체
제인 동남아시아조약기구(SEATO)South-East Asia Treaty Organization 가입
을 일관되게 거부해왔다. '지역 문제의 지역적 해결'을 추구한 것이다.
유럽연합의 브뤼셀과 같은 특정한 중심이 없는 아세안형 조직 구성도
인도네시아의 역할이 컸다. 회원국들이 해마다 순회하며 중심 역할을
번갈아 맡는 데 주도적인 공헌을 한 것이다. 그는 인도네시아가 아세안
가운데 유일한 G20 국가라며, 아세안에서 실현한 '협력의 지정학' 모델
을 전 지구적으로 확산하는 것이 '역동적 균형자'로서 인도네시아의 책
무라고 말했다.

기실 인도네시아가 세계 외교 무대에 적극 관여하는 것이 새로운 현상만은 아니다. 반둥 회의와 비동맹회의* 등 수카르노가 남겨준 역사적 유산에 가깝다. 다만 수카르노의 실패를 반복해서는 곤란하겠다. 수카르노는 서구와 정면으로 대결하는 제3세계의 전사를 자처함으로써 정작 내치에 실패하고 말았다. 수하르토의 쿠데타로 인해 내부로부터 좌초하고 말았던 것이다. 하여 조코위 정부는 내치와 외교의 선순환을 꾀하고 있다.

바로 여기서 조코위의 신新세계질서와 시진핑의 신형 국제관계가 궁합이 맞아떨어진다. 인도네시아가 두 대륙과 두 해양을 잇는 연결망의 축(Global Maritime Axis)이 되기 위해서는 항만과 공항, 도로와 철도 등 인프라 건설 투자가 절실하다. 조코위는 집권 청사진으로 인도네시아 섬들 간의 연결망을 확충해서 교육과 의료 등 복지 서비스를 강화할 것을 표방했었다. 즉 국내적 차원에서는 물론이요, 아시아와 아프리카 사이, 태평양과 인도양 사이의 인프라 건설이 긴요한 것이다. 바로 그 시점에 중국발 아시아인프라투자은행이라는 호기가 열린 것이다. 인도네시아는 2014년 10월, 일찌감치 창립국 가입을 선언했다. 조코위 정부 출범 두 달 만의 신속한 결단이었다.

단도직입으로 물었다. "친중 노선을 표방하나?" 개막 연설 직후부터 현장에서는 말이 많았다. 또 그 전부터 들은 얘기도 있었다. 그가 소장을 맡고 있는 연구소(국제관계전략센터)는 1971년 창립부터 화교 자본이

---

* 반둥 회의의 정신을 계승하여 1961년 유고슬라비아의 베오그라드에서 최초로 열린 국제회의. 미-소가 주도한 동서냉전에 말려들기보다는 신생국들의 독립 보존과 경제발전에 주력하려는 회합이었다. 즉 이념 대결보다는 탈식민운동과 세계적인 수준에서의 남/북 문제에 더 관심을 기울였다.

기반이 되었다고 한다. 그의 저서 가운데는 중국과 인도네시아의 관계를 단독 주제로 삼은 책도 있다.

그러나 대답은 간결하고 단호했다. "NO!" 인도네시아는 특정 국가의 패권을 용납하지 않는다. 미국의 '환태평양'Trans-Pacific에 끌려가지 않는 것만큼이나, 태평양을 '중화의 바다'로 허용하지도 않을 것이다. 그러면서 재차 강조한 것이 '인도태평양'이다. 인도와 남아프리카공화국과 협력하여 중국의 독주도 제어하겠다는 것이다. 그리고 인도태평양의 허브는 특정 강대국이 아니라 아세안이라고 힘주어 강조했다. 인도네시아가 '동남아의 균형자' 역할을 했듯이, 아세안은 인도태평양의 '역동적 균형자'가 되겠다는 것이다. 아세안이 허브Hub(중심축)이고, 미국·중국·일본·인도가 스포크Spoke(바큇살)이다.

실제로 인도네시아는 지구적 수준에서는 비동맹을 고수하고, 지역적 수준에서는 아세안의 심화에 심혈을 기울여왔다. 부국강병을 추구하기보다는 역내 문제의 해결을 주도하는 중재자 역할에 치중했다. 그래서 아세안의 모든 국가로부터 존중받는 '형' 대접을 받고 있다. 권력을 행사하기보다는 권위를 누리고 있는 것이다. 이를 발판으로 G20에서도 공헌할 작정이다.

그는 G20은 G7과 같은 선진국 클럽이 아님을 강조했다. 반둥 회의 참가국이었던 중국과 인도, 사우디아라비아와 터키, 인도네시아가 참여했다. 문명 간 연합을 추동하는 다문명 지구공동체의 출발점이 될 수 있다는 것이다. 인도네시아는 G20에서 '문명 간 가교자'로서 한층 균형 잡힌 세계질서에 공헌할 것이라고 한다. 하얀 치아가 환하게 드러나는 웃음만큼, 그는 자신만만하고 야심만만해 보였다.

바타비아 광장. '바타비아'는 자카르타의 옛 이름으로, 광장 앞의 역사박물관은 옛 네덜란드
식민지 총독부를 개조한 곳이다. 이제는 붉고 하얀 인도네시아 깃발이 광장에 펄럭이고 있다.

이슬람 르네상스

세계질서의 재균형이라는 과제에 인도네시아와 중국이 내심으로 공명하고 있다면, 양국이 갈리는 지점에는 문명과 문화가 자리한다. 인도태평양이 새로운 지리-정치학적 발상의 제출이라면, 지리-문화 혹은 지리-문명적으로 인도네시아는 이슬람의 중흥을 꾀하고 있다.

반둥 현장에서도 가장 인상 깊었던 장면이 중앙 모스크에서의 합동 기도회였다. 이슬람 국가 대표들과 반둥 시민들이 따로 모여서 별도의 행사를 치른 것이다. 여기서는 세속적 국가의 수반들이 아니라 이슬람 학자, 즉 울라마Ulama가 주역이었다. 울라마는 민족과 국가를 초월한 지평에서 무슬림 형제들을 하나로 잇는 정신적 지도자다. 한 시간의 기도회에서 오고간 설교를 온전히 이해할 수는 없었다. 간간이 '아시아-아프리카', '반둥', '알라', '무함마드', '팔레스타인', '이슬람' 등의 단어들이 들려왔을 뿐이다. 실제로 이번 아시아-아프리카 정상회의의 3대 의제 가운데 하나가 팔레스타인의 독립국가 인정을 촉구하는 것이었다. 인도네시아는 선도적 조치로 자카르타에 임시 영사관도 설치했다.

인도네시아는 1998년 아시아 금융위기의 여파 속에 수하르토 정권이 붕괴하면서 민주화로 이행했다. 몇 차례의 대통령 선거와 평화로운 정권 교체로 체제 이행에 성공했다는 평가다. 그런데 '민주화'로 촉발된 가장 큰 사회적 변화가 이슬람의 부흥이라는 점이 흥미롭다. 수하르토 시절만 해도 차도르를 걸치고 다니는 여성은 극히 드물었다고 한다. 민주화 이후 도리어 크게 증가한 것이다. 2015년 4월, 자카르타와 반둥 곳곳에서 화려한 색깔의 차도르로 한껏 치장한 여성들이 '아이폰6'를 들고 '스타벅스' 커피를 마시는 모습을 숱하게 목도할 수 있었다.

기실 초대 대통령 수카르노도 이슬람 세계의 지도자라는 정체성을 가지고 있었다. 본인부터가 메카 순례를 다녀왔던 독실한 신도였다. 그

래서 이름 또한 아흐마드 수카르노Ahmad Sukarno였다. '아흐마드*'는 이
슬람인으로서, '수카르노'는 인도네시아인으로서 그의 정체성을 상징
했다.

아랍의 신생 국가들 또한 수카르노에 기대가 컸다. 반둥 회의를 성공
시킨 정치적 역량 때문이었다. 그러나 수하르토의 쿠데타로 인도네시아
는 미국과 결탁하는 서구 지향으로 굴절되었다. 그러다 '민주화'의 물결
과 더불어 인도네시아의 정체성 및 위상을 재정립하는 과제가 제출되
었고, 재차 이슬람부흥운동이 활발해진 것이다.

특기할 만한 것은 이슬람부흥운동이 사회운동과도 긴밀하게 결합되
어 있다는 점이다. 이슬람 NGO가 대약진하고 있다. 종교와 학교와 시
민단체가 융합하고 있는 것이다. 인도네시아는 급진적 무슬림 여성주의
자로 명성이 높은 리팟 하산Riffat Hassan의 강연을 이슬람 사원에서 허
락하는 유일한 국가다. 그만큼 풀뿌리에서 이슬람 여성주의, 이슬람 환
경주의, 이슬람 민주주의 운동이 활발한 것이다. 국가도 보조를 맞추고
있다. 이슬람연구소State Islamic Institute를 만들어서 '계몽적 이슬람' 관료
를 집중적으로 양성하고 있다. 이슬람 계몽주의의 부활을 예감케 한다.

그래서 중동의 혼돈과 이슬람 급진주의에 견주어 인도네시아의 세
속적 이슬람에 기대를 거는 사람들이 적지 않다. 그간 인도네시아는 2
억 2천만 무슬림이 살고 있는 나라임에도, 그 규모에 비해 영향력이 덜
했다. 종가가 아닌 변방이었기 때문이다. 사우디아라비아의 메카나 이
집트 카이로에서 공부한 유학파 울라마들이 줄곧 우대를 받아왔다. 지
금도 서점에는 아랍과 인도, 페르시아, 터키의 이슬람 사상가들의 번역

------

   *   '아흐마드'는 아라비아어로 '가장 찬양할 만한'이라는 뜻. 이슬람교를 창
       시한 무함마드(마호메트)의 또 다른 이름으로 알려져 있으며, 아랍권에서
       는 대중적인 이름 가운데 하나다.

네덜란드군에 의해 구금 중인 젊은 시절의 수카르노(왼쪽)와 당시 외무장관이었던 아구스
살림(1949). 아구스 살림은 인도네시아 독립운동의 대표적인 정치가이자 사상가로서, 이슬람
개혁주의를 독립운동의 정치 세력으로 육성하는 데 크게 공헌했다. 수카르노 역시 메카 순례까지
다녀온 독실한 신도로서 이슬람 세계의 지도자라는 정체성을 가지고 있었다.

서가 대저를 이룬다.

그러나 그 변방의 위치가 이제는 유리한 지점이 되고 있다. 터키, 이집트, 이란처럼 중동의 패권국으로 등장할 우려가 전혀 없기 때문이다. 인도네시아는 오로지 사상적으로, 문화적으로 이슬람 세계에 기여할 수 있다. 그래서 더더욱 이슬람 세계의 혁신과 부흥을 이끌 수 있는 적임자로 주목받게 되는 것이다. 이슬람의 종착지에서 이슬람의 르네상스를 주도하는 사상적 되감기가 기대된다.

인도네시아는 이미 이슬람회의기구Organization of Islamic Conference의 재활再活에 정성을 쏟고 있다. 15억 무슬림을 대표하는, 유엔 다음으로 큰 국제기구다. 이 조직을 통하여 이슬람 공동체의 바람직한 거버넌스를 추구하고 이슬람형 민주주의를 모색한다. 이슬람 교리를 정치적 언어로 변경하여 지구적 공론장에 적극 개입하려는 것이다. 서구적 가치를 배타하지 않고 이슬람형 민주와 인권 추구를 통하여 평화롭고 건설적인 '지하드'Jihad*를 꾀한다는 점에서 퍽이나 미덥다. 실로 이슬람은 유라시아의 한복판을 차지하고 있는 보편적 세계종교가 아닐 수 없다. 인구 추세를 보건대 21세기의 최대 종교가 될 것이 확실하다. 앞으로 이슬람 국가들의 견문을 이어가면서 '이슬람적 근대'의 모험 또한 계속 주시하려고 한다.

지난 20세기, 수카르노는 혁명으로 서방을 뒤집으려고 했다. 또 수하르토는 발전국가로서 서구를 따라잡으려고 했다. 이제 21세기 인도네시아는 '만달라 국가'의 갱신으로서 '네트워크 국가'로 진화하고 있다. 지역공동체와 이웃애를 나누고 지구공동체에 공공재를 제공하는 '역동적 균형자'를 도모한다. 정치적 혁명과 경제적 발전을 지나서 문명적 중

* '정신적 투쟁'이라는 뜻.

흥의 단계로 진입하고 있는 것이다. 그래서 인도양 세계를 복원하고 이슬람 세계도 재건하고자 한다. 조코위 대통령은 이번 아시아-아프리카 정상회의의 개막 연설에서 "미래는 적도에 있다"고 선언했다. 진심으로 그렇게 되었으면 좋겠다. 적도의 대국이자 열대의 열도列島국가인 인도네시아가 패러다임의 전환을 선도하는 핫 트렌드, 훈풍薰風의 진원지가 되길 기원한다.

　반면 아시아의 또 다른 열도국가는 전혀 상반된 행보를 보이고 있다. 아시아의 화해와 통합을 교란하는 삭풍朔風의 발원지가 되고 있다. 반동의 선봉에 선 북방의 섬나라, 일본을 긴히 짚지 않을 수 없겠다.

010

반동의 축, 미일동맹

전후 70년,
평화국가는 죽었다

일본, 속국의 비애

자카르타에서 열린 아시아-아프리카 정상회의를 마치고 각국의 정상들은 반둥으로 이동했다. 반둥에서 따로 열린 반둥 회의 60주년 기념행사에 참석하기 위해서였다. 그러나 모습이 보이지 않는 몇몇 인사들이 있었다. 일본의 아베 신조가 대표적인 경우이다. 정상회의가 끝나기 무섭게 일본으로 돌아가 버렸다. 정작 마음은 콩밭에 있었던 것이다. 미국 방문이 예정되어 있었다. 반둥 시민들은 각국의 깃발을 흔들며 정상들의 행진에 일일이 박수로 환대했다. 일장기를 들고 있던 어린 학생들만은 끝내 시무룩하지 않을 수 없었다.

반둥을 외면한 아베가 미국 상하 양원 합동연설을 한 날은 4월 28일이었다. 의미심장한 날이다. 1952년 샌프란시스코 강화조약이 발효된 날이기 때문이다. 전범국가 일본이 점령 상태에서 벗어나 주권을 회복한 날이다. 그러나 이상한 복권復權이었다. 일본의 식민 지배를 받았던 한국과 북조선은 자리에 없었다. 일본에 맞서 2차 세계대전의 승전국이 되었던 소련과 신중국도 없었다. 오로지 미국만이 일본의 독립을 허용해준 것이다.

즉 4월 28일은 훗날 '샌프란시스코 체제' 혹은 '동아시아 (대)분단체제'라고도 불리는 동아시아 분열의 화근이 된 날이다. 그래서 오키나와에서는 '굴욕의 날'이라고 부른다. 본토의 독립에도 불구하고 오키나와는 미군 통치하에 남았기 때문이다. 오키나와, 즉 왕년의 류큐는 일본 안의 아시아였다. 그리고 2015년 4월 28일, 오키나와는 다시 굴욕을 맛보았다. 아시아 또한 재차 모욕을 느끼지 않을 수 없었다. 일본은 반동 정신을 버리고, 반동 노선을 택했다. 전후 70년, 평화국가는 죽었다.

2005년 나는 일본 유학을 떠났다. 전후 60주년이었다. '8·15'를 도쿄에서 보냈다. 우익들이 총집결한 야스쿠니 신사도 가보았다. 일본을 첫 유학지로 삼은 것은, 일본의 선택이야말로 동아시아 공동체의 향배를 좌우하는 열쇠라고 여겼기 때문이다. 이웃애를 발휘하여 일본의 회심回心을 성심껏 돕고 싶었다. 그래야 동아시아가 화평하고 남북통일의 기운도 무르익을 수 있다고 여겼다. 그로부터 꼬박 10년, 배신감이 자욱하다. 그러나 분노보다는 연민이 앞선다. 미일동맹 강화는 일본 자신의 미래를 위해서도 독배다. 비난하고 성토하기보다는 걱정하고 염려하는 마음으로 글을 쓴다.

아베는 꼭두각시다. 기시 노부스케*로 거슬러 오르는 그의 혈통까지 거론되지만, 내 보건대 아베는 철없는 '도련님' 그 이상도 이하도 아니다. 외조부에 견주어도 한참이 모자란다. 그의 책을 두 권 읽어보았지만

---

* 1957년 총리로 선출된 후 일본의 평화헌법 개정에 적극 나서 재무장의 여지를 만들었던 일본의 정치가. 아베 신조는 그의 외손자이다.

'사상'이랄 것이 없다. 철없는 철부지에 가깝다. 그런 아베를 배후에서 부리고 있는 세력은 외무성과 재무성 등 관료 집단이다. '동아시아 공동체'를 표방했던 민주당 정권이 조기에 좌초하고 자민당 독주가 복원된 것에도 관료 집단의 몽니가 크게 작용했다.

일본의 핵심 권력은 자민당 막후의 고위관료들이다. 이들의 국가 전략은 단순하다. 일본을 미국과 일체화하는 것이다. 착착 진행되었다. 2014년 12월 일본 국가안전보장회의(NSC)를 창설하고, 특정비밀보호법*을 마련했다. 무기 수출 3원칙**도 철폐했다. 마침내 2015년 4월, 미일방위협력지침 개정으로 마침표를 찍었다. 미일군사동맹을 지구적 동맹으로 격상시킨 것이다. 이제 자위대가 지구방위대가 된다. 의회 비준도 거치지 않은 채 일방적으로, 그것도 일본이 아니라 미국에서 개정을 선포한 것이다. 그래서 비밀보호법이 필요했다. 일본을 미국의 속국으로 삼는 방책을 정부 단독으로 극비리에 추진한 것이다.

미국의 패권 상실을 되돌리기는 힘들다. 대신 그 시간을 늦출 수는 있다. 그래서 일본은 사력을 다한다. 일본의 정책이 미국의 패권 사수에 맞추어져 있다. 미국에서 금융위기가 재발하는 것을 방지하고 달러의 연명을 지속시키기 위하여 일본의 중앙은행은 양적 완화 정책을 무리하게 지속한다. 서태평양에서 미군이 철수하는 것을 미루기 위해서는 오키나와의 미군기지 건설을 마다하지 않는다.

응당 대미 종속 강화는 일본 국민에게 해가 될 것이다. 양적 완화 정

책은 일본의 통화와 금융을 더욱 불안정하게 할 것이다. 오키나와의 눈물도 마르지 않을 것이다. 방위비 부담은 갈수록 늘어날 것이고, 재정은 악화될 것이며, 복지 예산은 줄어들고 잠재적 테러 위협은 늘어날 것이다. 대미 종속이야말로 일본의 약체화, 재정의 파탄, 빈곤화의 원인이다. 그럼에도 썩은 동아줄을 부여잡고 거듭 제 발등을 찍고 있다. 속국의 맹목이고, 비애이다.

미국, 기생적 패권

속국을 저 지경으로 몰고 있는 것은 그만큼 패권국의 신세가 여의치 않기 때문이다. 그래서 자기모순을 노정하며 스스로 권위를 실추시키고 있다. 아베가 양원 합동연설을 한 미국 하원은, 1941년 일본의 진주만 공습 다음 날 루스벨트 대통령이 대일 개전 연설을 한 곳이다. 그래서 망언을 일삼는 일본 수상들의 연설을 단 한 차례도 허가해주지 않았다. 부시가 그토록 어여뻐했던 고이즈미도 끝내 연설이 무산되었다. 그런데 그보다 한술 더 뜨는 아베는 허용이 된 것이다. 아니, 환영하고 환대해주었다. 의회를 장악하고 있는 공화당은 물론 백악관까지도 박수갈채를 보냈다. 그만큼 미국은 조급하고 다급하다. 그래서 결국 패착을 범했다. 비굴한 선택이었다. 일본의 돈과 힘에 기대어서라도 패권을 이어가야 한다는 조바심이 적나라하게 드러났다.

따라서 일본을 부러워할 것이 전혀 없다. 외교에 공짜는 없다. 극진하고 융숭한 대접이야말로 일본이 미국에 지불해야 할 대가가 그만큼 크다는 반증이다. 환태평양경제동반자협정(TPP)이 그러하다. 임기 말년의 오바마 대통령은 마지막 업적으로 TPP 타결을 추진해왔다.* 그러나 노조와 소비자단체의 지원을 받는 민주당부터 반대 의견이 적지 않았다. 본인이 속한 정당이 발목을 잡은 것이다. 그래서 아베를 내세운 측면이 크다. TPP 협상에서 일본이 미국의 뜻에 충실히 따라만 준다면 민주당 의원들의 반대도 누그러뜨릴 수 있기 때문이다. 즉 아베를 미 의회에서 연설시킨 것은 TPP 협상을 마무리 짓기 위한 고도의 연출에 가깝다. 아베는 미국에서도 꼭두각시였다.

TPP는 미국의 대기업과 금융계의 이해를 노골적으로 반영한다. 대자본이 정부의 정책을 무력화하는 신자유주의 기획의 최종판이다. 미국의 대자본이 일본 등 여타 가맹국의 정책을 좌지우지할 수 있는 독소조항이 대거 포함될 것이다. 그렇다고 미국 전체에 득이 되는 것도 아니다. 미국의 대자본은 이미 글로벌 자본이다. 여차하면 여타 국가의 동종 기업들과 연합, 자국을 제소하여 미국의 정책마저 변경하려 들 것이다. 실제로 미국의 주권 기관인 미 의회조차 교섭의 핵심 내용을 알지 못한다. 백악관이 독단으로 추진한 것이다. 달리 말해 대자본이 직접 백악관을 움직이고 있다. 이 미국판 '정경유착'에 국민의 복지와 사회의 정의는 안중에 없다. 오로지 '악마의 맷돌'** 만이 기승을 부린다.

이처럼 미국은 속국에 덕을 베풀고 배려를 하기는커녕, 속국을 착취하지 않으면 패권을 유지할 수 없는 기생적 존재가 되었다. 모자란 국방비를 동맹국들이 대신 충당해주어야 하고, 미국 국채를 계속 구매해서 기축통화로서 달러를 유지해주어야만 겨우 연명할 수 있는 늙은 패권

---

* 2015년 10월 TPP 합의가 타결되었으나 향후 전망은 불투명하다. 미국에서 보호주의 무역이 강화되면서 민주당의 힐러리, 공화당의 트럼프 후보 모두 TPP 철회를 시사하고 있기 때문이다.

** 정치경제학자 칼 폴라니는 그의 저서 《거대한 전환》에서, 윌리엄 블레이크의 시를 인용해 자본주의 시장 질서를 '악마의 맷돌'(Satanic mills)에 비유했다.

국이 된 것이다. 그래서 스스로 병마개로 막아두고 관리했던 일본의 재무장마저 허용하지 않을 수 없었다. 그러나 기생적 패권에 더 이상 도덕적 권위를 기대하기는 힘들다. 권위가 수반되지 않는 권력의 추락은 시간의 문제이다. 조짐은 이미 자카르타에서부터 보였다.

블록과 네트워크

아시아-아프리카 정상회의가 열렸던 자카르타에서는 동아시아 세계경제포럼도 동시에 열리고 있었다. 여기서는 캄보디아의 훈센 총리의 개막 연설이 화제가 되었다. 미국이 TPP를 통하여 아세안을 반 토막으로 쪼개려 든다고 공개적으로 비판한 것이다.

반둥 회의 60주년인 2015년은 아세안에도 획기적인 해이다. 2015년 12월, 아세안경제공동체(AEC)가 출범한다. 냉전기의 진영 논리와 분리 통치를 넘어선 평화와 번영의 동남아 시대가 목전에 달한 것이다. 출범 과정도 모범적이었다. 특정 국가의 독주 없이 대/소국 간의 '합의제 민주'를 구현하며 바람직한 지역통합 모델을 제시했다. 그런데 미국이 느닷없이 '환태평양'으로 줄을 서라며 아세안 국가들의 분열을 촉발하고 있다는 것이다. 게다가 미-일 양국이 비밀리에 협상을 주도하고 나머지는 따르라는 식의 구태를 보이고 있다. 서구가 규칙을 만들고 비서구는 체스판의 졸로 삼았던 20세기형 지정학을 반복하고 있는 것이다. 누습이고, 적폐이다.

따라서 작금의 형세에 어설픈 중립은 성립하지 않는다. 미-일과 중국 사이에서 균형을 취해야 한다는 입 발린 소리는 지적 허위이고 사기이다. 가슴이 아프지만 두 눈을 질끈 감고 '동아시아 공동체'는 당분간 접어두는 편이 낫다. 당장 일본에 대안 세력이 부재하다. 있다 해도 한

줌이다. 야당은 허약하고, 재야와 학계에는 정치적 실천력을 수반하지 못한 '입[口]진보'가 허다하다. 한국의 사상계도 일본의 담론을 수입 가공하던 백 년의 구습을 떨치고 반면교사로 삼아야 할 것이다. 지금이야말로 자강自强해야 한다.

작금의 길항은 미-중 간의 패권 경쟁이 아니다. 패도覇道를 부리는 세력과 왕도王道를 소망하는 세력 간의 일합이 있을 뿐이다. 반동파와 반전파의 길항이다. 구체제와 신상태의 대결이다. 20세기와 21세기의 충돌이다. 미일동맹은 반동의 축이다. 일본은 샌프란시스코 체제를 강화하여 동아시아 분단체제의 심화를 솔선하는 '악우'惡友이다. 미국의 아시아 재균형 정책은 미 군사력의 60퍼센트를 아시아에 투입하여 패권을 고수하려는 추한 노욕이다. 이로써 중국에 숨죽이고 있던 군사 강경파들을 격발하여 '화평굴기'를 좌초시키고 '조화세계'를 파괴하는 신냉전을 획책한다. 애당초 20세기의 '냉전'부터가 2차 세계대전 이후의 세계를 지배하려던 미국발 패권책이 아니었던가.

무릇 제 버릇 남 주지 못하는 법이다. 미국은 지난 세기 뉴욕발 세계 공황의 위기를 2차 세계대전으로 극복했다. 베트남전쟁도, 이라크전쟁도 거짓 선동으로 일으켰다. 북조선을 핑계로 수작을 부릴지도 모른다. 일본은 두 손 들고 환영할 것이다. 마침내 한반도 재진출이라는 숙원을 풀 기회가 열린다. 그들의 20세기를 보노라면 전혀 허황한 시나리오가 아니다. 1905년 가쓰라-태프트 밀약으로 필리핀과 한반도의 지배 교환을 승인했던 나라가 일본과 미국이었다. 조선의 식민지 전락과 남북 분단, 한국전쟁이라는 백 년 비극의 뿌리에 미일동맹이 있었다. 20세기 동아시아 천하대란의 원흉이 미일동맹이었던 것이다. 미군은 이미 철수했던 필리핀에 다시 진입했다. 이제는 일본이 한반도를 호시탐탐할 차례다. 하여 뜬구름 잡는 균형감각일랑 거두어들일 일이다. 직시하고, 직면해야 한다.

미국은 여전히 세계를 쪼개고 나누는 데 여념이 없다. 일본은 그 반동적 책략을 거드는 아시아의 주구이다. 천만다행인 것은 지금의 중국이 백 년 전 대청제국이 아니라는 점이다. 병든 대국이 아니라, 건국 60년을 갓 지난 싱싱한 새 나라다. 냉전형 사고는 진즉에 버렸다. 반동의 지정학(Bloc)에 반전의 지경학(Network)으로 반격을 가하고 있다. 한쪽은 담을 쌓고 진을 치는 반면에, 다른 쪽은 길을 닦고 망을 엮고 있는 것이다. 지금 역사의 올바른 편에 서 있는 쪽은 70년 전(2차 세계대전)과 마찬가지로 일본이 아니라 중국이다.

중국이 구축하고 있는 유라시아 연결망의 한 축으로 파키스탄이 있다. 시진핑은 자카르타/반둥으로 오기 전, 파키스탄을 들렀다. 굵직한 합의들이 여럿 이루어졌다. 살펴보지 않을 수 없겠다. 다시 남아시아로 눈길을 돌린다. 모름지기 바쁠수록 돌아가야 하는 법이다. 서두르면 자빠진다. 안달하면 오판한다. '전략적 인내'가 필요한 시점이다.

파키스탄, 일대와 일로 사이

미국은 총을 주고
중국은 돈을 준다

철의 형제

2015년 4월 20일, 에어차이나 보잉기가 파키스탄의 수도 이슬라마바드 창공에 진입했다. 국빈 자격으로 파키스탄을 방문하는 시진핑의 전용기였다. 파키스탄은 하늘에서부터 영접에 나섰다. 중국-파키스탄이 합작한 JF-17 전투기 다섯 대가 호위무사가 되어 비단길을 깔아주었다. 각별하고, 깍듯했다.

시진핑은 파키스탄 최대 일간지와의 인터뷰에서, "형제의 집을 방문하는 것 같다"는 소회를 밝혔다. 이에 파키스탄의 샤리프 총리는, 양국의 우정은 "산보다 높고 바다보다 깊으며, 꿀보다 달콤하고 철보다 강하다"며 장단을 맞추었다. 그로서는 학수고대하던 방문이었다. 21세기 파키스탄의 재건을 위해서도, 2018년 그의 재선을 위해서도 중국의 선물 보따리가 간절했다.

시진핑은 파키스탄 역사상 최초로 의회에서 연설하는 외국 정상의 영예를 얻었다. 답례로 '1+4' 협력의 청사진을 밝혔다.

'1'은 중국-파키스탄 경제회랑을 일컫는다. 경제회랑은 일대一帶와 일로一路를 잇는 중추이다. 파키스탄을 실크로드 프로젝트의 기점으로 삼은 것이다. 중국의 왕이王毅 외교부장은 이렇게 빗대었다. "일대일로 가 만국萬國이 참여하는 교향곡이라면, 중국-파키스탄 경제회랑은 그 교향곡의 전주곡이 될 것이다."

'4'는 네 가지 사업을 지칭한다. 과다르 항, 에너지, 인프라, 산업공단 순이다. 이 4대 사업에 중국이 투자하는 비용은 460억 달러, 우리 돈으로 50조 원이다. 일국에 대한 투자로서는 역대 최대 규모이다.

경제회랑이란 중국 신장新疆(신장웨이우얼 자치구)에서부터 아라비아 해에 자리한 파키스탄의 과다르 항까지를 도로와 철도, 송유관, 광섬유케이블 등 온/오프라인으로 연결하는 계획이다. 총 거리 3,000킬로미터에 달하는 대사업이다. 그럼에도 15년, 즉 2030년까지 완공하는 것을 목표로 삼고 있다. 경제회랑은 양국의 연결망에 그치지 않는다. 중국의 서부를 남아시아와 중앙아시아로 연결하는 촉진제 역할을 할 것이다. 과다르-카슈가르 철도는 중앙아시아의 철도망 증설로 이어질 것이다. 카슈가르(카스喀什)에서는 키르기스스탄을 지나 우즈베키스탄의 안디잔까지 연결된다. 그곳에서 다시 카스피 해와 코카서스 지역까지 이어진다. 도로도 못지않다. 히말라야를 통과하는 1,300킬로미터 카라코룸 고속도로Kharakorum Highway는 수리, 확장할 계획이다. 카라치와 라호르 간에는 6차선 1,240킬로미터 고속도로가 새로 깔린다. 덩달아 카라치, 라호르, 라왈핀디 등 파키스탄 지방 도시들의 교통망도 향상될 것이다.

에너지 프로젝트도 중요하다. 파키스탄은 만성적인 전력 부족에 시달려왔다. 지금도 하루에 절반 가까이 전력이 공급되지 않는 곳이 적지 않다. 여기서도 중국이 구원투수로 나섰다. 일단 2018년까지 150억 달

파키스탄 경제회랑 건설의 백미인 과다르 항. 이란·이라크·사우디아라비아로 통하는 페르시아 만과, 인도와 북서아프리카로 통하는 아라비아 해의 길목에 위치한 남아시아의 허브이다.

러 규모로 1차 발전소를 건설한다. 2018년 이후에는 180억 달러 규모로 2차 발전소를 짓는다. 두 번을 합치면 파키스탄의 전력 공급량이 현재의 두 배로 증가한다. 화력발전소 지원으로 끝나는 것도 아니다. 청정에너지 사업도 동시에 펼치기로 했다. 수력, 태양력, 풍력발전소도 만든다. 젤룸 강의 수력발전소는 2020년부터 전력을 생산할 계획이다. 그간 파키스탄의 사회 불안은 상당 부분 전력 부족에 기인했다. 앞으로는 중국산 전력으로 생활이 크게 향상될 것이다. 샤리프 총리의 재집권 전략이다.

2008년 미 의회에서 승인된 파키스탄 지원금은 70억 달러였다. 일단 규모에서 차이가 크다. 그것도 대부분 '테러와의 전쟁'을 수행하기 위한 군사안보 지원이다. 게다가 그 내실을 따지면 무기 재고 처분이 상당하다. 파키스탄의 경제성장을 견인하여 국민의 삶에 실질적인 혜택을 제공하는 중국형 상부상조win-win와는 질적으로 다른 것이다. 실제로 파키스탄 국민들의 중국 호감도는 80퍼센트까지 치솟았다. 이에 반해 미국은 15퍼센트에 그친다. 미국과 서방은 글로벌 테러리즘의 온상이 된 파키스탄을 '실패국가'로 낙인찍기 일쑤였다.

물론 중국의 시혜가 일방적일 리 없다. '철의 형제'는 역사적 산물이다. 파키스탄은 비공산권 중에서 중화인민공화국을 가장 먼저 승인한 국가 중 하나였다. 양국이 국교를 수립한 해는 1951년이다. 보답으로 중국은 핵무기 등 민감한 기술을 전파해주었다. 한때는 중국의 아시아-아프리카 원조의 3분의 1이 파키스탄으로 향하기도 했다. 냉전기 제3세계에 대한 중국의 관대함을 선전하는 전시장이었던 것이다. 이제는 21세기 실크로드의 첫 삽을 뜨는 모델하우스가 되었다. 중국개발은행(CDB)과 중국공상은행 등은 금융을 지원하고, 기간산업을 담당하는 기업들은 인프라 사업을 펼치는 첫 번째 훈련장이 된 것이다. '철의 형제'는 '전천후 동반자'가 되었다.

남아시아의 허브, 과다르 항

경제회랑 건설의 백미는 과다르 항이다. 과다르 항에 이르기 위해 3,000킬로미터의 연결망을 만든다고 해도 과언이 아닐 만큼 전략적 가치가 크다. 일단 과다르-신장의 송유관은 아프리카와 중동의 가스와 석유를 중국에 공급하는 바다의 지름길이 된다. 중국으로서는 믈라카 해협에 과도하게 의존하고 있는 현 상황을 해소할 수 있다. 비용은 절반으로, 시간은 3분의 1로 줄어든다. 철도와 도로 또한 중국과 중동을 잇는 내륙의 지름길이 될 것이다. 해양과 대륙, 일대와 일로를 잇는 거점에 과다르 항이 자리하는 것이다. 동아시아와 남아시아, 중앙아시아를 잇는 축이기도 하다. 30억 인구의 시장 통합에 파키스탄이 핵심적 역할을 맡게 되는 것이다.

과다르 항은 시진핑의 방문에 맞추어 개장했다. 하지만 그 잠재력이 만개하는 것은 국제공항이 완공되는 2017년이 될 것이다. 그리고 경제회랑이 완성되는 2030년에 극성기를 맞이할 것이다. 중국은 이미 40년간 항만 운영권을 확보해두었다. 16억 달러를 더 투자하여 국제공항을 신설하고, 항만과 연안 지역을 잇는 고속도로도 건설할 계획이다. 여기에 최근 발표한 이란과 파키스탄 간의 가스관도 과다르 항을 통과하도록 했다. 장기적으로는 과다르 항 일대를 남아시아의 자유무역지대로 만들 계획이다. 동북아의 홍콩이나 동남아의 싱가포르에 버금가는 허브 도시로 탈바꿈시키겠다는 것이다. 파키스탄은 중국과 '동반 성장'한다.

실제로 신장은 황해보다 아라비아 해가 더 가깝다. 신장 자치구의 구도區都인 우루무치에서 보면 상하이는 파키스탄의 카라치보다 두 배나 더 멀다. 그래서 신장이 중앙아시아와 남아시아를 잇는 가교 역할을 하는 것은 지리적으로나 역사적으로 자연스럽기까지 하다. 경제회랑이 완성되는 2030년대가 되면 중화세계와 이슬람 세계는 신장을 통하여 (재차) 직통하게 될 것이다. 중화세계와 이슬람 세계가 협력하면 할수록 과다르 항은 번창할 것이며, 파키스탄 또한 번영을 구가할 것이다.

2010년 이후 중국은 이미 파키스탄의 최대 무역국이 되었다. 2007

년에서 2014년 사이 교역량은 두 배 이상 급증했다. 역시 2008년 미국 발 금융위기가 전환점이었다. 경제회랑 건설로 이 추세는 더욱 심화될 것이다. 광저우, 상하이, 선전深圳, 이우義烏 등 중국 동부의 연안 도시에 도 파키스탄 상인들이 속속 등장했다. 20세기 영국이나 미국에서 활약 하던 파키스탄 디아스포라들이 구대륙으로 이주하여 '중국몽'을 꾸고 있는 것이다.

이들은 카슈가르와 광저우에서 열리는 무역박람회에도 번갈아 참여 하고 있다. 당장은 의류와 가정용품 등 소규모 일용품에 편중되어 있지 만, 경제회랑이 발족하면 그 풍경 또한 크게 달라질 것이다. 파키스탄 상인들도 중화세계와 아랍 세계의 연결자가 된다. 본디 파키스탄 일대 는 고대부터 육상 실크로드와 해상 실크로드의 교차점이었다. 한漢나라 의 장건張騫이 파키스탄에 이른 것은 자그마치 2천 년 전이다.

중국-파키스탄 경제회랑은 안보적 함의도 크다. 파키스탄의 정치 적 안정은 신장으로까지 파급을 미친다. 신장웨이우얼(신장위구르) 자치 구의 분리주의자들이 활동비를 구하고 군사훈련을 받는 곳이 파키스탄 북서부 와지리스탄 주와 아프가니스탄이기 때문이다. 즉 신장을 독립 시켜 동東투르키스탄 이슬람 국가를 건설하고자 하는 이들의 거점이 파 키스탄이었다. 이들은 소련 해체 이후의 우즈베키스탄이나 카자흐스탄, 키르기스스탄과 같은 독립국가를 염원한다. 2013년 톈안먼天安門 광장 테러의 배후이자, 2014년 쿤밍昆明 기차역에서 일어난 칼부림의 주역이 그들이었다. 그들의 방침은 중화세계와 아랍 세계의 연결망을 끊어내는 것이다. 그래서 중국이 건설하고 있는 교통망을 테러 대상으로 삼고 있 다. 윈난 성의 성도省都 쿤밍 또한 동남아로 향하는 연결망의 축이었다.

즉 중국판 '테러와의 전쟁'은 미국의 그것과는 성격이 다르다. 여기 서는 담을 쌓고 벽을 세우는 쪽이 이슬람 급진주의자들이다. 중국은 길을 닦고 망을 엮어 중화-아랍 네트워크를 복원하려고 한다. 유럽형 세계체제(Inter-state system) 이전의 유라시아형 세계체제(Trans-state system)를 재건하고 갱신하는 최전선에 우루무치-과다르 항 경제회랑이 있는 것이다.

유라시아몽

시진핑은 이슬람 국가 중 유일한 핵 보유국인 파키스탄을 방문한 이후에 세계 최대의 이슬람 국가인 인도네시아를 방문했다. 여기에 곧 국제 사회로 복귀해 '보통국가'를 목적에 두고 있는 이란에는 이란-파키스탄 가스관을 지원하기로 했다. 즉 테헤란(이란)-이슬라마바드(파키스탄)-자카르타(인도네시아)-우루무치(중국)를 크고 넓게 연결하여 이슬람 세계와 중화세계의 공존을 모색하고 있는 것이다. 개혁개방 이후 쌓아둔 국부를 십분 활용하여 평화와 번영이라는 공공재를 이슬람 세계에 제공하려는 것이다. 기독교-이슬람의 문명 충돌과는 일선을 긋는 문명 간 연합의 탐색이다.

이슬람 세계만으로 그치지도 않는다. 시진핑이 이슬라마바드를 방문하기 이틀 전, 모스크바에서는 러시아-파키스탄 국방장관 회담이 열렸다. 이 자리에서 양국은 최초로 합동군사훈련에 합의했다. 또 러시아는 이란에 방공 미사일을 수출하기로 했다. 즉 '보통국가화'하고 있는 이란과 보조를 맞추고 있는 국가들은 중국과 러시아, 파키스탄 등이다. 고쳐 말해 이란의 '정상국가화'란, 1979년 호메이니(1901~1989)의 이슬람 혁명*을 거두고 '역사의 종언'(서구화, 민주화)의 막차에 오르는 것이 아니다. 서쪽으로는 터키, 북으로는 러시아, 동으로는 중국, 남으로는 파키스탄 및 인도 등과 협동하여 '유라시아 연합'을 형성하는 것이다. 이러한 조류는 제도적으로도 뒷받침되고 있다. 군사안보적으로는 상하이협력기구(SCO)이며, 경제적으로는 일대일로이다. 상하이협력기구는 확대일로다. 인두와 파키스탄에 이란, 터키까지 두루 아우를 기세이다.

유라시아의 (재)통합은 비단 중국몽에 한정되지 않는다. 로마제국 때부터 내려온 유러피언 드림이기도 하다. 중국발 일대일로에 미국과 유럽의 반응과 대응이 사뭇 다른 기저라고도 하겠다. 알렉산더 대왕의 동방 원정과 한漢 무제의 서역 원정을 계승하여 유라시아의 대일통大一統을 처음으로 완수한 이가 '13세기의 사나이', 칭기즈칸이었다. 지금 이 글을 쓰고 있는 장소가 마침 몽골의 수도 울란바토르이다. 칭기즈칸 광장이 멀지 않은 곳에 자리한 '마르코 폴로 라운지'에 앉아 있다. 게다가 거리 이름은 '서울의 거리'**다.

'서울의 거리'에 있자니 서울에서는 잘 보이지 않던 것들이 눈에 들어온다. 북방인들은 세계를 아래로 내려다본다. 동아시아가 왼편에 있고, 유럽이 오른쪽에 있다. 유라시아가 한눈에 조감되고 한 손에 잡힐 듯하다. 절로 신라와 페르시아가 이웃사촌처럼 보인다. 나라별로 토막났던 국사國史들이 하나의 지구사로 합류한다. 그러자 한반도의 남/북과 우크라이나의 동/서도 겹쳐 보인다. 하나의 세계 속에 한반도의 위치가 또렷하게 포착되는 것이다. 하여 동북아에서 미-일 vs 중-러의 신냉전이 펼쳐지고 있다는 허황한 구도에도 말려들지 않을 수 있다. 오식과 오인이 오판을 낳는다. 동북아의 국지局地에 함몰되어 유라시아의 대국大局을 놓쳐서는 곤란하겠다. 신냉전이 아니다. 신냉전과 탈냉전의 갈등이다. 유라시아의 (재)통합을 추구하는 세력과 유라시아의 분할·분

---

* 1979년 2월, 이란 팔레비 왕조의 독재를 무너뜨리고 호메이니의 지도하에 이슬람 정치체제를 수립한 혁명. '이란 혁명'이라고도 한다.

** 1995년 서울과 울란바토르의 자매도시 결연을 기념해 조성되었다.

열을 꾀하는 세력 간의 길항이 있을 뿐이다. 유연한 시좌視座의 확보가 사활적이다.

2015년 5월 9일, 러시아의 전승기념일 70주년을 울란바토르에서 지켜보았다. 목하 유라시아의 시세時勢를 상징하는 각별한 행사였다. 2차 세계대전 종전 70주년의 의미를 '북방'에서 조망해본다.

012

붉은 광장, 기억의 전쟁

전쟁 끝낸 진짜 영웅은
맥아더 아닌 주코프였다

역사동맹

2015년 5월 9일은 러시아의 전승기념일이었다. 역사상 가장 큰 군사 퍼레이드가 펼쳐졌다. 1만 5천 명의 군인에 190대의 탱크, 150대의 전투기가 동원되었다. 다른 나라 군인도 700명이 참여했다. 으뜸은 102명을 파견한 중국이었다. 인민해방군이 '붉은 광장'에 등장했다. 이번이 처음이었다. 스탈린-마오쩌둥 시절에도 없던 일이다.

배경음악이 각별했다. 가곡 〈카추샤〉가 흘러나왔다. 전장의 연인을 그리워하는 러시아 여인의 마음을 그린 곡이다. 2차 세계대전 당시 널리 불렸던 노래로, 러시아인들의 향수를 자극했다. 비단 러시아만도 아니었다. 1950년대 '사회주의 국제주의'가 전성기를 구가할 무렵 중국, 몽골, 북조선, 북베트남에서도 크게 인기를 끌었다. 울란바토르의 어르신들도 절로 따라 불렀다.

그럼에도 붉은 광장의 군사 행진은 무력 과시에 그치지 않았다. 브릭 •139

모스크바 붉은 광장.

스 국가와 유라시아 국가들이 주축이 된 외교 행사였다. 서방(미국, 서유럽, 일본)은 자리에 없었다. 부시 대통령과 고이즈미 총리가 참여했던 10년 전과 가장 큰 차이였다. 더불어 '역사 전쟁'을 선포하는 상징적 무대이기도 했다. 2차 세계대전의 해석권을 되찾아오는 과업에 푸틴과 시진핑이 의기투합한 것이다.

아시아에서 미국은 일본과 합작하여 '2차 세계대전= 태평양전쟁'이라는 등식을 만들어내고 있다. 그래서 태평양전쟁을 '반성'한 일본과 손을 잡고 신냉전을 획책하려 든다. 태평양전쟁 이전, 즉 1941년 이전에 대해서는 안면몰수, 시치미를 떼고 있다. 그리고 유럽에서는 우크라이나와 호흡을 맞춘다. 우크라이나 극우파들은 홀로코스트의 상징인 아우슈비츠 강제수용소가 미군에 의해 해방되었다는 망언까지 일삼고 있다. 기가 막힌 러시아 당국이 기밀문서까지 공개하며 반박했을 정도다. 7,600명의 유대인을 아우슈비츠에서 구출한 것은 명명백백 소련군이었다. 유라시아의 동과 서에서 동시에 표출되고 있는 '역사 수정주의'에 맞서 중-러 양국이 '역사동맹'을 맺은 것이다.

실제로 2차 세계대전 직후부터 기억의 왜곡과 조작이 허다했다. 노르망디 상륙 작전과 원폭 투하가 지나치게 부각되었다. 소련의 공헌과 중국의 역할은 과소평가되었다. 역시나 냉전이 병통이었다. 동서냉전으로 역사 해석이 갈라진 것이다. 서방 및 미국의 아시아 속국들은 2차 세계대전 당시 전체주의에 맞서 활약했던 소련의 공헌을 잘 모른다. 오히려 공산주의와 전체주의를 동일시하는 '자유주의 사관'이 만연해 있다. 과연 과거를 지배하는 자가 현재를 지배하는 법이다. 미국은 역사 교과서와 대중문화산업을 통해 왜곡된 인식을 재생산해왔다. '홀로코스트 산업'을 비롯한 '문화 냉전'을 기획했다.

물론 미국에도 '양심적 지식인'들이 있었다. 그들은 일찍부터 유럽

전선의 획기劃期로 스탈린그라드 전투(1942~1943)를 꼽았다. 한 도시의 초토화를 대가로 소련군이 독일 나치의 5개 사단을 섬멸했다. 그리고 쿠르스크 전투(1943)에서는 쌍방 정예 150만 대군이 결전을 벌였다. 여기서 독일 최강의 탱크 부대가 참패했다. 두 전투를 계기로 전세가 역전된 것이다. 즉 소련으로 말미암아, 고쳐 말해 스탈린이 히틀러를 이김으로써, '제3제국'이 좌초하고 연합군이 승리할 수 있었다. 노르망디 상륙은 마침표였을 뿐이다. 아시아도 크게 다르지 않았다. 1937년 중일전쟁이 발발하자 중국을 앞서 지원한 것은 소련이었다. 미국은 1941년 진주만 공습 이후에야 뒤늦게 참전했다.

2차 세계대전의 주역이 소련과 중국이었음은 그 인적 피해의 숫자에서도 확연하다. 소련은 2,700만 명이 희생되었다. 중국은 2,000만이다. 미국은 40만에 그친다. 프랑스는 60만, 영국은 45만 명이다. 심지어 전범국가인 독일은 700만, 일본은 300만이다. 즉 2차 세계대전은 미국, 프랑스, 영국이 주도한 전쟁이 아니었다. 소련과 중국이 유라시아의 동과 서에서 나치즘과 파시즘을 격퇴한 '유라시아 전쟁'이었다. 그래서 그들은 '2차 세계대전'이라는 말도 잘 쓰지 않는다. 러시아는 '조국수호 애국전쟁', 중국은 '항일구국전쟁'을 선호한다.

1939 할힌골, 세계사의 분수령이 되다

1937년(중일전쟁)과 1941년(독소전쟁, 태평양전쟁) 사이에 1939년이 있었다. 몽골 최동단에 자리한 자그마한 할힌골이 세계사의 분수령이 되었다.

1932년 만주국 수립으로 일본은 러시아와 국경을 맞대었다. 남북을 가르는 허라허 강을 사이로 소련군/몽골군과 일본군/관동군이 대치한 것이다. 일본은 러일전쟁(1905) 승리로 러시아를 낮추어 보았다. 1917년

10월 혁명 이후 탈바꿈한 러시아의 변화를 간과한 것이다. 이미 초기 공업화도 일단락 지었다. 강철로 단련된 현대 국가, 소련으로 변신한 것이다. 그 소련과 제국일본의 완충지가 몽골인민공화국(1924)과 만주국이었다. 각기 소련의 위성국과 일본의 괴뢰국이었다. 결국 양국의 국경선 충돌이 일-소 전쟁으로 치달았다. 러시아/몽골에서는 '할힌골 전투', 일본에서는 '노몬한 사건'이라고 부른다.

그러나 '전투'도, '사건'도 충분치 않은 진술이다. 대규모 전쟁이었다. 장소는 몽골 초원이고 기간은 5월부터 9월까지 4개월에 그쳤지만, 매우 현대적인 의미의 국지전이자 제한전이었다. 일본과 소련 쌍방이 투입한 병력도 10만을 헤아렸다. 천 대의 전투기와 수백 대의 탱크도 동원되었다. 사상자는 1만 8천 명에 이른다. 군사 전략적으로도 획기적이었다. 아시아 최초의 탱크 대전이었다. 여기서 소련의 신성 주코프 장군이 등장했다. 그가 이끌던 소련의 탱크 부대가 투입되면서 판세가 뒤집혔다. 욱일승천하던 '황군의 꽃' 관동군을 처음으로 꺾은 것이다. 제국일본 패망의 시작이었다. 특히 최초로 구사한 육·공 입체작전이 주효했다. 제공권 장악의 중요성을 처음으로 각인시킨 전쟁이 할힌골 전투였다. 공중전과 지상전을 결합하는 전술은 훗날 현대전의 교본이 되었다.

그러자 나비효과가 일었다. 관동군이 패배함으로써 제국일본의 향로 전체가 변경되었다. 몽골과 시베리아 등 북진北進이 봉쇄당하자 남진南進으로 방향을 튼 것이다. 노선 전환에는 관동군 헌병대 사령관 출신 도조 히데키의 판단이 결정적이었다. 주코프의 적군赤軍을 대적하기가 어렵겠다고 여긴 것이다. 그래서 프랑스와 영국, 네덜란드가 지배하고 있는 동남아로 진출했다. 군부의 중심도 육군에서 해군으로 이동했다.

국책 담론도 전환되었다. 소련과 합작하여 일본을 개조하고 영·미 중심의 자본주의 질서를 극복하자는 동아협동체론은 기각되고, 영·미

2차 세계대전을 연합군의 승리로 이끈 영웅 주코프 장군. ⓒ realmadridbalkan

할힌골 전투. 몽골군은 일본 관동군의 총과 대포에 맞서 말을 타고 칼을 쓰며 대적했다.

의 자본주의와 소련의 사회주의를 동시에 극복해야 한다는 우파 중심의 대동아공영권 주장이 전면화되었다. 동아협동체론을 입안한 브레인은 일본의 저널리스트이자 공산주의자였던 오자키 호쓰미였다. 그는 소련의 스파이 조르게와 내통해 즉시 일본의 노선 전환을 알려주었다. 조르게도 즉각 모스크바에 타전했다. 덕분에 스탈린은 극동군을 유럽으로 이동시킬 수 있었다. 대독 전선에 소련의 화력을 집중할 수 있게 된 것이다.

여기서도 주코프 장군이 대활약했다. 1941년 12월 개시된 대독일 반격에 진두지휘를 맡았다. 할힌골의 대승을 이끌었던 지상전/공중전의 배합이 또 한 번 쾌거를 일구었다. 모스크바, 스탈린그라드, 쿠르스크에서 연전연승했다. 끝내 베를린도 함락시켰다. 명실상부 2차 세계대전 최고의 명장이었다. 맥아더는 비할 바 못 되었다.

주코프가 유럽 전선에 등장한 바로 다음 날, 일본은 진주만을 공습했다. 태평양전쟁이 본격화한 것이다. 즉 1941년 12월 6일과 7일은 2차 세계대전 가운데 가장 중요한 이틀이었다. 약간의 상상력을 발휘해본다. 일본이 재차 북진을 감행했다면 어떻게 되었을까? 소련이 유라시아의 동서 양면에서 독일과 일본을 동시에 대적할 수 있었을까? 혹 소련이 무너졌다면? 독일의 제3제국과 일본의 대동아공영권이 유라시아를 양분했을까? 물론 일어나지 않은 일이다. 그러나 개연성은 충분했다. 그 개연성을 말소시킨 것이 1939년 할힌골 전투였다. 결정적 사건이었다.

유럽에서 독일이 무조건 항복을 선언한 날은 1945년 5월 8일이다. 소련군이 다시 유라시아를 건너 대일 개전을 선언한 날은 8월 8일이었다. '폭풍작전'으로 관동군의 무장을 해제해갔다. 북조선, 사할린, 쿠릴 열도까지 남진했다. 1945년 소련은 1905년 러일전쟁을 역전시켰다. 만주를 재탈환하고, 한반도의 북쪽까지 접수했다. 그럼으로써 국공내전에서 중국공산당이 승리할 수 있는 발판이 되었다. 동아시아 냉전의 출발이기도 했다.

몽골의 역사박물관에서는 한창 2차 세계대전 특별전시회가 열리고 있었다. 응당 할힌골 전투가 큰 비중을 차지했다. 그들로서는 영광스러운 기억이다. 관동군을 격파하는 데 몽골군이 기여한 바 컸기 때문이다. 최초의 육·공 합동작전에서 그들은 말과 활, 칼로 싸웠다. 하늘에서 폭탄을 투하하고 후방에서 대포를 쏘아 올리면, 몽골군이 말을 타고 진격하여 관동군의 목을 베고 심장을 뚫었다.

2차 세계대전으로 그치지도 않았다. 국공내전에서는 중국공산당을 도왔다. 한국전쟁에서는 북조선을 지원했다. 4만 마리의 군마軍馬를 평양에 보냈다. 북조선 전쟁고아 수만 명을 탁아소에서 길러주기도 했다. 당시 몽골인민공화국(1924~1992)은 세계 두 번째이자 아시아 최초의 공산국가였다. '선진국'의 책무를 다한 것이다. '붉은 몽골'이 가장 빛났던 시절이기도 했을 것이다. 전승기념일 전야, 몽골인들은 '칭기즈칸 보드카'로 축배를 올렸다. 울란바토르의 하얀 밤[白夜]이 더욱 하얗게 불타올랐다.

유라시아 전쟁

2015년 아베의 방미를 즈음하여, 미국의 저명한 일본 연구자들이 아베의 역사 인식을 비판하는 성명을 발표했다고 한다. 실천적 지식인들의 양심적 목소리에 나도 귀를 기울여보았다. 하지만 못내 불만이 컸다. 모자라고 미흡했다. 비판의 주종主從부터 잘못되었다. 문제의 핵심은 일본의 그릇된 역사관이 아니다. 그것을 눙치고 감싸고도는 미국의 태도 변화이다. 즉 일본은 미국에 편승하는 주구이고 첨병일 뿐이다. 따라서 그

울란바토르의 자이승 승전기념탑. 몽골의 2차 세계대전 승전을 기념하기 위해 1971년 소련의
기증으로 세워졌다. 울란바토르에서 가장 높은 곳으로 시내 전경을 한눈에 내려다볼 수 있다.
ⓒ 팟캐스트 역사책읽는집

분들이 활동하고 계시는 본국부터 호되게 호통치셔야 했다. 아베 못지
않게 노벨평화상까지 선납 받은 오바마 또한 염치가 없기 때문이다. 도
덕적 권위가 무너져가는 미국부터 바로잡으셔야 했다.

　'태평양전쟁'이라는 용어를 고수하는 점도 내키지 않는다. 2차 세계
대전의 실체를 가리는 명명이다. 애당초 2차 세계대전이란 무엇이었나?
미국발 세계 공황의 후폭풍이었다. 전체주의도 대공황으로부터 촉발된

것이었다. 영국, 미국, 프랑스 등 자본주의 국가가 근원적 화근이었던 것이다. 그러나 '태평양전쟁'은 이러한 역사상을 전혀 반영하지 못한다. 오히려 그 책임을 독일과 일본에만 떠넘기고, 자기 책임을 지워내 버린다. 그 후 미국이 태평양 건너 유라시아에 개입했던 일련의 전쟁, 즉 중국의 국공내전, 한국전쟁, 베트남전쟁, 이라크전쟁, 아프간전쟁, 테러와의 전쟁을 아우르노라면 어느 것 하나 떳떳하지 못하다. 게다가 의심스럽고 석연치 않은 대목이 하나 둘이 아니다. 유라시아의 거듭된 분할/분단과 전쟁을 통해서 패권을 유지해왔다고 말하지 않을 수 없기 때문이다. '책임대국'으로서 자격이 미달이다.

따라서 이제라도 우리의 역사 경험과 실감에 맞는 용어와 개념을 만들어가야 한다. 자강自强하는 첩경이다. 1차/2차 세계대전은 명백히 유럽의 관점이며, 태평양전쟁은 미국식 독법이다. 역사 바로 세우기는 '이름 바로 짓기'에서 출발한다. 올바른 이름으로 고쳐 부르고, 똑바로 불러야 한다. 일본이 반동 노선의 전위가 된 것도 '그 전쟁'의 일부였던 '유라시아 전쟁'을 망각했음이 커다랗다. 태평양전쟁에 함몰되면서 (아시아에 대한) 후안무치와 (미국에 대한) 피해망상을 오락가락하는 것이다. 실제로 일본은 '태평양전쟁'이라고 말한 적도 없다. '대동아전쟁'이었을 뿐이다. '대동아'는 화들짝 감출 말이 아니다. 반추하고 성찰해야 할 뜨거운 화두이다. 혹자의 수사처럼 '불 속의 밤'이다. 그 밤을 움켜쥐어야 청일전쟁, 러일전쟁, 중일전쟁, 대동아전쟁, 한국전쟁, 중소분쟁, 베트남전쟁까지 이어진 20세기의 천하대란을 일이관지―以貫之할 수 있다.

그래야만 동아시아의 백 년도 유라시아 천 년사의 지평에서 조감할 수 있는 안목이 생긴다. 20세기 일본은 도요토미 히데요시의 길을 답습했다. 그는 일찍이 조선을 지나 명明을 치겠다고 했다. 나아가 인도까지 가겠다고 했다. 허장성세였으되, 허언만은 아니었다. 역사를 꿰뚫고 있

울란바토르 거리의 헌책방. 소련의 전쟁 사진집들이 진열되어 있다.

었다. 만주를 장악하면 북방으로, 중원으로 진출이 용이하다. 그 기세로
동남아와 남아시아까지 뻗어나갈 수 있다. 즉 왜족도 만주족도 '몽골의
길'을 따랐던 것이다. 만주족과의 경합에서 실패한 왜족이 와신상담한
것이 20세기였다. 대청제국을 대신하여 대일본제국이 굴기했다. 이번에
는 한족이 왜족을 상대했다. 중일전쟁으로 상징되는 20세기 전반기의
역사였다.

　20세기 후반기에는 소련과 중국이 적대했다. 유라시아의 판도를 두
고 북방제국과 중원제국이 길항했다. 좌/우 대결은 잠시였고, '사회주의
국제주의'도 한철이었다. 유라시아 천 년을 규정했던 북방(유목문명), 중
원(농경문명), 남방(해양문명)의 삼분 구도에서 조금도 벗어나지 않았다.

　'유라시아 전쟁'이라는 개명改名에 대해서는 운만 띄우기로 한다. 9
월 3일이면 중국도 전승기념일이다. 붉은 광장에 이어 텐안먼 광장에서

도 항일전쟁 승리 기념식이 열린다. 2015년에는 처음으로 공휴일로 지정하여 '역사 전쟁'에 한층 박차를 가할 기세다. 과연 '유라시아 전쟁'이 정명正名인 것인지 재차 따져 물을 수 있을 것이다. 일주일간 견문했던 (외)몽골 얘기부터 먼저 풀어내기로 한다. 대초원에서 펼쳐진 몽골(사)이야말로 유라시아(사)의 축도縮圖였기 때문이다.

013

유라시아의 축도, 몽골

칭기즈칸의 귀환

신정新政, 백 년의 급진

모든 비극의 출발에 '새 정치'가 있었다. 대청제국이 신정新政을 단행함으로써, 몽골판 '고난의 행군'이 시작되었다. 중국이 동방형 제국이기를 멈추고 서구형 국민국가가 되고자 한 것이다.

몽골로서는 배반이었다. 대청제국은 만몽연합에서 출발했다. 만주족은 몽골족과 협동함으로써 한족을 누르고 중원을 차지할 수 있었다. 몽골은 그 대가로 자치와 자주를 누렸다. 만주족은 잠재적 위협인 몽골족을 관리하기 위하여 '분리통치'를 행한 것이지만, 덕분에 몽골은 '중국화'와 '한족화'를 면할 수 있었다. 라마불교를 신봉하고 몽골어를 사용하면서 근 300년을 지낸 것이다. 즉 대청제국은 하나의 하늘 아래 두 개의 세계를 품고 있었다. 동남부는 농경문명과 유교 세계였으며, 서북부는 유목문명과 불교/이슬람 세계였다. 대청제국의 황제들은 한족에게는 천자였으되, 몽골인에게는 대칸이고 법왕이었다.

• 153

20세기의 '새 정치'란 바로 그 복합국가를 철폐하는 것이었다. 신정과 함께 '근대화＝중국화'가 본격화되었다. 유교 교육이 강요되었고, 한문 쓰기를 강제했다. 한족과의 통혼이 장려되었고, 유목을 접고 농사를 지으라고 했다. 몽골은 '변법'變法을 도저히 수용할 수 없었다. 그들의 정체성을 송두리째 부정하는 것이었다. 반反중국 운동에 승려와 사원이 앞장섰다. 대청제국에서 철수하기로 뜻을 모았다. 천하에서 이탈하기로 결심한 것이다. 1911년 독립을 선언했다. 신해혁명을 촉발한 무창武昌 봉기보다도 앞서 일어났다. 20세기 아시아 최초의 독립혁명이 몽골의 푸른 초원에서 시작된 것이다.

절반의 성공이었다. 독립을 추구했으되, 자강에는 이르지 못했다. 자존과 자부는 있었으되, 자력갱생에는 못 미쳤다. 천하天下에서 벗어나자 중국은 외국外國이 되었다. 압도적인 이웃 나라와 '평등'해져야 했다. 그래서 남의 힘을 빌려야 하는 역설이 일어났다. '세력 균형'의 국제정치가 시작된 것이다.

정신적으로는 티베트의 달라이 라마에 의존했다. 라마교로 연대하는 불교 연방국가를 모색했다. 물질적으로는 러시아제국에 기울었다. 러시아의 지원으로 신정神政국가를 건설할 것을 도모했다. 1915년 맺어진 중국-몽골-러시아 간의 캬흐타 조약은 이행기의 흔적이었다. 몽골은 러시아의 보호 아래 독립을 인정받았으되, 중국 또한 '종주권'을 유지한다고 결착이 났다. '자주적인 속국', 중화세계의 조공국과 유사한 위치에 그쳤던 것이다. 몽골로서는 충분치가 않았다. 그래서 더욱 러시아에 안달했다. 그럼으로써 러시아 혁명의 파도에 휩쓸리고 말았다. 1917년 볼셰비키 혁명의 적색 물결이 가장 먼저 닿은 곳이 몽골이었다. 초원은 점점 붉게 물들었다.

1920년 몽골의 불교 지도자 복드칸Bogd Khan*이 중화민국 총통에게

절하기를 거부하는 사건이 일어났다. 대청제국에 이어 중화민국에서 벗어나는 제2차 독립운동이 시작된 것이다. 근대적인 정당도 등장했다. 몽골인민당이 창설되었다. 민족혁명가 수흐바타르도 등장했다. 그는 복드칸의 인장을 들고 러시아를 찾았다. 그를 접견한 이는 러시아제국의 차르가 아니라 소련의 혁명가 레닌이었다. 레닌은 종교국가를 부정했다. 볼셰비즘을 따를 것을 요구했다.

결국 중화민국에서 떨어져 나가기 위해서 공산주의를 수용하지 않을 수 없었다. 수흐바타르가 소련의 적군赤軍과 귀환한 것은 1921년이었다. '몽골공화국'이 출범했다. 1924년에는 '몽골인민공화국'으로 개명했다. 세계 두 번째, 아시아 첫 번째 공산국가가 탄생한 것이다. 그러나 소련의 위성국가였다. 사실상 소련의 속국이었다. '근대화된 속국'이자 '속국의 근대화'였다. 1945년 이후 동유럽에 도열했던 위성국가Satellite state들의 원조였다.

1924년 이래 소련판 '신정'이 단행되었다. 수도 이름도 바뀌었다. '붉은 영웅'이라는 뜻의 '울란바토르'가 되었다. 소련이 보기에 몽골은 낙후한 봉건국가였다. 자본주의를 건너뛰고 공산주의로 곧장 도약할 것을 강권했다. 대약진이었다. 농업화와 산업화가 진행되었다. 말을 타던 유목민들이 집단농장의 프롤레타리아트가 되어갔다. 생래적으로 '모던 보이', '모던 걸'이 될 수 없었던 이들은 '봉건의 유산', '계급의 적'으로 지탄받았다. 소련의 근대화 정책에 반대하는 몽골인민당 간부들은 숙청을

---

* 대청제국 시기 몽골 불교의 최고 지도자는 'Bogd Gegeen'으로 불리었다. 'Bogd'는 몽골어로 '신성하다'는 뜻, 'Gegeen'은 '살아 있는 부처', 즉 '활불'(活佛)을 뜻한다. 여기에 북방 유목세계의 정치적 최고 지도자를 뜻하는 '칸'을 되살려 '복드칸'으로 명명했다는 것은 몽골의 정치적 독립을 상징한다고 하겠다.

몽골의 독립 영웅 수흐바타르와 레닌.

면치 못했다. 독립 영웅 수흐바타르도 예외가 아니었다. 소련 군대의 철수를 요구했다가 의문사로 제거되었다.

수흐바타르를 대체한 인물이 초이발산이었다. 소련 여성을 부인으로 둔 '몽골의 스탈린'이었다. 1952년 사망까지 장기 집권하며 몽골판 대숙청을 자행했다. 특히 라마불교에 대한 탄압이 극성을 이루었다. 9할 이상의 불교 사원을 파괴하고 승려들을 처형했다.

만주국 건국의 파장도 영향을 끼쳤다. 만주국은 은근히 중화제국을 흉내 냈다. 오족협화五族協和*와 왕도낙토王道樂土를 내세우며 동방의 이상국가를 표방했다. 만주족의 마지막 황제, 푸이까지 모셔갔다. 몽골인들로서는 혹하지 않을 수 없었다. 소련판 '신정'에서 벗어날 수 있는 탈

---

* 오족협화란, 일본인·한족·조선인·만주족·몽골인 등 다섯 민족이 협력한다는 뜻으로, 1912년 중화민국이 건국할 때의 구호인 '오족공화'(五族共和)에서 따온 만주국의 슬로건이다.

출구로 만주국에 솔깃했던 것이다. 일본은 노련하고 노회했다. 만주국의 매력 공세로 몽골을 꾀어냈다. 중화민국에서도, 소비에트연방에서도 벗어나 만주국과 연합하는 '몽골국'이 되라고 유혹했다. 초이발산은 초조해졌다. 불교 세력들을 친일파로 몰아갔다. 만주국의 스파이라며 뿌리째 뽑으려 했다.

라마불교 지도자들의 패착도 있었다. 전통적 지배층으로 지나치게 귀족적이었다. 대부분의 재산을 사원이 소유하며 민중 위에 군림했다. 어디까지나 소승小乘에 그쳤던 것이다. 소승의 민주화/민중화/근대화로서 대승大乘에는 이르지 못했다. 중생을 구제하여 지상에 극락을 구현하는 보살로서의 책무에는 소홀했던 것이다. 그렇더라도 전통의 전면적 말살은 비극이었다. 불교 탄압은 곧 몽골 전통문화를 담지하는 지식 계층 전체에 대한 억압이었기 때문이다. 소련에서 유학한 과학적 유물론자들이 피바람을 일으키며 활개 쳤다. '신청년'들의 객기와 광기가 '조드'*가 되어 한바탕 초원을 휩쓸고 갔다.

결국 몽골은 새 나라가 되었다. 새 마을도 생겼다. 사원과 게르** 대신에 공장과 집단농장이 들어섰다. 말과 양, 가축도 국가 소유가 되었다. 5개년 생산 계획에 따라 젖을 짜고 가죽을 벗겼다. 몽골 문자와 티베트 문자도 사라져갔다. 러시아어의 키릴 문자가 책을 채우고 거리를 점령했다. 신생아의 이름마저 마르크스, 엥겔스, 레닌, 스탈린이 유행했다. 1963년 인구의 절반이 프롤레타리아트가 되었다. 1985년에는 65퍼센트까지 달했다. 삽시간에 유목국가가 노동자 국가가 된 것이다. '백 년의 급진'이었다.

---

* 몽골어로 '재앙'이란 뜻.
** 몽골족의 이동식 전통가옥.

민주화: 몽골화와 세계화

그 체제가 오래갈 수는 없었다. 1986년 '쇄신'운동이 분출했다. 1990년 다당제가 도입되었다. 1992년에는 헌법도 개정되었다. 몽골인민공화국은 사라졌다. 몽골국이 되었다. '민주화'로의 체제 이행을 경험한 것이다. 사회주의 체제를 지속하고 있는 중국/북조선/베트남/라오스와는 확연히 다른 모습이었다. '붉은 몽골'은 확실히 동방보다는 동구에 가까웠다. 몽골인민공화국 시절 교역 통계를 보더라도 소련이 75퍼센트, 동유럽이 15퍼센트를 차지했다. 중국은 4퍼센트에 그쳤다. 물류와 문류 양면에서 몽골은 동구권에 속해 있었다.

그래서 몽골판 '민주화'의 향로는 탈脫동구화이자 재再동방화이기도 했다. 중국과 관계를 정상화한 해가 바로 쇄신운동이 일어난 1986년이었다. 소련군이 철수한 것도 다당제가 시작된 1990년이었다. 적성 국가 한국과 수교한 것도 1990년이다. 소련의 원조가 끊기면서 붕괴 상태에 이르렀던 경제도 동방 국가들과의 관계 개선으로 만회할 수 있었다. 재차 동아시아의 일원이 된 것이다.

흔히 1990년대 이후 몽골의 변화를 '민주화'라고 갈음한다. 충분치 못한 진술이다. 세계를 '민주 대 독재'로만 가르는 외눈박이 시선으로는 적절한 술어를 찾을 수가 없다. 나는 갈수록 '민주화'라는 말조차 삐딱하게 보고 있다. 20세기 초기의 문명화, 중반의 근대화와 아울러 자본주의 세계체제의 지배이념은 아니었던가 의심을 품고 있다. 문명화는 제국주의를 합리화하는 논리였다. 근대화는 개발독재의 명분이 되었다. 민주화 또한 신자유주의로의 전환을 가리는 이데올로기적 효과를 발휘했다.

문명화-근대화-민주화 간에는 묘한 연속성도 있다. 근대화가 탈식민화를 왜곡하는 역할을 수행했다면, 민주화는 정부의 역할과 기능을 축소하고 무력화함으로써 발전국가들이 축적해둔 국부를 강탈해가는 수단이 되었다. 하여 1980년대의 동아시아, 1990년대의 동유럽, 2000년대의 중앙아시아 및 중동을 아울러 '민주화'의 실질적 효과와 결과를 냉철하게 따져봐야 할 시점이 되었다고 여긴다. 유라시아의 곳곳을 견문하면서 민주화의 실상과 허상 또한 차근차근 살펴볼 것이다.

그런 점에서도 몽골은 또 하나의 전범이었다. '쇼크 독트린'이 동유럽이나 동아시아보다 먼저 관철된 곳이다. '민주화' 이후 몽골에도 세계은행과 IMF가 진출했다. 옛 공산국가에 '자유민주주의'와 '시장 질서'를 도입하는 전위 노릇을 한 것이다. 천만다행(?)인 것은 몽골인민공화국 시절 축적해둔 몽골의 국부가 원체 변변치 않았다는 점이다. 종속이론의 전형이라고 할 만큼 소련에 의존하고 있었기에, '민영화'와 '구조조정'을 추진할 만한 자산이랄 게 마땅히 없었다. 덕분에 동아시아와 동유럽 국가들이 '민주화'의 경로에서 경험했던 파국적 금융위기, '세계화의 덫'에도 빠지지 않을 수 있었다.

오히려 몽골에서의 '민주화'란 '서구화'보다는 '몽골화'라고 하는 편이 더 적절하다. 탈동구화와 더불어 몽골의 전통과 개성이 되살아나고 있는 것이다. 무엇보다 칭기즈칸의 복권이 상징적이다. 시내 복판에 있는 수흐바타르 광장이 칭기즈칸 광장으로 이름을 바꾸었다. '붉은 몽골' 시절 몽골인들은 차마 그 이름을 입에 담을 수 없었다. '사회주의 국제주의' 정신에 어긋나는 민족주의의 화신으로 낙인찍혔기 때문이다. 하여 칭기즈칸의 귀환은 전통 복원의 신호탄이기도 했다. 라마불교도 다시 번창하기 시작했다. 지방에서는 토착적 무속신앙도 기지개를 켜고 있다. 강철국가에 억눌렸던 민간 사회의 저력이 재생하고 재활하고 있는 것이다.

유목민의 기질도 재차 발현되고 있다. 그들에게는 애당초 '고향'이라는 관념이 미미하다. 게르부터가 계절에 따른 이동식 주거 공간이다. 매년 10여 차례 거주지를 옮겨 다니며 사는 게 익숙한 사람들이다. '수도' 首都라는 발상조차도 희미했다. 현재의 울란바토르에 자리했던 '이흐후레'라는 지명 또한 대청제국 시절에는 스무 번도 넘게 장소를 이동했던 상징적 기호였을 따름이다. 몽골세계제국의 수도였던 카라코룸마저도 폐허처럼 남아 있다. "성을 쌓는 자 망할 것이요, 끊임없이 이동하는 자 세계를 정복할 것이다"를 되뇌며 살았던 유목민다운 문화재였다.

역으로 말하면 몽골인에게는 모든 곳이 내 집이고, 전 세계가 곧 고향이다. 과연 '민주화' 30년, 몽골 인구의 1할이 몽골 밖에서 살고 있다. 몽골의 안과 밖을 순회하며 노마디즘을 향유한다. 몽골인의 절반이 울란바토르에 이주해서 살고 있고, 그 울란바토르 시민의 절반은 외국 생활 경험이 있다고 한다. 몽골화 및 전통화가 곧 세계화에 부합하는 것이다.

당장 나를 도와 몽골의 동서남북을 안내해주었던 운전기사 에르덴도 부산에서 5년을 살다 왔던 유목민의 후예였다. 난생 처음 본 해운대 바다를 추억으로 품고 있는 26세 청년이었다. 비단 한국뿐이 아니다. 당장 몽골 초원을 가로지르면 러시아와 중국은 물론이요, 터키도 한걸음이다. 게다가 몽골인은 외국어도 쉽게 배우는 편이라고 한다. 타고난 천성이고 물려받은 기질이렷다. 피는 물보다 진한 법이다. 생긴 대로 살아야 한다.

울란바토르 시내에는 유독 항공권을 판매하는 여행사의 간판이 많았다. 에어트랜스Air Trans, 에어마켓Air Market, 에어웨이즈Air Ways 등 다양했다. 왕년의 초원길을 대신하여 하늘길을 애용하고 있는 것이다. 그렇게 몽골의 밖으로 나간 젊은이들은 온라인 금융망을 통하여 몽골의 안과 접속한다. 머니그램Money Gram, 웨스턴유니언Western Union 등 글

칭기즈칸 동상. '붉은 몽골' 시절 그 이름은 봉건의 상징으로 철저한 금기어였다. 1990년대 민주화 이후에야 복권되기 시작해 지금은 몽골 도처에서 칭기즈칸 동상을 만날 수 있다. '사회주의'라는 미명 아래 억압되었던 몽골의 정체성도 회복되고 있는 것이다.

ⓒ 팟캐스트 역사책읽는집

로벌 송금 업체도 여럿이었다. 즉 몽골은 영토국가에서 가교국가(Transit Mongolia)로 이행하고 있었다. 유목국가의 속성을 현대적으로 계승하고 있는 것이다. 이미 시골 간이역 같은 칭기즈칸 공항만으로는 감당할 수 없는 수준이 되었다. 한창 제2 국제공항을 시공하고 있었다.

유라시아형 세계체제의 가교국가

2015년 전승기념일에 붉은 광장에서 '역사동맹'을 맺은 시진핑과 푸틴의 공동성명 가운데 주목할 만한 내용이 하나 있다. 러시아가 주도하는 유라시아경제연합(EAEU)Eurasian Economic Union과 중국이 추진하는 일대일로를 단일 사업으로 통합하겠다는 것이다. 냉전기 유라시아의 패권을 두고 다투었던 북방제국과 중원제국이 유라시아의 대통합에 거국적으로 합의한 것이다. 그간 미국은 유라시아경제연합을 '재소련화'라고 폄하해왔다. 그러나 중국의 일대일로가 결합됨으로써 판세가 전혀 달라졌다. 중국은 유라시아경제연합 너머 유럽연합까지 내다보고 있다. 일대와 일로를 통하여 유라시아연합(EEU)과 유럽연합(EU)까지 연결해내겠다는 것이 중국의 야심이고 복심이다.

흥미로운 것은 유라시아의 이 거시적 통합의 마지막 열쇠를 몽골이 쥐고 있다는 점이다. 몽골은 여태 유라시아경제연합 가입을 미루고 있다. 유라시아경제연합과 FTA를 체결한 베트남보다도 신중한 행보이다. 중국이 주도하고 있는 상하이협력기구(SCO)에도 가입을 보류하고 있다. 러시아의 경제 울타리에도, 중국의 안보 우산에도 쉽사리 편승하지 않겠다는 균형감각이 돋보인다. 양 대국 사이에서 지난 백 년간 단련된 맷집이라고 하겠다.

1915년과 2015년의 차이가 바로 여기에 있다. 몽골의 종주권은 중국에 있으되 실질적으로는 러시아의 보호국이라는 캬흐타 조약의 시대는 지나갔다. 유라시아의 대일통을 위해서라도 중국도, 러시아도 300만 소국 몽골을 정중하게 모시고 깍듯하게 대접하지 않을 수 없게 된 것이다. 유라시아 대통합의 화룡점정도 몽골이 찍게 될 것이다. 21세기 유라시아의 향방을 가늠하는 척도이자 축도이다.

과연 유라시아는 몽골세계제국으로 말미암아 최초로 하나가 되었다. 동서남북에서 각개약진하던 국가와 문명들이 하나의 제국 아래 수렴됨으로써 '세계사'가 탄생하였고, '세계지도'가 편찬되었다. 즉 몽골이 보유하고 있는 최대의 자산은 땅 밑에 묻혀 있는 지하자원이 아니다. 역사의 지층에 새겨두었던 유라시아 제국의 유산이다. 유럽형 세계체제(Inter-state system)가 작동했던 20세기에는 사방이 막혀 있는 '내륙국가'로 신음했으되, 유라시아형 세계체제(Trans-state system)를 복구해가는 21세기에는 동서남북을 맺고 잇는 '가교국가'로 비상하는 것이다. 북방에서도 오래된 세계가 새롭게, 다시 펼쳐진다.

몽골 견문은 여기서 끝이 나지 않는다. (외)몽골국 아래에는 중국 내몽골(네이멍구内蒙古) 자치구가 있다. 몽골도 일종의 분단국가다. '두 개의 몽골'이 병존한다. 내/외몽골 견문에 나선 가장 큰 이유다. 한반도의 분단을 동아시아로 확대 투영하지도 않고, 작금의 G2 구도를 과거로 소급 적용하지도 않으며, 동아시아 (대)분단체제의 실상을 궁리하는 데 북방의 분단국가를 참조항으로 삼을 만한 것이다. 내몽골로 향하는 기차가 울란바토르를 떠난 시각은 오후 9시 10분이었다. 해가 지지 않는 북방의 밤은 여전히 환했다.

014

두 개의 몽골, 제국의 유산

몽골 분단의
비밀을 풀다

사막 위 국경 도시의 풍경

고비 사막은 거대했다. 울란바토르에서 꼬박 24시간을 가야 내몽골 자치구의 구도區都 후허하오터呼和浩特에 달한다. 드문드문 쌍봉낙타가 보이고, 뜨문뜨문 게르도 있었지만, 마을이라 할 만한 곳은 딱히 드물었다. 한나절이 지나서야 거대한 풍력발전소를 만났고, 비닐봉지와 페트병이 굴러다니기 시작했다. 사람들이 모여 살고 있는 흔적이다. 외몽골의 국경 도시 자민우드에 도착한 것이다.

사막 한복판에서 국경이 갈렸다. 간단한 출국 수속을 마치자 곧 오성기가 보였고 한자가 눈에 들었다. 중국의 국경 도시 얼롄하오터二連浩特였다. 불과 100여 미터를 사이에 두고 이번에는 입국 수속이 진행되었다. 번거로울 일은 없었다. 모든 절차가 기차 안에서 이루어졌다. 짐 검사도 눈 시늉이다. 의아한 것은 그 다음이었다. 입국 심사를 마친 기차는 왔던 길을 되돌아갔다. 그러더니 한 격납고 안으로 들어간다. 광궤의

외몽골의 국경 도시 자민우드 역.

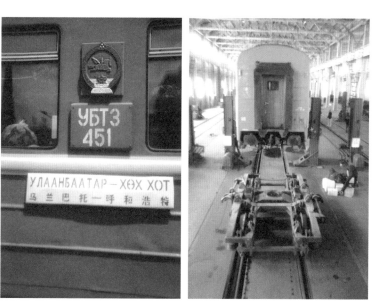

몽-중 국제 열차. 사막 한복판에서 국경이 갈리면서 기차 바퀴를 교환해야 했다. 외몽골은
여전히 소련이 깔아준 철도를 사용하고 있었기 때문이다.

차이로 기차 바퀴를 교환해야 했던 것이다. 외몽골은 여전히 소련이 깔아준 철도를 사용하고 있다.

덕분에 역 밖으로 나가볼 수 있었다. 국경 도시의 풍경을 잠시나마 맛보았다. 이제 중국임에도 여전히 키릴 문자 간판이 여럿이었다. 내 지갑에는 몽골 돈이 약간 남아 있었다. 구멍가게에 들러 사용할 수 있냐고 중국어로 물었더니, 주인아저씨는 몽골어로 대답한다. 눈치상 되는 것 같다. 캔맥주 둘을 샀다. 베이징의 옌징 맥주도 아니고, 산둥의 칭다오 맥주도 아니다. 헤이룽장黑龍江의 하얼빈 맥주다. 역시나 이곳은 북방이었다. 그래도 잔돈이 남았다. "혹시 중국 돈으로 바꿀 수 있나요?" 그분은 이번에도 몽골어로 대답하고 환전을 해주셨다. 말은 달라도 뜻은 통했다.

역으로 돌아왔더니 기차의 생김새가 달라졌다. 내가 타고 왔던 몽골 기차 뒤로 중국 기차 다섯 칸이 붙었다. 몽-중 국제선에 중국 국내선을 합친 것이다. 국제선은 여전히 몽골 안내원들이, 국내선에는 중국 안내원들이 자리했다. '일차양어'一車兩語의 풍경이었다. 레일을 바꿔 탄 기차는 쌩쌩해졌다. 한결 속도가 붙었다. 과연 철도대국, 중국이었다.

내몽골에서 가장 눈에 띄는 것은 거리 간판이었다. 몽골의 옛 문자가 고스란히 쓰이고 있다. 몽골 문자와 한자가 병용되고 있는 것이다. 심지어 시내버스 안내는 몽골어가 먼저이고, 중국어가 그 다음이었다. 키릴 문자가 전면화된 외몽골과는 딴판인 것이다.

외몽골에서 키릴 문자 전용 정책이 도입된 것은 1941년이다. 몽골 민족주의를 억압하기 위한 정책이었다. 이후 '민주화'와 함께 몽골 문자 복원을 선언했지만, 20년이 되도록 거의 실현되지 못했다. 근 두 세대 만에 전통 문자를 완전히 소실한 것이다. 내몽골에서도 문화대혁명 시절에는 몽골어 교육이 중단되었다. 하지만 개혁개방과 함께 초등학교부터 다시 보급되었다. 몽골어 전용의 컴퓨터 자판도 만들었다. 지금은 모든 공공장소에서 몽골어와 한자가 함께 표기된다. 이중언어생활, '일지 않어'一地兩語의 실천이다. 한마디로 제국의 유산이다. '소련/(외)몽골'과 '중국/내몽골'의 운명을 가른 기저라고 하겠다.

제국의 유산

중화인민공화국은 (외)몽골의 독립(과 대만의 미수복)을 제외하면 대청제국의 영토를 고스란히 물려받았다. 현재 중국 땅의 절반이 18세기 만주족이 정복한 것이다. 그만큼이나 내/외몽골의 운명에도 대청제국이 미친 영향은 지대했다.

내몽골은 대청제국 초기에 병합되었다. 만주족은 고비 사막 이남의 내몽골과 연합하여 중원을 장악한 뒤, 고비 사막 이북으로 진격했다. 외몽골(당시 할하 몽골)까지 정복을 완수한 이가 강희제이다. 즉 고비 사막을 경계로 내/외몽골은 약 반세기의 차이를 두고 대청제국에 따로 편입된 것이다. 20세기 내/외몽골이 분화하는 먼 기원이었다.

대청제국에서 변경 통치를 담당한 기관이 이번원理藩院이다. 한족 관료들은 전혀 참여할 수 없었던 배타적 통치기구였다. 이곳에서 몽골족에 행한 정책은 크게 둘이다. 하나는 몽골족과 한족의 교류를 차단하는 것이다. 역사적 기억의 산물이었다. 몽골은 한족(송나라)과 연합하여 여진족(금나라)을 멸했던 바가 있다. 그 여진족의 후예가 바로 만주족이었던 것이다. 그래서 몽골족과 한족의 결혼도 금지했고, 몽골에서의 한문 교육도 배제했다. 그래서 대청제국 내내 몽골족과 한족은 서먹하고 소원했다. 한 지붕, 딴 가족이었다.

내/외몽골 간 접촉도 방지했다. 대청제국의 일원으로 소속감을 갖되,

내몽골 자치구의 구도 후허하오터의 라마불교 사원. 대청제국은 분할통치의 선구자였다.
몽골족과 한족의 교류, 내/외몽골 간 접촉을 차단하면서도 동시에 몽골 왕실과 귀족,
라마승들에게는 높은 지위를 보장하는 회유책을 구사했다.

몽골족 전체를 아우르는 정체성을 배양하지는 못하도록 했다. 몽골에서의 라마불교 최고 지도자인 활불活佛도 인정하지 않았다. 특히 칭기즈칸의 핏줄에서 활불이 등장하는 것을 철저하게 막았다. 오로지 티베트의 달라이 라마와 판첸 라마*만 인정함으로써 몽골에서 정치와 종교를 통합한 리더십이 출현하는 것을 봉쇄한 것이다. 몽골족의 티베트 방문까지 제한했을 정도다. 대신에 몽골 왕실과 귀족, 라마승들에게는 높은 지위를 보장하는 회유책을 구사했다.

즉 대청제국은 분할통치의 선구자였다. 중원은 군현제, 변방은 봉건제를 구사하여 대일통大一統을 달성했다. 몽골은 왕족과 라마승들이, 티베트(시짱西藏)는 달라이 라마와 티베트 귀족들이, 신장新疆은 이슬람 율법을 따르는 토착 관료들이 제각기 중앙정부의 승인을 받아서 개별적으로 통치했다. 매우 급진적인 형태의 '다문화주의'였고, 매우 조숙한 형태의 '허브 앤 스포크'Hub and Spokes였다. 하여 몽골족과 장족, 회족回族, 한족들은 각기 만주족과 주종관계를 맺되, 상호간의 교류는 거의 없었던 셈이다. 대청제국의 천하天下는 물리적 결합이었지 화학적 통합은 아니었던 것이다. '중화민족'이라는 20세기의 용광로Melting Pot 모델과는 전혀 달랐다.

제국에서 제국'들'로

제국의 유산은 20세기에도 긴 그림자를 드리웠다. 제국에서 국민국가로의 전환이라는 통상적 진술도 실상에 딱히 부합하지 않는다. 하나의

---

* 달라이 라마는 티베트 종교·정치의 최고 지배자 또는 교주를 이르는 말로, 살아 있는 부처라고 불린다. 그리고 판첸 라마는 달라이 라마에 버금가는 서열로서, 아미타불의 화신으로 여겨진다.

제국이 붕괴하자 여러 제국이 각축했다.

먼저 1911년 독립을 선언한 외몽골부터 제국을 지향했다. 티베트 불교(라마교) 서열 3위의 인물을 '복드칸'으로 등극시켜 티베트와 연합하는 라마불교제국을 모색했다. 칭기즈칸의 핏줄을 이어받은 활불을 재차 정치적 지도자로 삼은 것이다. 외몽골은 이 점을 십분 활용하여 내몽골과의 통합도 도모했다. '근대화＝중국화'를 추구하는 신해혁명에 내몽골 지배층 또한 반발이 거세었기 때문이다. 몽골족의 입장에서 신해혁명은 한족이 만주족을 전복한 종족 혁명에 다름 아니었다. 황제를 대체한 총통이라는 제도 또한 낯설기만 했다. 종교적 신성함이 없는 세속적 지도자에게는 좀체 권위를 느낄 수 없었던 것이다. 전통과 언어와 종교 등 모든 방면에서 상이한 중화민국을 사절했던 것이다.

중화민국의 공화파 혁명가들은 변방의 귀족과 종교 지도자들을 혐오했다. '멍청한 몽골인'[愚蒙]은 시세를 전혀 따르지 못하는 구세력의 상징이 되었다. 그들을 포용한 것은 역설적으로 '반동파'로 간주되었던 위안스카이袁世凱(1859~1916)였다. 그는 라마불교 세력을 중시했다. 몽골제국을 복원하자며 내몽골을 유혹하는 복드칸에 맞서, 위안스카이는 대청제국이 보장했던 내몽골 귀족과 승려들의 권리를 계승하고 더 높은 직위와 급여를 제공할 것을 약속했다. 1912년, 스물한 살짜리 내몽골 라마를 깍듯하게 예우하며 광명대국사光明大國師라는 직위까지 부여했다. 대청제국 시절보다 신분을 상승시켜준 것이다. 그의 부모와 형제, 스승에게도 작위를 수여했다. 공화국 안에 제국을 품고자 했던 것이다. 아니, 위안스카이는 서둘러 공화정을 거두고 제정으로 복벽할 것을 도모했다.

그러나 위안스카이의 실각으로 중화민국은 복원되었으되, '제국의 근대화'는 지속되었다. 라마들에 대한 대접은 더욱 후해졌다. 봉급을 더욱 높여주고 경호원까지 제공했다. 1924년 몽골인민공화국의 등장은 중화민국에 도리어 기회였다. 공산국가의 불교 탄압이 본격화하면서 불교 지도자들이 베이징으로 대거 피신한 것이다. 그들은 종교를 거세하는 소련의 위성국이 되기보다는 중화민국의 품에 안기는 편이 낫다고 여겼다.

그들이 베이징에서 조우한 이가 판첸 라마다. 판첸 라마는 영국의 지원으로 독립을 추진하는 달라이 라마에 불만을 품고 티베트를 떠났다. 판첸 라마의 견해는 단호했다. 중화민국이야말로 대청제국을 계승한 유일한 국가이기에, 외몽골도 티베트도 중화민국의 영토가 되어야 한다는 것이다. 외몽골의 소련, 티베트의 영국 모두 라마불교에는 무지한 외세였을 따름이다. 즉 대청제국이 달라이 라마를 모셨듯, 중화민국은 판첸 라마를 모시기로 했다. 1931년 판첸 라마는 호국선화광휘대사護國宣化廣輝大師가 되었다. '왕족을 존중하고, 활불을 공경하라'[尊重王公, 恭敬活佛]는 선전 구호가 널리 확산되었다.

중화민국이 판첸 라마에 정성이었던 것은 대일본제국과의 경쟁이 크게 작용했다. 일본도 판첸 라마에 무척 공을 들였기 때문이다. '아시아를 위한 아시아'의 구호에 맞추어 판첸 라마를 적극 활용코자 했다. 나가사키에서 열린 범아시아 대회에 초청하고, 선양瀋陽에서 열린 반反소련 대회에도 초빙했다. 만주국 수립 이후에는 몽골로 진출하기 위한 사전 정지 작업으로 불교를 더욱 드높였다. 한편으로는 서구와 동구에 저항하며 동아東亞의 문명을 수호한다는 명분으로, 다른 한편으로는 대일본제국에 도전하는 몽골 민족주의를 견제하기 위하여, 초국가적인 성격을 담지한 라마불교를 적극 활용했던 것이다.

대일본제국의 공세에 맞서 중화민국 또한 '범아시아주의'를 설파했다. 몽골, 티베트는 물론 인도, 버마, 태국까지 불교를 통해 연대할 수 있

내몽골 회족 거리. 모스크형 쇼핑몰이 들어서 있는 회족 거리의 도로 표지판에는 몽골 문자와 한자가 병기되어 있다.

다고 주장했다. 활불과 승려들을 중화민국의 수도 난징南京으로 초청하여 성대한 불교 행사를 치르고, 쑨원의 묘도 함께 참배했다. 답례로 승려들은 난징, 상하이, 항저우를 순례하며 불법을 설파하고 중국의 통일을 강조했다. 그들은 몽골과 티베트, 만주는 중국임을 선포하며, 소련과 영국과 일본은 즉시 물러나야 한다고 주장했다. 라마불교(북방)와 삼민주의(중원)의 결합을 모색한 것이다. 즉 대일본제국의 만-몽 연합국가 건설을 저지하려 들면 들수록 중화민국은 점점 복합국가＝제국에 방불해져갔다. (외)몽골제국도, 대일본제국도, 중화민국도 하나같이 대청제국을 흉내 내고 모방했던 것이다. 겉으로는 근대 국가를 지향했으되, 실질로는 제국의 정통성을 과시하며 경쟁했다.

제국의 근대화

과제는 하나였다. 누가 중화세계의 태평천하를 복원할 것인가? 최종 승리는 중국공산당의 몫이었다. 따라서 이렇게 답할 수 있겠다. 중국공산당이야말로 '제국의 근대화'에 가장 성공적이었다고. 무엇으로? '대장정'으로.

대장정(1934~1935)은 제국을 복원하고 갱신하는 기나긴 행군이었다. 근거지부터 서북 지역의 연안이었다. 변방에서 출발했기에 소수민족의 자치 및 자결 의지를 결집할 수 있었다. 1938년 발표한 마오쩌둥의 〈신단계론〉新階段論이 대표적 문헌이다. '소수민족의 자치를 도와야 비로소 각 소수민족이 연합하여 항일의 목적에 이를 수 있다. 소수민족의 자결권을 인정하지 않으면 민족 간 평등한 연합도 이루어질 수 없다.' 얼핏 민족자결주의를 표방한 근대적 언어 같지만, 실상은 자치와 연합의 상호 진화를 꾀하는 제국을 계승한 것이었다. 항일을 위한 연합, 연합을 통한 항일이라는 마오쩌둥의 모순론과 실천론 또한 과거 몽골족이나 만주족이 공동의 목표를 세우고 다민족 연합 통일제국을 건설해갔던 과정과 일맥이 상통했다.

1947년 소수민족 자치구를 가장 먼저 선보인 곳이 내몽골이다. 내몽골은 공산당에는 열렸으되, 국민당에는 닫힌 공간이 되었다. 그럼으로써 국공내전에서 승리할 수 있는 발판이 되었다. 즉 중국공산당이 중국을 통일해가는 과정은 만주족의 대청제국 건국 과정과 놀라우리만치 흡사했다. 만주에서 몽골로, 변경에서 중원으로. 과연 수도의 처소 또한 난징南京에서 베이징北京으로 옮겼다. 난징은 명제국과 중화민국의 수도였다. 베이징은 대원제국과 대청제국의 수도였다. 중화민국이 한漢-송宋-명明을 잇는 중화제국이었다면, 중화인민공화국은 당唐-원元-청淸을 잇는 유라시아 제국에 가까웠다.

제국의 근대화로 중국의 내외 정책도 변경되었다. 이번원에서 관리했던 지역은 자치구가 되었고, 조공국과 호시互市國*은 독립국이 되었다. 즉 소수민족에게는 자치권을 부여했고, 주변 민족에게는 자결권을 인정했다. 1955년 반둥 회의에서 공식화된 '평화공존 5원칙'이 상징적이다. 암묵적이었던 내정 불간섭의 원칙을 근대적인 조약의 형태로 명문화한 것이다. 그럼으로써 국가간체제를 중화세계의 내부로 수용하여 신형 대-소국 관계를 확립했다. 왕년의 상국上國과 하국下國은 더 이상없다. 소수민족과 주변 민족과 대동단결하여 항일전쟁을 수행함으로써 '제국의 근대화'를 완수한 것이다. 그리고 그 동력을 발판으로 미국과 소련에 동시에 저항하는 제3세계의 탈냉전운동을 선도했다.

반면 항일에서 항미/항소에 이르기까지 전개된 이 집합적 역사운동으로부터 이탈했거나 소외되었던 국가들은 하나같이 '속국'으로 전락했다. 몽골은 독립하자마자 소련의 위성국가가 되었다. 일본과 류큐(오키나와), 대만, 한국은 미국의 동맹국이 되었다. 위성국Satellite State과 동맹국Client State은 하나같이 '속국의 근대화'를 경험했다. 북조선이나 베트남과는 달리 지금껏 주권국가에 이르지 못했다.

동아시아 대분단체제의 심연을 가르는 분열 또한 바로 여기에 있다. '제국의 근대화'와 '속국의 근대화'로 말미암은 상이한 국제질서가 첨예하게 길항하고 있는 것이다. 미국과 소련은 각기 '냉전'을 명분으로 근대화된 속국들을 만들어갔다. 소련의 해체가 동유럽과 중앙아시아에서 독립국가들의 대거 등장으로 귀결되었음은 상징적이다. 그러나 그 '탈냉전'이 한쪽의 일방적인 붕괴로 도래함으로써 다른 한쪽은 여전히 속국을 해소하지 못한 병폐를 남기고 말았다. 21세기에도 여전히 근대 국가에 미달한 나라들이 도열하고 있는 것이다. 목하 동중국해와 남중국해가 요동치고 있는 근저라고 하겠다.

'제국의 근대화'와 '속국의 근대화'가 빚어내는 '신냉전'의 양상은 작금의 동북아가 처음은 아니다. 1970~80년대 동남아에서 이미 구현되었다. 2015년 4월 30일은 베트남 통일 40주년이었다. 사이공의 함락으로 '도미노 이론'은 현실이 되었다. 남베트남도, 캄보디아도, 라오스도 순식간에 공산화되었다. 1975년 인도차이나는 온통 붉었다. (외)몽골이 아시아 최초의 공산국가라면, 라오스는 세계에서 가장 늦게 등장한 사회주의 국가이다. 2015년 12월은 라오스 건국 40주년이다. 동아시아 대분단체제의 기저를 한층 세심히 살펴보기 위해서 '붉은 라오스'가 탄생한 저간의 사정도 복기해볼 필요가 있겠다. 다시 남하한다.

015

'붉은 라오스'의 탄생, 그 후

메콩 강에서 동아시아
대분단체제의 끝을 보다

1975, 도미노

2015년 4월 30일, 베트남 사이공에 있었다. 정식 명칭은 호찌민 시이다. 그러나 여전히 사이공이 익숙하다. 이곳 사람들도 그렇다. 호찌민 시는 공식적인 자리에서나 쓰인다. 일상과 유리된 이름이다. 내가 사이공을 다시 찾은 것은 베트남 통일 40주년이었기 때문이다. 현장을 지켜보고, 기운을 느끼고 싶었다.

무더위 탓에 기념행사는 아침 7시부터 시작되었다. 서둘러 준비를 마치고 행사장으로 향했다. 하지만 오판이었다. TV 생중계를 보느니만 못했다. 사전에 확인된 사람들로 참여가 제한되어 있었다. 주변으로 차량도 통제되고, 보행로마저 막아두었다. 하노이에서 총출동한 국가 지도자들이 사이공 시민들과는 아무런 교감도 없이 기념행사를 치르고 있었던 것이다. 사이공보다는 하노이에 어울릴 법한 각종 선전 포스터들만이 통일 40주년을 상기시켰다.

1년 전 한 사진작가를 만난 일이 떠올랐다. 사이공 토박이였고, 1975년생이었다. '통일둥이'였다. 호찌민 영묘에 있는 박물관을 둘러보고 내뱉는 일성이 의외였다. "순 거짓말-"이란다. 내심 놀랐다. 통일 이후에 학창 시절을 보냈을 텐데도, 북에 대한 감정이 전혀 부드럽지 않았다. 공식 서사와는 다른 얘기들을 주변에서 일상에서 많이 들었던 탓이리라. 통일둥이가 마흔이 되도록, 남북 간 마음의 통합은 여전히 멀었다.

　실제로 1975년 4월 30일을 '통일'이 아니라 '병합'이라고 보는 견해가 여럿이다. 특히 남베트남 출신들의 회고록이 그렇다. 미국이나 프랑스로 망명한 관료와 지식인들의 공통된 견해다. 그들의 처지와 입장으로서는 그럴 수도 있을 것이다. 그런데 호앙반안 같은 예외적인 인물도 있다. 내가 읽었던 회고록 가운데 가장 인상적인 경우였다.

　그는 북베트남 출신이었다. 그것도 호찌민의 최측근이었다. 초대 중국대사를 역임하며 북조선과 몽골 업무도 담당했다. 동아시아통이었다. 그런 고위인사가 1979년 통일베트남을 떠나 중국으로 망명했던 것이다. 미국과 프랑스로 떠난 이들이 통일의 실상을 '병합'이라고 여겼다면, 호앙반안은 통일로 말미암아 베트남은 소련의 위성국이 되었다고 비판했다. 친소파가 득세함으로써 중국과 적대하고 동남아시아의 분열을 야기했다는 것이다. '친중파'의 치우친 독법이라고 할 수도 있겠다. 문제는 실상과 부합하는 점이 많다는 것이다.

　한국서는 베트남에 대한 관심이 여전히 1975년 이전에 머물러 있는 것 같다. 1945~1975년의 '민족해방전쟁'이라는 베트남의 주류 서사를 답습하는 편이다. 물론 한국 현대사 최대의 오점 중 하나인 베트남전쟁 참전과 양민 학살을 반성하는 일은 소중한 작업이다. 나라의 양심을 일깨우고 나라의 품격을 세우는 일이다. 그럼에도 여전히 자기중심적인 접근이라는 점이 아쉽다. 정작 베트남에 내재하지는 못하고 있는 것이

베트남전쟁에서 승리한 통일베트남은 소련의 위성국가이자 인도차이나 반도의 패자를
자처하면서 라오스를 20세기 최후의 공산국가로 만들었다. 사진은 라오스 인민혁명당이 새
국가의 헌법을 통과시키는 장면. ⓒ 비엔티안역사박물관

다. 베트남의 20세기를 꿰차기 위해서는 1975년 이후의 사태를 이해하
는 것이 중요하다. 인도차이나의 지평에서 1975~1989년의 궤적을 함
께 살펴야 한다.

우선 도미노 이론부터 전혀 틀리지가 않았다. 사이공이 무너지자, 인
도차이나 전체가 적화赤化되었다. 베트남이 통일되던 1975년, 캄보디아
(4월)도, 라오스(12월)도 공산국가가 들어섰다. 1972년 닉슨과 마오쩌둥
의 악수로 상징되는 탈냉전의 흐름이 무색해지는 순간이었다. 오류는
그 다음부터였다. 도미노 이후의 사태가 예상과는 전혀 딴판이었다. '민
족해방운동'의 상징이었던 베트남이 캄보디아를 10년이나 점령했다.
중국과 베트남은 국경 전쟁까지 벌였다. 자중지란으로 '사회주의 국제
주의'는 산산이 깨졌다.

무엇보다 동남아시아에서 공산주의를 확산시키는 주체가 중국이 아니었다. 베트남이었다. 중국 위협론과 중국 봉쇄론에 입각해서 베트남 전쟁에 개입했던 전제 자체가 잘못되었던 것이다. 오히려 중국은 동남아시아의 '중립주의'를 부추기는 편이었다. 아세안과 협력하여 베트남/인도차이나와 적대했다.

북조선이 신중국의 위성국이 아니었듯, 북베트남 또한 신중국의 괴뢰국이 아니었다. 오히려 매우 능동적이고 야심찬 역사의 주체였다. 본디 월남과 조선은 기질이 달랐다. 소중화小中華에 자족하는 동방예의지국과는 달리, 월남은 남쪽의 중화제국을 자처했다. 자그마치 천 년 전 대당제국에서 독립을 선언하면서부터 줄곧 그러했다.

하노이 근방에는 짱안Trang An이라는 아름다운 휴양지가 있다. 동양화풍의 절경을 감상하며 뱃놀이하기에 제격인 곳이다. 그런데 알파벳을 지우면 '長安'이라는 한자가 드러난다. 장안이 어디인가. 현재의 중국 시안西安이다. 대당제국의 수도였던 곳이다. 즉 대당제국 수도의 이름을 남쪽에다 옮겨둔 것이다. 그만큼 호방했다.

실로 월남은 천 년을 그치지 않고 제국 건설을 추진했다. 20세기도 다르지 않았다. 끝끝내 라오스인민민주주의공화국이라는 세계 유일의 불교 사회주의 국가를 탄생시켰다. 1975년 12월, 20세기 최후의 공산 국가였다.

인도차이나, 국제주의와 제국주의

19세기부터 그랬다. 현재의 베트남 영토를 최초로 통일한 응우옌 왕조(1802~1945)가 들어서자 '문명화 사업'에 박차를 가했다. 동남아시아의 유일하고 예외적인 유교 국가, 중화문명 국가로서의 자부심이 넘쳐흘렀다. 통일 이후에는 남쪽의 크메르*, 서쪽의 라오스로 눈을 돌렸다. 양국을 '오랑캐'[夷]로 여기고 황제의 교화와 감화로써 개조하려 들었다. 1834년 크메르를 복속시킨 이가 민망 황제이다.

허나 이 대남제국은 대청제국과도 달랐다. 불교 국가의 자치를 허락하지 않았다. 중국식 관료제를 곧장 적용했다. 의복과 언어, 사상, 종교까지 바꾸려 했다. 일종의 '체제 전환'을 꾀한 것이다. 오래 가지는 못했다. 크메르에서 철수한 것이 1847년이다. 야심은 넘쳤으되 힘이 모자랐다. 실제로 월남은 시암(태국)과 버마에 견주어도 압도적이지 못했다. 대청제국과 같은 보편 제국에는 못 미쳤다. 동남아의 다중심 가운데 하나, 만달라 세계질서의 일부였다.

제국 건설의 물질적 토대를 닦아준 것은 역설적으로 프랑스였다. 프랑스령 인도차이나 아래서 베트남은 캄보디아와 라오스로 진출했다. 프랑스의 '문명화 사업'이 월남의 문명의식과 묘하게 공명했다. 제1차 인도차이나전쟁(1946~1954)**에서도 프랑스와 베트남은 적수였으되, 각기 서로 다른 인도차이나 건설의 책무를 자임했다는 점에서는 일치했다.

북베트남 지도자들은 한국전쟁 발발도 기회로 여겼다. 인도차이나뿐

---

* 캄보디아의 옛 이름.

** 2차 세계대전 이후 베트남의 독립 과정에서 베트남과 프랑스 사이에 벌어진 전쟁. 프랑스 군대가 베트남 남부에 들어와 각 지방의 행정기관을 점령하자 사이공 시민들이 봉기를 일으켰는데, 이를 진압하기 위해 프랑스 본국의 군인이 상륙하면서 제1차 인도차이나전쟁이 시작되었다. 사이공 시민들이 무차별 학살되는 것을 목격한 베트남인들은 곧 게릴라전을 통해 프랑스군과 전면전을 벌이기 시작했다. 초기에는 베트남 게릴라들이 엄청난 열세에 놓였지만, 제국주의에 반감을 가진 시민과 농민들의 지지를 등에 업고 전세를 역전하기 시작했다. 1953년 총반격을 개시한 베트남군은 1954년 디엔비엔푸 전투에서 프랑스군을 거의 궤멸시켰고, 그해 제네바에서 휴전협정을 맺으면서 제1차 인도차이나전쟁은 끝났다.

만 아니라 동남아시아 전체로 혁명을 확산할 수 있는 호기로 삼았다. 그들은 이것을 '국제적 임무'라고 불렀다. 베트남이 동남아에서 가장 근대적이고 혁명적인 국가임을 자부했다.

인도와 버마, 인도네시아 등은 이런 (북)베트남을 우려했다. 베트남의 공산화를 수용할 수는 있지만, 베트남이 주도하는 인도차이나 및 동남아시아의 공산화에는 호의적이지 않았다. 아니, 결단코 반대했다. 총대를 멘 것은 인도의 네루였다. 그는 버마의 우누, 인도네시아의 수카르노와 의견을 나눈 뒤, 중국의 저우언라이에게 의견을 전했다. 1954년 6월, 뉴델리 회동에서였다. 이에 중국이 영향력을 발휘하여 인도차이나 서부에서 (북)베트남군을 철수시키라고 요청했다.

그때까지만 해도 저우언라이는 인도차이나 사정에 어두웠다. 베트남과 인도차이나의 차이를 정확하게 인지하지 못했다. 네루는 당시의 상황을 인도와 버마에 비유했다. 영국령 식민지라는 공통점은 있었으되 양국이 엄연히 별개의 국가이듯, 프랑스의 식민지였던 베트남/라오스/캄보디아 또한 별개의 국가라고 했다. 인도차이나는 어디까지나 식민주의의 산물이라는 것이다.

네루의 견해는 명쾌했다. 남/북 베트남의 통일은 지지하되, 라오스와 캄보디아의 중립주의 또한 지원하겠다는 것이다. 베트남의 반제국주의 운동에는 성원을 보내되, 베트남의 제국주의적 행보는 제어하겠다는 뜻이다. 저우언라이는 설복되었다. 라오스와 캄보디아의 독립 및 중립을 지지하기로 했다. 양국이 버마처럼 비동맹 노선을 걷는 '신형 동남아 국가'가 되기를 바랐다. 동남아에서 가능한 한 많은 중립 국가들이 등장하는 것이 미/소의 개입을 방지하는 방편이 될 수 있다고도 여겼다. 이듬해 반둥 회의(1955)로 가는 길목이었다.

호찌민도 수긍했다. 그래서 제네바 조약(1954)이 타결된 것이다. 프랑스군과 더불어 베트남군도 라오스와 캄보디아에서 철수했다. 그러나 호찌민보다 한 세대 아래는 불만이 컸다. 혁명적 열정에 불타오르는 '신청년'들이었다. 인도차이나 혁명의 꿈을 버릴 수 없었다. 호찌민을 '민족주의자'로 깎아내렸다. 호시탐탐 기회도 엿봤다.

2004년 출판된 쭈휘만의 회고가 흥미롭다. 라오스 혁명에 깊숙이 개입한 베트남 고문단을 이끌었던 인물이다. 라오스로 파견되기 전 호찌민과의 독대 장면이 나온다. 호찌민이 이렇게 말했단다.

"우리의 친구인 라오스인들의 주권을 존중하고, 그 친구들이 그들의 임무를 완수하는 데 도움을 베풀어라. 결국은 그들 스스로 모든 것을 주도할 수 있도록 하라. 당신이 그들을 대신하여 모든 일을 하려고 해서는 안 된다. 그들 또한 '자력갱생'해야 최후의 승리자가 될 수 있다."

쭈휘만은 호찌민의 충고를 그 자리에서 받아 적고, 현장에서도 따르고자 최선을 다했다고 한다. 과연 호찌민이 그런 말을 했는지 확인할 길은 없다. 호찌민에 대해서는 원체 사후 각색과 윤색이 많기 때문이다. 설령 했다 하더라도, 그의 뜻이 실제로 옮겨진 것 같지도 않다. 당장 쭈휘만 본인의 회고만 보더라도 베트남의 주도성이 너무나 역력하기 때문이다. '국제적 임무'와 최종적 승리에 대한 자부심 때문인지, 기층 단위에서 전개되었던 실천 양상까지 매우 소상하게 기술되어 있다.

헌신적인 베트남 혁명가들의 기록을 보노라면, 마치 19세기 프랑스의 선교사 같다는 인상을 받는다. 그들은 혁명사상을 전수하기 위해 라오스 언어를 직접 배우고, 산간에 사는 소수민족 언어까지 학습했다. 어학 교재를 출판하고, 특수학교도 세웠다. 라오스에서 라오스의 '국어'가 전국 곳곳, 고산지대까지 보급될 수 있었던 것도 열정적인 베트남 혁명가들 덕분이었다.

철저한 '하방'을 실천하는 이들도 있었다. 현지인들처럼 머리를 길게 기르고, 피부를 더 검게 태우고, 라오스식이나 소수민족식으로 이름을 바꾸고, 현지인과 결혼을 하거나 마을 촌장의 양아들이 되는 경우도 있었다. 그렇게 진정성을 보임으로써 라오스인들을 '붉은 복음'으로 인도하고자 했던 것이다. 실로 베트남은 식민모국에 맞서 군사적으로 승리한 세계 유일의 국가였기에, '베트남의 길'이 곧 라오스의 미래라고 믿어 의심치 않았다.

언뜻 한 세기 전 대남제국의 '문명화' 사업이 떠오르지 않을 수 없다. 민망 황제가 도모했던 '교화'의 반복이고 심화처럼도 보인다. 문명화가 근대화 혹은 혁명화로 바뀌었을 뿐이다. 백 년 전과 달리 물리력도 갖추어졌다. 프랑스가 건설한 교통망이 있었고, 소련과 중국에서 전수받은 군사력도 있었다. 평지에서 산지까지 더 높이, 더 깊이, 더 널리 베트남의 영향력이 침투한 것이다. 여기에 선교사적 혁명가들의 열정이 결합하여 '붉은 라오스'가 탄생했다.

라오스는 전통적으로 시암과 월남 사이에서 이중 조공을 하며 균형을 취했다. 굳이 경중을 따지자면 불교 국가인 시암에 더 가까웠다. 라오스의 근대화 또한 입헌군주제에 바탕을 둔 태국식 모델을 따랐다. 그러나 베트남 혁명가들의 '국제적 임무'로 말미암아 역사상 처음으로 베트남의 단독 영향 아래 들어가게 된 것이다. 20세기 동남아시아사의 획기적인 변화였다.

베트남과 라오스 간의 "특별한 우의"를 체현한 인물이 카이손이다. 라오스 인민혁명당 첫 총서기이자, 라오스인민민주주의공화국 초대 수상이 되었다. 그는 1920년생으로 어머니는 라오스인, 아버지는 베트남인이었다. 어릴 적부터 하노이에서 유학하여 베트남어도 유창했다. 이처럼 인민혁명당의 주요 간부들이 혈연과 학연으로 하노이와 긴밀하게 연계되어 있었다. 1975년 이후에도 사상 및 이론 학습을 담당하는 당

메콩 강의 이편과 저편, 태국과 라오스를 연결했던 옛 다리.

1994년 세워진 태국-라오스 간 우정의 다리. 냉전기 좌/우 이념으로 갈라섰던 두 나라가 이제 고속도로 건설을 통해 메콩 강의 오래된 연결망을 복원하기 시작했다.

간부 교육은 하노이에 있는 응우옌 아이 꾸억* 학교에서 이루어졌다. 북의 군사 물자를 남으로 이송했던 호찌민 루트가 괜히 라오스를 지났던 것이 아니다. 호찌민 루트는 통일의 길이자 혁명의 길이었고, 또 제국의 길이기도 했던 것이다.

즉 베트남은 미국이 그러했듯이 라오스의 운명을 라오스인의 손에 맡겨둘 의사가 거의 없었다. 미국은 라오스 왕정을 도와 국군을 양성했고, 베트남은 인민혁명당을 지원하여 혁명군을 양성했다. 제네바 조약을 어기면서까지 전개된 이 북베트남의 비밀공작이 당시 소련과 중국에 얼마나 알려졌는지는 미지수다. 내 판단으로는 베트남의 독자 행보였을 가능성이 더 크다. '사회주의 국제주의'의 실천보다는 '대남제국'의 현대적 계승에 가까웠다.

1977년 통일베트남과 '붉은 라오스' 간 우호협력조약이 체결된다. 소련과 동유럽에 방불하는 비대칭적 동맹이 공식화되었다. 따라서 국가간체제의 확립이라고 하기도 어렵다. 왕년의 조공국을 내부로 편입시킨 것에 가깝다. 이로써 베트남은 라오스의 외교뿐 아니라 정치와 경제 등 내정에도 깊숙하게 개입할 수 있었다. 5만 명의 베트남군이 주둔하며 사회주의적 개조를 진두지휘했다.

1979년 베트남은 캄보디아까지 점령했다. 이로써 베트남이 축이 되어 라오스/캄보디아를 하위 파트너로 거느리는 '허브 앤 스포크'도 완성되었다. 라오스도, 캄보디아도 '속국의 근대화'를 경험한 것이다. 이를 뒷받침한 것은 소련이었다. 1979년은 소련이 아프가니스탄을 침공한 해이기도 하다. 미군이 떠난 남베트남에도 소련군이 주둔하기 시작했다. 통일베트남이 소련의 위성국가가 되어간 것만큼이나, 인도차이나에

* 　호찌민의 아명.

도 동구형 질서가 이식된 것이다. 차이라면 프랑스-베트남(우파) 연합의 인도차이나에서 소련-베트남(좌파) 연합의 인도차이나로 전환된 것이라고 하겠다. 이 '붉은 대남제국'을 저지하고자 동남아 국가들이 합심하여 등장한 조직이 바로 '아세안'이었다. 인도차이나 vs 아세안, 1980년대 동남아의 '신냉전' 구도였다.

아세안, 우정의 다리

동유럽과 동남아의 탈냉전은 동시적이었다. 소련이 동유럽에서 철수할 무렵, 베트남도 캄보디아/라오스에서 철군했다. 소비에트연방이 해체되고 유럽연합(EU)이 확대되어간 것처럼, '인도차이나연방'이 해소됨으로써 동남아시아국가연합(ASEAN)도 확산되었다. 동유럽의 위성국가들이 독립국가로 전환되었듯, 라오스와 캄보디아 또한 속국의 지위에서 벗어났다. 베트남이 아세안에 가입한 것은 1995년이다. 1945년 독립으로부터 반세기가 흘렀다. 마침내 제국 건설의 기획을 접고 지역공동체의 일원으로 거듭난 것이다.

라오스 또한 해방 공간으로 돌아갔다. 10년간 탄압받았던 소승불교가 되살아났고, 독립 초기에 추구했던 비동맹 중립 노선을 복구했다. 중국과 베트남, 태국 사이에서 균형 외교를 취하고 있다. 라오스가 아세안에 가입한 것은 1997년이다. 중국, 베트남, 북조선과 함께 현존하는 마지막 '사회주의 국가'들로서의 연대를 지속하되, 아세안의 구성원으로서도 한 몫을 차지하고 있다.

1994년 태국과 라오스를 가르는 메콩 강에 '우정의 다리'가 세워졌다. 1980년대 양국의 국경은 신냉전의 최전선이었다. 인도차이나와 아세안이 메콩 강을 사이로 길항했다. 이제는 딴판이고 새 판이 열렸다.

동남아에서 바다를 면하지 않은 유일한 내륙국가라는 특성이 라오스를 동남아 교통망의 허브로 변화시키고 있다. 미얀마, 태국, 캄보디아, 베트남과 모두 국경을 접하고 있는 유일한 국가다. 그래서 어떠한 통신망과 교통망도 라오스를 통과하지 않을 수 없다. 게다가 중국의 윈난 성과도 국경이 닿는다. '5국 1성'五國一省으로 부상하고 있는 광역경제권에서 중차대한 역할을 맡게 된 것이다. 윈난 성 쿤밍에서 출발하여 싱가포르까지 가닿는 고속철 또한 루앙프라방과 비엔티안 등 라오스의 주요 도시를 거친다. 공사가 한창 진행 중이다.

메콩 강은 티베트 동부에서 발원한다. 윈난 성을 지나 동남아 주요 국가를 돌고 돌아 남중국해로 흘러나간다. 길이로는 세계 12번째, 수량으로는 세계 10번째에 꼽힌다. 20세기 메콩 강은 식민과 전쟁의 상징이었다. 이념과 체제를 달리하는 국가들의 분단선이기도 했다. 21세기는 동남아를 통합하고 중국 남부까지 잇는 평화의 물줄기가 되고 있다.

'우정의 다리' 건설은 20년째 이어지고 있다. 미얀마와 태국 사이, 태국과 캄보디아 사이, 캄보디아와 베트남 사이에도 '우정의 다리'가 생겼다. 그리고 이 다리들은 다시 아세안 고속도로ASEAN Highway 프로젝트와 연결된다. 중국 남부와 동남아 내륙을 종횡으로 엮는 '1일 생활권'이 등장하고 있는 것이다. 최근 남중국해가 주변 국가들의 영유권 분쟁 등으로 부쩍 소란해졌다고는 하지만, 메콩 강에서 일고 있는 이 도저한 변화의 물결이 쉬이 꺾일 성싶지는 않다. 강물이 흘러 바닷물이 될 것이다.

제국과 속국

몽골은 소련의 위성국에서 벗어나 동북아의 일원이 되었다. 라오스는 베트남의 속국에서 벗어나 동남아의 일국이 되었다. 동아시아의 남과 북에서 전개된 탈냉전의 양상이다.

동아시아 냉전은 양분이 아니라 삼분이었다. 미국-동맹국, 소련-위성국, 중국-주변국의 삼분 세계였다. 서구와 동구, 동방으로 나눌 수도 있겠다. 동구와 서구는 다른 듯 닮은 구석이 있었다. 공히 '속국의 근대화'가 전개되었다. 조공국이 식민지를 지나 동맹국/위성국으로 낙착되었다. 주권국가, 독립국가에 미달했다.

반면 속국을 해소해가는 역사운동도 있었다. 중화세계의 상/하국 관계를 대/소국 관계로 재편해가는 또 다른 근대화였다. 제국을 근대화하여 국가간체제에 적응시킴으로써 속국의 자립과 자결을 확보해간 것이다. 소수민족에게는 자치권이, 주변 민족에게는 자결권이 부여되었다. 나는 이 백 년의 역사운동을 '중화세계의 근대화'라고 표현한다.

즉 동아시아의 20세기를 '중화체제에서 국가간체제로의 전환', '전통 질서에서 근대질서로의 전환'이라고 갈음하는 것은 몹시도 미흡한 진술이다. 명名과 실實이 부합하지 않는다. 실사구시에 어긋난다. 올바른 이름이 아니다. 동북아의 중화세계와 동남아의 만달라 세계를 구성하는 복합계의 일부로서 국가간체제를 포용/포섭해간 과정이었다고 보는 편이 한층 적실하다.

그 과정에서 실로 다양한 발상이 제출되었다. 두 사람만 꼽는다. 청말 사상가 장빙린章炳麟(1869~1936)은 몽골과 신장, 티베트, 만주는 독립시켜도 무방하다고 했다. 애당초 중원과는 문명이 다른 지역이었다. 반면 조선과 월남, 류큐를 편입시키고자 했다. 유교문명을 공유했기 때문이다. 즉 중화문명을 계승한 국가끼리 협동하여 '대중국'大中國을 이룸으로써 국가간체제에 들어가고자 했다. 번부를 독립국으로, 조공국을 제국의 내부로 삼는 기획이었다.

반면 중화민국 초기, 청년 마오쩌둥은 각 성들이 모두 독립국이 되어

야 한다고 주장했다. 광동국, 산동국, 복건국 등 '소중국'小中國으로 자립
자강하자고 했다. 각자도생, 자력갱생하여 차후에 '중화연방공화국'으
로 합치자는 것이다.

전자는 '대국주의적 발상'이고, 후자는 '소국주의적 발상'일까. 쉬이
단정하기 어렵다. 각자 그 나름으로 국가간체제에 어떻게 적응해갈 것
인가에 대한 상이한 판단이 있었을 뿐이다. 즉 만국공법으로 전수된 유
럽형 세계질서를 중화세계의 어느 단위에서, 어떤 수준으로 관철시킬
것인가에 대한 집합적 과제가 있었다.

21세기하고도 15년이 지난 오늘까지도 여전히 완수되지 않은 숙제
이기도 하다. 나는 이 못다 이룬 과제가 목하 동아시아를 짓누르는 '신
냉전'의 망령과도 무관하지 않다고 여긴다. 동아시아 대분단체제의 핵
심 모순도 여기에 있다. 좌-우 체제 대결도, 미-중 패권 경쟁도 아니다.
'미국식 조공체제'와 '중국식 국가간체제'가 길항하고 있다. 신형 상-하
국 관계와 신형 대-소국 관계가 충돌하고 있다. '신형 대국관계'가 성립
되지 못하고 있는 것도 어느 한쪽이 상국上國이기를 포기하지 않고 있
기 때문이다. 동과 서가 뒤집어진 것이다. 서방이 '봉건적'이고, 동방이
'근대적'이다. 20세기사의 커다란 역설이다.

016

북경, 제국의 터전

중국의 길,
중화제국의 근대화를 묻다

북경과 대도

내몽골에서 베이징(북경)으로 향했다. 고비 사막을 낀 내/외몽골에 견주면 거리가 훨씬 가까웠다. 밤기차를 타서 이른 아침에 도착했다.

오래된 길이었다. 지금은 철길이지만, 한창 때는 말이 달리던 길이다. 그 길을 따라서 몽골은 중원을 장악했다. 유라시아 제국을 건설할 수 있는 물적 기반을 확보했다. 만주족도 이 길을 따랐다. 내몽골에서 북경으로 내처 감으로써 대청제국을 이룰 수 있었다. 중화인민공화국도 마찬가지다. 동북3성(만주)과 내몽골에서의 승기가 결정적이었다. 애초 북경을 '대도'大都라 이름 짓고 처음으로 수도로 삼은 이도 대원제국의 쿠빌라이였다. 중원에서 보자면 동북으로 치우친 장소지만, 유목민이 보기에는 북방과 중원의 딱 중간이었다. 북경은 진정 제국의 터전이었던 것이다. 베이징으로 가는 밤기차에서 북방의 천 년사가 복기되었다.

3년 만이었다. 날씨가 무척 화창했다. 5월의 하늘이 몹시 파랬다. 3년

'천명(天命)의 정치'를 상징하는 베이징의 천단. 본디 중화제국에서 '하늘'은 각별했다. 황제는
절대군주가 아니라 하늘에 의해 심판받는 존재였고, 제국의 정통성 또한 천명의 달성 여부에
달려 있었던 것이다.

전 베이징의 겨울은 스모그가 자욱했다. 이제 환경에 신경을 좀 쓰는가 했더니, 특파원들 말씀으로는 그건 또 아닌 모양이다. 내가 운이 좋았을 뿐이다. 덕분에 드높은 창공을 바라보며 '제국'을 깊이 궁리해볼 수 있었다. 사색하기에 안성맞춤이었다.

본디 중화제국에서 하늘은 각별했다. 제국의 정통성이 '천명'天命에 달려 있기 때문이다. 일찍이 경탄한 이는 독일의 철학자 라이프니츠였다. 중화제국을 규정해간 초월적 '천'天의 관념에 감탄했다. 황제는 절대군주가 아니었다. 하늘에 의해 심판받는 존재였다. 관념으로 그치지도 않았다. 사관史官을 통하여 제도화했다. 사마천의《사기》이래 일관되었다. 역사 편찬이 갖는 의의가 변하지 않았다. 중화제국이 연속성을 갖는 것도 천명이라는 발상과 사관의 존재 덕분이었다.

그래서 서아시아였다면 '제국의 교체'라고 보였을 일들이, 동아시아에서는 동일 제국 안에서 '왕조의 교체'로 간주되었다. 가령 로마제국은 페르시아제국을 계승했음에도 양자를 연속적으로 파악하지 않는다. 페르시아제국은 '동양'으로, 로마제국은 '서양'으로 표상되기 일쑤다. 오스만제국의 칼리프가 로마 황제를 자처했다는 사실도 곧잘 무시된다.

그에 반해 진秦과 한漢은 중화제국의 연속으로 이해된다. 사관 덕분이다. 사관이 체현하는 천명 덕분이다. 천주天主 문명과 천명 문명이 갈라지는 분기점이기도 하다. 한쪽은 제국이 붕괴되고 신앙공동체(중세)와 신념공동체(근대)로 쪼개져가는 천 년사를 경험했고, 다른 한쪽은 제국을 끊임없이 복원해가는 천 년사로 나뉘었다. 20세기 백 년도 크게 다르지 않았다.

제국의 탄생

세계 4대 문명권이라는 말이 있다. 정확한 표현이 아니다. 수전水田(논농사)에 기초한 장강(양쯔 강) 문명과, 화전火田(밭농사)에 근거한 황하 문명은 엄연히 별개의 문명이었다. 즉 고대문명은 5대 하천에서 비롯되었다. '5대 문명권'이 있었던 것이다. 그 가운데 양대 문명을 최초로 통일한 국가가 진秦나라였다. 황하 문명과 장강 문명을 통합했다. 가히 제국의 탄생이었다.

그러나 관건은 제국의 건설이 아니라 제국의 유지다. 말 위에서 제국을 만들 수는 있지만, 제국을 경영할 수는 없는 일이다. 즉 제국은 생산력이나 군사력만으로는 가능하지 않다. '사상'이 필요하다. 인간을 다스리는 기술, 인간의 마음을 사는 기술이 발전해야 한다. 그래야 복수의 공동체＝국가들의 동의를 구할 수 있다. 한마디로 '덕'德을 실현해야 했다. 안정과 평화라는 공공재를 제공하고, 시장 확대와 물질문명의 발전을 촉진해야 한다. 그러면 문화도 융성해진다.

중화제국의 남다름이 여기에 있다. 덕의 실현을 추구하는 사상대국이었다. 제국 경영의 사상전이 치열하게 전개되었다. 난상토론 끝에 제자백가가 도달한 제국의 경영술은 일치했다. '무위'無爲이다. '무위'란, '(인)위'를 부정하는 것이다. '(인)위'는 힘에 의한 강제이다. 당시로서는 크게 둘이었다. 하나는 주술에 의한 강제, 즉 씨족사회(원시공동체)의 전통이다. 다른 하나는 무력에 의한 강제이다. 씨족사회를 붕괴시키는 군사력, 즉 패도覇道였다. 작은 공동체는 종교가, 큰 공동체는 완력이 지배하고 있었던 것이다.

'무위'는 양자를 모두 거절하는 것이었다. 그런 의미에서 '무위'란 도가뿐만 아니라 유가에게도, 법가에게도 공통된 지향이었다. 주술과 무력에 의거하지 않기, '사상'의 힘으로 제국을 다스리기. 철학왕국, 인문국가를 지향한 것이다. 공자는 이것을 인仁과 예禮로써 풀었다. 한비자는 법法으로써 접근했다. 법가의 법치주의 또한 피지배자를 엄중하게 다스린다는 뜻이 아니다. 권력을 자의적으로 남용하는 지배자를 법으로 구속하자는 것이다. 법이야말로 지배자를 복종시키는 수단이었다. 그러하면 자연스레 신하도, 백성도 법을 따르게 된다. 법가가 추구한 '무위'이다.

즉 법法은 법칙Law이 아니다. 물처럼 자연히 흐르는 것(水+去)이다. 복수의 공동체 간의 담을 허물고, 벽을 부수고, 소통의 물꼬를 트는 것이 법이다. 부족사회나 씨족국가를 넘어선 영역에서 통용되는 '만민법'인 것이다. 따라서 제국의 '법'이란 애당초 '국제법'에 가까웠다.

다만 문화의 여부와 정도에 따라 차등이 있었다. 이른바 화/이華/夷의 분별이다. 사람에게 군자와 소인의 구별이 있듯이, 국가에도 문명국과 야만국의 분별이 있었다. 하지만 차별만도 아니었다. 화/이의 분별이야말로 중화제국이 늘 다른 문화와 문명을 포섭하는 복합국가였다는 증거이다. 아니, 화/이의 변증법이야말로 제국의 진화를 추동하는 내적 동력이었다.

화/이의 변증법

한나라는 흉노로 고민했다. 무력이 부족해서만은 아니었다. 제도, 즉 문화가 모자랐다. 유목민을 포섭하는 원리를 미처 갖추지 못했던 것이다. 이것을 실현한 나라가 당唐이다. 그래서 대당제국이라는 표현도 지나침이 없는 것이다.

그 이행 과정이 흥미롭다. 한漢과 수隋·당唐 사이에 소위 '5호 16국' 시대가 있었다. 변경에 있던 유목민들이 중원까지 내려와서 지냈던 시절이다. 이 난세에 마침표를 찍은 나라가 선비족(탁발씨)의 북위北魏였다.

북위는 유목국가이면서 동시에 농경국가이기도 했다. 투르크계의 흉노나 위구르와 달리 한나라의 문명을 적극 수용하고자 했다. 중앙집권적 관료제를 확립하고 균전제도 도입했다. 복합국가, 제국의 기틀이 다져진 것이다.

이러한 북위의 정책을 계승한 것이 수와 당이었다. 수도, 당도 북위의 장수가 만든, 즉 유목민이 세운 왕조였다. 그래서 수·당 제국 또한 외연의 확대에 그치지 않았다. 외부에 있던 것이 내부화되는 과정, 즉 주변이 중심이 되는 화/이 변태의 과정을 밟았다. 수 양제는 대운하를 건설했다. 남방과 북방의 문화가 뒤섞였다. 남방의 불교가 국교가 되고, 승려가 관료가 되었다. 실은 불교의 국교화를 가장 먼저 이룬 나라도 북위였다. 화/이를 융합시키는 복합국가의 원조였던 것이다. 그래서 문화의 전파력도 한층 커질 수 있었다. 중원의 밖으로 수·당의 제도가 널리 퍼져나갔다. 한반도의 삼국 및 월남, 일본에 이르기까지 광역대의 중화세계가 형성되어갔다. 전례가 없는 세계시민주의도 만개했다. 당나라는 골수骨髓가 제국이었다.

대당제국의 해체 이후에도 제국의 이념은 사라지지 않았다. 농경국가와 유목국가, 중원과 북방의 통합은 중화제국사를 규정한 핵심 과제였다. 이 과제를 한층 더 잘 계승한 쪽은 송宋나라보다는 거란이었다. 남송은 유목국가적 성격을 거의 상실했다. 반면 916년 거란을 세운 아리츠아보키(야율아보기耶律阿保機)는 제국을 복원하려 했다. 북방의 유목세계에 농경국가의 원리를 재차 도입하려 한 것이다. 물론 반발이 적지 않았다. 군사력의 우위에도 내부 분란으로 남송을 치지 못했다. 결국 거란은 무너졌지만, 제국 재건의 목표는 초원세계로 더욱 확산되었다. 그리고 결국 중원으로 회귀했다. 몽골이 건설한 대원제국이 비상했다.

북방에서 제국의 하드웨어를 업그레이드하는 시도가 거듭되고 있을 무렵, 남방에서는 소프트웨어의 혁신이 한창이었다. 수·당 제국의 열린 세계가 닫히면서 사상의 엄밀화와 질적 도약이 일어났다. '송학'宋學의 등장이다. 불교를 품어낸 신유학이 탄생했다. 과거제도 본격화되었다. 지배자의 자격이 만인에게 개방되었다. 누구나 관료가 될 수 있고, 누구도 사대부가 될 수 있었다. 신분사회에서 시민사회로, 종교사회에서 인문사회로. 동방의 계몽주의가 출현한 것이다. 그 파장으로 가까이로는 정도전의《불씨잡변》佛氏雜辨(1398)*이, 멀리로는 스피노자의《에티카》Ethica(1675)**가 등장했다. 전 지구적 계몽화가 촉발되었다.

따라서 초원제국을 세운 칭기즈칸과 달리 중원까지 통합한 쿠빌라이는 중국의 황제 노릇을 하지 않을 수 없었다. 북방의 대칸이 남방의 천자가 되기 위해서는, 남송에서 심화시킨 천명사상에 순응하지 않을 수 없었던 것이다. 당대의 주자朱子는 끝내 이단으로 생을 마쳤으되, 몽골제국에서 주자학은 국학으로 격상되었다. 다국가, 다문명을 통섭하기 위해서는 성리학적 합리주의(=실학)가 아니고서는 제국 경영이 어려웠기 때문이다. 과거제가 주변으로 확산된 것도 몽골을 통해서였다. 당장 고려에 과거제가 도입된 것도 몽골의 영향이다. 결국 그 과거제를 국가의 골간으로 삼아 조선이라는 문명국가도 들어섰다.

이 세련된 소프트웨어는 몽골세계제국이라는 하드웨어를 통하여 중화세계 밖으로도 수출되었다. 아랍으로, 유럽으로 널리 전파되었다. 결국 유라시아의 가장 서편에서도 절대군주의 목을 치는 하극상이 일어났다. 화에서 이로, 중원에서 주변으로, 동방에서 유라시아로 중화제국의 이상이 확산된 것이다. 송학의 서진西進, 맹자의 세계화라고도 하겠

---

* 유학의 입장에서 불교의 교리를 비판한 책.
** 스피노자 철학의 범신론적 체계 전체를 망라한 책으로, 원제는 '기하학적 질서에 따라 논증된 에티카(윤리학)'이다.

다. 화/이의 변증법이 중화제국의 경계를 넘어 유라시아의 사상과 제도의 근대화를 추동했던 것이다.

중국몽과 제국몽

2013년 시진핑 체제가 들어섰다. 정권이 바뀌면서 눈에 띄는 변화는 거리의 선전물이다. '사회주의 핵심 가치관'이 곳곳에 널려 있다. 시진핑 시대의 국가 이데올로기쯤 되겠다. 열두 개의 핵심 가치를 셋으로 나누어볼 수 있다.

국가의 목표로서는 '부강, 민주, 문명, 화해(조화)'가, 사회의 목표로서는 '자유, 평등, 공정, 법치'가, 개인의 목표로서는 '애국, 경업敬業, 성신誠信, 우선友善'이 꼽힌다. 사진을 찍어 카톡으로 전송했더니, 한 후배가 "자본주의 국가와 차이가 없네요"라고 답한다. 농이었지만 진眞을 담았다. 아니, 정답이었다. 좌/우의 시대는 일찌감치 지났다. 중국은 더 이상 좌고우면, 우왕좌왕 하지 않는다. '백 년의 급진'을 뒤로 하고, '중국의 길'을 걷는다. 20세기 도쿄東京와 21세기 베이징北京 사이의 결정적 차이다. 중국은 끝끝내 '탈아입구'脫亞入歐하지 않았다. 중심을 잃지 않고, 본연도 잊지 않았다. 자력으로 갱생했다. 근성이고 저력이다. 거듭 재귀했던 중화제국도 결국 귀환하고 있다.

하여 중국에 필요한 것은 '서구화'도, '민주화'도 아니다. '중국 특색의 사회주의'를 '중화제국 특색의 사회주의'로 더욱 진화시키는 것이다. 제국을 한층 더 적극적으로 재구축하고 재창출하는 방향으로 나아가야 한다. 중국 특색의 '고금 합작' 프로젝트라고도 하겠다.

혹여 중국에 자유민주주의가 도입된다면, 십중팔구 전국戰國시대가 재연될 것이다. 소수민족이 독립하고, 한족도 지방별로 갈라설 것이다.

톈안먼, 즉 천안문(天安門)은 '천하를 평화롭게 하는 문'이라는 뜻이다. 중국이 과연 그 뜻을 새겨 부국강병보다는 천하위공(天下爲公)을 사표로 삼는 나라로 거듭날 수 있을지 주시할 일이다.

국민국가를 만국萬國과 만세萬世의 표준으로 삼는 외눈박이라면 그것을 역사의 진보라고 여길지 모르겠다. '발전'과 '진보'는 난세를 가리(키)는 20세기의 최신 용어였기 때문이다. 그러나 장구한 중화제국사의 시각에서 보자면 어디까지나 어지러운 시대에 그칠 뿐이다. 그래서 그러한 사태를 야기하는 정권은 결코 민의의 지지도 얻을 수가 없다. 천명에 기초한 정통성을 도무지 확보할 수가 없기 때문이다. 오래 지속될 리도 없다. 오히려 한반도와 동아시아, 세계 전체에 파국적 재앙만 선사할 것이다. 역사적 상상력을 발휘할 것도 없다. 대청제국의 말기를 잠시 상기해 보는 것만으로 충분하다. 대청제국이 근대 국가가 되고자 함으로써 천하대란은 더욱 극심해졌다.

돌아보면 국가간체제는 전형적인 난세의 논리였다. 독립과 평등이라는 허상이 세력 균형이라는 끊임없는 경쟁과 낭비를 구조적으로 강제했다. 그에 비해 중화제국은 훨씬 연비가 뛰어난 체제다. 자원 절약적이고, 환경 친화적이며, 생태적이다. 녹색 시대에 더욱 어울린다. 백번 양보해도 중화제국의 실현이 태평성세의 충분조건은 아니었으되 치세의 필요조건이었음을 부정하기는 힘들 것이다. 서방의 이론theory보다는 동방의 사론史論에 귀를 기울여야 하겠다.

톈안먼 광장에 서서 자금성을 바라보았다. '중화인민공화국'이라는 이 나라의 이름을 곰곰이 새겨본다. '중화문명의 인민화'가 가능할 것인가? '인의예지仁義禮智의 공화국'이 들어설 것인가? 건국 100주년(2049)이면 '중화제국의 근대화'도 일단락될 것인가? 마침 톈안먼 일대로 또 다른 선전 포스터들이 보인다. "中華文明 生生不息"중화문명 생생불식, "大德 中國"대덕 중국. 이 나라는 이미 원기元氣를 되찾고, 원리原理를 되살리고 있다. 오만한 자만심보다는 떳떳한 자부심이길 바란다. 왕도를 구현하고 대덕을 발휘하는 나라로 거듭나기를 기원한다. 그래야 천하 또한 태평으로 한 발짝 더 다가갈 수 있을 것이다.

017

몽골의 후신
대청제국과
오스만제국

포스트-몽골 시대

베이징에서 하노이로 가는 기차에 올랐다. 몽골에서 베트남까지, 북방에서 남방으로, 동아시아를 종단하는 셈이다. 그 길은 정확하게 몽골족이 걸었던 길이기도 하다. 하노이에는 몽골군에 맞서 승리했던 쩐흥다오를 기리는 유적이 여럿이다. 이순신에 빗댈 만한 성웅으로 높이 떠받든다. 헌데 이 길이 옛 길만은 아닐 것 같다. 지금은 장장 이틀이 걸리는 여정이지만, 고속철이 완성되면 한나절로 줄어든다고 한다. 동북아와 동남아가 하나의 생활세계가 되는 것이다.

중국의 일대일로 프로젝트가 구현해갈 미래상 또한 점점 더 몽골세계제국의 그것과 겹쳐 보인다. 왕년의 역참제가 고속철과 고속도로, 인터넷으로 바뀌고 있을 뿐이다. 우리는 여전히 포스트-몽골 시대를 살고 있는지도 모른다. 19세기 이래 서구의 굴기는 그야말로 일시적이고 예외적인 단막극이었다는 실감이 갈수록 짙어지고 있다.

중화세계에서 만달라 세계로 남하하면서 대륙의 풍경은 다채롭게 변주되었다. 풍광만은 미국도 못지않다. 장쾌하고 수려하다. 다만 결정적인 차이가 있다. 동방에는 저 풍경 사이로 인문人文이 켜켜이 쌓여 있다. 자연사와 인류사가 포개져 있다. '구대륙'이 보유한 위대한 유산이다. 그중에서도 특히 13세기부터 18세기까지의 500년에 새삼 관심을 기울이게 된다. '유럽의 근대'가 돌출하기 이전, '유라시아의 초기 근대'에 눈길이 가는 것이다.

몽골세계제국이 중요한 것은 13세기에 유라시아 전역을 통합했다는 점에만 있지 않다. 그 이후에도 세계 각지마다 몽골의 유산을 남겨두었다는 점이 관건이다. 실제로 유라시아 각지의 후계 정권들은 칭기즈칸 이래의 혈통과 전통을 존중하고 몽골적 요소를 계승했다. 무엇보다 광역적 통합(=제국)의 지향이 지속되었다. 물론 장소마다 그 역사적 실상에는 층차가 있었다. 대별하자면, '세계의 지붕' 파미르 고원을 경계로 유라시아의 동과 서를 나눌 수 있겠다.

서유라시아와 동유라시아

서유라시아에서 몽골의 유산은 이슬람과 혼합되었다. 아랍인의 이슬람 또한 광역적 통합망을 구축하는 또 하나의 보편적 기획이었다. 그 이슬람의 소프트웨어가 몽골세계제국의 하드웨어와 결합함으로써 페르시아어를 보편어로 삼는 '페르시아 문화권'으로 성장해간 것이다. 이 페르시아 문화권은 몽골과 이슬람이라는 양대 보편성의 통섭이었다. 남아시아에서 굴기한 '무굴'제국(16~19세기)이 상징적이다. '몽골'의 후예이자, 이슬람 제국이었다.

헌데 서유라시아에는 또 하나의 보편적 기획이 있었다. 로마이다. 흔히 로마라고 하면 그리스-로마를 떠올린다. 그리스-로마의 전통이 르네상스와 계몽주의 시대를 거쳐 근대 서구로 계승되었다는 것이 통설이다. 틀린 말은 아니다. 하지만 모자란 진술이다. 그게 또 전부는 아니었기 때문이다. 19세기 근대 역사학이 주조해낸, 편향된 '신화'에 가깝다. 역사 쓰기는 늘 기록이자 망각인 법이다.

실제로는 로마의 유산은 크게 셋으로 갈라졌다. 서로마의 후계자인 서유럽, 로마제국의 정통이었던 동유럽, 그리고 동구의 영토를 점점 잠식해간 이슬람. 즉 서구의 가톨릭적 로마, 동구의 정교적 로마, 서아시아의 이슬람적 로마로 삼분되었던 것이다. 그 가운데 세 번째, 즉 이슬람적 로마가 몽골의 유산과 결합해갔다.

동유라시아는 어떠했나. 동유라시아의 몽골은 라마불교와 결합했다. 서유라시아의 이슬람에 빗댈 수 있겠다. 그러나 비슷한 것은 거기까지였다. 그 다음은 전혀 달랐다. 우선 인접한 한자 및 유교 문명과는 융합이 덜했다. 몽골세계제국에서 떨어져 나온 명나라는 몽골적 요소를 배제하고, 주자학과 화이華夷질서라는 전통적 유교이념을 체제 이데올로기로 삼았다. 조선과 류큐 등 호응하는 국가도 있었지만, 다수라고 말하기는 힘들다.

즉 동유라시아에는 서유라시아가 공유했던 '로마'와 같은 유산이 상대적으로 적었다. 그래서 서북의 몽골·티베트 권역과 동남부의 한자 및 유교 문명권이 근 300년간 분립하는 형태가 이어졌다. 두 개의 보편성이 일체화되기보다는 병존하고 있었던 것이다. 이는 포스트-몽골 시대, 유라시아의 동과 서에서 최대치의 통합을 실현했던 두 제국인 오스만제국과 대청제국의 구조에도 적지 않은 영향을 미쳤다.

1453년 동로마제국(비잔티움제국)의 수도인 콘스탄티노폴리스(콘스탄티노플, 현재의 터키 이스탄불)로 입성하는 오스만제국의 술탄 메흐메드 2세. 이로써 동로마제국은 멸망하고 오스만제국에 통합되었다.

오스만제국과 대청제국

오스만제국의 술탄은 이슬람의 칼리프였고, 유목민의 지도자인 대칸이었으며, 동로마제국의 후계자인 황제이기도 했다. 몽골과 결합한 이슬람적 로마가 발칸 반도 동쪽의 정교적 로마까지 통합한 구조였다. '몽골+이슬람+로마'라는 중층적 보편성을 실현한 제국이었던 것이다. 그러하기에 그 광대한 영역을 600년이나 통치할 수 있었다.

그에 견주어 대청제국은 '몽골+라마불교+한자 및 유교 문명'이라는 등식으로 표현할 수 있겠다. 구체적으로 말하면, 라마불교와 일체화된 만주족의 대칸이 한자문명권의 천자도 겸직한 꼴이다. 그럼에도 차이가 있었다. 양 제국 공히 '중층적 보편성'을 구현했으되, 그 중층의 구체적 실상은 동일하지 않았던 것이다.

오스만제국의 경우에는 융합이고 혼종이었다. 오스만제국의 군주는, 무슬림 신민에게는 술탄이요 칼리프이고 정교도 주민에게는 로마 황제라는 식으로 개별적이지 않았다. 어느 쪽에 대해서도 술탄이자 대칸이며 황제였다. 몇 가지 이유가 있었다. 우선 이슬람의 법제부터 이교도를 포용하는 유연성을 품고 있었다. 때문에 기독교도를 통치하는 별개의 속성을 필요로 하지 않았다. 이슬람 군주가 이교도를 지배하는 것만으로도 충분했던 것이다. '이슬람 근본주의'란 이 오스만적 보편성이 해체되고 만, 20세기의 '발명'이자 '창조된 전통'에 가깝다.

또 오스만제국 아래 살아가는 다양한 신민들은 그 종교나 속성에 따라 거주지를 따로 하지도 않았다. 모자이크처럼 지리적 혼주混住가 일상적이었기에 지역별로 통치 방식을 달리할 이유가 없었다. 주민들은 제각기 오스만 군주의 정체성을 각자 해석하고 수용하면 그만이었다. 정교도라면 '로마 황제'라는 감각이 강했을 것이고, 무슬림이라면 술탄과 칼리프의 모습을 보았을 것이며, 동부의 유목민들은 몽골과 투르크를 계승한 대칸의 측면을 주목했을 것이다.

그에 반하여 대청제국은 개별적이고 이질적인 보편성을 구사했다. 오스만과 같은 융합과 혼종은 일어나지 않았다. 만리장성의 북쪽과 감숙성(간쑤 성)·사천성(쓰촨 성) 서쪽으로는 라마불교와 일체화된 몽골 기원의 유목적 전통 위에 군림했다. 그곳에는 유교는 물론 한자마저 침투하지 않았다. 만리장성 이남은 별세계였다. 유교사상과 화이질서가 그대로 온존했다. 오스만제국이 용광로Melting Port였다면, 대청제국은 샐러드 접시Salad Bowl에 가까웠던 것이다. 이러한 양 제국의 차이는 20세기 국민국가로의 이행과 그 궤적이 상이해지는 바탕이 되었다.

서구의 충격, 일본의 충격

유라시아에서 중층적 보편성을 구현했던 양대 제국과 유독 동떨어진 지역이 있었다. 서유라시아에서는 서유럽이었고, 동유라시아에서는 일본이었다. 유라시아의 초기 근대를 해체해가는 20세기의 주역들이었다.

서유럽의 기원은 샤를마뉴의 서로마제국 부흥과 가톨릭의 자립에 있다. 서유럽도 '로마성性'을 분점했다는 점에서 동유럽이나 서아시아와 공통점이 있었다. 그러나 그뿐이었다. 샤를마뉴 제국＝가톨릭 권역은 그 협소한 범위 안에서 왕후王侯와 교회가 분립하여 분쟁을 거듭하는 예외적 역사를 밟았다. 소위 '서양사'의 전개이다. 몽골세계제국이 구축한 보편성의 세례를 제대로 입지 못한 것이다.

그리고 십자군전쟁(기독교-이슬람 전쟁)과 종교전쟁(신-구교 전쟁)을 경유하여 국가간체제를 산출했다. 베스트팔렌 체제*라는 것도 가톨릭 세계의 내부에서 신교-구교 간 왕후의 상호관계를 재규정하는 것에 그쳤다. 루이 14세의 공언처럼 "짐(군주)이 곧 국가"였던 시대였기 때문이다.

그러나 이 예외적이고 국지적인 체제가 19세기 산업혁명을 엔진으로 삼아 전 세계로 확산되었다. 유라시아의 한 귀퉁이에서나 통용되던 관념과 법제, 행동양식(=외교)이 압도적 무력을 내세워 전 지구적으로 확대되어간 것이다. 유라시아의 보편 제국들이 유럽형 국민국가들로 쪼개져갔다. '장기 20세기' 혹은 '단기 근대'였다.

굴기한 서유럽은 무엇보다 이웃한 오스만제국이 향유했던 '로마성'부터 강탈했다. 그래야 서유럽이 진정한 로마의 후예라는 대서사, '서양사'가 구축될 수 있었다. 서구 열강이 점점 더 정교적 로마의 동유럽으로 진입해감으로써, 오스만은 갈수록 '이슬람 국가', 나아가 '투르크 국가'로 축소·순화되어갔다. 달리 말해 '비非로마화', '비非문명화', '아시아화'가 전개된 것이다. 이른바 '오리엔탈리즘'의 구축이다.

이렇게 '이슬람적 로마'를 체계적으로 부정해감으로써 동유럽의 여러 민족들도 로마성을 박탈당한 '투르크'를 타자로 여기게 되었다. 스스로를 로마=비잔틴의 후계자로 여기며 고토故土를 회복해야겠다는 '민족의식'도 촉발되었다. 민족문학, 민족사학, 민족자결주의가 들불처럼 번졌다. 그럼으로써 중층적 보편성을 구현했던 오스만제국은 산산이 쪼개지고, 동유럽과 중동 또한 국가간체제로 재편되었다. 신앙공동체(신정국가)와 신념공동체(민족국가) 간의 혼란과 분열을 초래하여 백 년이 넘는 전국시대로 진입한 것이다. 그 난세는 현재도 진행형이다.

반면 동아시아에서 이러한 서유럽에 비견될 수 있는 것은 중화세계

---

* 오스트리아와 에스파냐를 중심으로 한 구교와, 네덜란드·스웨덴·덴마크·노르웨이·프랑스로 구성된 신교 국가 사이의 30년 전쟁(1618~1648)을 끝내기 위해 체결된 베스트팔렌 조약은 가톨릭 제국으로서의 신성로마제국을 사실상 붕괴시키고, 주권국가로서 근대 유럽의 정치 구조가 나타나는 계기가 되었다.

베스트팔렌 조약은 30년 종교전쟁을 수습하기 위해 고안된 국제질서 체제였다. 신교와 구교가 뒤섞여 있던 상태를, 신교 국가와 구교 국가로 명확하게 가르기 시작한 것이다. 이 신앙공동체적인 성격은 이후 근대 국민국가의 신념공동체적인 성격(민족주의)으로 계승된다.

의 외부에서 '쇄국' 상태로 있었던 일본이다. 일본의 위치와 역할은 실로 특이했다. 문자생활 면에서는 한자권에 속해 있으되, 대청제국이 구현한 중층적 보편세계에는 귀속되지 않았다. 일상생활부터 집단의 조직 방식, 대외 관계에 이르기까지 공통점이 무척 드물었다. 유학을 정치·사회의 이데올로기로 삼지도 않았을뿐더러, 번부나 조공, 호시 등을 통하여 중화세계에 정식으로 편입되어 있지도 않았다. 몽골적인 전통을 존중하는 유목문명과도 무연했으며, 라마불교도 신봉하지 않았다. 일종의 국외자였던 것이다. 19세기까지도 '만세일계'萬世一系*의 천황이 존재하고, 사무라이가 지배하는 '무사 정권'이 존속했다는 예외성이 상징적이라고 하겠다. '한-중-일'을 동아시아로 묶는 관습적 발상 또한 20세기 '동아'東亞의 흔적에 가깝다.

그런 점에서 일본은 과연 서구와 유사했다. 그리고 메이지유신 이래 더욱 더 서구와 근사近似해졌다. 근대화/서구화의 선봉으로서 일본은 중화세계와 대치하고 적대했다. 특히 서구에 근사하면서도 한자를 사용한다는 이중적 위치가 중화세계를 내파해가는 주체로 등극시켰다. '독립', '문명', '개화', '중화주의' 등 번역과 오역과 창조의 주체였다.

하여 19세기 말 이래 현재까지 지속되고 있는 일본과 중국의 갈등 또한 단순히 해양 세력과 대륙 세력 간의 지정학적 갈등에 그치지 않는다고 보는 편이 온당할 것이다. 그 심층에는 유럽과 이슬람 사이의 '문명의 충돌'과도 유사한 면모가 역력하기 때문이다. 즉 몽골세계제국이 구축했던 보편성의 안과 밖, 유라시아의 내부와 외부가 길항하고 있는 것이다.

---

*　천황의 혈통이 단 한 번도 단절된 적이 없다고 주장하는 견해로, 메이지 유신 이후 천황을 절대적인 존재로 부각시키는 과정에서 크게 중요시되었다.

서역과 서부

1차 세계대전으로 오스만제국은 파산했다. 국민국가로의 이행에 실패했다. 투르크의 국가, 터키로 쪼그라들었다. 그럼으로써 무수한 국민국가들이 파편처럼 파생했다. 발칸과 중동 문제의 기원이다.

반면 대청제국의 경로는 달랐다. 중화민국에서 중화인민공화국으로 이행했다. 성공했다기보다는 실패하지 않았다. 외몽골의 독립과 대만의 미수복을 제외하면 대청제국이 거의 계승되었다. '제국의 근대화'가 지속되었던 것이다. 고쳐 말하면 중층적 보편성을 상실하지 않았다. 제국성을 속 깊이 품고 있다. 건국 60주년을 지나 들어선 시진핑 체제가 '일대일로'를 국책으로 내세운 점이 우연만은 아니라고 하겠다. 재활再活을 마치고 재기再起를 준비하는 것이다. 그들의 표현을 빌리면 '중흥中興의 모색이다. 중국의 부상이 유라시아의 동반 성장을 자극하고 있는 것이다. 동남아시아, 남아시아, 서아시아, 북아시아가 공히 꿈틀거린다.

과연 포스트-몽골 시대는 여태 저물지 않았다. 저물기는커녕 포스트-서구 시대의 유력한 대안으로 점점 더 각광받게 될 공산이 크다. 중국의 서부, 왕년의 서역을 주목해야 하는 까닭이다. 20세기 '국가의 변경'이었던 장소들이 21세기 '제국의 관문'으로 뒤바뀌고 있다. 일대일로의 출발점이자, 유라시아 네트워크의 허브가 되고 있다. 중국이 '中國'이 될 것인가의 여부 또한 서부에서 판가름 날 것이다. 하기에 그곳에서 다시 펼쳐지고 있는 서유기西遊記의 세계를 살펴보기로 한다.

018

'인의예지'의 공화국

'사람'이야말로
동방형 민주국가의 출발

해방전후사의 재인식

한국에 다녀왔다. 한국냉전학회가 출범했다. 말석에서 발표할 기회를 얻었다. 학회일이 6월 25일이었다. 마침 해방/분단 70주년이기도 했다. 처음에는 2015년 '6·25'에 닻을 올리는 냉전학회가 '뜻 깊다'고 생각했다. 그런데 곰곰 따져보니, '뜻밖'이라고 하는 편이 더 어울릴 것 같다. 70년 전, 북과 남이 이제껏 해후하지 못할 것이라고는 누구도 예상치 못했을 것이다. 상상을 불허하는 세월이 일흔 해나 쌓인 것이다. 문자 그대로, 적폐積弊이다. 적폐 중의 으뜸이다.

서울에 있는 동안 인사동에 머물렀다. 아침마다 북촌과 서촌을 산책하는 재미가 호젓했다. 느긋하게 차를 마시며 출근길 시민들을 지켜보았다. 묘했다. 완전한 이방인도 아니요, 그렇다고 당장 이곳에 속해 있는 내부인도 아닌 처지다. 생활의 보금자리를 나라 밖에 꾸린 지 5년째다. 한국 또한 낯설게 보게 된다. 과연 이 나라를 견문한다면, 어떤 소재와 주제로 글을 쓸 것인가. 결론은, 결국은 분단이었다. 분단이야말로 한국과 북조선, 한반도를 이해하는 최종 심급이었다.

다만 분단의 실체가 무엇인가에 대한 관점은 일정한 교정이 불가피해 보인다. 남북 간의 대결, 이념과 체제의 대결, 혹은 미국과 중국의 패권 경쟁이라는 시각은 피상적이다. 틀린 말은 아니되, 정곡을 찌르지 못한다. 70년의 시간만큼이나 관성적이고 타성적이다. 발상의 전환이 필요하다. '해방전후사의 재인식'이 다시금 요청된다.

나는 갈수록 분단의 심층으로서 전통과의 단절을 뼈아프게 새기고 있다. 한반도의 허리가 끊어짐으로써 남과 북 공히 역사로부터 골절, 탈골되었다. 뿌리를 상실하고, 중심(=중도)을 잃어버렸다. 전통의 근대화에 실패한 것이다. 그래서 우왕좌왕 맹목적인 근대화로 치달았다. 무릇 난세에는 극단이 승한다. 좌와 우가 끝내 분열하고 만 기저이기도 할 것이다. '극단의 세기'에 적응하는 방편을 두고 남과 북은 끝내 등을 졌다.

북은 강병強兵으로 치달았다. 남은 부국富國으로 내달렸다. 남과 북 공히 속도전을 벌이며 20세기형 근대 국가를 추구했다. 결국 북은 군사국가/무인武人정권이 되었고, 남은 기업국가/소인小人천하가 되었다. 문인=군자를 제일로 쳤던 조선과는 아득한 새 나라가 제각기 들어서고 말았다. 조선 문명과는 너무나도 상이한 두 국가가 조선의 적통을 자처하며 반목하고 갈등하는 풍경이 70년째 이어지고 있는 것이다. 20세기의 역설이다.

하기에 북과 남의 통일 또한 남과 북의 재회에 그치는 일만은 아니지 싶다. 부디 아니어야 할 것이다. 재활再活운동이 절실하다. 전통과의 재접속, 전통의 혁신, 전통의 근대화가 긴요하다. 남과 북이 합류하고 협동할 수 있는 첩경이기도 할 것이다. 그래서 남북 각자의 적폐와 누습을 해소하고, 자기부정과 자기상실로 점철된 근대화의 상처 또한 치유해야 할 것이다. 20세기 독립국가 만들기에 좌우 합작이 필요했다면, 21세기 통일국가·문명국가 만들기에는 '고금 합작'이 긴절하다.

가지 못한 길

나는 거듭하여 1894년 동학운동을 돌아본다. 청일전쟁으로 천하가 무너지던 해, 조선의 개벽開闢 또한 좌초되었다. 결국 개조(북)와 개혁(남)으로 척을 졌다. 남북 분단의 심층 또한 신/구 간 분단에 바탕할 것이다. 그럴수록 더더욱 동학東學을 되새기고 곱씹는다. 동학은 서학西學을 배타하지 않았다. 서학을 되감아 치는 회심이 발군이었다. 전통을 내다버리지도 않았다. 유학儒學의 민중화를 꾀했다. 사대부의 교양과 일상을 전 인민에게 널리 보급하는 동방형 민주화 기획이었다. 국학國學으로 함몰되지도 않았다. 신세계와 신세기로 열려 있었다. 고금 합작의 원조이고 원형이었던 것이다. 서학과 국학의 분단체제를 허물고, 구학과 신학의 분단체제를 극복하는 동아시아학이 지향해야 할 덕목을 상당 부분 내장하고 있었다. 반추할수록 굉장하고 신통하다.

　1894년의 좌절로 동학이 단절된 것만도 아니지 싶다. 망각되었다고 하는 편이 더 적실할 것이다. 특히나 일본이나 미국, 유럽이 아닌 대륙행을 선택했던 이들의 행보와 행적을 주목할 필요가 있다. 그들이 타지와 타국에서 쓰고 남겼던 기록들이 한글과 한문을 아울러 산적하다. 다만 온당한 대접을 받지 못했을 뿐이다. 연구가 부족하고 부실하여, 정당한 평가를 누리지 못한 것이다. 그간의 판단 기준과 잣대가 원체 '근대'에 편향되어 있던 탓이다. 뭐 눈에는 뭐만 보이는 법이다. 그래서 보이지 않는 것, 보지 못하는 것이 산더미다. 그 사각지대에 20세기가 허락하지 않았던 가지 못한 길, '조선의 근대화'가 어렴풋 자리한다.

그러나 시세가 변하고 있다. 시절이 크게 달라지고 있다. 난세가 끝물에 접어들었다. '장기 20세기'가 황혼을 지나고 있다. '반전시대'의 초입에 진입했다. 동과 서가 뒤집어진다. 미국과 중국의 역관계가 뒤집어진다. 해양과 대륙의 세력 균형도 뒤집어진다. 오해는 삼가자. 동방이 서양을 지배하는 시대가 열린다는 뜻이 아니다. 동서의 역전을 말하는 것이 아니다. 동과 서가 제자리를 찾아가는 '재균형'의 시대로 돌아간다는 말이다. 돌출했던 유럽도 유라시아의 일원이 되어간다. 중국, 인도, 이슬람의 유라시아 3대 문명권에서도 집합적 네오르네상스의 기운이 여릿하다.

한반도의 (재)통일 또한 이 네오르네상스의 물결 속에서 이루어질 것이다. 통일운동 또한 점점 더 문명사적 지평에서 전개하지 않을 수 없다. '조선의 근대화'를 복기할 때이다. 100여 년 전, 〈기미독립선언서〉(1919)만 해도 조선 문명의 주체성과 보편성을 계승하는 면모가 역력했다. 민족의 독립과 세계의 평화(=태평천하)를 동시에 염원했다. 해방기 백범의 〈나의 소원〉은 조선 문명의 마지막 메아리였다. 그가 염원하던 문화의 힘이야말로 중화문명, 인문국가, 대동사회를 지향했던 '조선의 근대화'에 방불했다. 김구가 소싯적 동학에 입문했음을 상기할 필요가 있다. 탈조선화와 탈주체화의 선봉에 섰던 이승만과 김일성과는 근성根性이 다른 인물이었다. 기민한 혁명파보다는 우직한 재건파였다.

하여 3·1운동 100주년이 되는 2019년부터 해방 100주년이 되는 2045년까지를 21세기형 동학운동을 재개하는 기간으로 삼을 만하다. 고려 말의 성리학이 새 조선의 기틀이 되었던 것처럼, 조선 말 동학을 계승하고 보완해서 통일국가의 헌장으로 삼아도 좋겠다. 해방(1945)은 도둑처럼 왔으되, 통일(20△△)만은 만반으로 준비할 일이다. 30년 대계, 마스터플랜을 세워야 한다.

1919년 〈기미독립선언서〉. 100여 년 전만 해도 민족의 독립과 세계의 평화를 동시에 염원하면서, 조선 문명의 주체성과 보편성을 계승하는 면모가 역력했다. 그러나 지난 세기 동안 맹목적인 근대화로 치달으면서, 결국 북(北)은 군사국가/무인정권이 되었고, 남(南)은 기업국가/소인천하가 되고 말았다.

나의 소원

2015년 6월, 서울은 온통 어지러웠다. 역병으로 야단법석, 아수라장이었다. 얄궂게도 역병을 덮은 것은 나라님의 몽니였다. 배신을 운운하며 심판을 하령했다. 낯이 뜨거운 살풍경이었다. 지도자부터가 좀체 어질지 못하다. 그 어질지 못한 여인을 지배자로 선택한 국민들 또한 몹시 어리석었다. 민주주의라는 미명 아래 민중과 시민에 아부하고 아첨하는 근대적 편견은 서둘러 떨치는 편이 낫겠다.

비단 한국만도 아니다. 1987년 전후에 민주화된 아시아의 주요 국가들인 대만, 태국, 필리핀을 아울러 살펴도 오십 보, 백 보다. 거버넌스가 엉망진창이다. 군자를 키워내는 소학小學과 대학大學에 소홀할 때, 민주주의는 순식간에 '소인들의 난장판'으로 전락한다. 극기복례를 방기한 소인들의 정치가 공공 영역을 사사롭고 삿된 투석장으로 변질시킨다.

역시나 제도보다는 '사람이 먼저'이다. 민주화 어언 30년, 사람을 키워내는 시스템이 총체적으로 붕괴되었다. 소학은 소학(국민 교육)대로, 대학은 대학(엘리트 교육)대로 왜곡과 굴절이 극심하다. 그래서 민중은 민중대로, 지도자는 지도자대로 집합적 역량이 현저히 떨어졌다. 어설픈 개인주의, 설익은 자유주의가 나라의 밑동을 송두리째 허문다. 인권은 단지 천부적인 것으로 그쳐서는 안 된다. 평생 학습이 필히 수반되어야 한다. 탐진치貪瞋癡*를 떨쳐내지 못한 범부들의 무책임한 투표가 동시대는 물론 미래까지 갉아먹기 때문이다.

20세기 근대문명의 파탄과 민주주의를 별개인 듯 생각해서도 곤란하다. 깊이 결부되어 있다. 직시하고 직면해야 한다. 제발 태초부터 자유롭다는 '근대인' 흉낼랑 그만 거두고, 오래된 경세와 경륜의 지혜에 마음을 열고 귀를 기울일 때다. 심학心學의 수양과 실학實學의 수련 없이 아무나, 함부로, 진정한 주권자가 될 수 없다. 모두가 군자가 되는 대동사회, 만인이 보살이 되는 극락세계야말로 동방형 민주국가의 출발이기 때문이다. 그래야 '역전시대'가 아니라 '반전시대' 또한 열릴 것이다.

징후는 이미 여럿이다. 중국은 유교를 재발견하고 있다. 인도는 요가를 세계화하고 있다. 이슬람은 율법으로서 자본주의를 교정하려 든다. 유라시아 곳곳에서 옛 물결이 새로 일고 있다. 한반도의 재통합 또한 이 새 물결을 거스르며 일어날 수 없을 것이다. 안타까운 것은 여태 새 술을 담을 새 부대가 보이지 않는다는 점이다. 새 판을 짜는 새 거점이 부족하고 부실하다. 단지 구체제의 와해만이 또렷할 뿐이다.

덕수궁 돌담길을 오래 따라 걸었다. '덕수'德壽라는 뜻을 깊이 되새긴

---

* 불교에서 말하는 근본적인 세 가지 번뇌로 탐욕(貪慾), 진에(瞋恚, 노여움), 우치(愚癡, 어리석음)를 의미한다.

다. 마을마다, 유적마다, 한글에 가려진 한문 이름을 들추어 곰곰이 따져보는 버릇이 생겼다. 그 오래된 명명 속에는 여전히 옛사람들이 꿈꾸었던 문명과 이상과 가치가 녹아들어 있다. 귀국하면 그 뜻을 받들어 새로이 잇는 일에 매진하고 싶다. 그래야만이 남북의 통일 또한 민족의 재통합이자 동방문명의 갱신으로서 지구촌에 공공재를 제공하는 범인류적 사업이 될 수 있을 것이다.

끝내 한국은 견문으로만 그칠 수가 없었다. 어느덧 소원하고 기도하고 있었다. 결국은 내가 돌아갈 현장이고, 살아갈 터전이기 때문이다. 애착이 남다르다. 내가 태어나서 자란 이 나라에, 내 부모님이 살았고 내 조상들이 먼저 살다 가신 이 땅 위에, 덕德이 오래도록 넘쳐흐르는 '인의예지仁義禮智의 공화국'이 들어서기를 간절히 염원한다. 그래서 후세와 후대에게도 아름다운 강산과 품격 있는 국가를 떳떳하게 물려주고 싶다. 긴장의 끈을 늦추지 말 것을 다짐하며, 다시 한국을 떠났다. 견문을 계속 이어가도록 한다.

019

아시아의 하늘을 잇다
하늘길의
민주화 선언

하늘 버스, 도시와 도시의 네트워킹 미디어

서울에서 뵌 몇몇 분들이 경비 충당을 물으셨다. 남북으로, 동서로, 여비가 만만치 않을 것이라며. 여기서 세세한 내역을 공개할 것은 없겠다. 다만 예상하는 것보다는 훨씬 저렴하게 다닌다. 단연 저가항공사 덕분이다. 기내식을 비롯해 부속 서비스를 줄임으로써 항공비의 거품을 거두었다. 착한 가격의 비행기들이 아시아를 촘촘하게 엮어가고 있는 것이다. 바지런하게 품을 팔아 온라인을 뒤지면 파격적인 액수의 월척을 낚을 수도 있다. '유라시아 견문'에 나설 수 있었던 만용 또한 이러한 시대적 흐름의 반영이라고 여긴다. 10년 전만 해도 감행하기 어려웠을 것이다.

저가항공사의 대표주자로 에어아시아를 꼽을 수 있다. 수년째 선두 자리를 굳건히 지키고 있다. '아시아의 하늘'Air Asia이라는 이름부터 상징적이다. 거점은 말레이시아다. 이 또한 우연만은 아니지 싶다. 경영진의 사업적 수완 못지않게 지리-문명적 소산이라고 보이기 때문이다.

말레이시아는 동남아시아의 내륙부와 해양부를 잇는 가교적 위치에 자리한다. 아세안의 남과 북을 잇는 허리인 셈이다. 게다가 이슬람 국가이다. 이슬람 세계와도 밀접하게 접속되어 있다. 그래서 동아시아는 물론이요, 남아시아와 서아시아까지 연결망이 뻗어나갈 수 있었다. 왕년의 믈라카가 해상海上무역의 왕국이었다면, 오늘의 말레이시아는 천상天上교통의 허브인 것이다. 에어아시아가 쿠알라룸푸르와 직항으로 연결하는 아시아의 도시만 여든 곳을 넘는다.

그 뒤를 인도네시아가 바짝 쫓고 있다. 2015년 파리에서 열린 에어쇼에서 가장 큰 손으로 등극한 저가항공사가 인도네시아의 가루다Garuda였다. 보잉787기를 60대나 구입한 것을 비롯하여 지갑을 활짝 열었다. 향후 10년간 250대의 비행기를 더 구입할 계획이라고 한다. 2억이 넘는 인구가 수천 개의 섬에 분산되어 살고 있는 환경이 항공산업 발전에 유리한 조건이 되고 있다. 특히 라마단이 지나고 맞이하는 최대의 명절인 '이둘피트리'는 항공업계의 최대 성수기다. 자카르타 등 대도시에 거주하고 있는 수백만의 인도네시아인들이 고향을 방문하거나 여행을 떠나기 때문이다. 올해 에어아시아는 이 기간에 맞추어 90대의 특별여객기를 투입해 16,000명의 여행객을 더 소화했다. 인도네시아의 토착 저가항공사인 라이온에어Lion Air 또한 50대를 추가 편성하여 맞불을 놓았다. 이처럼 항공사 간 경쟁이 치열해질수록 표 값은 더욱 떨어질 것이고, 가격이 저렴해질수록 저가항공을 이용하는 승객은 더욱 늘어날 것이다. 게다가 인도네시아 역시 세계 최대의 이슬람 국가이다. 메카 순례에 나서는 무슬림 여행객들 또한 날로 증가할 것임에 틀림없다. 국제선도 갈수록 분주해질 것이다.

실제로 지난 10년간 아세안의 저가항공사들은 8배 이상 성장했다.

2004년 2,500만 승객을 소화한 것에 견주어 2014년에는 2억 명을 돌파했다. 같은 기간 기존의 항공사들이 1억 8천만에서 2억 6천만 명으로 증가한 것에 비하면 비약적인 발전이다. 앞으로 3년 안에 저가항공사들의 점유율이 대형 항공사들을 뛰어넘을 것이라는 전망이 우세하다. 아세안의 통합과 저가항공사의 성장이 공진화하고 있는 것이다.

이제 아세안경제공동체(AEC)가 출범하면 이 추세는 더욱 가팔라질 것이다. 6억 규모의 동남아 단일 시장이 등장한다. 인구로만 따지면 북미의 미국, 남미의 브라질, 유럽의 독일을 합친 것과 맞먹는다. 공항마다 이미 아세안 창구가 따로 설치되어 '아세안 시민'들은 상호 무비자로 오고간다. 육지와 바다를 경계로 나라와 나라를 가르던 장벽들이 현저히 낮아지고 있는 것이다. 이미 쿠알라룸푸르, 자카르타, 방콕, 싱가포르 등은 저가항공사들이 가장 분주하게 드나드는 허브 공항이 되었다. 앞으로 더 많은 사람들이 더 저렴한 가격으로 더 자주 이동하게 될 것이다. 그럴수록 비행기 또한 국가와 국가를 잇는 이동수단이라기보다는 도시와 도시를 네트워킹하는 미디어에 가까워진다. 말 그대로 하늘을 주행하는 버스(Air Bus)처럼 보이는 것이다. "Now, Everyone Can Fly"라는 에어아시아의 모토야말로 '하늘길의 민주화' 선언이다.

천상의 실크로드

아세안의 번영은 아시아의 번영과 연동한다. 동남아는 중화세계와 인도양 세계, 이슬람 세계의 교차로이기 때문이다. 파리 에어쇼 개최에 앞서 보잉 사가 전망한 향후 항공 시장의 판도 또한 아시아와 중동이 주도할 것으로 예상되었다. 유럽과 북미의 비중은 그만큼 줄어든다. 실제로 보잉 사의 2010년대 주문 장부를 보노라면 아시아의 비중이 압도적이다. 그리고 그 절반 이상이 인도네시아, 인도, 태국, 말레이시아 등의 저가항공사에 집중되어 있다. 2013년에 이미 세계 10대 저가항공사 가운데 다섯 자리를 아시아 회사들이 차지했다. 앞으로 20년간 아시아에서만 13,000대의 민항기 수요가 더 있을 것이라고 한다. 2034년이면 한 해 15,000대의 비행기가 아시아 역내를 운항하며 도시와 도시를 거미줄처럼 엮어갈 것이다. 비행기 생산보다는 19만 명이 더 필요할 것으로 보이는 조종사의 수급을 더 걱정해야 할 판이다.

동북아도 예외가 아니다. 당장 한국만도 제주항공의 약진이 눈에 띈다. 김포와 김해를 제주와 이음으로써 960퍼센트라는 기록적인 성장을 구가했다. 나아가 인천-홍콩, 부산-홍콩, 인천-나고야/오사카/도쿄로 이어지는 국제선도 선보였다. 양대 항공사를 잇는 업계 3위의 입지를 굳힌 것이다. 그러자 대한항공도 진에어를 출범시켰다. 저가항공으로 인천을 제주, 홍콩, 마카오, 방콕, 치앙마이, 세부, 비엔티안, 오키나와, 삿포로, 나가사키 등과 연결한다. 특히 진에어가 선보인 서울-괌 5시간 구간은 중소형 비행기가 갈 수 있는 최대 거리로 가장 인기 있는 노선이 되었다. 향후 중국 서부와 북아시아, 중앙아시아의 물적·인적 연결망이 더욱 긴밀해질 것을 감안한다면, 한국의 저가항공사 또한 성장 잠재력이 상당하다고 하겠다.

중국도 뒤질 리가 없다. 대륙의 여행객은 이미 세계 관광산업의 지형도를 바꾸어놓았다. 지구촌 어디를 가도 유커旅客를 만날 수 있다. 중국은 지금도 82개의 신공항을 건설 중이며, 앞으로 예정된 것만 해도 100개가 넘는다. 연평균 7퍼센트의 승객 증가율을 감안하면, 10년 안에 중국이 세계에서 가장 큰 항공 시장이 될 것임이 분명하다. 그간에는 주로 동방항공과 남방항공 등 국영 항공사가 항공업계를 이끌었다. 그러나 이미 항공사 출범의 진입 장벽을 낮추는 제도를 마련했다. 저가항공사의 등록 절차를 간소화하고, 공항 이용료를 인하하고, 오래된 공항들을 저가항공사 전담으로 재편하는 등 다양한 방안을 강구했다. 가령 상하이의 춘추항공은 상하이-홍콩 간 편도 항공권을 10만 원대에 제공함으로써 성공을 거두었다. 티베트항공은 '불교 여행'을 특화시킨 상품으로 인도와 동남아 노선을 야심차게 개척 중이다. 2016년이면 중국에서도 저가항공사가 차지하는 비중이 30퍼센트대로 늘어날 전망이다.

남아시아에서도 변화의 바람이 분다. 인도인들도 국내 여행마저 기차보다는 저가항공을 선호하기 시작했다. 2015년 여론조사에서 응답자의 67퍼센트가 기차 대신에 비행기를 선택한 것이다. 가격차는 크지 않은 데 비하여 시간은 크게 줄일 수 있기 때문이다. 인도 또한 2034년까지 연평균 7퍼센트대로 비행기 승객이 증가할 것으로 예상된다. 앞으로 1,300여 대의 비행기가 더 필요하다는 뜻이다.

이처럼 저가항공사의 비약적 발전과 함께 새 천년의 하늘길은 전혀 새로운 지도를 그려가고 있다. 라이트 형제가 비행기를 발명한 이래 지난 세기의 항공로는 주로 대양을 건너 대륙을 잇는 것이었다. 유럽에서 대서양을 지나 아메리카로, 동아시아에서 태평양을 지나 북미로, 남아시아에서 인도양을 지나 유럽으로 가는 사람들이 많았다. 그래서 수많은 아시아계 디아스포라들이 양산되었다. 이제는 딴판이고 새 판이다. 태평양과 인도양을 건너는 대신에 아시아 대륙 역내를 순환하고 순회하는 흐름이 강해지고 있다. 남-북 간 이동에서 남-남 간 이동으로의 전환이다. 대양을 횡단하던 원거리·장거리 노선을 대신하여 유라시아 대륙을 통과하는 단거리·근거리 노선이 촘촘해지고 있는 것이다. 그럴수록 비행기의 꼴도 변해간다. 대양을 갈랐던 대형 항공기보다는 중소형 항공기의 수요가 늘어나고 있는 것이다. 먼 거리를 드물게 이동하기보다는, 짧은 거리를 더 자주 이동한다고 하겠다.

이 또한 1990년대 이래 '세계화'의 역설이다. 미국으로, 유럽으로 향했던 지난 세기의 일방통행이 동-서 간, 남-북 간 쌍방향으로 전환되고 있다. 일방로가 순환로가 되어간다. 하늘길도 탈균형에서 재균형으로 반전하고 있는 것이다. 한국만 하더라도 1992년 한-중 수교를 기점으로 태평양과 아시아로의 이주 노선이 판이하게 바뀌었을 것이다. 사업과 여행, 유학과 결혼 등 다방면에서 역내 인구의 환류還流가 여실하다. 이제 아시아 어느 나라, 어느 도시를 가도 한국인 교민들을 만날 수가 있다. 이념과 체제의 '가치동맹'을 내세우며 가까운 이웃과 척을 지던 시대가 저문 것이다. 20세기형 '동지애'보다는 왕년의 '이웃애'야말로 21세기에 더욱 어울리는 친밀성이라고 하겠다.

　하여 새 천년의 실크로드 또한 육로와 해로의 복원과 재건에만 있지 않다. 하늘에도 새로운 실크로드가 비단처럼 깔리고 있다. 지금 나는 이 천상의 비단길을 따라서 캄보디아로 향하고 있는 중이다. 라오스의 수도 비엔티안에서 한 차례 경유하는 번거로움은 있으되 가격 경쟁력에서 월등한 베트남의 저가항공사 비엣젯Viet Jet을 이용하고 있다. 두 시간 후면, 프놈펜에 도착한다. 아시아는, 유라시아는, 갈수록 가까워지고 있다.

020

다시 쓰는 '천하'의 지정학

상하이협력기구,
범유라시아의 '대동세계'를 꿈꾸다

이란의 동방 정책, "Look East"

캄보디아 견문에 앞서 이란부터 짚는다. 원체 중요한 일이 있었다. 2015년 7월 핵 협상이 최종 타결되었다. 녹록치는 않았다. 예정되었던 6월을 넘겨 지루한 힘겨루기가 이어졌다. 몇 차례 합의 무산의 위기도 넘겼다. 앞으로도 합의 이행 과정에서 갈등과 마찰이 빚어질 소지는 있다. 그럼에도 '역사적'이라는 수식어가 조금도 부족해 보이지 않는다. 짧게는 12년 서방의 경제 봉쇄가 일단락되었고, 길게는 1979년 호메이니의 이슬람 혁명 이래 적대적 관계를 청산할 수 있게 되었다.

무엇보다 새 천년 '그레이트 게임'의 향방을 가늠해볼 수 있는 이정표를 세웠다는 점이 각별하다. 유라시아 대통합의 마지막 단추가 채워진 것이다. 이란의 '정상국가화'야말로 유라시아 대동단결의 화룡점정이다. 새로운 세계체제에 한 발짝 더 다가섰다.

서방의 경제 봉쇄가 해제됨에 따라 이란은 점진적으로 중동의 대국이라는 위상을 회복해갈 것이다. 벌써 8천만 내수 시장에 눈독을 들이고 있는 다국적 기업이 여럿이다. 더 많은 투자, 더 많은 교역으로 이란 붐이 예상된다. 특히 이란의 지리-문명적 위치가 백미이다. 유라시아의 한복판에 자리한다. 이미 다양한 유라시아 프로젝트들이 동시다발적으로 진행되고 있다. 중국의 신新실크로드, 러시아의 유라시아경제연합, 브릭스 신개발은행, 상하이협력기구, 아시아인프라투자은행 등 가지가지다.

핵심은 이 모든 프로젝트가 동일한 관심과 목표를 공유하고 있다는 점이다. 유라시아 전역에 걸친 교류와 통합의 완성이다. 이 신新유라시아 프로젝트에서 이란은 허브가 될 가능성이 높다. 모든 길(교통망, 통신망, 에너지망 등)이 이란을 지나고 통과하기 때문이다. 20세기형 분리-통치에서 21세기형 통합-공치共治로 가는 길목에 이란이 자리한다. 전략적 요충지가 아닐 수 없다.

서방의 제재가 해제된다는 것이 곧 이란과 서방의 관계가 한층 밀접해진다는 뜻은 아니다. 오히려 이란은 더더욱 동방과 긴밀해질 것이다. 인도의 'Look East' 정책*이 이란으로 옮겨 가는 꼴이다. 빈에서 핵 협상이 한창 진행되고 있는 와중에도 이란의 하산 로하니 대통령이 기어코 짬을 내어서 러시아의 우파Ufa에 다녀왔음을 크게 주목해야 할 것이다. 우파에서는 브릭스 정상회의와 상하이협력기구 정상회의가 열리고 있었다. 이란은 브릭스의 일원도 아니고, 상하이협력기구 또한 정식 회원국이 되려면 최종 승인을 기다려야 하는 상황이다. 그럼에도 우파에 친히 찾아감으로써 향후 이란 외교의 축이 '동방 정책'(Pivot to Asia)에

---

* 1990년대 경제자유화 조치와 더불어 등장한 인도의 외교정책. 냉전기 고도성장을 일군 동북아시아와 동남아시아에 주목하여 동아시아와 긴밀한 연대를 맺자는 뜻이었다.

있을 것임을 확실하게 각인시키고 돌아온 것이다.

당장은 파키스탄과의 파이프라인 건설에 박차를 가하고 있다. 파키스탄은 이란의 핵 협상 타결 소식이 전해지자마자 환영 성명을 발표했다. 파키스탄 또한 이란 핵문제의 해결을 오래 기다려왔다. 중국과의 경제회랑을 이란까지 연결하는 '일대'와 '일로'의 가교 역할에 국가의 명운을 걸고 있기 때문이다. 이제 파키스탄은 과다르 항을 이란의 국경까지 연결하는 작업에 착수할 것이다. 거리는 불과 80킬로미터 남짓. 과다르 항이 왕년의 중화제국과 페르시아제국을 잇는 유라시아의 '신경중추'로 거듭나는 것이다. 그럴수록 파키스탄 또한 이란과 중국, 이슬람세계와 중화세계를 연결하는 관문 국가Gateway State가 되어간다.

이란은 1979년 이슬람 혁명 이래 반서구의 선봉에 섰다. 그러나 반서구 자체가 서구에 결박되어 있는 20세기형 탈식민주의의 모순과 한계를 노정한다. 그래서 점차 서구에 대한 강박에서 벗어나고 있는 이란이 반갑기 그지없다. 반서구적/반근대적 이슬람에서 '이슬람적 근대화'로의 반전을 기대케 되는 것이다. 그럴수록 이란은 점점 더 유라시아의 일원이 되어갈 것이다. 그럼으로써 동(공산주의/사회주의)도 서(자본주의/자유주의)도 대안이 아니라던 호메이니의 이슬람 혁명의 예지에 더욱 가까워진다. 역사의 역설이고, 간지奸智이다.

짐작컨대 이란의 지리-문명적 잠재력도 이제 본격적으로 표출될 것이다. 이르면 2016년, 늦어도 2017년이면 상하이협력기구의 정식 회원국이 될 것이기 때문이다. 새 천년 이란에 대해서는 장차 현장에서 더욱 소상하게 짚을 것을 기약한다. 이번에는 상하이협력기구부터 정리해두기로 한다.

이란은 중화제국과 로마제국을 연결했던 페르시아제국의 후예이다. 2015년 핵 협상 타결로 인해
서방의 경제 제재가 해제되면서, 향후 유라시아의 재통합은 더욱 박차를 가하게 될 것이다.

진화하는 상하이협력기구

2015년 상하이협력기구 정상회의에서는 획기적인 결정이 있었다. 인도와 파키스탄의 동시 가입을 승인한 것이다. 인도와 파키스탄 또한 남아시아의 '분단국가'이다. 1947년 대영제국에서 독립하면서 두 국가로 갈라섰다. 간디의 읍소에도 불구하고, 힌두교와 이슬람교의 반목으로 끝내 등을 진 것이다. 이후에도 줄곧 앙숙이었다. 헌데 상하이협력기구는 양국이 화해 과정에 진입해야 동시 가입을 인정하겠다는 방침을 견지해왔다. 양국이 옵서버 자격의 준회원이 된 것이 2005년이었으니, 10년만의 결실이다.

변화의 계기는 인도였다. 2014년 모디 정권이 출범했다. 힌두 민족주의자로서 모디는 인도 문명의 재건을 표방하는 독자 행보를 이어가고 있다. 동방문명의 중흥이라는 대의를 공유하고 있다는 점에서 중국에도 밀접하게 다가서고 있다. 2015년 5월의 중국 국빈 방문이 상징적이다. 대당제국의 수도였던 시안西安부터 방문하여 시진핑과 손을 잡는 기지와 총기를 선보였다. 상하이협력기구의 정식 회원국 승격도 2014년 9월에 일찌감치 신청해두었다.

상하이협력기구를 북대서양조약기구(NATO)와 비교해볼 수 있겠다. 북대서양조약기구는 가맹국 중 일국이 공격을 받으면 회원국 전체가 반격을 가하는 것을 의무로 삼고 있다. 냉전형 동맹을 제도화하여 지금까지 고수하고 있는 것이다. 명실상부한 집단안보기구라고 하겠다. 반면 상하이협력기구는 합동군사훈련을 전개하되, 회원국들에 대한 통제가 느슨하고 유연한 편이다. 그래서 일각에서는 '친목단체'라고 폄하한다. 그러나 내 보기엔 꼭 그렇지만도 않다. 중국과 러시아를 축으로 유라시아의 통합을 이끌어가는 국제기구라고 보는 것이 온당하다.

상하이협력기구의 전신은 1996년 설립된 '상하이 파이브(5)'였다. 중국 서부대개발의 연장으로 중앙아시아 국가들과의 관계를 개선하고 지역 경제권을 확대하는 것이 출범 취지였다. 실질적인 과제는 중앙아시아와 신장웨이우얼 자치구 사이에 이슬람 급진 세력의 왕래를 방지하는 '테러 대책'에 있었다.

변화의 계기는 북방에서 비롯되었다. 푸틴이 등장했다(2000). 2001년 러시아가 가입함으로써 상하이협력기구로 개명한 것이다. 이때부터 중-러가 협조하여 유라시아 대륙의 안정과 번영을 도모하고, 미국의 일극체제를 허무는 과업을 추진해가기 시작했다. 양국이 누리고 있는 군사적 독립, '자주국방'이 독자 행보의 밑천이었다.

중국과 세계의 관계를 전공으로 삼아온 역사학자로서는 상하이협력기구의 구성 방식이 특히 흥미롭다. 정식 가맹국 외에 옵서버, 대화 파트너 등으로 준회원의 위계를 두고 있다. 상하이협력기구 밖에 있는 나라들을 배제하고 적대하기보다는, 차등적 방식을 통하여 더 많은 유라시아 국가를 점점 더 폭넓게 포섭해가고 있는 것이다.

분명 20세기형 동맹과는 일선을 긋는다. 오히려 왕년의 중화제국을 연상시킨다. 자국과의 친밀한 정도의 여부를 따져서 국가들을 분화하고 상이하게 대응했던 외교 방식과 흡사한 것이다. 학문적 용어를 빌리자면 '차서'差序적 발상에 가깝다. '차서'란 다른 문화를 포용해가는 중화세계 특유의 기제를 일컫는다. 중원-번부-조공-호시-조약의 중층적 질서를 통하여 다양한 문명권을 아울러갔던 것처럼, 상하이협력기구 또한 '차서의 근대화'를 통하여 유라시아를 한층 크고 넓게 품어가고 있는 것처럼 보인다.

돌아보면 2005년에 옵서버 자격을 부여한 나라는 인도와 파키스탄에 그치지 않았다. 이란과 아프가니스탄도 있었다. 미국이 한창 '테러와의 전쟁'을 벌이고 있던 아프가니스탄과, 미국이 '악의 축'으로 지목했던 이란까지도 장기적으로 포용해가는 전략을 세워두었던 것이다. 그러나 이 차서적 발상의 근대화를 곧 조공-책봉 체제의 부활로 곡해할 것은 없겠다. 오히려 중화세계가 번영과 평화를 구가했던 태평성대의 저비용 고효율 방책으로서 곰곰이, 또 꼼꼼히 되새겨볼 일이다. 혹여 상하이협력기구가 차서적 원리를 새로운 시대와 환경에 맞추어 제도적으로 쇄신하고 갱신하고 있는 것이라면, 유심히 관찰하고 연구하는 편이 나라의 장래에도 득이 된다. 남북 분단을 해소해가는 뜻밖의 길이 열릴 수도 있다.

소련의 속국에서 벗어난 (외)몽골이 상하이협력기구에 옵서버로 참가한 것은 2004년이었다. 유럽연합 가입에 안달하던 터키가 상하이협력기구로 선회하여 대화 파트너가 된 것은 2012년이었다. 그리고 2015년 우파 회의에서는 벨라루스가 새 옵서버로 참가했으며, 아제르바이잔, 아르메니아, 캄보디아, 네팔은 처음으로 대화 파트너가 되었다. 나아가 '아랍의 봄'* 이후를 모색하고 있는 북아프리카의 맹주 이집트까지도 상하이협력기구의 대화 파트너가 될 것을 희망하고 있다.

이로써 상하이협력기구는 갈수록 유라시아 대륙 전역의 국가들을 각기 다른 형태로 수용해가는 꼴을 갖추어가고 있다. 여태 별다른 호응이 없는 국가로는 조지아(그루지야)와 방글라데시, 부탄 정도를 꼽을 수 있다. 조지아는 최근에도 북대서양조약기구의 군사훈련이 진행되었을 만큼 미국이 깊숙하게 개입하고 있는 '현대화된 속국'이다. 또 방글라데시와 부탄은 인도와 국경을 접하고 있는 남아시아의 국가들이다. 아무래도 인도의 입김이 미친다. 인도가 상하이협력기구의 정식 회원국이

---

* 2010년 12월 튀니지에서 시작해 중동 및 북아프리카 전역으로 확산된 일련의 반정부 시위.

상하이협력기구(SCO). 옵서버 국가였던 인도와 파키스탄이 2015년 동시에 회원국이 되면서 그 영역이 더욱 넓어졌다.

된 이상, 변화의 가능성이 적지 않다.

2015년 상하이협력기구 정상회의는 시리아 내전과 팔레스타인 문제의 해결을 위해 노력하겠다는 공동성명을 발표했다. 20세기 영국과 미국이 분탕질을 쳤던 이래 혼란과 혼돈이 가시지 않고 있는 중동 문제까지 상하이협력기구가 능동적으로 개입할 조짐이다. 역사의 추세와 대국을 보노라면 장기적으로는 이스라엘마저도 국가의 존속을 유지하기 위해서라도 상하이협력기구와 등을 질 수 없을 것이라는 판단이다. 하여 '유라시아 견문'을 일단락 지을 2018년이면 상하이협력기구는 대략 유라시아의 7할, 35억 인구를 아우르게 될 것으로 전망된다. 단순한 군사 안보기구에 그치지 않고 범유라시아의 '대동세계', '조화세계'를 선도해 가는 문명 간 통합기구로 진화하는 것이다.

'천하'의 지정학

지난 200년 세계를 지배했던 영국과 미국은 국가들과 세력들 간의 대립을 부추겨 어부지리를 얻는 것을 기본 전략으로 삼았다. 인도/파키스탄/방글라데시/아프가니스탄, 이란/이라크/사우디아라비아, 이스라엘/팔레스타인, 수니파/시아파, 조지아/우크라이나 등 도처에서 나누고 쪼개어 갈등과 분열을 조장했다. 한반도의 분단 또한 그 일환이었다. 동아시아에서 미국의 패권을 확립하고 재생산하는 핵심 기제였다.

이러한 패권 전략을 학문적으로 정립한 것이 소위 '지정학'Geo-Politics이다. 그리고 이 지정학은 '거대한 체스판'이라는 유명한 비유처럼, 유라시아를 분할하고 분단하는 것을 핵심 교리로 삼는다. 해양제국 영국과 그 후계 패권국 미국(및 영·미의 대리인 일본)이 대륙을 포위하고 지배하기 위한, 학문의 이름을 빌린 책략이었다.

그 지정학에 빗대어 보더라도 앞으로의 세계는 미국보다는 중국이 주도하지 않을까 싶다. 영·미 패권 아래서 의도적으로 저지되거나 방치되었던 유라시아 연결망이 신新실크로드라는 이름 아래 차근차근, 착착 진행되고 있기 때문이다. 갈래는 여럿이다. 초원길, 바닷길, 하늘길 등 육해공은 물론이요, 온라인/디지털 연결망까지 겹겹이다. 백 년 만의 지정학적 대반전이 전개되고 있는 것이다.

인도와 파키스탄의 동시 가입을 견인해낸 것처럼, 상하이협력기구가 추진하고 있는 세계 경영은 (적어도 지금까지는) 영·미의 그것과는 정반대이다. 모으고, 잇고, 엮고, 통합하고, 융합한다. 이제 이란과 사우디아라비아의 대립, 팔레스타인과 이스라엘의 갈등, 아제르바이잔과 아르메니아의 분열 또한 상하이협력기구의 틀 아래서 해결을 도모하게 될 공산이 크다. 상하이협력기구가 유라시아 전체를 아울러 평화와 안정의 공공재를 제공하는 큼지막한 우산을 제공하는 것이다.

흡사 왕년의 '천하'天下에 방불하다. 옛사람들은 국가 또한 사私에 그친다고 여겼다. 20세기처럼 조국과 민족의 무궁한 발전을 위하여 충성을 맹세하지 않았다. 서세동점에 직면한 계몽기 지식인들은 '민족의식'과 '국가의식'이 없음을 개탄했다. 민족주의를 고취한다며 고대사까지 창작하기 일쑤였다. 그러나 실상은 (민족의식/국가의식이) 없는 것이 아니라 다스리고 단련했던 것이다. 민족과 국가를 넘어서는 공공의식으로 무장해 있었던 것이다. 내 나라만을 위해서는 내 나라의 태평 또한 이루기 어려움을 터득하고 숙지하고 있었기 때문이다. 그래서 오로지 '천하'만이 공公이라며 누누이 가르치고 다그쳤던 것이다. 만시지탄이로되, 천하위공天下爲公을 교시로 삼았던 천하의 지정학을 공부할 때가 되었다. 너무 늦지는 말아야 하겠다.

021

캄보디아, 속국의 민주화

킬링필드의 진실,
그때 미군 폭격이 있었다

킬링필드 산업

캄보디아는 근 10년 만이었다. 2004년 초, 배낭여행으로 갔었다. 단편적 기억만 있다. 아침으로 바게트 빵을 먹는 캄보디아 사람들이 신기했고, 시엠레아프에 있는 '평양식당'에서 처음으로 북조선 사람들을 접했다. 앙코르와트에서는 〈화양연화〉를 흉내 내며 첫사랑을 마감하는 허세를 부렸고, 프놈펜에서는 킬링필드의 비극을 애감해하는 상투적인 포즈를 취했다. 한참 빠져 있던 미니홈피에는 당시의 풋내 나는 기록들이 고스란히 남아 있다. 어렸고, 어설펐다.

그사이 나는 사회학도에서 역사학자가 되었고, 서방의 이론theory을 섬기기보다는 동방의 사론史論을 세우는 일을 중시하게 되었다. 여행 또한 자의식이 분출하는 감상에 젖기보다는 시무책을 건의했던 연행록에서 영감을 얻는 편이다. 관광보다는 견문의 태도를 견지하려고 노력한다.

하기에 두 번째 캄보디아행에서는 유적지에 통 관심이 없었다. 오히려 관광객이나 여행산업 자체가 더 흥미로웠다. 수도 프놈펜으로 향하는 비행기 안에도 단연 여행객들이 많았다. 여전히 아세안의 일원이라기보다는 아프리카의 일국이라고 해야 어울릴 법한 가난한 나라다. 말쑥하게 차려입은 비즈니스맨은 드물었다.

10년 사이 메콩 강변에 자리한 카페와 레스토랑의 직원들이 '곤니치와' 대신에 '니하오'로 인사한다. 실제로 프놈펜 시내는 '일국삼어'—國三語라도 되는 양, 영어만큼이나 한자 간판이 많았다. 특히 금은방과 노래방, 쇼핑몰과 레스토랑에는 어김없이 한자가 병기되어 있었다. 이곳도 화교가 바닥 시장을 장악하고 있는 것이다.

10년 전에도 그러했는지는 장담할 수가 없다. 한자에는 도무지 까막눈이었던 시절이다. 아침 식사를 하며 영자신문과 화교 신문을 번갈아 읽을 수 있게된 것도 지난 10년의 변화이다. 〈프놈펜 포스트〉 1면에서는 베트남과의 국경 분쟁을 확인하고, 〈남화일보〉南華日報 경제면에서는 방콕-프놈펜 간 고속도로 건설 소식을 접할 수 있었다. 비단 개인적 변화라고만 여기지 않는다. 시대적 흐름의 소산일 것이다. 1990년대 이래 세계화가 '단기적 미국화'를 지나 '장기적 중국화'에 들어섰다.

캄보디아 여행은 크게 둘로 나뉜다. 시엠레아프에서는 앙코르제국의 위대함에 감탄한다. 프놈펜에서는 킬링필드의 비극에 전율한다. 대부분의 관광상품이 그렇게 짜여 있다. 10년 전 나도 그러했다. 소수의 배낭족만이 시아누크빌의 해변까지 즐기다 돌아간다. 캄보디아에 대한 서적도 비슷하다. 프놈펜 시내에도 모뉴먼트북스Monument Books가 있었다. 동남아 곳곳에 자리한 영어(및 프랑스어) 전문 서점이다. 이제는 내게도 친숙한 곳이 되었다. 가는 도시마다 이 서점을 찾곤 한다. 프놈펜에는 미국대사관에서 멀지 않고 세계은행 사무실과 지척인 곳에 자리하

고 있었다. 여기에 진열되어 있는 도서들도 앙코르와트와 크메르루주
Khmer Rouge*로 대별할 수 있었다.

마침 2015년은 크메르루주 정권이 들어선 지 40년이 되는 해이다.
1975년 4월 17일이었다. 또 베트남 통일 40주년이기도 했다. 4월 30일
이었다. 1975년 4월 17일에 프놈펜이 점령되었고, 4월 30일에 사이공
이 함락되었다. 남베트남에 앞서 캄보디아부터 적화된 것이다.

두 사건은 결코 무관하지 않았다. 아니, 긴밀하게 연관되어 있었다.
당시 크메르루주의 수장인 폴포트는 사력을 다해 프놈펜으로 진격했다.
북베트남군이 사이공을 함락하기 전에 프놈펜을 접수해야 한다는 조바
심으로 초조했다. 북베트남이 남베트남을 통일한 이후에는 캄보디아까
지 침공할 것을 의심치 않았기 때문이다. 킬링필드Killing Fields의 전조
였다.

1970년대 전체를 아울러 조망할 필요도 있다. 1975년 킬링필드의
비극은 1970년과 1979년 사이에 일어났다. 1970년 10월 9일에 론놀의
쿠데타가 있었다(크메르공화국 수립). 미국의 지원에 힘입은 군사정변이었
다. 베트남전쟁에 휘말리기를 거부하며 중립 노선을 고수했던 시아누크
국왕은 축출되었다. 베이징과 평양을 오가는 망명객 신세가 되었다.

미국은 론놀을 내세워 베트남전쟁을 대리 수행했다. 남베트남에 진
주하고 있던 미군도 캄보디아로 진격했다. 국경 지대의 베트남 공산주
의자들을 타도한다는 명분이었다. 악명 높은 폭격도 시작되었다. 1975
년까지 5년간 약 270만 톤의 폭탄이 캄보디아에 투하되었다. 물론 적
들만 골라 정밀 타격할 수는 없었다. 민간을 가리지 않는 무차별 폭격

---

* '붉은 크메르'라는 뜻의 급진적인 공산주의 무장단체. 1970년대 초의 캄
보디아 내전에서 승리한 뒤 정권을 잡아 '민주 캄푸치아'를 수립하고,
1975년부터 1979년까지 캄보디아를 통치했다.

이었다.

론놀의 본심은 달리 있었다. 그는 반공주의자라기보다는 반베트남주의자였다. 미국의 지원 아래 (북)베트남에 대한 성전을 벌인다고 자위했다. 당시 선전 포스터에도 붉은 별의 모자를 쓴 베트남 공산주의자들이 캄보디아의 승려들을 살해하는 장면이 그려졌다. 즉 론놀과 폴포트는 좌/우의 차이에도 불구하고 베트남을 캄보디아의 '주적'으로 상정했다는 점에서는 일치했다. 프랑스는 100년 손님이고 미국은 5년 손님이었지만, 베트남은 '천 년의 외세'였기 때문이다. 사이공을 비롯한 남베트남의 거개가 한때는 캄보디아의 영토였다.

킬링필드가 대학살이고 대참사였음을 부정하지 않는다. 이곳만큼은 두 번째 방문에서도 숙연하고 처연했다. 도시는 소각되었고, 화폐는 폐지되었으며, 지식인에 대한 탄압은 극에 달했다. 교사의 80퍼센트, 의사의 95퍼센트가 죽음을 면치 못했다. 다만 이 극단적 히스테리에는 하노이에서 외국 물을 먹고 온 '친베트남파'에 대한 강박적 두려움이 있었음을 상기할 필요가 있다. 베트남의 남진南進을 거드는 내부의 적이라고 여긴 것이다.

게다가 킬링필드의 피해 또한 왜곡이 심하다. 불과 3년 남짓에 인구의 4분의 1이 학살되었다는 억측이 만연하다. 인구의 4분의 1이 줄어든 것은 사실이다. 다만 1970년대 전체에 걸쳐 일어난 일이다. 미국의 폭격으로 사망한 인원부터, 베트남이나 태국으로 피난 간 사람들까지 도합한 숫자이다. 과연 5년의 무차별 폭격과 3년의 집단학살 가운데 어느 쪽의 인적 피해가 더 컸는지 단언하기 힘들다.

그럼에도 기록의 편중과 기억의 편향이 막심하다. 폴포트의 '적색 킬링필드'만이 일방적으로 부각되었다. 미국의 전쟁범죄, '백색 킬링필드'는 철저하게 가려졌다. 1970년대의 인도차이나라는 시공간적 맥락은

캄보디아 프놈펜의 킬링필드 기념관. 킬링필드 산업이 주조하는 역사의 기억은 '적색 킬링필드'만으로 편향되어 있다. 미국의 전쟁범죄였던 '백색 킬링필드'는 철저하게 가려졌다. 킬링필드의 전모에 대한 한층 균형 잡힌 인식이 요구된다.

생략된 채, 아시아 공산주의 정권의 잔혹함과 야만성만을 반복적으로 확인하는 꼴이다. 그럼으로써 탈냉전기 세련된 형태의 반공주의에 복무했다.

1994년 미국 클린턴 행정부는 '인권 외교'의 일환으로 캄보디아 집단학살 심판 법안The Cambodia genocide justice act을 입안했다. 국무부 산하에 전담 기구를 두고 80만 달러의 예산도 투입했다. 특히 예일대학교의 제노사이드 연구소에 용역이 집중되었다. 크메르루주에 관한 가장 방대한 자료를 수집하고, '킬링필드 연구'의 본산이 되었다. 20년이 흐른 지금, 이 예일산 연구 성과들이 킬링필드에 대한 기록과 기억을 지배하고 있다. 그리고 세계 도처에서 온 여행객들이 페이스북과 트위터 등을 통하여 킬링필드에 대한 고정관념을 재확인하고 재확산시킨다. 어느

새 킬링필드 또한 홀로코스트처럼 일종의 '기억 산업'이 된 것이다.

그럼으로써 정작 1979년 이후의 사태에 대해서는 감감하다. 크메르 루주 정권이 전복된 것은 1979년 1월이었다. 폴포트의 불길한 예감은 예지로서 적중했다. 끝내 베트남군이 캄보디아를 점령하여 10년이 넘도록 지배했다. 폴포트는 1980년대 내내 태국 국경에 근거지를 두고 '천 년 외세'에 맞선 항전을 지속했다. 그러나 그 누구도 밀림 속의 폴포트를 기억하지는 않는다. 오로지 킬링필드 3년으로만 기억할 뿐이다. 역시 역사는 승리자의 기록이다. 폴포트를 밀어내고 캄보디아의 지배자로 등극한 이가 30년 독재자 훈센이다.

독재자, 훈센

베트남의 캄보디아 공격은 1978년 12월 25일 시작되었다. 10만 명의 최정예 베트남군이 성탄절에 맞추어 출격했다. 캄보디아를 접수하는 데는 채 한 달이 걸리지 않았다. 수십 년간 실전으로 단련된 막강한 부대였다. 프랑스와 미국을 연이어 물리친 세계 유일의 군대였다. 베트남은 1979년 1월 7일 프놈펜 '해방'을 선언했다. 크메르루주의 악몽이 끝났다고 선포했다. '민주 캄푸치아'는 전복되었고, 캄보디아인민공화국이 들어섰다.

즉각 베트남을 모델로 삼은 국가 개조가 단행되었다. 10만 명의 베트남군이 상시 주둔했다. 총책임자는 베트남의 혁명 원로 레둑토였다. 학교야말로 새 나라의 초석이었다. 교실마다 스탈린과 호찌민의 사진이 걸렸다. 사회주의 학습도 교정되었다. 폴포트의 민족주의적 사회주의를 대신하여 소련과 베트남의 정통 사회주의를 가르쳤다. 인구의 90 퍼센트가 농업에 종사하고 있음에도 '노동자 의식'이 주입되었다. 당장 떠오르는 것은 소련의 속국, (외)몽골이다. 유목민을 노동자로 개조시켰다. 아니나 다를까, 신생 캄보디아인민공화국을 가장 먼저 방문한 해외 사절단은 아시아 최초의 공산국가인 몽골의 대표단이었다. 눈에 띄는 것은 이들을 영접한 캄보디아의 외교부 장관이다. 당시 불과 27세, 새파랗게 어린 세계 최연소 장관이었다. 훈센이다.

이후 출세가도를 달렸다. 29세에 부총리가 된다. 그리고 1985년 1월 14일, 33세의 나이로 총리 자리에 오른다. 세계에서 가장 젊은 총리였다. 그리고 세계에서 가장 오랜 집권자 중의 하나가 된다. 현재까지 장장 30년, 인생의 절반을 국가수반으로 살았다. 그가 크메르루주의 탄압을 피해 베트남으로 피신한 것은 1977년이었다. 베트남에 충성 서약을 하며 '하이푹'Hai Phúc이라는 베트남식 이름도 얻었다. 이듬해에는 캄푸치아 민족해방전선을 결성했다. 남베트남 민족해방전선을 본뜬 캄보디아판 혁명조직이었다. 그리고 1979년 베트남군의 프놈펜 '해방'과 더불어 귀국했다. 베트남의 비호 아래 1981년 캄푸치아인민혁명당을 발족시켰고, 1985년 캄보디아인민당으로 개명했다. 30년 통치를 함께한 영구 집권당이었다.

훈센이 총리로 등극한 1985년은 소련에서 고르바초프가 등장한 해였다. 소련의 원조가 중단되자 베트남은 1986년 '도이모이'(쇄신)를 선언하며 시장경제를 도입했다. 시장의 합리성이 정책에 반영되면서 캄보디아 점령에도 영향을 미쳤다. 소련의 원조에 기생하고 있던 점령 정책을 지속하기 어려워진 것이다. 결국 소련군이 동유럽에서 철군하던 1989년, 베트남군도 캄보디아에서 철수했다. 동유럽과 동남아의 탈냉전이 동시적으로 진행된 것이다. 10년의 점령 비용은 값비싼 것이었다. 2만 3천 명의 베트남군이 목숨을 잃었다. 저강도의 킬링필드였다.

그럼에도 베트남이 캄보디아에서 완전히 떠난 것은 아니었다. 점령

기간 광범위하고도 정교한 지배망을 구축했다. 지금도 수백 명의 베트남 출신 전문가들이 국제협력단의 이름으로 활동하고 있다. 나아가 크메르식 이름으로 개명하고 국적을 세탁하여 캄보디아의 고위관료로 남아 있는 이들도 적지 않다는 소문이다.

무엇보다 베트남의 복심, 훈센이 건재하다. 애당초 훈센을 총리로 발탁한 이도 레둑토였다. 그리고 훈센에게 세계정세를 가르친 이는 캄보디아 대사 응오디엔이었다. 레둑토의 총애와 응오디엔의 지도 아래서 훈센의 정치적 성장이 거듭되었던 것이다. 이에 대한 보은으로 훈센은 1985년 국경 협상에서 베트남에게 일방적으로 유리한 조약을 체결해주었다. 현재 베트남의 최남단 영토인 푸꾸옥 섬을 넘겨준 것이다. 2015년 7월 15일자 〈프놈펜 포스트〉 헤드라인을 장식하고 있던 바로 그 베트남-캄보디아 국경 분쟁의 기원이다. 30년 묵은 적폐다.

1989년 베트남이 떠나면서 캄보디아의 국명은 다시 변경되었다. 인민공화국을 지우고 캄보디아국이라 했다. 입헌군주제로 돌아갔다. 시아누크도 김일성 주석이 선물한 경호원들의 호위를 받으며 프놈펜으로 복귀했다. 실권은 없을망정 '상징 국왕'의 허울을 되찾은 것이다. 국기와 국가國歌도 새로 정했다. 소승불교도 재차 국교로 지정되었다.

그럼에도 베트남의 점령 유산은 여전했다. 당장 베트남이 크메르루주 정권을 몰아내고 프놈펜 '해방'을 선언(1979)했던 1월 7일부터 크게 기린다. 그리고 2015년에는 베트남 통일 40주년을 맞이하여 양국 공동으로 대대적인 기념행사를 벌였다. 때문에 크메르 양식의 독립기념탑에서 그리 멀지 않은 곳에 자리한 베트남풍의 캄보디아-베트남 우호탑을 바라보는 심정은 복잡한 것이었다. 몇몇 캄보디아 지식인을 만나 속내를 물어봤지만, 속 시원한 대답을 들을 수는 없었다.

킬링필드의 산업화를 통해 이득을 얻는 쪽은 크게 셋이다. 우선은 베

캄보디아-베트남 우호탑. 1989년 베트남군이 철수했지만, '천 년 외세'였던 베트남의 점령 유산은 여전히 지속되고 있다.

트남이다. 캄보디아 점령을 합리화할 수 있다. 둘째는 훈센이다. 캄보디아를 학살과 폭정에서 구해냈다는 것이 30년 집권의 명분이다. 끝으로는 미국이다. 크메르루주의 비극을 널리 선전함으로써 자유주의와 민주주의의 최종적 승리를 거듭 추인할 수 있었다. 베트남과 미국의 기묘한 공모 속에 훈센의 장기 독재가 터하고 있는 것이다.

'속국의 민주화'에서 '독립국의 민주화'로

베트남군이 철수한 뒤 캄보디아를 접수한 것은 유엔이었다. 1991년부터 1만 6천 명의 평화유지군과 5천 명의 민간 고문단이 파견되었다. 이번에는 사회주의를 대신하여 민주주의가 이식되었다. 캄보디아 재건을 위하여 2년간 유엔이 쏟아부은 돈은 30억 달러였다. 유엔 인권헌장에 바탕한 모범적 헌법을 만들어주었고, 선거와 다당제 등 민주주의의 제도적 기반도 닦아주었다. 사실상 유엔의 보호국이었던 것이다.

성과는 대단한 듯 보였다. 첫 선거의 투표율이 90퍼센트에 육박했다. 유엔은 환호했다. 동남아의 가난한 소국마저 민주주의를 오래 갈망해왔다며 제 논에 물을 댔다. 한창 도취되어 있던 무렵이기는 했다. 소련이 제풀에 무너졌다. 아버지 부시 대통령은 '신新세계질서'를 제창하고, 미국의 민간 어용학자 프랜시스 후쿠야마는 공산권의 몰락과 자유민주주의의 승리를 예언하며 '역사의 종언'을 선언하던 무렵이다. '프라하의 봄'에 빗대어 '프놈펜의 봄'을 운운하는 이도 있었다.

그러나 동남아는 동유럽이 아니었다. 캄보디아는 폴란드도, 남아공도 아니었다. 하벨이나 바웬사, 만델라가 없었다. 김대중도 없었고, 아웅산 수치도 없었다. 헌법은 허공을 맴돌았다. 신정부 수립 이후 썰물처럼 빠져나간 유엔을 대신하여 지상을 장악한 것은 여전히 훈센과 캄보디아인민당이었다.

베트남이 이식한 일당국가체제 아래서 국가 권력은 마을 구석구석까지 침투했다. 그 조직사업을 담당하던 이가 훈센이었다. 그래서 유엔이 하사한 민주주의 아래서도 능란하게 적응할 수 있었다. 교육수준이 낮은 민중을 대상으로 때로는 뇌물로, 때로는 협박으로 표를 긁어모았다. 캄보디아에서 선거란 훈센의 권력을 거듭 확인하는 '정치극장'에 불과했다. 물론 군대와 경찰, 정보기관과 사법기관 등 국가기구를 총동원한 편법이 판을 쳤고, 야당에 대한 탄압도 무지막지했다.

일부 서방 언론에서 '사담 훈센'이라고 비판하기도 했지만, 그는 전혀 아랑곳하지 않았다. 캄보디아에는 이라크처럼 석유가 나지 않기에 자신의 운명은 후세인과는 다를 것이라며 미국의 위선을 조롱했다. 서구의 '민주주의 교조주의'를 마음껏 비웃으며 세계 최장수 총리의 기록을 거푸 갱신하고 있는 것이다.

훈센이 야당을 향해 전가의 보도처럼 휘두르는 무기가 킬링필드에 대한 악몽이다. 캄보디아인민당이 선거에서 패배하게 되면 재차 내전이 일어날 것이라며 공포심을 조장한다. 또 외국 자본이 일시에 빠져나가 경제가 붕괴할 것이라며 겁박한다. 기실 프놈펜 시민들도 유엔의 진주를 환영했었다. 허나 인권이니 민주주의 때문은 아니었다. 달러에 환장했다. 2년간 캄보디아에 풀린 30억 달러는, 유엔 관련 인원들이 하루에 145달러씩 썼다는 말이 된다. 이는 당시 캄보디아인들의 1년 수입에 해당하는 액수였다. 달러경제로 흥청망청하면서, 사회주의 시절과는 화끈하게 안녕을 고했던 것이다.

지금도 프놈펜에서는 자국 화폐인 리엘Riel 대신에 달러가 더 널리 통용된다. 레닌 대로 옆 러시안 마켓에서도 달러를 선호하기는 마찬가지다. 심지어 현금자동입출금기에서도 달러가 인출되어 당혹스러웠다.

화폐주권일랑 좀체 괘념치 않는 모양이다. 즉 훈센 통치 30년간 캄보디아는 이중적 속국이 되었다. 정치·군사적으로는 베트남에, 경제적으로는 해외 원조에 종속되어 있다.

하여 야당의 구호 또한 '독재 타도'나 '민주 수호'가 아니다. 반反훈센은 곧 반反베트남으로 이어진다. 2013년 총선이 상징적이다. 야당이 반베트남으로 대동단결하여 단일대오를 형성함으로써 훈센과 박빙의 접전을 펼칠 수 있었다. 선거에서는 이기고 개표에서 졌다는 풍문도 들린다.

돌아보면 독립 이후 줄곧 그러했다. 캄보디아의 정치적 균열의 핵심에는 늘 베트남이 자리하고 있었다. 크메르루주는 반베트남 좌파였으며, 론놀은 반베트남 우파였다. 시아누크 국왕은 반베트남 중립파였다. 그럼에도 결국 친베트남 좌파였던 훈센이 권력을 차지했던 것이다. 그만큼 베트남의 영향력이 드셌다. 라오스와 캄보디아를 아울러 20세기 베트남은 대약진했다.

2013년 총선에서 반베트남 단일전선이 형성될 수 있었던 것은 세대 변수가 결정적이었다. 역대 가장 젊은 선거였다. 유권자 950만 명 가운데 30대 이하가 350만 명이었다. 처음으로 투표하는 이도 150만 명을 헤아렸다. 1979년 이후 태어난 이들이 인구의 다수를 점해가고 있는 것이다. 달리 말해 크메르루주의 직접적 기억이 없는 세대가 역사의 전면으로 부상하고 있다.

그리하여 킬링필드의 학살과 폭정에서 캄보디아를 구해냈다는 훈센의 해방 서사가 먹혀들지 않는다. 오히려 캄보디아 신세대들이 경험한 베트남은 자국의 독재자를 막후에서 지원하는 후견국이자 패권국이다. 그래서 제1야당의 이름 또한 '구국救國당'이다. '속국의 민주화'에서 '독립국의 민주화'로의 이행이 캄보디아의 시대정신이 된 것이다. 다음

총선은 2018년이다. 2013년보다 더 젊은 선거가 될 것이다. 못다 이룬 '2013년 체제'의 가능성이 한층 높다. '2018년 체제'의 도래를 기원하며, 캄보디아의 또래들을 응원한다.

022

실학자들의 나라, 싱가포르

키쇼어 마부바니와의 대화

싱가포르는 독재국가가 아니다

싱가포르다. 오래 벼르던 곳이다. 2015년 3월, 리콴유 전 수상이 세상을 떠났다. 그가 이끌던 싱가포르의 독립 50주년을 보지 못한 채 눈을 감은 것이다.

장례식을 전후로 말이 참 많았다. 그러나 대개 빤한 말들이었다. 놀라운 경제성장을 이끌었으되 정치적으로는 독재자였다는 흔한 설명이 반복되었다. 나는 몹시 못마땅했다. 진부하고 지루했다. 그래서 몇 마디 보태고 싶어 입이 근질근질했지만, 꾹 참기로 했다. 50주년 현장을 직접 보고 글을 쓰기로 작정한 것이다. 나름 묵혀두고 담금질을 했던 셈이다. 지금 이 문장을 쓰고 있는 시점은 2015년 8월 10일, 아침 5시 14분이다. 어젯밤 마리나베이 거리를 환하게 밝힌 불꽃놀이의 잔상이 여전하다. 싱가포르에 온 지 일주일을 지나고 있다.

'유라시아 견문'을 통해 꾀하는 것 중 하나가 여러 문명, 여러 나라의 지식인들을 직접 만나 대화를 나누는 것이다. 한국에 소개되어 있는 해외 사상가들의 분포가 워낙 편중되어 있기 때문이다. 아세안으로, 인도양 세계로, 이슬람 세계로, 북아시아로 지적 재균형을 이루는 과업이 절실하다. 현해탄과 태평양으로 기울어진 지식장의 균형추로 유라시아를 삼고 싶은 것이다.

　그런 점에서 싱가포르는 가장 기대하던 곳 중의 하나였다. 일단 아시아학의 수준이 굉장하다. 동북아와 동남아는 물론 남아시아까지 두루 망라한다. 주요 대학과 연구소의 소식지를 정기적으로 받아본 지 꽤 오래되었다. 개인적 소감으로는 미국이나 일본에 결코 뒤지지 않는다. 그럼에도 한국에는 통 알려지지 않았다. 서방(서구와 동구)에 대한 편애와 편향이 좌우를 막론하고 역력한 탓이다. 지식과 정보를 습득하는 경로가 지나치리만치 기울어져 있다.

　키쇼어 마부바니Kishore Marbubani 선생을 만났다. 손꼽아 기다리던 만남이다. 그의 글과 책을 무척 좋아한다. 칼럼까지 매번 챙겨 읽는다. 블로그도 가끔 방문한다. 우선 현학이라고는 조금도 없다. 실제적이고, 실용적이며, 실무적이다. 현대판 실학자, 경세가라 해도 손색이 없을 것이다. 현재 싱가포르대학교 리콴유공공정책대학의 학장을 맡고 있다. 연구소가 발족한 2004년 이래 줄곧 학장이었다. 그 전에는 유엔 대사도 오래 역임했다. 한때는 외교관으로, 현재는 학술행정가로, 독자적이고 독보적인 견해를 지속적으로 발신하고 있다.

　그럼에도 한국의 학술계에서는 거의 인용되지 않는다. 가야트리 스피박Gayatri Spivak이나 호미 바바Homi K. Bhabha보다 훨씬 더 '탈식민주의적 실천'을 하고 있는 지식인임에도 그러하다. 같은 인도 출신임에도 대접이 다른 것은 그들이 미국의 명문 대학에 자리를 잡았기 때문이리라. 그래서 실력 이상으로 과대평가된다. 그리고 한국에서도 과분하게

키쇼어 마부바니 싱가포르대학 교수.

떠받든다. '탈식민주의'라는 이론조차 그 유통 경로는 철저하게 신식민주의적인 것이다. 게다가 그들을 인용하며 쓰는 학술 논문들이 한국의 탈식민화에 어떠한 기여를 하는지도 심히 의심스럽다. 내 보기에는 미국에 대한 학문적 종속을 적나라하게 보여주는 생생한 증거에 그칠 뿐이기 때문이다. 재차 한국 지성계의 병폐와 적폐를 통감케 되는 것이다.

그리하여 관료이자 학자로서 싱가포르의 기적에 일조했던 또 다른 인도계 지식인의 목소리를 직접 들어보기로 한다. 카자흐스탄 출장을 마치고 막 돌아온 그는 꽤나 상기된 모습이었다.

실학자들의 나라

이병한　먼저 싱가포르 독립 50주년을 축하드립니다. 소회부터 듣고 싶습니다.

마부바니 싱가포르가 독립한 것은 1965년 8월 9일이었습니다. 그러나 실상은 독립을 당했다고 하는 편이 더 어울릴 것입니다. 말레이시아연방에서 쫓겨나듯 했으니까요. 그래서 리콴유를 비롯한 당시 지도자들은 환호하기보다는 절규했습니다. 아무런 자원도 없는 이 작은 나라가 얼마나 지속될 수 있을지 누구도 장담할 수 없던 상황이었습니다. 싱가포르의 남과 북에 자리한 인도네시아와 말레이시아는 이슬람 대국입니다. 더욱이 두 나라 간 영토 분쟁이 한창이었어요. 인도차이나에서는 또 베트남전쟁이 격화되고 있었습니다. 동남아시아 전체가 대혼란인 와중에 홀로서기를 강요당했던 셈이죠.

그럼에도 싱가포르는 용케도 살아남았습니다. 뿐만 아니라 동남아시아에서 가장 성공한 나라를 일구었습니다. 아니, 1945년 이후 독립한 제3세계 국가들 가운데 가장 성공한 국가라고 말할 수도 있겠죠. 싱가포르인의 한 사람으로서 매우 자랑스럽습니다.

이 상투적인 질문부터 드릴까요? 싱가포르가 이만큼 성공할 수 있었던 이유는 무엇이었을까요?

마 제가 학장에 취임한 이후로 가장 많이 들었던 질문입니다. 그래서 가장 자신 있게 대답할 수 있는 질문이기도 합니다. 저는 크게 셋을 꼽습니다. 실력주의Meritocracy, 실용주의Pragmatism, 그리고 청렴Honesty입니다. 싱가포르는 건국 이래 이 세 가지 원리로 국가를 운영해왔습니다.

싱가포르는 독립 당시 200만 소국이었습니다. 일개 도시에 불과했죠. 아니, 처음에는 도시도 아니었습니다. 어촌이었다고 할까요? 천연자원은 물론 인적자원도 턱없이 부족했습니다. 그래서 더더욱 인재에 사활적이었습니다. 가장 중요한 직책에 가장 뛰어난 인력을 배치한다는 원칙을 철저하게 관철시켰습니다. 우수한 인재를 일찍

발굴하여 전폭적으로 지원하고 엄격하게 훈련하는 선발 과정을 제도화한 것입니다. 싱가포르의 관료들은 세계 최고의 인재들입니다. 그리고 그에 걸맞은 최고의 대우를 받습니다. 부정부패의 유혹을 원천적으로 차단하기 위해서입니다. 최고의 인재를 최상으로 대우함으로써 민간 시장이 아니라 공공 영역으로 끌어들인 것이, 싱가포르가 단기간 내에 제1세계로 진입한 첩경이었다고 생각합니다.

실력주의와 실용주의는 싱가포르가 분열하지 않을 수 있었던 원천이기도 합니다. 싱가포르는 다인종, 다문화 국가입니다. 중국계가 75퍼센트, 말레이계 무슬림이 14퍼센트, 인도계가 10퍼센트를 차지합니다. 대영제국이 남기고 간 산물이죠. 그러나 유럽의 키프로스, 남아시아의 스리랑카, 태평양의 피지, 남아메리카의 가이아나 등 대영제국의 식민지였던 다른 소국들과 비교해보십시오. 다인종의 통합과 조화에서 싱가포르는 단연 돋보입니다. 이 또한 철저하게 인종이 아니라 능력에 따라 대우했기 때문입니다.

이 마부바니 선생님부터가 그 혜택을 입은 당사자 아니신가요? 드물게 인도 출신입니다.

마 (웃으며) 그렇게 말할 수도 있겠습니다.

이 선생님뿐만이 아니라 싱가포르를 이끄는 관료들 중에는 유독 박사들이 많이 포진되어 있습니다. 세계 최고의 명문 대학에서 공부한 고학력자들이 즐비한데요, 대개 국비로 유학을 마치고 싱가포르에 돌아와서 나라 일을 하는 것이죠. 아테네가 '철학자들의 공화국'이었다면, 싱가포르는 '박사(Ph. D)들의 공화국'이라고 비유해볼 수 있지 않을까요?

마 글쎄요. 고학력자들이 많은 것은 사실이죠. 그러나 그들이 곧 '학자' Academics는 아닙니다.

이 학자가 아니라고요? '학자-관료'Mandarin 아닌가요?

마 그렇게 말할 수는 있겠습니다. 그러나 학자들은 아닙니다. 한때 학자들을 대거 중용하는 실험을 했던 적도 있습니다. 그러나 성공하지 못했습니다. 그들은 너무나 현학적이고, 또 자기중심적입니다. 일을 중심에 두고 해결책을 구하는 것이 아니라, 자신의 논리적 정합성을 지키는 것을 더 중요시하죠. 그래서는 국가를 경영할 수가 없습니다. 더군다나 1965년 이후 격동의 세계사 속에서는 더더욱 그랬습니다. 논문을 쓰듯이 수미일관적 정합성을 추구하다가는 실패하기 십상입니다. 싱가포르는 어떠한 이데올로기도 신봉하지 않습니다. 문제를 발견하고, 과제를 설정하고, 해결책을 찾는 것이 정치인과 관료들의 책무입니다. 그래서 철저하게 실용적이어야 합니다.

이 그럼 '실학자들의 나라'라고 불러도 될까요? 저는 그간 선생님의 글과 책을 읽으며 '현대판 실학자'라는 생각을 자주 했습니다. 본래 유교 국가의 이상적 인간형이 군자君子였습니다. 요즘말로 하면 리더Leader겠죠. 그 리더십이라는 것도 '사'와 '대부'의 결합(士+大夫), 즉 학자이자 관료인 사람을 전범으로 삼았는데요, 종종 싱가포르야말로 '유교 국가의 근대화'의 한 양상이 아니겠는가 생각해보고는 합니다. 물론 긍정과 부정적 측면 모두를 아울러서요.

마 그런 개념을 고안하는 것은 역시 학자들의 일이겠죠? 저는 가타부타하지 않겠습니다. 다만 '박사들의 나라'보다는 더 적절한 비유 같군요.

이 싱가포르 독립 50주년을 현장에서 지켜보며 가장 인상적이었던 것이, 독립 100주년에 대한 준비가 이미 시작되었다는 점입니다. 제가 지금 읽고 있는 책도 《싱가포르 2065: 50명의 통찰》Singapore

2015년 8월 9일, 싱가포르 독립 50주년 기념 불꽃놀이. 1965년 싱가포르는 말레이시아연방에서
쫓겨나듯 독립을 강요당했으나, 이제는 동남아시아에서 가장 성공한 나라가 되었다.

2065: Leading Insights on Economy and Environment from 50 Singapore Icons and Beyond입니다. 다방면에서 50년 후의 청사진이 제시되어 있더군요. 무척 부러웠습니다. 실은 한국도 곧 광복 70주년을 맞이하는데요, 과연 이러한 50년 대계가 있는지 잘 모르겠습니다. 선생님도 작년부터 독립 100주년을 주제로 한 글을 정기적으로 기고해오셨죠. 저도 무척 흥미롭게 따라 읽었습니다. 앞으로의 50년을 전망해주실 수 있을까요?

마 낙관과 비관, 양면이 다 있습니다. 어느 쪽부터 얘기할까요?

이 낙관적 전망부터 들어보죠.

마 낙관의 근거는 역사의 방향입니다. 싱가포르가 갓 독립하던 1965년은 미국이 최전성기를 구가하던 무렵입니다. 젊은 케네디 대통령은 전 지구적인 우상이었죠. 현재의 오바마보다 더 인기가 많았다고 기억합니다. 저도 하루 빨리 싱가포르를 떠나서 미국으로 유학 가고 이민 가는 것이 꿈이었습니다. 그로부터 50년, 세상이 완전히 바뀌었습니다. 미국의 세기에서 아시아의 세기로 이행 중입니다. 이미 작년(2014)에 실질 구매력에서 중국이 미국을 앞질렀습니다. 지난 200년 이래 처음으로 비서구 국가가 세계 최대 규모의 경제 국가로 등장한 것입니다. 중국뿐입니까? 현재 중국보다 성장 속도가 빠른 국가는 인도입니다. 중국과 인도가 동시에 부상하고 있습니다. 싱가포르가 독립 100주년을 맞이하는 2065년이면 이 두 국가가 G2가 되어 있을 가능성이 매우 큽니다.

싱가포르는 이 양국을 잇는 최적의 위치에 자리하고 있습니다. 중국과 인도의 주요 도시를 6시간 이내에 연결할 수 있는 유일한 도시국가입니다. 중국만 고려한다면 홍콩이 더 유리할 수 있습니다. 또 인도만 생각한다면 두바이가 더 나을지도 모르겠습니다. 그러나 21세기의 G2를 모두 공략하고 싶다면, 싱가포르만 한 곳이 없습니다.

　게다가 중국과 인도만도 아닙니다. 싱가포르는 현재 아시아 4대 문명권이 가장 편하게 지낼 수 있는 장소입니다. 중화문명, 인도 문명, 이슬람 문명에 서구 문명까지 융합되어 있는 곳이죠. 즉 싱가포르는 아시아에서 가장 서구화된 도시입니다. 도쿄, 서울, 상하이에 견주어 그렇습니다. 동시에 글로벌 도시 가운데서 가장 아시아적인 도시입니다. 뉴욕과 런던, 파리와 비교해서 그렇지요. 즉 아시아 문명의 내부 교차로이자 동과 서의 교차로이기도 합니다. 저는 21세기를 동서 융합의 세기, 남북(제1세계와 제3세계) 융합의 세기로 전망합니다. 그 동서남북이 융합하는 최적의 장소가 싱가포르 아닐까요? 다가올 싱가포르의 50년을 밝게 전망하는 가장 큰 이유입니다.

이 비관적 전망은 어떻습니까?

마 일단 국가의 규모가 너무 작습니다. 전형적인 도시국가죠. 역사적으로 수많은 도시국가들이 명멸했습니다. 베네치아가 그랬지요. 한때는 외환시장과 신용시장 등 금융 혁신을 선도하는 선진 국가였습니다. 문화적으로도 번창했고요. 그래서 유럽의 르네상스도 이끌 수 있었습니다. 그러나 1797년 나폴레옹의 정복전쟁에 패함으로써 몰락의 길로 들어섭니다. 결국 이탈리아의 일개 도시로 흡수되고 말았죠.

　인류사에서 가장 유명한 도시국가인 아테네도 마찬가지입니다. 해상무역으로 번영하면서 철학 공화국을 만개시켰지만, 결국 스파르타와의 펠로폰네소스전쟁에서 패배함으로써 쇠락해갔습니다.

이 전쟁의 위협을 말씀하시는 건가요? 저로서는 동남아가 어느 지역보다 전쟁의 가능성이 낮은 지역 같은데요? 게다가 싱가포르는 동남아 국가들 중에서도 군사비 지출이 가장 많은 나라라고 들었습니다. 최신 무기들로 무장되어 있고요.

마 동남아가 상대적으로 안정적인 것은 전적으로 아세안 덕분입니다. 아세안의 성공은 싱가포르의 성공만큼이나 20세기의 거대한 성취입니다. 제가 지금 집필하고 있는 책의 주제이기도 하고요.

아세안이 발족한 것이 1967년이었습니다. 냉전의 한복판이었고, 베트남전쟁이 정점을 찍고 있던 무렵입니다. 그럼에도 미국이 주도하는 동남아시아조약기구(SEATO)를 거부하며 등장한 국제기구였어요. 그런데도 공산주의 진영에 기울어진 것도 아니었고요. 오히려 역내 국가들이 주도하여 독자적인 반공 기구를 만든 것이죠. 그래서 베트남의 인도차이나 공산화 프로젝트를 저지했던 것입니다. 미국과 소련 가운데 한쪽을 택일하지 않고, 지역 협력이라는 제3의 길을 선구적으로 개척했습니다. 이 또한 1965년 독립한 싱가포르의 역할이 컸습니다. 싱가포르는 살아남기 위해서라도 지역의 안정과 평화를 앞장서서 추진하지 않을 수 없었거든요. 이 또한 철저하게 실용적으로 접근했습니다.

동남아는 지구상에서 가장 다채로운 지역입니다. 아세안 6억 인구 가운데 무슬림이 2억 4천, 불교가 1억 4천, 기독교가 1억 3천입니다. 그 외에 도교와 유교, 힌두교, 공산주의자들까지 있지요. 이처럼 다양한 문명이 혼합되어 있음에도 평화롭게 공존할 수 있음을 몸소 입증해 보인 것입니다. 그럼에도 유럽연합에 비해 정당한 평가와 마땅한 관심을 누리고 있지 못합니다.

이 그렇다면 비관할 이유도 없는 것 아닐까요?

마 제가 걱정하는 것은 국제정치보다는 기후변화입니다. 남중국해가 아니라 북극에 주목하고 있습니다. 빙하가 녹아내리고 있거든요.

이 북극요? 해수면 상승의 위협을 말씀하시는 건가요?

마 아닙니다. 북극 항해로가 열리고 있습니다. 작년에 이미 북극을 통해 중국에서 유럽으로 직접 화물을 운송하는 해로가 등장했습니다. 즉 믈라카 해협을 통과하지 않을 수 있는 길이 열린 것이지요. 싱가포르가 놀라운 성취를 이룬 것에는 지리적인 위치도 매우 중요했습니다. 유럽과 중동이 동북아와 연결되려면 반드시 싱가포르를 지나야 했습니다. 그런데 지금처럼 기후온난화가 지속된다면 그 이점이 사라져버릴 수도 있어요. 한때 해양무역의 왕국이었던 믈라카가 지금은 한가로운 바닷가 마을이 되어버린 것처럼 말입니다.

　또 하나의 위협은, 싱가포르가 세계에서 가장 연결망이 뛰어난 항만과 공항을 보유한 허브 국가라는 사실, 그 자체에서 비롯됩니다. 홍콩의 사스처럼 전 지구적인 전염병에 취약할 수 있습니다. 인구 밀집도 또한 세계 최고이니 일단 병이 돌기 시작하면 걷잡을 수 없는 파국을 초래할 수 있어요. 전 세계로의 확산 속도 또한 굉장할 것이고요. 그래서 에볼라와 메르스를 비롯해 방역에 철두철미 만전을 기하고 있습니다. 싱가포르의 최대 강점인 개방성이 치명적인 취약성이 될 수도 있는 것이죠.

이 기후변화와 전염병, 모두 흥미로운 말씀입니다. 전혀 생각해보지 못했습니다.

마 그러나 싱가포르가 실패할 수 있는 가장 큰 위기는 내부에 있습니다.

이 내부라면?

마 제가 가장 우려하는 것은 역설적으로 민주주의입니다.

이 민주주의요?

마 네, 민주주의요. 민주주의는 장기적으로 독재 정치보다 훨씬 안정적인 환경을 제공합니다. 그래서 민주정치가 장기적으로는 유익할 수 있습니다. 그러나 단기적으로는 그렇지 않을 수도 있지요. 독재보다 더 불안정할 수 있습니다. 당장 태국의 혼돈을 거론할 수 있겠지요. 대만이나 필리핀도 상황이 별로 좋아 보이지 않습니다. 올해 연말에 대통령 선거를 치르는 미얀마의 미래 또한 어떻게 될지 알 수가 없습니다.

이 싱가포르는 사정이 다르지 않나요? 부연 설명이 필요할 것 같습니다.

마 싱가포르는 대중에 아부하고 편승하는 정당(Populist Party)이 등장해 성공할 수 있는 최적의 환경을 갖추고 있습니다. 지난 50년간 쌓아온 국부가 엄청나거든요. 기름 한 방울 나지 않지만 외환 보유고가 3,000억 달러에 육박합니다. 1인당 액수로 따지면 단연 세계 으뜸이지요. 그걸 '복지'라는 이름으로 낭비하면 30년 집권도 가능할 것입니다.

현재 전 세계의 거의 모든 민주주의 국가들이 막대한 재정적자와 부채에 시달리고 있습니다. 왜 그럴까요? 당장 유권자들의 환심을 사기 위해 선심성 공약을 남발하고 국가 운영을 방만하게 하기 때문입니다. 결국 국부를 탕진하고 파산까지 이르는 경우도 적지 않습니다. 당장 그리스가 그러하며, 미국도 크게 다르지 않지요. 국부의 탕진과 부채의 누적은 현대 민주주의 국가들의 고질병이 된 지 오래입니다. 미래 세대에게 경제적·생태적 부담을 지속적으로 전가하는 정치문화가 만연해 있는 것이죠.

심지어 언젠가부터 이런 '민주국가'들의 선심성 공약이 국민의 당연한 '권리'인 양 호도되고 있습니다. 그래서 정치적 생명을 지속하기 위해서라도 정치인들과 정당들이 과감한 구조개혁을 시도하지 못합니다. 유권자들 눈치만 보며 끌려다니는 것이죠.

물론 예외적인 인물도 있습니다. 가령 독일의 슈뢰더 전 총리가 그랬습니다. 그는 독일의 장래를 위하여 적절한 시점에 필요한 '노동개혁'을 단행했습니다. 사민당(사회민주당) 출신인데도 그러했죠. 자신의 주요 지지층의 기대를 저버리면서까지 개혁을 추진했던 것입니다. 그래서 독일의 국가경쟁력을 향상시켰습니다. 2009년 이래 유로존의 위기에도 독일만은 더욱 강해질 수 있는 저력을 슈뢰더 집권 시절에 마련했던 것입니다. 그러나 그 대가는 무엇이었던가요? 사민당은 선거에서 패배했습니다. 나라를 위해 일한 결과로, 정권을 잃은 것입니다. 그리고 그 혜택은 기민당(기독민주당)의 메르켈이 누리고 있습니다. 이것이 현대 민주국가의 커다란 역설입니다.

이 매우 논쟁적인 주장입니다. 싱가포르의 집권당인 인민행동당의 집권 논리이자, 야당 탄압의 빌미가 될 수도 있겠고요. 그럼 곧바로 난감한 질문을 드려볼까요? 싱가포르 모델에 대해서는 늘 부정적인 견해가 따라붙습니다. 제가 그 내용을 일일이 설명할 것까지도 없을 것 같은데요, 그와 같은 곱지 않은 시선들에 대해서는 어떻게 생각하시는지요?

열린 사고와 그 적들

마 시선이 곱지 않은 것이 아닙니다. 시각이 좁은 것입니다. 사고의 틀이 닫혀 있는 것입니다. 서구 매체에서 수시로 싱가포르에 딴지를 걸죠. 독재국가라느니, 권위주의 정부라느니, 여러 단정이 있습니다. 그러나 침소봉대가 너무 심합니다. 가령 태형과 사형을 엄청나게 강조합니다. 태형과 사형은 싱가포르 내에서도 극히 예외적인 경우입니다. 그런데도 그것이 전체이고 전부인 양 과장합니다.

그래서 정작 싱가포르의 혁신적인 경제 및 사회 정책에는 좀체 관심을 보이지 않습니다. 자신들 나라의 공공정책 입안에 도움이 될 만한 성공적 실험이 많음에도 그렇습니다. 싱가포르는 공공주택, 공공의료, 공공교육 등의 방면에서 세계적인 성취를 이루었습니다. 싱가포르가 세계에서 가장 안전한 도시인 것도 이와 무관치 않아요. 범죄의 온상이 되기 십상인 절대빈곤이 없고, 게토도 거의 형성되지 않았거든요. 충분히 참조해볼 여지가 있을 텐데, 전혀 그러지 않습니다. 그만큼이나 마음이 닫혀 있는 것입니다.

그래서 보이는 것을 보지 못하고, 있는 그대로 설명하지도 못합니다. 모든 국가의 역사적 발전 경로는 하나라는 터무니없는 세계관에 빠져 있기 때문입니다. 몇 해 전 '아랍의 봄'을 해석하는 서구의 시각을 보십시오. 마침내 이슬람권도 서구 민주주의의 길로 들어섰다고밖에 말하지 못합니다. 실제로는 어떻습니까? 그들의 예상과는 전혀 다른 방향으로 이슬람권은 움직이고 있습니다. 그만큼 다른 역사적 가능성에 대해서 사고를 하지 못하는 것입니다. 그래서 싱가포르처럼 그들의 모델과 어긋나는 성공 사례에 대해서는 어떻게 해서든 깎아내리기에 바쁜 것이지요.

이 서구도 그렇지만, 그러한 시각을 무비판적으로 수용하고 확대 재생산하는 비서구 언론도 큰 문제지요. 당장 작년의 제 경험도 있습니다. 한국의 진보 언론을 대표하는 신문사의 고위 관계자를 만난 적이 있어요. 이제는 아세안, 인도, 이슬람권 특파원이 필요한 시점이라고 말씀드렸습니다. 그러면서 아세안에서는 싱가포르가 취재하기에 가장 적합해 보인다고 추천을 드렸어요. 그런데 곧장 돌아오는 반응이, 싱가포르는 독재국가 아니냐, 언론의 자유도 없는 나라에 특파원을 파견하는 게 얼마나 도움이 되겠냐, 하시더군요. 너무 단정적으로 판단하시는 듯해 안타까웠습니다, 싱가포르에서 열리는 국제회의와 학술회의만 다녀도 기사 거리가 풍성할 텐데요.

당장 저부터가 그분이 몸담고 계시는 언론보다 싱가포르의 〈스트레이츠 타임스〉The Straits Times를 더 즐겨 읽거든요. 국제면의 정보가 풍부하고 칼럼들의 수준이 높아 애독하고 있습니다. '언론의 자유'라는 것도 다소 물신화된 발상 같아요. 제가 미국에 머무는 동안 절감했던 것인데요, '언론의 자유'가 넘친다는 미국에서도 정작 읽을 만한 매체는 극소수에 불과합니다. 거개는 폭로성 매체이거나 선전선동 기구죠.

마 싱가포르가 인민행동당이 영구 집권하는 일당 독재국가라는 단정도 물신화된 것입니다. 서구 모델에는 오로지 다당제 국가와 일당제 국가만이 있습니다. 그래서 모든 일당제 국가는 똑같은 걸로 착각합니다. 차이를 보려고 하지 않아요. 고정관념으로 미리 재단합니다. 부패하고 무능하며 폭압적인 일당제 국가들만 있다고요. 그러나 싱가포르는 20세기의 그 어떤 일당제 국가보다 깨끗하고 유능했으며, 그 어떤 다당제 국가보다 성공적이었고 심지어 개방적입니다. 지금 당장 카페와 서점에 가보십시오. 전 세계 최고의 신문과 잡지를 읽을 수 있습니다. TV를 틀어보십시오. 싱가포르 때리기에 앞장서는 서구의 대표적인 방송을 매일매일 접할 수 있습니다.

이 마부바니 선생님이 싱가포르의 외교관으로 일하게 된 계기도 흥미롭더군요. 대학생 때 학내 언론에서 정부에 비판적인 견해를 표하는 논설을 자주 발표하셨다지요? 그랬더니 정부에서 같이 일해보자고 제안했다고 들었습니다.

마 네. 리콴유 수상이 연설하러 오셨을 때, 비판적인 질문을 던지기도 했습니다. 그랬더니 비서관이 만나자고 연락이 왔습니다. 내심으로 긴장했지요. 그런데 정작 채용을 제안하는 것입니다. 비단 저만의 일화도 아닙니다. 저와 학내 언론을 이끌었던 친구들도 비슷한 경로를 밟았어요. 소위 '빅 텐트' 접근입니다. 정부에 비판적인 젊은 인재들을 탄력적으로 수용해가는 것입니다. 그렇게 비판적이라면 정부에 직접 들어와서 한번 실험해보라는 것이지요.

'언론의 자유' 말씀을 하셨는데요, 비판의 자유는 매우 중요합니다. 다만, 그러한 사고 자체 또한 서구의 역사적 맥락의 산물임을 알아야 합니다. 거개가 신정神政국가였거든요. 종교국가에서 세속국가로 이행하는 과제가 있었기에 국가와 거리를 둔 시민사회의 확보가 그만큼 중요했던 것입니다. 그러나 싱가포르는 신정국가를 경험한 적이 단 한 순간도 없어요. 중국도 마찬가지입니다. 그런 역사적 경로에 있는 국가들에서는 '언론의 자유'라는 것도 발상과 접근이 다를 수 있습니다. 말씀하신 '사대부'라는 존재가 그런 것 아닙니까? 비판적 지식인을 내부로 포용하는 세속국가의 경험이 그만큼 오래되었던 것입니다.

더군다나 싱가포르는 인구가 절대적으로 부족한 소국이에요. 그래서 여러 정당으로 갈라져서 정쟁에 국력을 소모할 여력이 없었습니다. 최고의 엘리트를 공정하게 선발하여 국가에 헌신하도록 만드는 시스템을 구축하는 게 시급한 과제였죠.

빅 텐트 접근의 효과는 크게 둘입니다. 하나는 비판적인 시각을 견지한 참신하고 젊은 피를 끊임없이 수혈하여 국가의 거버넌스를 향상시킬 수 있습니다. 다른 하나는 특정한 이념을 맹신하는 공허한 비판들을 차단할 수 있습니다. 정부에 직접 들어와서 일을 해보면, 기왕의 비판들이 얼마나 가당찮은 것이었는지 금방 절감하게 됩니다. 실무를 겸한 인재로 성장하게 되는 것이죠.

이 '부유한 북조선'이라고 냉소하는 견해도 있습니다.

마 싱가포르 국민을 순한 양이나 로봇에 빗대기도 하죠. 권위주의적 국가의 50년 지배로 싱가포르인들이 고분고분해져서, 감히 주체적으로 사고하고 발언하지 못한다고요. 싱가포르인들에 대한 모욕입니다. 저는 이러한 시각이 만연한 것을 서구 중심주의, 유럽 중심주의로만 비판해서도 안 된다고 생각합니다. 일종의 인종주의예요. '인식체계의 인종주의'라고 할 수 있습니다. 그래서 새로운 현상을 전혀 읽어내지 못합니다. 그저 기왕의 인식체계로 흡수하고 재해석하고 결국은 왜곡할 뿐이죠.

싱가포르인들이 정말로 순한 양이거나 로봇이라면, 그것이야말로 기적이 아닙니까? 그런 사람들이 살아가는 나라가 세계에서 가장 분주한 항만과 공항을 보유하고 있는 가장 개방적인 국가가 되고, 세계 4번째의 금융도시가 되었으며, 세계에서 가장 높은 소득수준과 가장 많은 외환을 보유한 국가가 되었으니까요. 게다가 사법체계 또한 가장 공정하게 운영되고 있다는 국제적 기관의 평판은 어떻게 설명할 것입니까?

저는 싱가포르가 이상향도 아니고 천국도 아니라고 생각합니다. 당연히 단점도 있고 결점도 있습니다. 그러나 독재국가니 권위주의 정부니 하는 상투적 단정으로 재단할 수 있는 국가 또한 결코 아닙니다.

이 다른 것이지요.

마 그렇습니다. 싱가포르는 다른 것입니다. 특별한 것입니다. 독자적인 것입니다. 그 결점과 단점에도 불구하고 20세기 후반 인류 전체

의 역사에서 가장 눈여겨볼 만한 실험을 성공시킨 나라입니다. 그
걸 부정하는 사람들이야말로 이데올로그들입니다.

이   선생님의 첫 책 제목이 'Can Asians Think?'(아시아인은 스스로 생각할
수 있는가?)였습니다. 조금 비틀어서 'Can Westerns Think?'라고 되
물을 수도 있겠군요.

건국과 수성

나는 '인식체계의 인종주의'라는 말이 몹시 흥미로웠다. '민주'를 '천주'
처럼 모시고 자유주의 이외의 어떤 체제에도 적대적인 소위 '리버럴'에
대한 통렬한 일침으로도 들렸다. 관용과 다양성을 가장 중요한 가치처
럼 포장하지만 정작 그들은 전혀 그러하지 않다. 그래서 싱가포르 같은
'다른 사회'를 결코 용납하지도, 인정하지도 않는다. 그저 세상을 흑백
양단으로 가른다. 자유냐, 독재냐? 전체주의냐, 민주주의냐? 그래서 '다
른 사회'는 몽땅 '닫힌 사회'라고 간주한다. '열린 사고'를 하지 못하는
것이다. 어느덧 자유주의야말로 열린 사회의 적이 되고 말았다. 사회주
의가 몰락한 이후 마지막으로 남은, 근대 최후의 이데올로기다.

기실 싱가포르의 발전 노선은 사회주의에도, 자본주의에도 딱히 들
어맞지 않는다. 시장의 '보이지 않는 손'과 정부의 '보이는 손'이 미묘한
균형을 이루고 있다. 가장 자유로운 자유시장과 가장 권위주의적인 정
부가 신기하게 공존하고 있다. 전자만 보는 사람은 싱가포르를 신자유
주의 국가라고 부르고, 후자만 보는 이들은 독재국가라고 칭한다. 어느
쪽도 제 눈의 안경이며, 장님 코끼리 만지기다.

실상 싱가포르는 20세기형 좌/우의 외부에 있는 나라라고 하겠다.
국가가 시장을 통제한 동구형 사회주의도 아니고, 국가의 권력을 시장

에 넘겨준 서구형 자본주의도 아니다. 명과 실이 딱 들어맞는 정명正名을 아직 얻지 못했다. 나는 '중화제국의 미니어처'가 아닐까 하는 생각을 잠시 해보았다. 국가의 운영 시스템이 그러하고, 다문명 국가라는 점에서도 그러하다. 개혁개방 이래 중국이 유독 싱가포르 모델 학습에 열심인 것도 우연만은 아닐 것 같다.

정명을 찾고자 하는 노력이 잠시 있었다. 이른바 1990년대의 '아시아적 가치'* 논쟁이다. 그러나 만개하지도 못한 채 조기에 단락되었다. 금융위기의 파장 속에서 아시아적 가치는 '정실 자본주의'의 변명으로 치부되었고, (신)자유주의가 재차 승리의 기쁨을 만끽했다.

그로부터 20여 년이 지났다. 지금은 미국과 유럽이 금융위기의 본산이 되었다. 20년 전과는 판도가 전혀 다르다. 게다가 아시아의 '네 마리 용'이라 했던 한국, 대만, 홍콩, 싱가포르가 자리하는 '지형' 또한 크게 달라졌다. '미국의 호수'에서 성장했던 국가들이 어느새 '대중화의 바다' 속으로 진입해 있는 것이다. 중국계가 다수인 대만, 홍콩, 싱가포르는 말할 것도 없고, 한국 또한 크게 다르지 않다. 담론의 지형이 바뀌면 논쟁의 판세 또한 달라질 것이다. 나는 마부바니 선생과 대화하면서 곧 '아시아적 가치' 논쟁이 재개될 것임을 예감했다.

마침 2015년은 중국의 《신청년》 창간 100주년이 되는 해이다. 20세기 중국 좌/우파의 기원이 된 잡지다. 비단 중국뿐이랴. 1915년이면 나

---

* 1970~80년대 고도성장을 이룩한 동아시아 국가들의 경제성장 요인을 해명하기 위해 등장한 개념. 한국·홍콩·대만·싱가포르 등의 경제성장이 가부장적이고 권위주의적이며 인치(人治)와 인정(仁政) 사상에 바탕을 둔 아시아의 뿌리 깊은 유교적 전통에 기인한다고 보고, 이를 '아시아적 가치'라고 주장했다. 말레이시아 총리 마하티르와 싱가포르 총리 리콴유 등이 아시아적 가치를 옹호했다.

라를 잃은 아시아 청년들이 중화민국으로 몰려들기 시작한 무렵이다. 《신청년》을 읽으며 각성했던 '신청년'들이 동아시아에, 아시아에 널리 퍼져 있었다. 그리고 1919년 5·4운동을 전후로 동서문화논쟁이 일어 났다. 돌아보니 1990년대의 '아시아적 가치' 논쟁이란 1920년대 동서 문화논쟁의 제2라운드였다. 그리고 이제 3차전이다. 동과 서의 힘이 재 균형을 이루어가는 지금이야말로 진검승부일 것이다. 도래할 제3차 동 서문화대전에 만반으로 준비하고 대비해야 하건만, 광복 70주년 한국 의 사정은 어떠한지 잘 모르겠다.

싱가포르의 지난 50년은 '창업기'였다. '건국기'라고도 할 수 있다. 상 층부 '실학자'들이 주도했다. 나는 '독재'였다고 폄하할 생각이 없다. 창 업기에는 그때에 맞는 이치와 논리가 있는 법이다. 관건은 미래다. 이제 수성기이다. 성숙기에 접어든다. 유능한 정부만으로는 싱가포르의 기적 이 지속되기 힘들 것이다. 시민들의 자발성과 주도성을 장착할 때이다. 국가와 민간의 공진화를 도모할 때이다.

그런 점에서 2065년 청사진 가운데 가장 인상적인 프로젝트가 '자동 차 없는 사회 만들기'였다. 국가의 선도와 민간의 협력이 동반되지 않으 면 실현되기 힘든 '시민참여형' 비전이다. 그래서 더더욱 솔깃해지는 담 대한 발상이 아닐 수 없다. 이 구상을 처음 발신한 이도 키쇼어 마부바 니였다. 대화를 이어간다.

자동차 없는 '미래 도시'를 꿈꾼다

이 　작년부터 '빅 아이디어'라는 이름으로 독립 100주년(2065)에 대한 청사진을 제안하고 계십니다. 저는 그중에서도 자동차 없는 싱가포 르를 만들자는 제안이 가장 솔깃하더군요. 칼럼만 읽고서는 싱가포르도 교통 체증이 상당한 줄로 알았습니다. 이곳에 오기 전에 캄보디아와 필리핀에 다녀왔는데요. 프놈펜과 마닐라도 차가 엄청 밀리더군요. 하노이나 자카르타는 이미 악명이 높고요. 어디서도 감히 운전대를 잡을 엄두가 나지 않습니다.

그런데 싱가포르는 사정이 훨씬 좋던걸요. 세계에서 가장 바쁘다는 창이 공항에서 시내로 이동하는 길도 무척 쾌적했습니다. 도로는 널찍한 반면에, 차들은 그리 붐비지 않았고요. 덕분에 잘 가꾸어져 있는 가로수 감상하는 재미가 쏠쏠했습니다. 제 예상을 완전히 빗나간 셈이죠. 그래서 더더욱 자동차 없는 사회를 제안하신 배경이 궁금해졌습니다. 이만하면 살 만한 도시 아닌가 싶거든요.

마 싱가포르는 세계에서 가장 작은 나라 중의 하나입니다. 50년 후에도 변함없는 사실일 것입니다. 땅값이 가장 비싼 나라 중 하나이기도 하죠. 제가 알기로는, 모나코를 제외하고 어떤 나라도 단위 면적당 지가가 싱가포르보다 높지 않습니다. 싱가포르는 또 인구밀도가 세계에서 가장 높은 국가입니다. 그 유명한 방글라데시보다 사실은 싱가포르가 더 높아요. 게다가 농업을 비롯한 1차 산업이 극히 희박하죠. 즉 싱가포르는 거의 완벽한 의미의 '도시국가'입니다. 모든 국민이 '도시인'이라고 할 수 있습니다.

그럼에도 녹지가 풍부합니다. 도심에서도 울창한 나무를 쉽게 만날 수 있어요. 리콴유 전 수상의 선견지명입니다. 잿빛 콘크리트는 인간의 영혼을 파괴한다고 말했죠. 그래서 영토의 절반은 자연 상태로 남겨두었던 것입니다. 토지의 절반만 거주 및 상업 등 인간 활동의 영역으로 삼았습니다. 그래서 이 작은 도시국가의 생물다양성이 미국 전체보다도 풍부합니다.

이 저도 유네스코 세계유산으로 등재되었다는 보타닉가든Botanic Gar-

싱가포르의 대표적 명소인 인공 정원 가든스바이더베이. 이 작은 도시국가의 생물다양성이 미국 전체보다도 풍부하다.

den이며 가든스바이더베이Gardens by the Bay에 다녀왔습니다. 솔직히 말씀드리면, 문자 그대로의 '자연'이라고 하기는 힘들더군요. '가든'이라는 말처럼 '잘 관리된 정원' 같았습니다. 어쩌면 이 '정원'의 이미지야말로 싱가포르라는 나라 전체의 은유 같기도 했고요.

마 싱가포르는 작은 영토에 높은 인구밀도라는 조건의 구속을 받지 않을 수가 없습니다. 그래서 더더욱 토지를 가치 있게 사용해야 합니다. 도로 건설은 이미 한계에 달했어요. 이미 영토의 12퍼센트가 도로입니다. 이 또한 세계에서 가장 높은 비율일 것입니다. 그간의 도시계획도 도로를 축으로 진행되었습니다. 사람이 아니라 자동차가 중심이었죠.

상징적인 일화가 있습니다. 터널을 뚫는답시고 옛 국가도서관을 허물었어요. 효율적인 도로망을 구축하기 위해서 싱가포르의 정신적 중심을 훼손한 것입니다. 이래서는 싱가포르의 장래를 기약할 수 없습니다. 가장 현실적이고 실용적인 해결책은 자동차에 대한 수요 자체를 줄이는 것입니다.

이 관건은 '어떻게'인데요.

마 자동차 소유는 여전히 '싱가포르 드림'의 일부입니다. 그러나 모든 싱가포르인이 이 꿈을 실현한다는 것은 싱가포르의 악몽을 의미합니다. 싱가포르는 미국과 같은 대륙 규모의 국가가 아니거든요. '마이카'My Car 문화는 전형적인 아메리칸 드림이자, 20세기형 대중사회의 산물입니다. 서둘러 깨어나야 합니다.

전혀 몰랐던 사실만은 아닙니다. 그래서 지난 50년간 정부에서도 일정한 대책을 세웠습니다. 싱가포르는 세계에서 자동차 가격이 가장 비싼 나라 중 하나입니다. 도로 이용료 또한 매우 높게 책정했죠. 그래서 다른 동남아 도시들과 같은 대혼잡을 피할 수는 있었습니다. 그러나 시간이 흐르면서 정책의 역설이 발생했어요. 자동차의 상징적 가치가 더욱 증폭된 것입니다. 그 자체로 사회적 신분의 상징이 되어버렸거든요. 그래서 싱가포르에서는 한국산 차들이 별반 인기가 없습니다. 유럽산 고급 차의 비율이 월등하게 높아요. 기존 정책의 한계입니다. 더욱 과감하고 혁신적인 방향으로 나아가야 합니다.

이 대안은요?

마 욕망의 전환입니다. 가치의 변화입니다. 지금 당장은 허황하다고 비웃을지도 모르겠습니다. 세계에서 가장 소득수준이 높은 싱가포르인들이 자동차 소유의 꿈을 접는다고? 당신이 도달한 부와 지위와 권력을 알려주는 가장 쉬운 방편이 자동차인데도? 그러나 가능하다고 생각합니다.

저는 맨해튼에서 10년간 살았습니다. 싱가포르보다 더 작고, 더 복닥거리는 섬이죠. 어느 날 저녁에 시티뱅크 최고경영자와 그의 아내가 거리에서 택시를 잡고 있는 모습을 보았습니다. 분명 그는 미국에서, 아니 지구상에서 가장 돈이 많은 사람 중 한 명일 것입니다. 원한다면 수십 대의 고급 차도 살 수 있겠죠. 그러나 맨해튼에 살면서 자동차를 소유하는 것은 어리석은 짓입니다. 훌륭한 대중교통망 덕분입니다. 지하철과 버스와 택시가 최적의 조합을 이루고 있습니다. 언제든 원하는 곳에, 짧은 시간에 도착할 수 있어요. 뉴욕의 블룸버그 시장 역시 백만장자이지 않습니까? 그 또한 지하철로 출퇴근했습니다.

즉 21세기의 선진국은 가난한 사람도 자동차를 소유하는 나라가 아닙니다. 부자들이 대중교통을 이용하는 곳이 진짜 선진국입니다. 1960년대 히피족을 흉내 내자는 것도 아닙니다. 도시문명, 근대

문명에서 도피하고 탈출하는 것은 대안이 될 수 없습니다. '자연으로 돌아가라'는 해법이 아닙니다. 싱가포르가 어디로 갈 수 있나요? 방법은 하나뿐입니다. 도시문명을 재탄생시키는 것입니다. 도시 생태를 재생시키는 것입니다. 혁신적인 친환경적 공공교통망을 제공함으로써, 사적인 이동수단의 필요를 제거해가야 합니다.

그 점에서 싱가포르는 지난 50년간 실패했습니다. 세계 최고 수준의 대중교통망을 만들지 못했어요. 토론토, 런던, 파리, 베를린은 물론 도쿄나 홍콩보다 순위가 뒤집니다. 인구 증가에 보조를 맞추어 더 훌륭한 지하철, 더 촘촘한 버스 노선, 더 편리하게 이용 가능한 택시가 필요합니다. 여기에 보태어 전기자동차의 '공유' 체계를 적극 도입해야 합니다.

이

그 대목이 가장 흥미롭던데요, 조금 더 설명해주시죠.

마

앞으로는 자동차를 몰지 말자는 뜻이 아닙니다. 자동차를 소유하는 것이 아니라 공유하자는 것이죠. 아침에 집을 나와서 숲길을 따라 걷다가, 전기자동차들이 있는 정류장으로 갑니다. 스마트카드로 전기차를 빌려서 학교나 회사까지 운전합니다. 그리고 직장의 정류장에서 재충전합니다. 그러면 다른 사람들이 다른 곳으로 이동할 수 있습니다. '공용 자전거'처럼 '공용 자동차'를 사용하는 것입니다.

허무맹랑한 꿈도 아닙니다. 기술의 발전이 놀랍습니다. 특히 싱가포르 같은 소규모의 도시국가에는 최적입니다. 전기차 산업을 주도하고 있는 테슬라의 테스트 시장으로서도 싱가포르가 안성맞춤입니다. 실은 테슬라가 싱가포르에 진출했었어요. 그런데 1년도 못 되어 철수했습니다. 충전소와 환경세 등 인프라 및 정책 지원이 부족했기 때문입니다. 서둘러 재정비해서 테슬라와 합작할 필요가 있습니다. 현재 싱가포르에서는 매일 100만 대의 자동차가 운행 중입

싱가포르의 50년 청사진 가운데 가장 인상적인 프로젝트가 '자동차 없는 사회 만들기'였다. 작은 영토에 높은 인구밀도라는 조건에서 도로 건설은 이미 한계에 달했다. 가장 현실적이고 실용적인 해결책은 자동차에 대한 수요 자체를 줄이는 것, 그리고 자동차를 '소유'하는 것이 아니라 '공유'하는 것이다.

니다. 스마트 전기차 시스템이 도입되면 30만 대로 현재의 교통량을 충분히 소화할 수 있어요. 경제적으로 이익일뿐더러, 생태적으로도 이득입니다.

즉 대안적인 공공교통망을 제시함으로써 싱가포르를 자동차 소유가 없는 세계 최초의 도시로 만드는 것이 저의 소망입니다. 20세기를 지배한 마이카 문화와는 다른 욕망과 세계관을 제시하는 것이죠. 그러면 싱가포르는 21세기에도 지구상에서 가장 혁신적인 도시가 될 수 있을 것입니다. 싱가포르는 그 외적 성장에 비하여 내적인 만족감, 행복지수에서 성취가 미미했습니다. 그러나 차 없는 사회는 행복에 한층 가까운 길을 열어줄 것입니다. 아스팔트를 땅과 숲으로 되돌리는 것입니다. 녹지가 많아질수록 사람들의 행복감도 높아집니다. 잠시 숲속을 걷는 것만으로도 스트레스 지수는 낮아집니다. 그럴수록 싱가포르는 더 건강하고 더 생태적인 도시가 됩니다. 천식 환자는 줄어들 것이고, 암 발병도 감소할 것입니다. 더 조용하고 더 평화로운 도시가 될 것입니다. 그럴수록 세계에서 가장 유능하고 창의적인 인재들에게 더 매력적인 도시가 될 것입니다. 싱가포르에서 살아보고 싶다, 일해보고 싶다, 라는 욕망을 자극할 것입니다. (이런 말은 하지 않는 게 더 나을까요? 웃음)

이 아니요. 충분히 근사한 비전입니다. 한국에도 '녹색 성장'과 '창조경제'라는 말이 있는데요, 싱가포르에 더 어울리는 개념 같습니다.

마 앞으로 아시아에서 중산층이 폭발적으로 증가할 것입니다. 2020년이면 17억이죠. 2065년이면 얼마가 될까요? 이들이 지난 세기처럼 자동차를 소유한다고 생각해보십시오. 지구는 타들어 갈 것입니다. 대안이 있고 실현 가능하다는 것을, 싱가포르 같은 작은 나라부터 몸소 보여줄 필요가 있습니다. 모든 이동수단을 전기화함으로써 기후변화에 대처하는 모범 국가의 상을 제시하는 것입니다.

다시금 싱가포르는 소국小國입니다. 장차 중국과 인도는 말할 것도 없고, 인도네시아와 말레이시아보다 경제 규모에서 작아질 것입니다. 어쩔 수 없는 필연적 추세예요. 그렇다면 싱가포르는 이제 소프트파워를 더욱 키워야 합니다. 주변국들이 뒤늦게 마이카 열풍에 휩쓸리고 있을 때, 다음 세계, 다른 세계를 열어가는 혁신의 전위가되어야 합니다. 싱가포르의 다음 50년의 비전도 여기에 있습니다.

키쇼어 마부바니 선생이 주장하는 것은 공공교통망의 향상에 그치지 않았다. 요는 행복지수를 높이자는 것이다. 더 이상 경제성장이 국가의 목표가 아닌 것이다. 행복 증진이야말로 국책의 으뜸이다. '행복의 나라로!'가 구호가 된다. 부국과 강병이라는 20세기형 전국戰國시대의 생존술에서 점차 벗어나고 있는 것이다. 성장에서 성숙으로, 발전에서 행복으로, 정치/경제에서 문화/생태로. 그래서 소국이라는 점이 도리어 장점이 된다. 새로운 '소국주의'의 실험장이다.

물론 지난 50년처럼 정부 주도의 탑다운top down 방식만으로는 가능하지 않을 것이다. 싱가포르항공사, 창이 공항, 싱가포르항만공사 등 지난 세기 싱가포르의 성취를 상징하는 것은 하나같이 정부 정책의 산물이었다. 그러나 앞으로 50년은 정부와 민간의 조화와 균형이 필요하다. 깨어 있는 시민의 협력과 협동이 필수적이다.

자동차 소유 없는 싱가포르라는 대담한 청사진은 첫 번째 시민참여형 국가 프로젝트가 될 것이다. '제3세계에서 제1세계로'라는 20세기형 과제에 성공했던 싱가포르가 과연 전 지구적 과제에 공헌하고 세계의 공익에 기여하는 21세기형 선진국의 전범으로 거듭날 수 있을까. 주시하지 않을 수 없다.

미래 국가

싱가포르는 애당초 이민국가로 출발했다. 역사가 부재한 '상상의 공동체', 인공 국가였다. 21세기 재차 인구 유입이 활발하다. 현재 인구 증가의 4분의 3이 이민이다. 자연 증가를 훨씬 앞지른다. 이미 싱가포르에 거주하고 있는 총인구의 4분의 1이 외국인이다. 영주권자도 갈수록 늘고, 그 자녀들도 늘고 있다. 이 추세가 지속된다면 독립 100주년인 2065년이면 '싱가포르 국민'의 비중이 전체 인구의 절반 이하로 떨어지게 된다. 국민과 비국민이 절반씩 어울려 사는 미래형 국가가 되는 것이다. 국민, 영토, 주권이라 했던 근대 국가(Nation-State)의 3요소가 크게 흔들리고 있다. 국민에게 주권을 부여했던 근대 민주주의의 전제 또한 요동치고 있다.

이미 사람을 가르는 기준이 변했다. 더 이상 국민이냐, 외국인이냐를 따지지 않는다. 거주민resident이냐, 비거주민non-resident이냐가 새 기준이다. 싱가포르가 가장 과격한 형태이기는 하겠지만, 아마도 21세기 중반이면 거의 모든 국가가 비슷한 모습으로 변하게 될 것이다. 더 이상 국민들만의 '사회계약'으로 국가를 만드는 것이 아니다. 나도 남의 나라에서 살고, 남도 내 나라에서 산다. '우리나라'를 이루는 나와 남의 경계가 갈수록 흐릿해진다.

즉 떠돌이cosmopolitans와 토박이heartlanders의 유동적인 사회계약으로 유연하고 탄력적인 국가로 거듭 갱신해가는 것이다. 조금 거칠게 말하면, 모든 국가가 '제국'화되어 간다. 과연 싱가포르는 '미니어처 제국'이었다. 그래서 동과 서, 고古와 금今이 만나는 네오르네상스 도시를 연상시킨다. 이슬람 모스크와 천주교 성당과 힌두 사원과 불교 절과 도교 사원이 나란히 자리하고 있는 차이나타운의 풍경이 상징적이다.

하루는 몇몇 한국 교민들을 뵈었다. 리틀인디아에서 저녁을 먹고, 아

싱가포르의 아랍 스트리트.
싱가포르는 동/서, 고/금이
만나는 네오르네상스 도시를
연상시킨다.

랍 스트리트에서 와인을 마시며 대화를 나누었다. 그들의 직장은 시애틀에 본사를 둔 마이크로소프트였다. 현지의 직장 상사는 인도 사람들이란다. 한국과 인도의 IT 인재들이 싱가포르에서 '아시안 잉글리시'로 소통하며 미국 기업에서 일하고 있었다. 언뜻, 어렴풋, 미래가 보였다.

19세기는 브리티시 잉글리시의 전성기였다. 20세기는 아메리칸 잉글리시의 절정기였다. 21세기는 아시안 잉글리시가 대세일지 모른다. 영어를 구사하는 사람이 가장 많은 국가가 미국이 아니라 인도와 중국이 될 공산이 매우 크다. "동은 동, 서는 서. 그들은 결코 만나지 못하리"(East is East and West is West, And never the twin shall meet.)라고 읊은 것은 19세기의 영국 작가 키플링이었다. 그러나 토착화된 영어Broken English를 통해서라도 동과 서가, 또 동과 동이 만나고 연결되고 있었다. 영국식 근대적 세계관이 그들의 식민지였던 싱가포르에서 경쾌하게 전복되고 있는 것이다.

실은 나도 싱가포르에서 인도인 친구를 만났다. 하노이에서 요가를 가르쳤던 선생님이 거처를 싱가포르로 옮겨 일하고 있었다. 영어가 통하고 리틀인디아가 있어서 살기에 훨씬 편하다며 함박웃음이다. 캘리포니아에서 시작된 최첨단의 IT산업과 인도에서 비롯한 고전적 영성靈性 산업이 싱가포르에서 오묘하게 공존하고 있는 것이다.

다음으로 만난 지식인이 바로 이 주제, 근대의 막다른 곳에서 아시아의 영성이 어떠한 역할을 할 수 있을지를 깊이 천착하고 있는 분이다. 인도 출신의 저명한 중국사학자, 프라센지트 두아라Prasenjit Duara를 만난다.

023

지구적 근대, 지속 가능한 미래

프라센지트 두아라와의 대화

서구적 근대와 지구적 근대

두아라 선생을 만났다. 이미 국내에도 번역된 책이 여럿일 만큼 저명한 학자다. 뜻밖이었다. 싱가포르에 계시는 줄 몰랐다. 초빙교수로 잠시 머문다는 소식만 접했다. 시카고대학으로 돌아가신 줄로 알았는데 이곳에서 보직까지 맡으셨다. 현재 싱가포르대학교 아시아연구소 소장이다. 닻을 내리신 모양이다.

　어울린다. 적임자이다. 진작부터 국가와 민족에 구애받지 않는 역사 서술이 돋보이는 연구자였다. 혼종과 융합의 도시 싱가포르와도 궁합이 맞는다. 그간에도 인도 출신으로 중국사를 연구하는 장점을 십분 발휘해오셨다. 대개의 현대사 전공자들이 국민당과 공산당이라는 근대적 정치집단에 치중하고 있을 때, 민간의 종교 결사체들이 민족과 국가를 넘나들며 전개했던 초국가적인 사회운동과 구제 활동에 주목했었다. 독창적이고 선구적이었다.

프라센지트 두아라 싱가포르대학교 아시아연구소 소장.

　그러나 소싯적에는 그를 좋아하지 않았다. 민족주의에 비판적이되 자본주의에는 침묵함으로써 신자유주의에 공모한다는 삐딱한 어깃장을 놓았다. 돌아보면 참으로 터무니없는 비난이었다. 밑도 없고 끝도 없었다. 헌데 그때는 그랬다. 나의 정치적 선명성이 우선이었다. 남의 책을 읽고 배우는 자세를 갖추기보다는 나의 (좌파적) 잣대로 남을 재단하기에 급급했다. 글쓴이와 대화하고 공감하기보다는 딱지를 붙이는 데 더 능숙했다. '신청년'의 독선과 아집, 자가당착이었다.

　이제는 두아라 선생의 책을 너무너무 좋아한다. 특히나 최근작인 《지구적 근대의 위기: 아시아의 전통과 지속 가능한 미래》The Crisis of Global Modernity: Asian Traditions and a Sustainable Future는 감동적으로 읽었다. 머리를 자극할 뿐 아니라, 가슴을 뛰게 했다. 그래서 그와의 대화는 신간을 두고 나누는 일종의 '북 콘서트'가 되었다.

이병한　만나서 반갑습니다. 먼저 '지구적 근대'라는 시대인식부터 논의해볼까요? 탈근대와는 다른 구별법입니다.

두아라　탈근대는 서구가 주도했던 담론이었습니다. 서구에서 자가발전했던 내수용 논의였지요. '성찰적 근대' 또한 비슷했고요. 그러나 비서구권의 집합적 부상은 새로운 시대인식을 요청하고 있습니다. '탈근대'Post-Modern가 아니라 '탈서구적 근대'Post-Western Modern가 열리고 있는 것입니다. 단 '비서구적 근대'Non-Western Modern도 아닙니다. 서구를 여럿 중 하나로 담아 안는 '지구적 근대'Global Modern에 진입한 것입니다. 근대는 마침내 만개(Full Modern)하고 있습니다.

이　'지구적 근대'의 요체는 지구적 위기의 시대라는 인식에 있는 것 같습니다. 지구의 지속 가능성의 위기입니다.

두　그렇습니다. 그래서 '서구적 근대'의 시대정신이었던 진보, 발전, 성장 등의 가치를 괄호에 넣고 재인식할 필요가 있습니다. 그렇다면 지구적 수준에서 지난 백 년의 가장 큰 특징으로 인류라는 종의 과대 성장을 꼽지 않을 수 없습니다. 지질학에서 '인류세'라는 말도 생겼죠. 인간의 활동이 기후변화 등 지구적 수준의 생태계를 교란하게 된 것입니다. 따라서 더 이상 국민국가 중심의 근대화 모델로는 전 지구적 위기에 대처할 수 없습니다. 지구적 근대에 걸맞은 새로운 모델로 패러다임을 전환해야 합니다.

이　저로서는 지구적 근대의 위기를 거론하며 초월적, 보편적 권위의 부재를 지적하는 대목이 흥미로웠습니다. 전통 사회의 종교나 근대의 마르크스주의 등이 담당했던 역할이 사라져버렸다는 것이죠.

두　국가 간 경쟁을 추동하는 자본주의적 축적 시스템은 조금도 약해지지 않았습니다. 그럼에도 현재의 자본주의는, 제국이 식민지를 수탈했던 20세기 전반이나, 강대국과 약소국의 '자유경쟁'을 강요하 •285

며 종속을 구조화했던 20세기 후반과는 다릅니다. 상호의존적으로 작동했던 과거와 더 흡사해지고 있어요. 역설적으로 '전근대'의 세계상과 닮아가고 있는 것이지요. 전 지구적 자본주의가 환류還流적 역사의식의 조건을 마련해주고 있습니다.

이 중국에서 '천하' 관념을 재인식하고, 실크로드를 재발견하고 있는 현상도 징후적으로 볼 수 있을까요? 인도도 모디 정부가 들어서면서 면화길을 주목하고, 인도양 세계를 재탐색하고 있습니다. 특히 제가 눈여겨보았던 것은 '세계 요가의 날'(6월 21일)을 제정한 것입니다. 모디 총리가 직접 참여해 요가를 선보였죠. 아예 정부 부처로 '요가부'도 신설했고요. 선생님도 지속 가능성의 위기를 타개하는 방편으로 아시아의 종교와 영성에 특히 방점을 두고 계십니다.

두 불교를 예로 들고 싶습니다. 불교는 아시아의 가장 중요한 연결자 Connector였습니다. 인연因緣을 중시하는 불교 자체가 '인'과 '연'을 만들어갔습니다. 불교식 관념과 서적과 수행이 인도에서 출발하여 아시아의 동서남북을 환류했습니다. 그럼에도 바티칸이나 메카와 같은, 불교 세계의 단일 중심은 없습니다. 태생이 탈중심적 성격이 강합니다. 그래서 상인, 여행가, 수행승, 항해사, 예술가 등의 이동 경로를 따라서 초원길로, 바닷길로 전파되었던 것입니다. 그것도 무력과 폭력을 거의 수반하지 않고 확산되었죠.

인도에서 중국으로의 불교 전파가 상징적입니다. 기독교나 이슬람처럼 일방향의, 직선적 과정이 아니었습니다. 순환적이고 환류적이었죠. 가령 오늘의 이란에 해당하는 지역 역시 불교의 중국 전파에 기여한 바 큽니다. 인도-스키타이인, 소그드인, 페르시아 상인들, 수도승들이 북인도와 이란 고원과 서중국을 연결했습니다. 중국에서 불교가 번성함으로써 인도, 특히 카슈미르 지역의 저명한 승려들이 중국으로 거처를 옮겨 살기도 했죠. 산스크리트 경전을 한문으로 옮기는 대大번역사업 또한 인류사의 획기적인 문화 교류였습니다. 불교의 교리가 중국의 철학과 융합하는 사상적 파노라마가 연출되었습니다.

이 '서역 네트워크'라고 할 수 있겠네요.

두 불교는 티베트-남아시아 불교, 스리랑카-동남아시아 불교, 중국-동아시아 불교 등으로 나눌 수 있습니다. 그럼에도 그들 사이의 연결망이 지금도 여전합니다. 천주교와 개신교, 수니파와 시아파, 그리고 이슬람과 기독교 간의 다툼 같은 것은 극히 드물어요.

이 불교적 환류 속에서 흥미로운 현상 중 하나가, 한반도나 일본 열도에서 자신들을 불교 세계의 (다)중심의 하나로 (재)창조해가는 과정입니다. 선생님의 책에서 산시 성山西省에 있는 우타이 산五台山의 수도승 학교가 중원과 서역을 연결하는 역할을 했다고 말하고 계시죠. 그래서 우타이 산을, 〈열반경〉에서 문수보살의 출현을 예언했던 설산雪山으로 선언합니다. 중원을 불국 낙토로 전환시키는 상징적인 장소였습니다.

그런데 한반도에도 오대산五臺山이 있어요. 역시 불교에서 신성한 장소로 모시는 영적인 산입니다. 한반도 불교의 허브이면서 중원과 서역 그리고 천축과 연결되는 우주적 장소였습니다. 그리고 이 오대산은 다시 일본 교토의 아타고 산愛宕山과 연결되지요. 이렇게 각자가 또 다른 불교적 환류 세계의 허브가 되는 것입니다. 불교의 토착화와 연결망 확대가 동시적으로 전개된 것입니다. 중심에서 주변으로의 선형적 확산이죠. 이는 '선교'와는 다른 모양새입니다. 수용자도 환류망에 적응함으로써 재창조에 참여하는 쌍방향성이 두드러집니다.

둔황에서 발견된 대당제국 시기의 우타이 산(오대산) 그림. 산시 성에 위치한 우타이 산은 중원과 서역을 연결함으로써 중원을 불국낙토로 전환시키는 상징적인 장소였다. ⓒbaidu

두 이런 속성은 사실 명나라 때 대원정을 이끈 정화鄭和에게서도 발견됩니다. 그간 그는 주로 이슬람 네트워크의 일환으로 접근되었습니다. 실제로 정화는 몽골제국 시대 윈난 성을 다스렸던 무슬림 지도자의 후예입니다. 대원정 당시의 통역사 또한 저장 성浙江省 출신의 무슬림, 마환馬歡이었습니다. 그래서 두 사람 모두 아프리카까지 연결되는 인도양 세계의 보편어인 아랍어에 능통했던 것입니다.

그런데 한층 흥미로운 사실은, 정화가 무슬림으로 태어났음에도 불구하고 불교도 믿었다는 점입니다. 그래서 불교식 이름도 있었어요. 명나라의 불자들 역시 여전히 중앙아시아, 인도, 동남아를 순례하면서 천문학, 의학, 지리학적 지식의 환류를 이끌고 있었어요. 윈난 성과 저장 성 등이 바로 그런 장소였던 것이지요. 따라서 불교 세계의 네트워크 또한 정화의 대원정에 기여했다고 보는 편이 합당할 것입니다.

이 재밌는 지적이네요. 그렇다면 정화의 대원정은 이슬람의 인도양 네트워크에, 불교가 인연을 놓았던 '서역 네트워크'를 접속시킨 결과였다고 할 수 있겠군요.

두 그렇습니다. 이슬람 네트워크와 불교 네트워크가 결합하면서 비로소 인도양 세계의 해안 지도가 정확하게 그려질 수 있었던 것입니다. 그 지도를 따라서 인도에 도착한 사람이 바로 포르투갈의 바스코 다가마였고요. 그 역시 구자라트 상인의 길 안내 덕분이었습니다. 인도의 구자라트 지방이 이슬람 네트워크와 불교 네트워크에 기독교 세계를 결합시킨 장소였던 것이지요.

　　그러나 18세기부터 인도양 세계가 급변합니다. 서구의 무력이 아시아의 문화를 압도합니다. 환류적 네트워크 또한 '과학'을 빙자한 인종적 위계와 문명적 우열로 대체되었어요. 이른바 '진보'라는 이름의 '문명화 사업'이 전개된 것이죠. '환류'가 '진보'로 대체된 것입니다.

이 그럼으로써 제 국가와 제 민족만 섬기고, 천하를 염려하지 않게 됩니다. 우주적 발상을 버리고 일국의 발전에 함몰됨으로써 자기 파괴적인 무한경쟁으로 돌입한 것이지요. 동아시아식으로는 '난세'亂世, 남아시아식으로는 '아수라Asura장'이 펼쳐진 것입니다. 흥미로운 것은 세계화/지구화와 더불어 순환적이고 환류적인 교류가 되살아나고 있다는 점입니다.

두 옛사람들은 국가와 민족에 한정되지 않는 존재들이었습니다. 복수의 시공간 관념 속에서 중층적 정체성을 누렸어요. 자신의 정체성을 형성하는 원천이 복수複數라는 점은 앞으로 더욱 중요한 과제가 될 것입니다. 이미 개인과 민족/국가의 연결망이 느슨하고 헐거워지고 있거든요. 국적, 시민권, 거주권 등 정치적 정체성만을 의미하는 것이 아닙니다. 저는 특히 종교나 생태 등 초월적 세계와의 연결망 회복을 더욱 중시하는 편입니다. 토착성과 초월성이라는 전통 사회의 원리는 갈수록 중요해질 것입니다. 마을운동과 환경운동의 활성화가 대표적인 사례죠. 이를 '지구적 근대'를 '지속 가능한 근대'로 전환시키는 발판으로 삼아야 합니다.

이는 중국의 장래를 조망하는 데도 참조할 만합니다. 저는 중화인민공화국의 지속 여부가 다당제로의 이행에 있다고 여기지 않아요. 오히려 다종교의 허용이 얼마나 가능할는지가 관건입니다. 즉 개혁개방으로 '소강小康사회'에 진입한 다음에는 인민의 초월적, 영성적 욕구를 얼마나 충족시켜줄 수 있느냐에 중국공산당의 장래가 걸려 있습니다. 중국뿐 아니라 모든 국가가 그러할지도 모릅니다.

이 독창적인 견해입니다. 근대화의 위기, 세속화의 위기를 타개하기 위해서 인간과 사회의 '재再영성화'가 중요한 정치적 기획이 될 수 있겠네요. 이 또한 근대의 정치Politic보다는 전근대의 정치政治에 가까워 보입니다. '지구적 근대'란 옛 정치와 새 정치가 환류하는 시대이기도 할 것 같습니다.

자아와 자연, 천인합일

두 근대적 인간관, 즉 개인주의와 자유주의를 성찰할 필요가 큽니다. 아시아적 인간론의 복원을 진지하게 고려할 때입니다 아시아의 종교에서 자아는 절대적이지 않습니다. 자아를 넘어서는 참된 자아, '진아'眞我가 있습니다. 나아가 그 '진아'를 넘어서는 우주적 자아, '무아'無我도 있었습니다. 그 진아와 무아를 이루기 위한 수련과 연마가 수천 년 지속되었습니다. 자아를 주체로 내세우지 않고 자아를 극복하려 했던 다양한 수련들을 복구해야 합니다.

이 이렇게 표현할 수 있을까요? 근대의 과학은 '자연의 극복'을 추구했습니다. 과학은 그 자체로 근대의 종교였지요. 반면 아시아의 종교는 '자아의 극복'을 강조했습니다. 혹은 자아와 자연의 합치를 추구했습니다. 소위 '천인합일'天人合一이죠.

두 중국의 도처에서 최신의 생태론과 오래된 민간 종교의 결합이 활발합니다. 중국도교협회 관계자를 만난 적이 있습니다. '도교의 녹색화', '도교의 생태화'가 역력하더군요. 도교 사원에서는 노자와 장자를 '생태보호신'으로 모시고 있어요. 사원 건축도 달라지고 있습니다. 생태 친화적인 자재로 '지속 가능한 사원' 만들기가 유행하고 있습니다. 난방 또한 재생에너지를 사용합니다. '생태보호신'을 섬기는 신도들은 순례도 생태적으로 합니다. 에코 투어의 선구자들이죠. 이들은 중국의 정책 당국과 협조하면서도 글로벌 시민단체와도 연대합니다. 지역적이고, 지구적입니다. 나아가 우주적이지요. 토착적이면서도 영성적이고, 초월적입니다.

이 흥미진진한 현상입니다. 20세기 전야 서방의 한 철학자가 '신은 죽었다'고 외쳤습니다. 동방의 학인들은 '하늘이 무너졌다'고 탄식했고요. 그런데 그 탄식이 단지 서세동점의 물결 앞에 국망國亡을 한

탄하는 수준이 아니었던 것 같아요. 천도天道와 천리天理의 붕괴를 걱정했던 것입니다. '자아의 극복'이 아니라 '자연의 정복'을 합리화하는 세계관의 위험성을 직관적이고 본능적으로 꿰뚫어보았던 것이 아닐까요.

올해(2015)는 식민지 조선의 해방 70주년인데요, 식민지기 조선의 한 청년 시인이 '하늘을 우러러 한 점 부끄럼이 없기를' 노래한 적이 있습니다. 최근에 그 시를 다시 읽노라니, 그 시인의 마음에 옛사람의 마음이 비치더군요. 식민지 현실에 내재하면서도 그 역사를 초월하는 보편적 원리, '하늘'과의 대화와 소통이 유지되고 있었던 것입니다. 저는 그러한 아시아적 영성, 동방적 마음의 뿌리가 도리어 해방 이후에 단절되어간 역설을 직시할 필요가 있다고 생각합니다. 북조선도, 한국도 그런 점에서는 마찬가지였습니다. 그래서 더더욱 선생님의 시각으로 남북한 및 아시아 국가들의 현대사를 다시 쓴다면 전혀 다른 역사상이 펼쳐질 것이라고 기대합니다.

투 동아시아의 '하늘'에 빗댈 수 있는 것이 남아시아의 다르마Dharma (법, 도)입니다. 베다교에서도 우주적 질서의 총체적 조화를 지극한 선善이라고 여겼습니다. 사회적이고 역사적인 세계들도 자연적 질서와 연결되어 있으며 우주의 내적 질서를 반영한다고 생각했던 것이죠. 기축 시대Axial Age*의 고전 종교들, 불교와 힌두교, 자이나교 등도 비슷했습니다.

인도양 세계 고전 종교들의 세계관은 도리어 현대의 과정철학 Process Philosophy과 상통합니다. 화이트헤드를 비롯한 과정철학자

---

* 칼 야스퍼스가 명명한 개념으로, 기원전 8세기에서 기원후 2세기까지 향후 인류 문명의 주축이 되는 종교와 성자들이 출현했다고 하여 이 시기를 '기축 시대'라고 일컬었다.

들은 신이 인간을, 세상을 창조한 것이 아니라고 합니다. 우리는 신과 함께, 신과 더불어 이 세상을 창조하는 것이지요. 힌두교 시바 신의 영원한 춤이 바로 '더불어 창조'의 상징입니다. 시바의 우주적 춤은 무한한 창조와 파괴의 연쇄를 표현합니다. 자연도, 우주도, 인간과 더불어 이 세계와 역사의 창조자입니다

이 역사학에서도 최근 가장 각광받는 분야 중 하나가 환경사입니다.

두 역사는 결코 인간 활동만의 산물이 아닙니다. 자연과의 공동 창조입니다. 그리고 우리의 이해를 능가하는 영역에서 초월성과 더불어 창조해갑니다. 앞으로 요청되는 역사 감각 또한 이러한 것입니다. 비이성적 태도를 취하자는 것이 아닙니다. 인간 활동의 한계를 자각함으로써 더 이성적이고 더 겸손한 태도를 갖추자는 것입니다. 진보라는 교만을 거두고, 역사라는 우주적 활동 앞에 겸허해지는 것이지요.

이 지당한 말씀입니다. 인간은 물론 역사의 주체입니다. 그러나 유일한 주체는 아니죠. 어쩌면 가장 중요한 주체도 아닐 수 있다는 깨달음이 필요합니다. 옛말을 빌리면 천지인天地人, 즉 '천'(초월성)과 '지'(토착성)를 매개하는 중간자로서 '인간'이 있습니다.

뉴에이지, 요가와 쿵푸가 만나면 세상이 바뀐다

두 '나'를 사회와 자연과 우주와 연결시키는 삶의 기술을 복원해야 합니다. 아시아의 종교는 영성과 양생養生의 기술들을 오랫동안 발전시키고 전수해왔습니다. 20세기를 지배한 민족주의와 소비주의에 맞설 수 있는, 소박하면서도 지구적인 주체를 양성하는 방법으로 승화시킬 수 있습니다. 환경단체와 녹색당은 20세기형 NGO와 정

당에 안주해서는 안 됩니다. 영성과 양생의 기술을 전파하는 새로운 전위조직으로 거듭나야 합니다.

이 아시아의 종교는 특히 '몸'의 단련을 중시했습니다. 몸을 수련하는 각종 방법들을 고안해왔지요. 이 또한 '자아의 극복'과도 관련이 될 텐데요.

두 한때 서구에서 뉴에이지New Age 열풍이 불었습니다. 요가가 인기를 얻게 된 것도 그 무렵이지요. 그러나 몸의 단련이 몸 가꾸기로 변질되었습니다. 신체마저 자본의 영토가 된 것입니다. 본디 요가 Yoga는 요기Yogi들이 수행하던 것입니다. 철학의 일종이자 진리 추구의 방편이었습니다. 요가 수행자에게 진리는 인식하고 발견하는 것이 아니라, 수련하고 깨닫는 것이었습니다. 몸으로써, 호흡으로써, 혹은 성적인 활동으로써 초월성을 추구했던 것입니다.

   즉 요가는 내 안에 자리한 신성神性을 북돋게 하는 단련이었습니다. 신분, 계급을 막론하고 모든 생활인이 초월성에 접근할 수 있는 가장 일상적인 방법이었지요. 지금, 여기와 다른 세계와 접속하는 비일상적인 시공간을 제공했던 것입니다. 내 안에 신성이 가득하면 그것으로 이미 충만합니다. 그러한 영성과 양생을 꾀하는 의례와 의식들이 어느새 웰빙과 디톡스 등으로 표상되는 새로운 라이프스타일에 복무하고 만 것입니다. '뉴에이지'는 아직 도래하지 않았습니다.

이 올해 시안에서 열린 모디와 시진핑의 정상회담에서, 요가와 쿵푸를 소재로 한 영화를 양국 합작으로 만들기로 했다는 소식을 들었습니다. 동아시아의 문화대국과 남아시아의 종교대국이 동시에 부상하는 작금의 현상이 국제정치적 역학관계의 변동에 그치지 않을 것이라는 사실을 재차 확인케 됩니다. 과연 아시아의 양대 문명대국이 영성적 차원에서의 '뉴에이지'를 선도할 수 있을지 무척 궁금합니다. 그 실상에 대해서는 저 자신 서역을 견문하고 천축을 여행하면서 차차 살펴보려고 합니다. 지금까지 통찰력 넘치는 말씀 해주셔서 깊이 감사드립니다.

두아라 선생과 대화하면서 새삼 '새 정치'와 '새 민주'를 궁리하게 되었다. 20세기의 정치는 곧 해방의 정치였다. 민족해방, 계급해방, 여성해방, 흑인해방, 소수자해방 등 온통 해방천국이었다. 그러나 하나같이 나와 남을 구분 짓고, 우리와 너희를 분별하여, 나와 우리만의 상승을 꾀하는 정치적 기획이었다. 내 권리를 찾고 내가 속한 집단의 이해를 극대화하는 정치가 만연한 것이다. 정치는 이해당사자의 갈등을 관리하는 것이었지, 모든 당사자들의 영적 진화를 독려하지는 않았다. 자아를 극복하기보다는 자아를 극대화하는 정치였던 것이다. 군자의 정치, 보살의 정치보다는 소인小人의 정치에 가까웠다.

21세기에는 영성을 고무하고 양생을 증진하는 수련이 급진적인 정치적 기획이 될 수 있을 것이라는 생각이 든다. 마침 서방에서도 동방에서도 참살이Well-being에 대한 욕망이 날로 증대하고 있다. '잘 살아보세'의 의미가 달라지고 있다. 정말 잘 산다는 것이 무엇인지 근본적으로 되묻고 성찰하고 있다.

재차 '동방형 민주화'의 의미를 되새겨본다. 동방은 진리에 이르는 과정을 만인에게 개방하는 형태의 '민주화'를 도모했다. 동아시아는 '모두가 성인聖人이 될 수 있는 사회'를, 남아시아는 '모두가 해탈에 이를 수 있는 사회'를 지향했다. 그래서 불가촉천민이라 하더라도 진리에 이르고 초월을 누릴 수 있었다. 카스트 제도 안에서도 창조적 '민주'의 활력이 있었다. 그런 숨통이 없고서야 한 사회와 국가가 그렇게 장기간 지

요가와 쿵푸는 본디 수행과 진리 추구의 방편이었다. 몸의 수련을 통해 자아를 극복하고 초월성에 가닿고자 했던 것이다. 그러나 몸의 단련이 몸 가꾸기로 변질되면서 신체마저도 자본의 영토가 되고 말았다. '뉴에이지'는 아직 도래하지 않았다.

속될 수가 없다.

이제 와서 어느 쪽이 더 우월한지 견주고 겨루자는 것이 아니다. 서방민주를 동방민주로 대체하자는 것도 아니다. 지구적 근대에 걸맞은 지구적 대화를 시작하자는 것이다. 민주의 동서 환류를 도모하자는 것이다. 동서 민주의 회통과 대동을 꾀하자는 것이다. 선거제도를 바꾸고 정당 체질을 개선하는 것만으로는 도저히 '정치'가 나아질 기미가 보이지 않기 때문이다. 근대 정치의 근본적 결핍을 동서남북이 더불어 숙고하고 숙의할 때이다.

'새 정치'만큼이나 '새 경제'도 중요하다. 가정과 나라의 살림살이의 꼴 또한 크게 달라져야 한다. 마침 살림살이에서도 잃어버린 영성을 재투입하려는 시도가 있다. 최근 부쩍 귀에 익은 이슬람 금융이나 할랄 산업* 등이 대표적이다. 이슬람 경제의 메카, 말레이시아로 간다.

---

*　아랍어로 '할랄'(Halal)은 '허용할 수 있는'이라는 뜻으로, 이슬람 율법에 따라 무슬림이 먹고 쓸 수 있도록 허용된 제품을 일컫는다.

024

이슬람 경제의 메카, 말레이시아

진화하는 '아시아적 가치'의
현재와 미래

1997, IMF에 맞선 비서구적 세계화

싱가포르에서 말레이시아로 가는 길은 버스를 이용했다. 1965년 싱가
포르가 떨어져 나가기 전까지 한 몸이었던 나라다. 과연 입출국 절차는
간단했다. 출국 수속을 공항이 아니라 버스 정류장에서 밟았다는 점이
특이한 경험이었다. 지금은 수도 쿠알라룸푸르까지 직행하면 다섯 시간
남짓 걸린다. 착공 중인 고속철이 완공되면 한 시간대로 줄어든다. 탈식
민의 여로에서 갈라섰던 두 나라가 재차 긴밀히 엮여들고 있는 것이다.
분리독립에서 대통합으로 판세가 뒤바뀌고 있다.

견문이 늘 계획처럼 되지는 않는 법이다. 예기치 않게 싱가포르 일정
이 다소 늘어났다. 탓에 말레이시아 일정은 단축되었다. 왕년의 해상무
역 도시이자 유네스코 세계유산이기도 한 믈라카는 보는 둥 마는 둥이
었다. 고즈넉한 옛 도시에서 지긋하게 역사를 음미해보고자 했던 애초
의 기대는 접어야 했다. 곧장 쿠알라룸푸르로 향했다.

처음부터 말레이시아행의 목적은 뚜렷했다. 과거보다는 현재, 그리고 미래에 초점을 두었다. 특히 이슬람 경제를 집중적으로 살피고자 했다. 말레이시아가 이슬람 금융과 할랄 산업의 메카이기 때문이다. 조바심은 기우였다. 쿠알라룸푸르 버스 역에 내리자마자 이슬람 금융상품을 선전하는 간판들이 여럿 보였다. 숙소를 향해 걷는 20여 분 동안에도 이슬람 은행에서 발행하는 신용카드와 이슬람 보험상품의 광고를 수시로 접할 수 있었다. 이슬람 경제는 이미 일상적이고 보편적인 듯 보였다.

믈라카에서 쿠알라룸푸르로 가는 버스 안에서 대학 새내기 시절을 한참 회상했다. 1998년 정권 교체와 더불어 대학생이 되었다. IMF 구제금융 사태로 나라가 한참 혼란스럽던 시절이었다. 원인을 두고 이런 저런 말이 참 많았다. 베스트셀러도 확연히 갈렸다. 《공자가 죽어야 나라가 산다》가 '내 탓'에 치중했다면, 《세계화의 덫》은 '남 탓'을 하는 쪽이었다. 덩달아 '아시아적 가치' 논쟁도 뜨겁게 달아올랐다. 당시 나는 오락가락이었다. 개발독재를 옹호하는 유교자본주의론이 탐탁지 않으면서도, 신자유주의로의 재편 또한 내키기가 않았다.

돌아보니 커다란 착시가 있었다. 당시 IMF에 맞서 '아시아적 가치'를 가장 소리 높여 외친 주역은 마하티르였다. 그는 말레이시아의 수상이었다. 이슬람 국가의 총리였던 것이다. '유교'로 통칭 수 있는 인물이 아니었다. 싱가포르가 정치적 영역에서 서구형 민주와 일선을 긋는 독자적인 통치 모델을 실현했다면, 말레이시아는 경제적 영역에서 신자유주의에 편승하지 않으며 또 다른 목소리를 내고 있었던 것이다.

당시에는 그 차이를 깊이 인지하지 못했다. 솔직히 관심도 그리 크지 않았다. 당시 나의 사고 지평이란 서구의 이론과 한국의 현실 사이를 맴돌고 있을 뿐이었기 때문이다. 동남아는커녕 동북아도 잘 몰랐다. 응당 이슬람 세계는 더더욱 멀었다. 그래서 18년이 더 지난 2015년이 되어서

왕년의 해상무역 도시였던 믈라카.

야, 1997년 당시 말레이시아의 담론 지형을 복기하고 복습할 필요성을
느낀 것이다.

1997년 중엽부터 말레이시아 통화인 링깃의 가치가 급락하고 주식
시장이 폭락하기 시작했다. 마하티르는 즉각 국제 투기자본을 지목했
다. 아시아 금융위기는 해외 투기꾼의 탐욕과 무책임의 소산이며, 투기
적 활동을 규제하는 제도적 장치가 미비한 국제 금융시장의 구조적 문
제라고 성토했다. 그래서 고정환율제와 자본 통제로 맞대응했다. IMF
의 처방과는 정반대로 응수한 것이다. 그리고 조기에 금융위기에서 벗
어났다.

평판은 크게 갈라졌다. 서구에서는 이단자로 취급했고, 말레이시아
에서는 경제주권을 지킨 민족주의자로 받들었다. 양쪽 모두 일면적이고
편파적이었다. 마하티르는 누구보다 적극적으로 경제 개방과 세계화를

추진했던 인물이다. 그가 발표했던 '비전 2020'은 말레이시아를 선진 산업국가로 변모시킴으로써 가장 현대적인 무슬림 국가를 만들겠다는 포부를 담고 있었다. 즉 민족주의도, 반서구주의도 반쪽자리 독법이다. '비서구적 세계화'를 추진했다고 하는 편이 적합할 것이다. 그래서 일국적 발전주의에 그치지도 않았다. 이슬람과 세계화를 결합함으로써 무슬림 세계의 첨단이 되기를 도모했다.

그런데 마하티르와는 또 다른 지점에서 당시의 금융위기를 진단하는 세력도 있었다. 제1야당, 범말레이시아이슬람당(PAS)Parti Islam Se-Malaysia이다. 당시 말레이시아의 정치 세력은 크게 둘로 나뉘었다. 여당이 통일말레이국민기구(UMNO)United Malays National Organization였고, 야당이 PAS였다. UMNO는 말레이시아 중산층과 화인 자본가들이 연합해 지배체제를 구축하고 있었다. PAS는 이슬람에 기초한 정당이었다. 물론 말레이시아는 무슬림이 다수를 이루는 이슬람 국가였기에 UMNO 역시 이슬람을 적극 동원했다. 다만 근대화와 세계화를 성취하기 위한 훈육 기제로서 이슬람을 활용한 것에 가까웠다. 그래서 UMNO가 말하는 이슬람이란, 초기 자본주의 정신을 일구었다는 프로테스탄티즘의 윤리와 거의 판박이였다. 마하티르가 주창했던 '신新말레이인'이 바로 자본주의에 적응한 이슬람의 상징이었다.

반면 PAS는 이슬람에 기반하여 근대화와 세계화를 교정하려는 세력이었다. 여와 야가 보수/진보, 좌/우로 나뉜 것이 아니라, 이슬람과 근대화에 대한 태도로 갈라진 것이다. '어떤 이슬람인가'가 관건이었다. PAS의 아시아 금융위기에 대한 독법은 한층 과격했다. 기독교와 이슬람 간 앙숙 관계의 연속으로 간주했다. 십자군전쟁에 빗대는 견해도 분출했다. 유대인을 배후로 지목하기도 했다. 그래서 금융위기의 근본적 원인 또한 세속화와 서구화 자체에 있다고 여겼다. 따라서 이슬람 율법(샤리아)에 기초한 이슬람 국가를 세우는 것만이 근본적 해법이라 주장했다.

지나친 감이 없지 않다. 설득력도 떨어진다. 1997년 금융위기를 함께 겪은 태국이나 한국 등에는 적용하기 어려운 주장이다. 지극히 내부적인 발언이라고 하겠다. 마하티르의 집권 세력과 척을 지고 무슬림을 정치적으로 최대한 동원하기 위한 내수용 언설에 가까웠다.

그럼에도 음미할 대목 또한 적지 않다. 신자유주의라는 당대의 지배 질서가 윤리와 도덕이 결여되어 있다고 비판하는 지점은 부정하기 힘든 진실이다. 종교와 철저히 단절된 세속주의가 경제위기의 근원이라는 지적 또한 막 싱가포르에서 만나고 온 두아라 선생의 독법과도 상통하는 것이었다. 게다가 이들은 서구의 자본주의만큼이나 마하티르의 경제적 민족주의에도 비판적이었다. 쿠알라룸푸르의 상징이 된 페트로나스 트윈타워부터 호사스러운 새 총리 관저까지 낭비가 심한 건설 프로젝트를 단호하게 성토했다. 절제와 검소를 강조하는 이슬람 윤리에 위배된다는 것이다. 실은 그런 대규모 사업이 서구가 비판하는 정경유착과 부패의 핵심 고리이기도 했다. 집권당과 결탁한 친인척 기업들에게 혜택이 돌아가는 경우가 다반사였기 때문이다.

PAS가 더 많은 경제 개방과 더 시장 친화적인 구조조정을 주문하는 IMF와 달리 독자적 대안으로 제시한 것이 바로 '이슬람 경제'로의 전환이었다. 문득 갈팡질팡하던 새내기 시절 읽었던 또 다른 책들이 떠올랐다. 슈마허의《작은 것이 아름답다》와 노르베리-호지의《오래된 미래》등은 자본주의의 대안으로 불교경제학을 설파하고 있었다. 종교(영성)와 경제(세속)의 재결합을 꾀한다는 점에서, 양자는 이슬람과 불교의 차이를 넘어 공명하는 바가 있었다.

제3의 길, 이슬람 경제

1950~60년대에 많은 신생 독립국가들이 출범했다. 그러면서 자국을 식민지로 전락시켰던 서구의 자본주의와는 다른 경제체제를 모색하기 시작했다. 주지하듯 일부는 소련을 전범으로 삼아 사회주의로 기울었다. 반면 자신의 문명에 근거한 변화를 꾀하는 쪽도 있었다. 1970년대부터 본격화한 '이슬람부흥'운동이 그것이다. 더불어 이슬람 경제에 대한 관심도 점차 증가했다. 1960년대 중엽에 이미 독자적인 분과학문으로 확립되었고, 1980년대 초부터는 정책 실험이 시작되었다. 이란과 수단, 파키스탄이 선도적이었다. 즉 '경제의 이슬람화'는 새 천년에 불쑥 등장한 핫 트렌드가 아니다. 20세기 후반, 이슬람 세계의 탈식민과 함께 점진적으로 확산, 심화되어온 것이다. 일종의 이슬람판 '개혁개방'이다.

이슬람 경제는 자본주의와 공산주의의 양자택일이 아니라 제3의 길을 추구한다. 자본주의는 '개인의 자유'라는 환상 혹은 허상에 도취되어 있다. 그래서 자기 이익 추구를 맹목적으로 숭배한다. 반면 공산주의는 개인에 대한 국가의 총체적인 지배와 억압으로 귀결되고 만다. 따라서 이슬람 경제는 개인의 이익 및 사회적 책임 사이에 균형을 도모한다. 애당초 종교와 경제, 정신적 생활과 물질적 생활은 불가분이었다. 근대 경제학은 인간의 삶에서 물질적 생활만을 절대시하는 잘못된 가정에 기초하고 있다. 경제는 인간 생활의 한 요소일 뿐이다. '경제적 인간'(호모 이코노미쿠스)을 부정하는 것이다.

근거는 역시 이슬람의 성경, 코란이다. 코란은 사유재산을 인정한다. 상업과 산업 활동을 통해 이윤을 창출하는 기업가를 독려한다. 빈부 차이 또한 속세의 불가피한 현실로 수용한다. 그럼에도 가진 자는 사회 전체를 위하여 정의로워야 하고, 동정심을 발휘해야 한다. 생산적 경제활동이 곧 종교적 의무를 수행하는 예배와 합치되도록 살아야 한다.

말레이시아는 무슬림이 다수를 이루는 이슬람 국가로서, 이슬람 금융과 할랄 산업의 메카이다.
사진은 수도 쿠알라룸푸르에서 남쪽으로 25킬로미터 떨어진 곳에 위치한 신(新)행정도시
푸트라자야의 푸트르 모스크 전경.

그래서 코란은 사기, 독점, 매석, 투기, 고리대를 엄격하게 금지했다. 도박성과 불확실성, 착취적 요소를 포함한 경제활동을 일절 금지한 것이다. 무함마드(마호메트)가 메디나 지방을 통치했던 마다니 사회Masyarakat Madani*가 이상적인 이슬람 경제의 원형적 모델로 거듭 환기되었다.

말로만 그치지도 않았다. PAS가 집권한 지방이 실제로 있었다. 클란탄 주와 트렝가누 주가 대표적이다. 중앙의 세속적인 UMNO 정부에 맞서서 이슬람 사회를 건설하는 실험장이 된 것이다. 일각에서는 '신정국가'의 비관용성과 종교적 극단주의만 부각시키지만, 그러한 시각이야말로 또 다른 비관용성과 극단주의의 산물이다. 이참에 살펴보니 의외로 흥미로운 구석이 많았다.

일단 지방과 농촌에 기반한 정당답게 '농본'農本을 중시했다. 도시 중산층을 핵심 지지층으로 삼는 UMNO와 달리 농업과 산업의 공진화를 추구했다. 그래서 집권 5년 만에 클란탄 주를 말레이시아의 대표적인 곡창지대로 탈바꿈시켰다. 사회복지의 향상과 부패의 척결도 돋보였다. 농민층의 빈곤율은 크게 떨어졌고, 출산휴가는 60일로 크게 늘어났다. 저렴한 공공주택 보급도 확산되었다. 주지사가 앞장서서 일상의 변화도 선도했다. 이슬람 교사 출신인 주지사는 검소하고 청렴한 생활로 타의 모범이 되었다. 사치와 낭비 대신에 '적절한 소비'를 강조했다. 그 자신이 몸소 '깨끗한 정부'의 상징이 된 것이다. 정신과 물질의 균형과 조화도 도모했다. 오피스, 쇼핑센터, 호텔 등 상업과 관광이 발전하는 만큼이나 이슬람 사원과 이슬람 학교도 늘어났다.

고리대를 없앤 이슬람 전당포도 성업을 이루었다. 이슬람 경제에서

---

* 마호메트가 코란의 원리에 바탕하여 다스렸다는 이슬람 세계의 유토피아적 개념. 인도네시아에서는 '시민사회'의 번역어로 '마다니 사회'를 사용하기도 한다.

는 이자를 원천적으로 인정하지 않는다. 불로소득이기 때문이다. 그래서 이슬람 전당포에서는 대여금에 대한 이자 없이 저렴한 수수료만 부과하도록 했다. 혹시 기일 내에 갚지 못하더라도 저당물을 몰수차지 못하도록 했다. 경매에 붙여 대여금과 밀린 수수료를 공제하고 차액은 저당자에게 돌려주도록 한 것이다.

'코히랄'Kohilal이라는 생협도 눈길을 끈다. 식품과 화장품 등 신체와 관련된 이슬람 상품을 생산하고 판매하는 협동조합이다. 대량생산과 대량소비의 대항마로서 이슬람적 생산-소비망을 개척한 것이다. 전자를 이슬람 금융의 원형으로, 후자를 할랄 산업의 원조라고 할 수도 있겠다. 이슬람 경제의 창조적 근대화를 꾀한 지방정부의 실험이 새 천년 말레이시아의 국책으로 승격된 것이다.

1997년과의 차이도 바로 여기에 있다. 더 이상 서구 자본주의에 맞서 '아시아적 가치'를 항변하는 선에서 그치지 않는다. 이슬람 경제로부터 대안적 발상을 얻고 현장에서 실험하며 부단하게 진화하고 있는 것이다. 그럼으로써 동남아시아의 역동적 변화에 기여하고 있으며, 나아가 글로벌 이슬람 세계에도 새로운 영감을 선사하고 있는 것이다. 유럽식 세속화도 아니요, 중동식 근본주의도 아닌, 이슬람의 새 출로와 새 활로를 열어가고 있는 것이다.

말레이시아가 독립 100주년을 맞이하는 해는 2057년이다. 21세기의 한복판, 말레이시아의 장래와 이슬람 세계의 미래를 예습하는 차원에서라도 이슬람 금융과 할랄 산업의 현재를 한층 꼼꼼하게 살펴볼 필요가 있겠다.

025

말레이시아의 할랄 스트리트를 가다

"은행 이자는 간통보다 36배 나쁘다"

이슬람 금융

출발에는 역시 이슬람이 있었다. 무슬림이라면 누구나 메카를 방문하는 것이 일생의 소원이다. 말레이시아는 그 13억 이슬람 세계의 동쪽 끝에 자리한다. 거리가 가장 멀다. 응당 비용도 만만치 않다. 그래서 메카 순례를 위해 평생을 준비하곤 한다. 약 50년 전, 순례자자금위원회Lembaga Tabung Haji가 출범한 까닭이다.

처음에는 오로지 성지 순례를 준비하는 저축이 목적이었다. 그런데 예금액이 금세 불어났다. 신도는 많았고, 신심은 두터웠다. 그래서 그 목돈을 종잣돈 삼아 투자 및 수익 사업을 시작했다. 대성공이었다. 밑천이 원체 든든했기 때문이다. 순례자자금위원회가 말레이시아에서 가장 손이 큰 기관투자자의 하나로 성장한 것이다. 그럼에도 차이는 있었다. 메카 순례를 위한 자금이니만큼 철저하게 이슬람의 원칙에 충실해야 했다. 이슬람 은행의 원조이다.

코란은 이자, 즉 아랍어로 리바Riba를 금지한다. 실질적인 상품과 서비스의 교환에 바탕한 경제활동만을 인정하는 것이다. 실물경제와 유리된 금융경제, 즉 돈놀음을 원천적으로 부정하는 것이다. 화폐는 교환의 수단이며, 금융은 실물경제를 살찌우는 방편일 뿐이다. 하여 자본 자체에 대한 투기는 사회질서를 교란한다. 돈이 돈을 벌어 거품이 발생하기 때문이다. 그래서 이자 수취 또한 금기사항, 즉 '하람'Haram에 해당한다. 심지어 간통보다 36배나 나쁜 죄로 간주된다. 따라서 통상적인 은행에 저축을 하게 되면 저절로 죄를 짓게 되는 셈이다. 내세의 구원에 심각한 영향을 미치지 않을 수 없다. 이슬람 은행이 번성할 수 있는 문화적 기저이다.

말레이시아에서 이슬람 은행이 본격화한 것은 1983년이다. 1981년 마하티르 정권이 출범하고 2년 후에 이슬람 은행법이 제정되었다. 이슬람말레이시아은행Bank Islam Malaysia도 설립되었다. 말레이시아 중앙은행도 무이자 은행 계획Interest-free Banking Scheme을 도입하여 기존의 상업은행에서도 이슬람 금융 창구를 운영할 수 있도록 허가했다.

1997년 아시아 금융위기는 말레이시아의 금융 선진화와 국제화를 앞당기는 역할을 했다. 그러나 금융시장 개혁개방의 방향은 한국과는 전혀 달랐다. IMF에는 빗장을 걸어 잠그고, 이슬람 세계로 문을 활짝 열었다. 걸프 만 국가들의 이슬람 금융기관들이 말레이시아로 진출할 수 있는 장벽을 대폭 낮춘 것이다. 쿠웨이트의 파이낸스하우스Finance House, 사우디아라비아의 알라지뱅크Al Rajhi Bank, 카타르의 아시안파이낸스뱅크Asian Finance Bank 등 대표적인 이슬람 은행들이 말레이시아에 속속 진입했다. 이를 발판으로 2006년에는 말레이시아 국제이슬람금융센터를 설립하고, 이슬람 은행 및 이슬람 보험에 대한 외화 거래를 승인했다. 아울러 이슬람 금융산업의 건전성과 안정성 촉진을 위한 이슬람 국제 감독기관도 발족시켰다. 의장국 또한 말레이시아가 맡았다.

2015년 현재 말레이시아에는 16개의 이슬람 은행이 있다. 그중 10개가 국내 자본이고, 6개가 해외 자본이다. 그 밖에 6개의 개발금융기관, 7개의 투자은행, 2개의 상업은행이 이슬람 창구를 통해 이슬람 금융 서비스를 제공한다. 이슬람 은행의 번창은 육안으로도 쉽게 확인할 수 있다. 지하철역마다 세계 최대의 이슬람 은행인 알라지뱅크의 간판이 번쩍거리고, 중심가에는 쿠웨이트와 카타르의 이슬람 은행들이 좋은 터를 차지하고 있다. 이들 은행 현금자동입출금기에서 현금을 인출하고 있는 고객들도 숱하게 목도할 수 있다. 2015년 현재 이슬람 금융의 자산을 합하면 약 4,950억 링깃*으로, 말레이시아 전체 금융자산의 25퍼센트를 차지한다. 그 비중은 확대일로이다. 특히 2008년 미국발 세계 금융위기가 또 한 번의 변곡점이 되었다. 월 스트리트의 아성에 도전하는 '할랄 스트리트'Halal Street의 야심마저 싹튼 것이다.

월 스트리트 말고, 할랄 스트리트!

2008년 이후 이슬람 은행의 금융자산은 연평균 20퍼센트씩 성장하고 있다. 아시아 금융위기 무렵 1,500억 링깃이던 것이 2008년까지는 1,800억 링깃으로 늘어나는 데 그쳤다. 그러나 2014년에는 4,000억 링깃으로 폭증했다. 2020년에는 6,500억 링깃에 달할 것으로 예상된다.

이 같은 성장 속도는 기존 금융기관의 두 배가 넘는 수치다. 그만큼 전통적인 상업은행과 투자은행이 차지하는 비중이 감소하고 있는 것이다. 달리 말해 무슬림이 아닌 사람들도 이슬람 금융시장으로 옮겨 가는

---

* 1링깃은 약 250~300원.

'개종'의 추세가 뚜렷하다. 무슬림의 울타리를 넘어 만인에게 확산되고 있는 것이다. 이유는 단순하다. 뉴욕과 런던이 주도했던 금융자본주의의 위험성을 몸소 체험했기 때문이다. 일확천금을 노리기보다는 안정과 안전을 선호하게 된 것이다.

말레이시아는 북대서양 금융 시스템의 동요에 때를 맞추어 이슬람 금융의 국제적 허브를 지향한다. 쿠알라룸푸르를 런던과 뉴욕에 버금가는 '이슬람 세계의 월 스트리트'로 만들겠다는 것이다. 지리-문명적 위치부터 절묘하다. 사우디아라비아, 쿠웨이트, 카타르, 리비아 등 이슬람 산유국들은 막대한 국부 펀드를 보유하고 있다. 지금까지 이 자금들은 뉴욕과 런던의 금융시장으로 재투입되었다. 그러나 선진적인 이슬람 금융시장을 말레이시아에 구축함으로써 이 자본을 동아시아(와 남아시아)의 산업벨트와 연결시키는 역할을 하려고 한다.

즉 자원과 자금이 풍부한 서아시아와, 세계의 공장이자 시장이 된 동아시아를 이슬람 금융으로 엮어내는 것이다. 중동 국가들과는 이슬람의 전통을 공유한다는 점에서 유리하고, 중국과 인도, 인도네시아, 베트남 등 성장 속도가 가장 빠른 국가들과 이웃하고 있다는 장점 또한 십분 활용하는 국가 전략이다. 이슬람 세계와 중화세계, 만달라 세계의 브로커로서 '온라인 실크로드'를 개척하고 있는 것이다.

이미 표준화와 제도화에도 박차를 가하고 있다. 이슬람 율법은 국가마다, 지역마다 해석이 다른 경우가 있다. 서아시아와 남아시아, 중앙아시아와 동남아시아를 아울러 이슬람 세계가 원체 널리 퍼져 있기 때문이다. 그래서 샤리아, 즉 이슬람 율법과 금융을 접목시키는 표준화 작업이 필수적이다.

또 이 표준화된 이슬람 금융에 특화된 고급 인력도 전문적으로 양성해야 한다. 우선 2006년 설립한 국제이슬람금융교육센터(INCEIF)Inter-

쿠알라룸푸르 지하철역의 현금자동입출금기. 월 스트리트의 아성에 도전하며 '할랄 스트리트'를 꿈꾸는 이슬람 은행의 번창은 곳곳에서 쉽게 확인할 수 있다.

national Center for Education in Islamic Finance가 주목된다. 석·박사 과정을 포함하여 이슬람 금융 지식을 전문적으로 연구하고 교육하는 독보적인 학술기관이다. 직접 가보지 않을 수 없었다. 말레이시아 국립대학의 근방에 자리한 캠퍼스는 근사했고, 교수진은 이슬람 세계의 주요 대학 출신들로 포진되었으며, 유학생의 분포 또한 중동과 중앙아시아는 물론 유럽과 호주까지 전 세계를 망라했다. '이슬람 대학'인 동시에 '글로벌 대학'인 것이다. 이슬람 율법과 금융 양면에 모두 능통한 인재를 양성하고, 이슬람 금융에서의 '말레이시아 모델'을 전 세계로 확산시키는 전진 기지라고 할 수 있겠다.

2008년에 출범한 국제샤리아아카데미(ISRA)International Shariah Research Academy도 주목할 만하다. 국제이슬람금융교육센터가 교수와 학생 간의 글로벌 연결망을 만들어내고 있다면, 국제샤리아아카데미는 이론과 실무의 결합, 대학과 현장을 연결하는 곳이다. 이슬람 학자들과 은행가 및 경영자들의 만남을 주선하는 기관이기 때문이다. 이슬람과 경제학의 실용적 합류를 도모하는 일종의 '실학'實學 기관이라고 하겠다. 그래서 아랍어와 영어 사이의 번역사업도 정력적으로 추진하고 있다. 세계적으로 적용 가능한 이슬람 경제 및 이슬람 금융에 관한 '신지식'을 체계적으로 수립하겠다는 것이다. 근대의 좌/우파 경제학과는 일선을 긋는 '신新경제학'이 꿈틀거리고 있는 것이다.

새 경제, 이슬람의 근대화

어렵사리 아바스 미라코르 박사를 만났다. 이슬람 금융에 대한 세계적 권위자라고 한다. 이분도 전직 IMF 관료에서 국제이슬람금융교육센터의 교수로 '개종'한 경우다. 그는 이슬람 금융이 30년의 맹아기를 거쳐 이제 도약기에 들어섰다고 전망했다. 모기지(담보대출)처럼 투기성이 강한 금융공학을 거절한 점이 왕년에는 이슬람 금융의 한계라고 지적되었지만, 이제는 전 지구적 금융공황 속에서 빛을 발하고 있기 때문이다. 이참에 독자적인 이슬람 주식시장을 만들어서 이슬람 기업들에 자본을 제공함으로써 '이슬람형 자본주의'의 선순환을 이루어내야 한다고도 밝혔다.

그가 으뜸으로 꼽는 이슬람 금융의 미덕은 리스크의 공유였다. 금융의 기본은 돈을 빌리고 갚는 데 있다. 빚에 기초하는 계약관계다. 그런데 기존의 금융에서는 그 리스크를 채무자에게 떠넘긴다. 그래서 채권자와 채무자는 늘 갑을관계다. 반면 이슬람 금융은 리스크를 공유하도록 한다. 채권자와 채무자를 운명공동체로 만드는 것이다. 그래서 빚을 제때 갚으라고 채근만 하는 것이 아니라, 빚을 제대로 갚을 수 있도록 지원하고 독려하는 것이 채권자의 책무가 된다. 돈을 빌려준 만큼 그 사람이나 기업에 대해서도 책임감을 나누어 갖는 것이다. 부채가 도리어 공동체 형성의 계기가 되는 것이다.

실제로 이슬람 은행에서 대출을 받으면, 이윤은 물론이요 손실까지도 공유한다는 내용이 계약서에 명시된다고 한다. 그래서 불확실성을 줄이고 윤리적인 투자를 촉진한다는 것이다. 응당 사회적인 안정성도 강화된다. 상부상조에 기초한 공유경제의 한 형태이다. 2008년 금융위기가 리스크의 전이로 연쇄 파국을 초래한 파생상품에서 비롯되었다는 점과 극명하게 대조되는 지점이다.

솔직해지자면 생산적인 인터뷰가 되지 못했다. 내가 원체 금융에 문외한이었기 때문이다. 주식은커녕 적금조차 들어본 적이 없다. 그래서 기존의 금융과 이슬람 금융의 차이를 설명해주는 대목에서 긴가민가했다. 최근 각광받고 있다는 이슬람 채권 수쿠크Sukuk*에 대해서도 감이 잡히질 않았다. 실감이 부족하니 수긍도 비판도 쉽지가 않았다. 자연스레 다음 질문의 심도가 떨어졌고, 대화의 밀도 역시 약해졌다. 밍밍한 질문이 이어지니 선생 또한 심드렁해지는 기색이 역력했다. 당황하니 영어마저 꼬여갔다. 질문과 대답 사이, 침묵의 터울이 길어졌다. 녹취 파일을 문장으로 옮기고 있자니 당시의 적막감이 고스란히 전해져 재차 식은땀이 흐른다.

연구실을 나오자 바깥 공기가 그렇게 시원할 수가 없었다. 새 기운은 이미 캠퍼스에도 여실했다. 이슬람 경제를 특화한 대학이 들어섰다는 사실부터가 신선한 것이었다. 가정과 나라의 살림살이를 다루는 경영학과 경제학이 완전히 영미권에 종속되어 있는 작금의 한국 대학들에 견

---

* 이자를 금지하는 이슬람 율법에 따라 개발된 채권으로, 투자자들은 이자 대신 배당금으로 수익을 배분받는다.

국제이슬람금융교육센터(INCEIF)와 캠퍼스 내부의 모스크. 이슬람 금융에 특화된 고급 인력을 전문적으로 양성하는 기관으로, 유학생의 분포 또한 전 세계를 망라한다. '이슬람 대학'인 동시에 '글로벌 대학'인 것이다.

주자면 부럽기 짝이 없었다. 잘 가꾸어진 캠퍼스를 따라 걸으며 21세기의 '혁명'이란 이런 것일까, 잠시 궁리했다.

머지않아 2017년이 된다. 1917년 '러시아 혁명' 100주년이 다가오는 것이다. 2017년의 혁명은 1917년의 그것과는 무척 다를 것이라는 생각이 든다. 오히려 1979년의 이란 혁명에 더 근사할지 모른다. 이란 혁명은 이슬람 세력이 최초로 근대 국가의 권력을 차지한 일대 사건이었다. 이슬람이 근대를 타고 오른 것이다. 그리고 바로 그 2년 후에 마하티르가 말레이시아의 총리로 등장하여 '아시아적 가치'를 발신하기 시작했다. 이제 보니 그것 또한 이슬람 혁명의 후폭풍이었다. 대처와 레이건의 집권으로 신자유주의가 닻을 올리고 있던 시기에, 또 소련이 (이슬람 국가인) 아프가니스탄을 침공하여 '사회주의 제국주의'의 민낯을 폭로하고 있던 시기에, 또 다른 세계에서는 '이슬람의 근대화'가 점진적으로 전개되고 있었던 것이다.

과연 '이슬람의 눈으로 본 세계사'는 지난 천 년을 돌아보는 만큼이나 앞으로의 백 년을 내다보는 데도 유효한 독법이다. 게다가 1979년이 바로 중국의 개혁개방이 출발한 해라는 점까지 덧붙인다면, 유라시아 전체를 아울러 '세계화'의 실상에 대한 새로운 접근도 가능할 것 같다. 물론 현재의 나로서는 이슬람 금융의 실제가 어떠한지, 과연 기존의 자본주의를 대체할 수 있는 대안으로서의 잠재력이 얼마나 있는 것인지 판단하기가 쉽지 않다. 다만 '이슬람 근본주의'와는 다른 방향에서 이슬람의 미래를 개척하고 있는 조류가 도저함을 새삼 확인했다고 하겠다.

이슬람 세계에 대한 견문은 이제 초입부다. 인도네시아와 말레이시아, 두 변방 국가를 둘러보았을 뿐이다. 이슬람은 유라시아의 한복판을 차지하고 있는 거대한 문명권이다. 14억 중국, 13억 인도와 더불어 인류의 향방을 좌우할 중요한 행위자가 아닐 수 없다. 내년과 내후년에도 •317

이슬람 국가들을 계속 방문하게 될 것이다. '21세기의 이슬람', '이슬람의 근대화'를 화두로 삼기로 한다. 이슬람의 성경, 코란부터 읽어보아야 하겠다.

지금 당장 추적이 가능한 것은 생활상의 변화이다. 무릇 제도와 사상, 가치의 변화는 일상의 변화에 기초하기 마련이다. 먹고, 입고, 자고, 노는 하루하루의 변화가 관건이다. 그 생활세계에서도 '이슬람의 근대화'는 다방면으로 전개되고 있다. 그중에서도 으뜸은 할랄 산업의 대약진이다. 소비생활이 갈수록 이슬람화하고 있다. 살펴보기로 한다.

026

할랄 산업

글로벌 이슬람, 생활세계를 파고들다

할랄의 근대화

쿠알라룸푸르 입성 첫날 밤, 캔맥주를 사러 편의점에 갔다. 이슬람 국가라 그런지 숙소 근방에 마땅한 술집이 보이지 않았다. 그러고는 놀랐다. 온통 할랄 상품이었다. 우유, 요구르트, 커피, 초콜릿, 식용유, 케첩, 치즈, 마요네즈, 라면, 통조림 등 거의 모든 식품에 할랄 로고가 부착되어 있었다. 코카콜라도 예외가 아니었다. 치약과 샴푸 등 생활용품도 마찬가지였다.

할랄 식당도 굳이 찾아다닐 이유가 없었다. 대부분이 할랄 인증을 받은 곳이었다. 10여 년 전만 해도 공간적 분리가 여전했다고 한다. 할랄 식당은 말레이계나 인도계가, 비非할랄 식당은 화교/화인들이 주로 이용했다. 그러던 것이 할랄 인증이 널리 보급되면서 중국 요리마저 할랄화된 것이다. 중화요리에 필히 들어가던 돼지고기와 돼지기름을 사용하지 않고 다른 재료로 대체함으로써 말레이인들도 소비할 수 있게 되었

• 319

다. 이렇게 중화요리와 말레이 요리가 혼종된 퓨전 음식을 '뇨냐'Nyonya
라고 부른다.

이 도저한 흐름에 패스트푸드점도 예외일 수가 없다. 맥도날드, 버거
킹, KFC, 피자헛 등 글로벌 브랜드도 몽땅 할랄 로고가 붙어 있다. 사실
상 비할랄 식품과 식당은 공공장소에서 퇴출되고 있는 것이다. 혹은 화
인들만 사는 공간으로 주변화되고 있다. 이 정도라면 이슬람적 소비 공
간의 확산이라는 말로는 부족하겠다. 소비 공간 자체가 이슬람화하고
있다.

할랄Halal은 하람Haram과 짝을 이루는 말이다. 할랄이 이슬람 율법에
따라 허용된 것을 의미한다면, 하람은 이슬람 율법이 금지한 것을 뜻한
다. 애초에는 주로 식품에 해당되었다. 야채, 과일 및 해산물이 할랄 음
식이다. 가공식품의 경우에는 알코올 및 돼지고기가 포함되지 않은 제
품이 할랄에 해당한다. 특히 육류의 경우, 이슬람 율법에 따라 도축된
고기만을 할랄로 삼는다. 이슬람적 도살Zabiha은 규정이 꽤나 엄격하다.
목젖 바로 아래 식도와 기도 사이, 동맥과 정맥을 날카로운 칼로 단숨에
베어야 한다. 죽음의 고통을 최소화하기 위해서다. 그리고 도살 직전에
는 반드시 알라에게 기도도 드려야 한다.

이 오래된 전통의 근대화는 1970년대부터 추적할 수 있다. 탈식민과
더불어 이슬람 부흥을 추구하는 다크와Dakwah 운동이 본격화되었다.
제1야당인 범말레이시아이슬람당(PAS) 또한 이슬람에 바탕을 두었다.
민간과 야당이 합작하여 세속 정부를 겨냥한 것이다. 1980년대 마하티
르 총리의 이슬람화 정책은 이러한 흐름을 국가 차원에서 받아 안은 것
이다. 이교도라는 치명적 비판을 피하고 무슬림 유권자들의 지지를 회
복하기 위해서였다. 흥미로운 것은 이 이슬람부흥운동의 주도 세력이
중산층 지식인과 대학생이었다는 점이다. 자신들의 종교적 정체성에 자

긍심을 갖고 이슬람적 소비생활을 영위할 수 있는 계층이 집합적으로 부상한 것이다.

사회 구조의 변화도 한몫했다. 1970~80년대를 걸쳐 산업화와 도시화가 전개되었다. 지방과 농촌 인구의 도시 유입이 활발해졌다. 그 전까지 도시는 화교/화인들이 주류였다. 영국 식민지 시절부터 주요 상권을 장악하고 있었기 때문이다. 그런데 이제 도시는 화인, 농촌은 말레이인이라는 공간적 분화가 동요하기 시작한 것이다. 그러면서 특히 식사 공간이 민족/인종 간 갈등을 구현하는 첨예한 정치적 장소가 되었다. 설사 돼지고기가 없는 음식이라 하더라도 조리 기구와 식기가 돼지기름에 '오염'되어 있기 때문에 말레이인과 화인 간의 일상적 교류가 차단된 것이다. 다민족국가 말레이시아의 '국민통합'에 지대한 장애이지 않을 수 없었다.

더불어 도시는 세계화의 장소이기도 했다. 속속 진입하고 있던 서구의 패스트푸드점 또한 무슬림의 입장에서는 오염된 음식을 파는 곳이었다. 일국의 사회 변동과 지구적 변화가 대도시에서 접목되면서 '할랄의 근대화'에 대한 요구가 늘어난 것이다. 말레이인의 인구가 커지는 만큼 할랄 음식의 안정성과 신뢰성을 확보할 필요가 생겼던 것이다. 결국 말레이시아 정부가 할랄 인증제를 공식적으로 도입한 해가 1994년이다.

그로부터 20년, 말레이시아의 일상은 거대한 변화를 겪었다. 삼시세끼의 풍경이 크게 달라졌다. 할랄 인증제가 도입된 초기에는 정육 코너에서 할랄 육류와 비할랄 육류가 분리되어 진열되었다. 하지만 이제는 그런 구별 자체가 거의 사라졌다. 대개의 곳에서 오로지 할랄 육류만 판매한다. 이미 할랄 인증제는 식품을 넘어 화장품, 세면품은 물론 약품과 의복, 물류 및 관광 등 서비스산업으로까지 진화하고 있다. 할랄 호텔도 생겼다 한다. 이슬람의 율법이 근대의 세속 법으로 전환되어 시민들의 일상을 재편하고 있는 것이다.

응당 할랄은 이슬람의 윤리적, 미적 가치관을 반영한다. 무엇이 정갈한지 불결한지, 유익한지 해로운지, 도덕적인지 그렇지 않은지에 대한 이슬람적 가치판단과 미적 취향이 근대 법률의 형식으로 탈바꿈한 것이기 때문이다. 그리하여 이슬람적 생활방식은 한층 더 보편화되고 있다. 쿠알라룸푸르를 상징하는 포스트모던 건축물 페트로나스 트윈타워의 지하 푸드코트에서 할랄 인증을 받은 중화요리를 먹으며 재차 '지구적 근대'라는 개념을 수긍하지 않을 수 없었다. 포스트모던의 실상은 '탈근대'가 아니라 '탈서구적 근대'의 개창이었다.

소비의 할랄화, 할랄의 세계화

할랄의 근대화는 말레이시아로 그치지 않는다. 말레이시아는 이집트부터 인도네시아까지 펼쳐져 있는 13억 무슬림 형제국 가운데 하나일 뿐이기 때문이다. 여기에 유럽과 미국, 중국 등에 산재해 있는 무슬림 소수집단까지 합하면 16억에 달한다. 인구 증가도 가장 빠르다. 21세기 중엽이면 30억에 육박하여 명실상부 세계 최대의 종교/문명으로 (재)부상할 것이다. 즉 할랄은 더 이상 특정 종교집단의 신기하고 예외적인 생활방식이 아니다. 거대한 글로벌 시장의 일부다. 고로 말레이시아 이슬람개발국Department of Islamic Development Malaysia이 주도하고 있는 할랄 인증제 또한 또 하나의 글로벌 스탠더드라고 하는 편이 온당하겠다. 또 다른 세계 표준이 만들어지고 있다.

현재 말레이시아의 할랄 인증은 상품 및 소비재, 식품, 도축 및 도살의 세 가지 범주에서 발급된다. 제품의 생산과 취급, 보관에 대한 조사가 이루어지고, 이슬람 율법에 어긋나지 않을 경우 할랄 로고가 부여된다. 식품의 가공, 포장, 운반, 저장 등 전 과정에서 철저하게 할랄의 기준을 따라야 인증을 받을 수 있다. 식당 또한 1차 식재료는 물론이요, 가공식품 재료, 소스에 대해서도 인증을 받아야 한다. 따라서 수입 재료를 포함해 식자재를 공급하는 업체 또한 모두 할랄 인증을 받은 회사이지 않을 수가 없다. 자연스레 독자적인 할랄 생태계가 형성되고 있는 것이다. 따라서 그 영향 또한 세계적이지 않을 수 없다. 원산지 표시에서 확인할 수 있듯이 오늘날의 식품 생산 과정 자체가 세계화되어 있기 때문이다. 생산자, 가공업자, 상인 간 세계적 연결망의 모든 과정이 할랄화됨으로써 전 지구적 파급효과를 낳는 것이다.

따라서 말레이시아가 21세기의 청사진으로 할랄 산업을 집중 육성키로 한 것은 합당한 국가 전략으로 보인다. 식품산업의 세계화와 더불어 식품 안전이 초미의 관심사가 된 이 시점에 할랄이 건강하고, 깨끗하고, 윤리적이며, 영성적인 식생활의 대안으로 부각되고 있기 때문이다. 이슬람적 생활양식의 시장화가 가장 경쟁력 있는 글로벌 산업이 되고 있는 것이다.

마하티르에 이어 총리직을 계승한 이가 압둘라 바다위이다. 그는 2004년 8월 16일, 쿠알라룸푸르에서 열린 첫 번째 말레이시아 국제할랄박람회(MIHAS)Malaysia International Halal Showcase에서 말레이시아를 "글로벌 할랄의 허브"라고 선언한다. 그리고 2006년 종합적인 정부 구상을 발표한다. 대표적인 것이 할랄 산업단지Halal Parks의 조성이다. 2015년 현재 13개로 늘어난 할랄 산업단지는 할랄 상품을 생산하는 기업체만 입주할 수 있는 특별한 공간이다. 동식물의 재배와 사육부터 보관, 운송, 포장에 필요한 전 영역에서의 기반시설을 국가가 제공한다. 이곳에 입주한 기업에는 수입관세와 법인세 감면의 혜택도 부여해 다국적 기업의 투자도 유도하고 있다. 할랄 산업, 무역, 서비스의 집결 장소이자, 할

할랄 상품의 신문 광고와 할랄 맥도널드 간판, 그리고 말레이시아 국립대학교의 할랄 푸드코트.
말레이시아 정부가 1994년 할랄 인증제를 공식적으로 도입한 이래 말레이시아인의 일상은
거대한 변화를 겪었다. 삼시세끼의 풍경이 크게 달라졌을 뿐만 아니라 화장품, 세면품, 약품,
의복, 관광, 호텔 등 소비 공간 자체가 이슬람화하고 있다. 이슬람의 율법이 근대의 세속 법으로
전환되어 시민들의 일상을 재편하고 있는 것이다.

랄이 독점적 지위를 누리는 예외적인 자유무역지대인 것이다.

할랄박람회 또한 연례행사로 자리 잡았다. 그리고 세계 각국, 각지로 뻗어나가고 있다. 그간 로스앤젤레스, 자카르타, 파리, 브루나이, 두바이, 멜버른을 순회하며 개최되었고, 2015년에는 대만의 타이베이에서 열렸다. 할랄박람회는 이미 이슬람의 장벽을 허무는 역할을 주도하고 있다. 무슬림 공동체를 넘어서 전 세계를 아우르는 '이슬람적 세계화'의 상징적 현장이 된 것이다. 이슬람적 소비문화를 만인이 함께 즐기는 글로벌 이벤트가 되었다.

할랄 무역으로 말레이 세계의 복원과 확장을 꾀하는 흐름도 있다. 화교 네트워크와 인교印僑 네트워크에 못지않은 말레이 디아스포라의 지구적 연결망을 (다시) 만들어내자는 것이다. 말레이 중산층이 주도하는 새로운 세계주의의 발현으로, 인도양과 태평양의 가교로서 번영을 구가했던 믈라카 왕국의 영화를 재현하겠다는 것이다. 돌아보면 20세기를 거치며 말레이 세계의 해양 네트워크가 이제는 런던과 리버풀까지 미친 것이라는 역설적 독법도 가능하다. 1970년대 이후 말레이시아의 중산층 자녀들이 식민모국인 영국에 유학 감으로써 부지불식간 말레이 세계의 확산과 심화에 일조한 것이다. 이들은 일정한 재력에 학력자본까지 결합함으로써 할랄 산업을 발판으로 삼은 말레이 세계의 지구화에 선봉대 역할을 하고 있는 것이다.

그 대표적인 사업이 말레이타운을 곳곳에 세우는 것이다. 차이나타운이 글로벌 중화세계의 허브가 되었던 것처럼, 말레이타운을 통하여 작게는 말레이시아, 크게는 글로벌 무슬림 세계의 연결망을 주도하겠다는 것이다. 실제로 현재 영국에만 200만 이상의 무슬림이 살고 있다. 런던 인구의 10퍼센트가 무슬림이다. 말레이타운이 '글로벌 움마Ummah'(이슬람 공동체)의 촉매가 될 잠재력이 충분한 셈이다. 이로써 한때 유라시아의 동과 서를 연결했던 이슬람 무역망의 황금 시절을 복구하겠노라고 하니, 재차 새 천년에 전개되고 있는 '세계화'의 실상을 재검토하지 않을 수 없다는 판단이다.

구상은 이미 일부 실현되고 있다. 유럽 시장을 겨냥한 유럽 최초의 할랄 산업단지가 네덜란드 로테르담에 들어선 것이다. 독일에 이주한 터키 무슬림, 영국에 이주한 파키스탄 무슬림, 프랑스에 이주한 알제리 무슬림 등 이슬람 디아스포라의 정체성 찾기의 일환으로 할랄 시장이 커지고 있기 때문이다. 스위스의 대표적인 다국적 식품기업 네슬레도 할랄 산업에 뛰어들었다. 무슬림에게 좋은 것은 만인에게도 좋다며 할랄 로고를 적극적으로 홍보하고 있다.

중국으로의 할랄 상품 수출 또한 증가일로이다. 위구르족과 회족은 물론 중국의 주요 산업 지역에 진출한 아랍 상인의 수요도 갈수록 늘어나고 있기 때문이다. 한족과 더불어 살아가고 있는 그들에게 할랄 음식을 먹고 할랄식 소비생활을 영위하는 것은 그들의 정체성을 지켜가는 가장 상징적인 행위다. 그들의 가치관과 세계관을 일상적 소비생활을 통하여 표출하고 있는 것이다. 영국에서 중국까지, 유라시아의 동서를 아울러 할랄의 세계화가 도저하다.

할랄의 미래

근대 사회과학의 전제는 이미 흔들리고 있다. 근대화가 곧 세속화라는 공식이 무너지고 있다. 전통을 버려야 근대로 진입하는 것도 아니다. 말레이시아는 종교를 바탕으로 근대화와 세계화를 추진하고 있다. 도시화, 근대화, 세계화가 진행되면 될수록 이슬람화는 더욱 더 심화되고 있다. 아니, 종교 자체가 가장 유력한 시장이 되고 있다. 소비의 할랄화야말로 전 지구적 자본주의 시대에, 이슬람 중산층이 추구하는 구별 짓기의 핵심이다. 이슬람 근본주의의 복고풍과는 일선을 긋는 이슬람의 개신改新운동이라고도 하겠다. 이를 통하여 런던의 슈퍼마켓과 편의점의 진열대까지 재편하는 '세계화의 역류'를 촉발하고 있는 것이다.

할랄 식품과 식당은 윤리적 소비라는 최신의 트렌드와도 부합한다. 건강한 밥상과 올바른 섭생에 대한 현대 소비자들의 욕망을 충족시켜 준다. 음식은 더 이상 영양의 제공에 그치지 않는다. 영혼의 욕구도 만족시켜줘야 한다. 칼로리의 경제에서 영성적 경제로의 전환, 영양과 영성의 공진화에 할랄 산업이 앞장서고 있는 것이다.

당장 서점의 요리책 코너에서도 할랄 조리법에 관한 책들이 유독 많았다. 몸과 마음의 건강을 함께 추구하는 새로운 라이프스타일, 새로운 코즈모폴리터니즘으로 할랄을 홍보하고 있는 것이다. 여행 책자도 흥미로웠다. 유럽과 미주, 아시아 국가들의 주요 할랄 식당을 소개하며 별표를 매기고 있었다. 가령 런던의 빅벤을 배경으로, 차도르를 걸친 무슬림 여성이 '평화로운 영혼의 여행'을 안내하는 식이다. 오염된 음식에 대한 걱정일랑 떨쳐두고 안전하게 여행할 수 있는 기본 정보를 제공하고 있기 때문이다. 중국 여행객들이 세계 각지의 표지판에 한자를 퍼뜨리고 있는 것처럼, 이슬람 여행자들은 할랄 식당을 전 세계로 확산시키고 있다.

할랄의 중국어 번역은 '청진'淸眞이다. 청결함과 진실함의 합성어다. 이슬람은 본디 깨끗함에 기초한 종교이고, 청결이 신앙의 절반이라고 한다. 그래서 '내 몸의 정갈함은 내가 먹는 음식에 달려 있다'가 불문율이다. 나아가 영성적 측면에서도 정갈한 음식을 섭취함으로써 자신을 순수하게 가꾸어야 한다. 이처럼 국지적 맥락에서 더 신실한 신도의 증표였던 할랄이 전 지구적 소비생활과 결합하면서 더 좋은 삶, 더 건강한 생활, 잘 먹고 잘 살기의 대안으로 거듭나고 있는 것이다.

그래서 할랄의 미래는 창창하다. 할랄 인증제도가 진화할 수 있는 여지가 무궁하다. 살충제와 제초제, 화학비료를 사용하는 근대식 농법에도 개입할 수 있다. 동물의 공장식 사육 방식에 대해서도 이의를 제기할 만하다. 유전자변형식품이나 동물성 사료에 대해서도 이슬람 윤리에 어긋난다는 판결이 내려질지 모른다. 유기농법만이 할랄 식품에 적합한 것으로 판정된다면 그 파장은 상당할 것이다. '농장에서 식탁까지' 전면적인 할랄화가 녹색 기술, 유기농업, 지속 가능한 발전 등과 결합할 수 있다. 나아가 공정무역을 비롯한 교역의 윤리적 측면에까지 영향을 미칠지도 모른다. 앞으로 무슬림이 차지하게 될 인구 비중과 이들의 종교적 실천에 대한 남다른 열정을 고려한다면, 그 영향력은 상상 이상일 수가 있다.

과연 환경오염과 기후변화, 불공정 무역 등 전 지구적 과제의 해결을 위하여 이슬람적 대안의 제시가 가능할까? 종교와 과학이 해후하고, 영성과 세속이 합류하고, 신성과 이성이 재결합하는 풍경을 이슬람 문명에서 구현할 수 있을까? 두고두고 면밀히 관찰할 주제이다. 일단 소구력만은 충분한 것 같다. 쿠알라룸푸르를 떠난 지 한 달이 지나도록 나는 할랄 샴푸로 머리를 감고, 할랄 치약으로 이를 닦고 있다. 매일 아침 나도, 지구도 건강해지고 있는 듯한 기분이 가히 나쁘지 않다.

027

필리핀의 슬픈 민주주의
"미국은 또 다른 고향입니다"

피플 파워 vs 가문정치

다음 행선지는 필리핀이었다. 쿠알라룸푸르에서 마닐라까지, 남중국해를 가로질렀다. 바다를 마주하고 있는 이웃 나라지만, 국가의 성격은 전혀 판이했다. '아시아적 가치'를 앞장서 표방하는 싱가포르와 말레이시아와는 달리 필리핀은 '아시아 속의 서구'라고 할 수 있는 나라다.

일단 국명부터가 '필리핀', 스페인의 국왕 펠리페 2세에서 따온 것이다. 마젤란이 지구를 한 바퀴 돌아 세부 항에 정박한 이래, 필리핀은 말레이 반도보다 멕시코와 더 가까웠다. 남중국해의 바닷길보다는, '스페인의 호수'라 불렸던 태평양의 갤리언 무역*망이 더 촘촘했던 것이다. 그래서 아시아에서는 예외적인 천주교 국가이자, 영어를 공용어로 삼고

---

* 15~16세기 스페인의 대형 범선인 갤리언(Galleon)선을 이용한 대양무역. 특히 태평양에서는 스페인 식민지였던 필리핀 마닐라와 멕시코를 잇는 무역이 18세기 중엽까지 계속되었다.

있는 나라이기도 하다. 인문지리의 시각에서 보자면 아시아보다는 차라리 아메리카와 더 유사한 구석마저 있다. 스페인 300년과 미국 100년, '천주'와 '민주'의 결합이 오늘의 필리핀을 주조한 것이다.

마침 얼마 전 대통령의 국정 연설이 있었다. 매년 7월 마지막 주 월요일에 상하원 합동연설을 하는 것이 관례라고 한다. 의사당 밖에서는 다양한 시민단체의 찬반 집회도 열리고 있었다. 뜻하지 않게 흥미로운 구경거리를 접한 것이다. 루손 섬의 전통의상을 차려입고 의사당에 등장한 주인공은 베니그노 노이노이 아키노 대통령이었다. 지난 5년에 대한 자평과 남은 1년에 대한 다짐이 연설의 주조를 이루었다. 필리핀은 6년 단임제다. 차기 대통령 선거 레이스가 본격화한 것이다.

베니그노 노이노이 아키노 대통령이 대선에 승리한 것은 2010년이다. 바람을 타고 일어난 반짝 스타였다. 부모의 후광 탓이 컸다. 가문정치의 덕을 톡톡히 보았다. 아버지 베니그노 니노이 아키노는 필리핀 민주주의의 순교자로 추앙받는 인물이다. 어머니는 필리핀 최초의 여성 대통령, 코라손(코리) 아키노이다. 그래서 가문의 텃밭인 타를라크에서만 내리 세 차례 하원의원을 역임했다. 그러나 마땅한 업적은 없었다고 한다. 능력과 자질 면에서 후한 점수를 받지 못했다. 그럼에도 급부상한 것은 어머니 아키노 여사의 죽음(2009) 때문이다. 장례식이 국장으로 엄수되었다. 그녀에 대한 향수가 들불처럼 일어났다. 결국 혈육인 아들에게로 옮겨붙었다. 하루아침에 유력 후보가 되어 대권을 움켜쥔 것이다.

돌아보면 어머니 아키노가 대통령이 된 과정도 판박이였다. 독재자 마르코스의 정적이었던 남편이 암살당하자, 전업주부로 살던 그녀가 대항마로 부상한 것이다. 결국 대통령이 된다. 1986년이었다. 그리고 1987년 '민주헌법'이 입안된다. 역사는 당시를 '피플 파워'People Power로 기록하고 있다. 1972년 계엄령 이래 철권을 행사하던 마르코스 독재

정부를 민중의 뜻/힘으로 타도했다는 것이다. 아름다운 얘기다. 듣기에도 흐뭇하다. 그녀는 즉각 세계적인 명망가, 민주화의 아이콘이 되었다. 이듬해 태국, 대만, 한국의 민주화운동에서도 그녀의 이름이 종종 등장했다. (동)아시아의 민주주의 도미노를 촉발한 '87년 체제'의 원조였던 것이다. 아웅산 수치에 앞서 코라손 아키노가 있었다. 그러나 그 달뜬 환호 속에서 가문정치의 유산은 스리슬쩍 가리었다.

코라손 아키노를 가장 환대한 곳은 미국이었다. 1986년 9월 취임 후 첫 순방으로 방미 길에 오른다. 레이건 행정부는 그녀를 백악관으로 초청하여 '가족 만찬'을 베풀었다. 필리핀은 미국과 역사를 공유하고 이상을 공유하는 '형제국'이라 했다. 상하원 합동연설의 영예도 부여되었다. 의원들도 "코리! 코리!"를 외치며 기립박수로 환영했다. 미국식 자유민주주의의 이상이 끝내 아시아의 척박한 토양에서도 실현된 것이다. 약 30분 동안 진행된 유창한 영어 연설 또한 그녀가 'Made in USA'의 산물임을 확인해주었다. 남편이 암살된 1983년부터 그녀는 3년 동안 보스턴에서 망명생활을 했었다. 즉 미국에서 교육받은 민주주의를 본토에서 완수시키고 그 사상적/정치적 고향으로 귀환한 꼴이다. 여기서도 마르코스의 막후 지원자가 미국이었다는 사실은 교묘하게 은폐되었다. 즉 아키노의 가문정치와 미국의 후원정치를 도려냄으로써 필리핀 민주주의의 대서사, '피플 파워'의 신화가 완성된 것이다.

갈색 형제들의, 자애로운 동화同化

월든 벨로Walden Bello 선생을 만났다. 필리핀에 가서 가장 먼저 떠오른 인물이다. 대학 시절부터 그의 글과 책을 종종 접했다. 비판적 사회학자이자 왕성한 현장 활동가로 반세계화, 반신자유주의, 반군사주의 운동

필리핀의 베니그노 노이노이 아키노 대통령의 상하원 합동연설에 다양한 찬반 집회를 열고 있는 시민단체.

의 최전선에 있었다. 권위의식이라고는 조금도 없었다. 마닐라 만이 내다보이는 아담한 야외 카페에서 맥주를 곁들여 담소를 나누었다.

백발이 성성한 그는 여전히 현역이었다. 요즘 가장 주력하는 사안은 중국의 인공 섬 건설 반대와 미군의 필리핀 재진입 저지였다. G2 간 알력 다툼의 그림자가 필리핀에도 물씬 드리운 것이다. 다만 필리핀은 한쪽으로 크게 기울었다. 중국 봉쇄와 일대일로 차단의 선봉대가 되고 있다. 동중국해에서 일본이 하고 있는 역할을 남중국해에서는 필리핀이 떠맡은 것이다. 그의 근심이 깊은 것은, 이러한 치우침이 하루 이틀의 소산이 아니기 때문이다. 20세기, 백 년의 업보다.

스페인 식민지였던 필리핀이 미국의 식민지가 된 것은 1898년이다. 미국-스페인 전쟁은 20세기를 여는 일대 사건이었다. 유럽에서 미국으로 힘의 축이 옮아갔다. 미국이 미국 밖에서 벌인 최초의 전쟁이기도 했다. 미군이 처음으로 태평양을 건너 아시아에 파병된 것이다. 그 후 1차 세계대전과 2차 세계대전, 한국전쟁과 베트남전쟁, 이라크전쟁과 아프간전쟁 등 미군은 아시아를 단 하루도 떠나지 않았다. 아시아야말로 미국의 새로운 프런티어였고, 필리핀은 그 첫 교두보였다.

그럼에도 미국은 유럽의 식민지에서 벗어난 최초의 독립국가라는 명예가 빛났다. 그래서 필리핀을 '점령'한 것이 아니라 스페인으로부터 '해방'시켜준 것이라는 담론을 적극 유포했다. 또한 '자애로운 동화同化' 정책을 펼쳐 필리핀의 근대화에 일조했다고 주장했다. 미국판 '식민지 근대화론'이라고 하겠다. 꽤나 잘 먹혀들기도 했다. 필리핀 사람들은 대개 미국에 호의적이고 친근한 편이다. 한국인의 일본에 대한 감정은 말할 것도 없고, 인도인이 영국에, 베트남인이 프랑스에, 인도네시아인이 네덜란드에 대해 품는 감정과 결이 매우 다르다.

우선 그들의 국가를 무너뜨리고 전통을 파괴했다는 실감이 덜하다. 미국 앞에는 스페인이 있었을 뿐이다. 그 전에는 '필리핀'에 견줄 만한 국가 자체가 존재하지 않았다. 필리핀에는 베트남 후에*의 황궁 같은 것도 없으며, 캄보디아의 앙코르와트나 인도네시아의 보로부두르 사원 같은 거대한 종교 건축물도 없다. 그래서 스페인의 식민지가 되었을 때도 동원할 수 있는 저항의 자원이 부족했다. 독립운동의 거개가 민족사, 민족문학 등 '정신의 국가'를 건설하는 것이었음을 상기해본다면, 단일 왕조, 단일 언어, 보편 종교를 경험한 적이 없었던 필리핀에는 중대한 차이가 있었던 것이다. 필리핀의 지배층조차 그 수백 년의 서구화 및 식민화를 통해서 형성되었다고 할 수 있다. 응당 미국의 식민지가 된 것에도 반감이 덜했다. 아니, 오히려 미국식 근대화에 호감을 가졌다. 미국은 스페인에 견주어 훨씬 너그러웠다.

필리핀에 부임한 첫 총독이 태프트이다. 가쓰라-태프트 밀약을 맺었던 바로 그 인물이다. 그는 1900년부터 1913년까지 필리핀 총독을 지냈고, 훗날 미국 본토의 대통령까지 되었다. 그는 총독으로 군림하기보다는 선교사의 태도로 임했다. 행정기구의 이름까지 세심하게 신경을 썼다. 영국과는 달리 '식민'Colonial이라는 말을 사용하지 않았다. 필리핀 업무를 담당하는 조직의 이름(Bureau of Insular Affairs)에서도 '섬'Insular을 강조했을 뿐이다. 그리고 '자그마한 갈색 형제들'에게 근대화의 혜택을 베풀었다. 항만과 도로를 건설해서 국민경제를 통합하고 경제발전을 이끌었다. 미국의 '원어민 교사'들을 전국에 파견하여 영어를 '국어'로 가르쳤다.

윌슨 대통령의 당선은 또 한 번의 변화였다. 본토에서 민주당으로 정권이 교체됨으로써 필리핀에서도 한층 '진보적인' 정책이 시행되었다. '필리핀의 필리핀화'가 시작된 것이다. 1907년에 의회가 생긴 데 이어, 1935년에는 자치권도 부여받았다. 10년 후에는 독립도 약속받았다. 더불어 민주주의도 하사받았다. 아시아 최초의 민주주의 국가라는 명예가 필리핀에게 수여된 것이다.

그러나 그 후과는 역설적인 것이었다. 독립 이후에도 문화적, 정신적 식민 상태가 지속되었다. 그것이 정치적, 군사적, 경제적 예속의 바탕이 되었다. 당장 수도인 마닐라의 주요 거리 이름부터 미국인들이 두드러진다. 태프트와 해리슨을 비롯하여 매킨리, 윌슨, 루스벨트 등 역대 대통령의 이름이 새겨져 있다. 나아가 록펠러, 헨리 포드, 에디슨, 맥아더 거리도 있다. 일상어에도 미국의 영향은 깊숙하다. 치약Toothpaste이라는 말 대신에 '콜게이트'Colgate*가 통용될 정도다.

문득 동두천 카투사 시절이 떠올랐다. 내가 근무하던 부서의 노총각 상사가 필리핀 아가씨와 결혼했다. 미군이 필리핀에서 철수하자 기지에 의존하며 살았던 여성들이 용산으로, 동두천으로 이주했던 것이다. 아이까지 낳았는데 동네 의사가 영어에 익숙하지 않았다. 내가 그녀를 데리고 산부인과를 들락거렸다. 주민들의 눈총은 따가웠지만, 이런저런 사담을 나눌 수 있는 기회이기도 했다. 남편 따라 미국 가는 것이 걱정되지 않느냐고 묻자 의외의 대답이 돌아왔다. 서슴없이 '미국은 또 다른 고향'이라는 것이다.

실제로 인적 연결망이 넓게 퍼져 있었다. 미국에서 중국인 다음으로 가장 많이 살고 있는 아시아인이 필리핀 사람들이다. 친척이나 친구 중에 캘리포니아, 일리노이, 뉴저지 등에 살고 있는 필리핀인들이 적지 않다. 인구의 약 10퍼센트인 1,000만 필리핀인들이 해외에서 보내오는 '송금경제'가 가정과 나라 살림의 주축이기도 하다. 지금도 매년 300만 명의 필리핀인이 미국을 방문하고, 400명을 뽑는 미 해병대에는 필리핀 출신만 10만 명이 지원한다.

내 짧은 회고담에 벨로 선생은 한 술 더 뜨는 일화로 화답했다. 1980년대 그가 오래 교유하던 한 마오주의자 반군 지도자가 감옥에서 탈출하더니 베이징이나 하노이, 모스크바가 아니라 샌프란시스코로 망명하더라는 것이다. 그들은 마오쩌둥의 모순론과 실천론도 영어로 학습했다. 반체제 세력까지도 식민과 냉전이 빚어낸 지리 공간에서 자유롭지 못했던 것이다.

그리하여 1991년 미군 철수가 마냥 달가운 일만은 아니었다. 미군 없는 필리핀에 대한 불안감이 사회 전반에 만연했다. 냉전기 필리핀에

필리핀 마닐라의 태프트 거리. 필리핀은 독립 이후에도 미국에 대한 문화적, 정신적 식민 상태가 지속되었다. 수도인 마닐라의 주요 거리 이름에도 태프트와 해리슨을 비롯해 매킨리, 윌슨, 루스벨트 등 미국 역대 대통령의 이름이 새겨져 있다.

는 세계 최대의 공군기지가 클라크에, 세계 최대의 해군기지가 수비크 만에 있었다. 그들이 하와이나 괌, 오키나와로 떠나자 필리핀 정부는 기지를 관광지로 재개발하기 시작했다. 그러고는 퇴직한 미국 군인들을 초청하는 역설적인 정책을 시행했다. 현역 미군이 떠난 지역경제를 부활시켜줄 구원자로 퇴역 군인을 모집한 셈이다. 가령 수비크 만에는 정글 환경을 체험하는 생존 훈련 캠프가 차려졌다. 베트남전쟁 당시 열대 우림 전투를 준비하기 위해 특별 훈련지로 삼았던 곳을 '에코 투어'의 현장으로 개조한 것이다. 관광객에게 '람보'를 체험할 수 있는 공간을 제공함으로써 베트남전쟁의 기억 또한 굴절되었다.

이처럼 필리핀은 기지를 관광지로 전환하여 탈냉전기를 영위하다가, 재차 군사기지로 변경시킴으로써 신냉전의 첨병이 되고 있다. 게다가 그 역설의 과정이 바로 어머니 아키노에서 아들 아키노로 이어지는 '민주화 30년' 동안 전개된 것이다. 내재화된 아메리카니즘이 재생산되고 있는 것이다.

그 곡절의 세월을 복기해주던 벨로 선생이 어깨를 으쓱하더니 옅은 한숨을 내쉬었다. 이마를 가르는 굵은 주름 사이로 막막한 좌절감과 외로움이 묻어났다. 나는 종업원을 불러 맥주 두 병을 더 주문했다. 그러고 보니 이 나라는 맥주 이름도 '산미겔'San Miguel*이다. 전통과 정통의 감각이 좀체 부족하다. 국가의 품격, 문명의 두께도 기대하기 어렵다.

식민지 근대화에서 속국 민주화로

필리핀은 서구의 제국주의 통치를 가장 오래 받은 나라 중 하나다. 300년을 걸치며 스페인인과 필리핀인 간에 탄생한 메스티소Mestizo** 가문들이 21세기에도 명문가의 명맥을 유지하고 있다. 그 60여 개 집안의 재력이 1억 국민경제의 절반을 차지한다. 독실한 '천주교'도이자 투철한 '민주교'도였던 아키노 집안 또한 이러한 필리핀 역사의 역설에서 자유롭지 못하다.

필리핀판 '87년 체제'의 실상 또한 바로 이 가문정치로의 복귀였다. 마르코스 독재 아래 숨죽이고 있던 지역 명문가들이 아키노를 앞세워 단일 정적을 무너뜨린 것이다. 그러고는 다시 가문 간의 이합집산이 시작되었다. 대통령과 국회의원의 직선제 또한 명망가 간의 대리전에 불

---

* 스페인의 맥주 이름. 필리핀이 스페인의 식민지였던 1890년경부터 마닐라에서 처음 생산되기 시작했다.
** 원래 메스티소란, 라틴아메리카의 스페인계 백인과 인디오와의 혼혈 인종을 일컫는 말이다.

과했다. 정당정치 역시 허울이었다. 정당은 정책과 비전을 공유하는 이념 집단이 아니라, 지역을 기반으로 하는 토호들의 이익집단이었다. 그래서 스페인 식민지 시절부터 형성되었던 봉건제적 속성이 민주주의 아래서 해소는커녕 더욱 강화된 것이다. 기실 지역 대표를 선출하는 민주제는 속 깊이 봉건제와 연속적이며 친화적인 구석마저 있다.

그리하여 필리핀 또한 '민주화 이후의 민주주의'를 앓고 있다. 마닐라 시를 조금만 다녀도 극단적인 양극화, 즉 격차사회를 실감할 수 있다. 베벌리힐스를 흉내 낸 부촌은 철저하게 요새화되었다. 보통 사람들은 진입 자체가 차단된다. 그 밖으로는 슬럼의 바다가 넓게 펼쳐진다. 그래서 가난에서 벗어날 수 있는 유이(唯二)한 탈출구가 해외 이주노동과 범죄라는 말도 있다. 한창 화제가 되었다는 독립영화 〈메트로 마닐라〉의 부제가 '세상에서 가장 위험한 도시'이기도 하다. 최근에는 은퇴 이민을 간 한국인들이 범죄의 표적이 되고 있기도 하다. 동남아시아에서는 드물게 야밤에 혼자 나다니는 것이 꺼려질 정도였다. 싱가포르와 말레이시아는 물론이요 베트남보다도 거버넌스가 못하다는 인상마저 들었다.

이 같은 필리핀 민주주의의 실태를 일컫는 몇몇 학술 용어가 있다. '저강도 민주주의', '대지주 민주주의', '엘리트 민주주의' 등 여럿이다. 그러나 그 어느 것도 정곡을 찌르지는 못한다는 판단이다. 그래서 내각제로 헌법을 개정해 정당정치를 강화해야 한다는 주장 또한 공염불처럼 들린다.

내 보기에 필리핀 민주주의의 불구는, 1946년 독립 이후에도 지속되고 있는 필리핀의 '의존적 독립'Dependent Independent 상태, 즉 속국Client State적 속성과 깊이 결부되어 있기 때문이다. 지배층이 자기 나라에 대한 책임감이 없다. 보수층이 자기 사회에 대한 자부심이 없다. 자생적 엘리트가 부재하고, 기생적 엘리트가 대종이다. 20세기 전반기의 '식민지 근대화'가 20세기 후반기의 '속국 민주화'로 대체되었을 뿐이다. 하기에 민주주의 아래서도 재식민화가 전개되고 있는 것이다. 그렇다면 '식민에서 독립으로', '독재에서 민주로'라는 20세기의 거대 서사 또한 실상을 가리는 기만적 언사, 이데올로기에 가까울 것이다.

벨로 선생의 근심에 나의 수심도 덩달아 깊어진 것은 필리핀의 '속국 민주'가 전혀 남 일로만은 여겨지지 않았기 때문이다. 미국의 아시아 동맹국들이 겪고 있는 공통적인 증상인지 모른다. 게다가 최근의 동향은 불쾌한 기시감마저 일으킨다. 필리핀이 미국의 식민지가 된 것은 일본이 조선을 식민지로 삼은 것과 불가분이다. 미-일 간의 부당 거래, 빅딜의 소산이었다. 언뜻 흡사한 판이 펼쳐지는 것도 같다. '속국 일본'은 기어코 안보법을 개정하여 자위대를 미군에 종속시키고 있다. '속국 필리핀'도 재차 미군을 자국에 주둔시키기로 했다. 일본-필리핀 양국 간 합동군사훈련 소식도 들린다. 때마침 자위대와 합동훈련을 해야 한다고 발설했다는 한국 해군참모총장의 발언도 예사로이 들리지 않는다. '민주주의 가치동맹'이라는 옛 노래가 다시 흘러나오고 있는 것이다. 20세기의 반복이고, 반동의 물결이다. 필리핀이 불안하고, 남중국해가 불길하다.

028

혁명과 중흥

지리와 천시 또한
역사의 주체다

견문과 독서

견문의 일상은 단순하다. 보고 듣고, 읽고 쓴다. 그리고 장소를 옮겨 다시 보고 듣고, 읽고 쓴다. 응당 읽고 쓰는 것이 보고 듣는 것과 무관할 수가 없다. 독서의 궤적이 견문의 경로와 오롯이 포개지는 것이다.

한참 서역西域에 관한 책을 읽고 있었다. 중국 서남단, 윈난 성의 성도 쿤밍에 머물며 중국의 지리-문명-역사 감각을 새로이 익혀갔다. 올해 하반기에는 중국의 서편, 내 나름의 '서유기'西遊記에 주력할 참이었기 때문이다. 갈수록 중화인민공화국이라는 나라를 '동아시아 국가'보다는 '유라시아 제국'으로 접근하게 된다.

와중에 한국서 메일 한 통을 받았다. 〈프레시안〉에서 책 한 권을 소개하며 서평을 권한다. 처음에는 주저했다. 집중력을 흐리고 싶지 않았다. 국내에서 나온 신간까지 챙길 여력이 없다고 여겼다. 요즘에는 새 책보다는 옛 책이 더 흥미롭기도 하다. 현장의《대당서역기》와 혜초의

《왕오천축국전》만큼 첨단의 상상력을 자극하는 미래학 서적을 접하지 못했다. 나날이 신서新書보다는 고문古文을 애호하게 된다. 완고의 취미가 붙었다.

그럼에도 제목이 솔깃했다.《갈색의 세계사》. 부제는 '제3세계 인민의 역사'이다. '유라시아 견문'을 통해 꾀하는 목표 가운데 하나가 세계사 다시 쓰기다. 아니, 다시 쓰기는 과장이고 과욕이다. '세계사 다시 읽기'가 분수에 맞는 표현이겠다. 내심 지난 백 년, '20세기사의 재인식'을 도모한다. 그래야 다른 백 년, 새 천년이 열린다고 생각한다. 역사 인식의 착종과 답보가 작금 한국의 정체와 퇴행과 무관치 않다고 여기기 때문이다.

《갈색의 세계사》는 바로 그 '20세기사의 재인식'에 해당하는 책이다. 경로 이탈만은 아닌 것이다. 영판 딴 길이 아니라면 잠시 샛길에 드는 것도 나쁘지 않겠다. 향후 견문의 여정을 더 탄탄하게 만들어줄 수도 있다는 명분도 생긴다. 원서를 검색하니《Darker Nation》이다. 이번에는 반가운 마음이 일었다. 낯이 익은 책이다. 내 킨들에도 저장되어 있다. 아마존에서 확인하니 올해 3월에 다운로드한 것으로 나온다. 아마도 인도네시아 견문을 준비하며 구입했을 것이다. 자카르타의 매연과 소음, 반둥의 쪽빛 하늘과 하얀 모스크가 떠오른다.

실제로 저가항공사만큼이나 전자책의 혜택을 톡톡하게 누리고 있다. 영어, 중어, 일어판 킨들이 아니었다면 '유라시아 견문'도 원활하게 진행되기 어려웠을 것이다. 킨들 버전이 없는 책들은 곳곳의 후배들에게 부탁하여 PDF로 구해서 읽는다. 디지털미디어의 발전이 없었더라면 그 많은 책들을 짊어지고 다녔어야 한다는 말이다. 아무리 책에 대한 탐심을 줄이고, 읽고 버리는 습관을 익히고 있다고는 해도, 여정이 녹록치는 않았을 것이다.《갈색의 세계사》또한 출판사가 제공하는 PDF로 검토했다. 책册의 바인더를 풀어버림으로써, 지식과 정보 또한 모바일-데이터로 변해감을 실감하고 있는 것이다.

이 책이 한국어로 번역될 것이라고는 예상치 못했다. 다루는 내용이 원체 광범위하다. 배경지식이 충분치 않다면 우리말로 옮기는 것이 간단치 않아 보였다. 응당 번역자가 궁금해졌다. 이력을 살피니 역시 특이하다. 영상원에서 이론 공부를 하고, 싱가포르대학에서 유학을 했단다. 당장 연락처를 구해 이메일로 인사를 텄다. 답장에는 반둥 회의 관련 연재 글에서 현지 음 표기를 수정해주는 내용이 달렸다. 싱가포르에서 공부했지만 인도네시아도 자주 드나든다며. 과연 책과 어울리는 역자이다. 조금 더 일찍 알았더라면 동남아 견문에 여러 자문을 구할 수 있었을 터인데, 아쉬움마저 인다. 서평에 응하지 않을 도리가 없겠다.

갈색의 세계사, 혁명을 추억하다

책은 총 3부로 구성되어 있다. 1부는 '탐색', 2부는 '함정', 3부는 '암살'이다. 나로서는 호불호가 뚜렷하게 갈린다. 백미는 단연 1부이다. 제3세계 운동의 통사로 손색이 없다. 그 내용의 풍부함과 소상함만으로도 이 책의 존재 가치는 충분하다. 두고두고 요긴한 길잡이가 되어줄 것이다.

하지만 2, 3부는 갈수록 갸웃했다. 저자 비자이 프라샤드Vijay Prashad의 관점이 뚜렷한 만큼이나 내게는 편향적으로 보였다. 한마디로 '좌편향'이다. 갈색보다는 '적갈색'에 가깝다. 다분히 제2세계에 기울어진 제3세계를 편애한다.

반둥 회의로 석사 논문을 썼던 20대 시절이라면 일정 공감했을 것이다. 나 자신 빨간 물이 덜 빠져 있었다. 그러나 아시아-아프리카 작가회의 등을 소재로 박사 논문을 썼던 30대에는 시각이 크게 달라졌다. 반

등 회의조차 미-소 냉전에 대한 대응이었다는 통상적인 해석에 만족하지 못한다. 유럽의 도래 이전에 작동했던 아프리카-아시아 연결망을 복구하고 재생시키는 사업이었다고 여기는 쪽이다. 실제로 '재건'과 '복원'은 내가 살핀 1차 사료에서 숱하게 등장하는 단어들이었다. 그래서 반둥 회의 또한 이슬람-인도양-중화세계의 문명 간 연대의 복원 시도였다고 자리매김하는 것이다. 좌/우보다는 고/금, 이데올로기적 접근보다는 문명사적 접근을 선호하게 된 것이다.

반면 프라샤드가 꼽는 제3세계 프로젝트의 요체는 민족주의와 사회주의이다. 양대 반체제운동 및 사상의 발흥과 쇠퇴를 중심으로 제3세계사를 반추하고 회고하고 있다. 그 결과 제3세계 운동 또한 '실패'한 것으로 간주된다. 그래서 '혁명'에 대한 애상이 주조를 이루고 있다. 그리고 문화적 민족주의와 각종 복고적 사상이 그 빈자리를 대체했음을 애감해한다. 즉 좌파의 몰락으로 말미암아 구체제의 구세력이 복권되고 말았다는 것이다. 저자의 시각을 빌리자면, 새 천년 제3세계의 동향은 '전통'을 피난처로 삼아 '근대성'을 거부하는 '반동의 시대'로 접수하게 된다. '반전시대'를 설파하는 나로서는 마냥 수긍하기 힘들다.

일단 언어의 사용부터 눈에 밟힌다. 민족주의와 사회주의 이후의 제3세계를 일컬어 '원초적 문화주의', '원시 상태로의 복귀'라는 말을 즐겨 사용한다. 또 '종교'는 늘 '근본주의'와 연결되어 있고, '문화' 또한 '보수주의'와 결부된다. 저자에게 종교와 진보, 문화와 개혁은 물과 기름이다. 세속적 혁명만을 드높이고 제3세계의 전통 문명에는 야박한 것이다. 그래서 그 대표적인 사례로 들고 있는 사우디아라비아의 메카조차도 매우 자의적으로 보인다. 사우디아라비아는 중동에서도 매우 예외적인, 미국의 독실한 동맹국이었다. 그래서 사회주의도, 민족주의도 온전히 경험하지 못한 곳이다. 그 탓에 이슬람의 전통 또한 매우 왜곡된 형태로 잔존했다고 보아야 한다. 덜 단련되고 덜 세련이 되어, 문자 그대로 '적폐'만 쌓인 것이다.

책의 마무리가 인도네시아나 말레이시아, 혹은 터키와 이란의 이슬람이 아니라 사우디아라비아의 메카인 것도 편향적이지만, 책의 출발이 프랑스 파리인 것은 더욱 문제적이다. 파리에서 시작하여 메카로 끝을 맺는 서사 구도 자체가 복병인 것이다. '유라시아 견문' 작업을 하면서 매일같이 세계지도를 살피고 지구본을 돌려보는 습관이 생겼다. 다니면 다닐수록 지리地理가 곧 역사의 주체라는 생각이 깊어진다. 천지인天地人이라는 말이 괜한 것이 아니었음을 절감하는 것이다. 그래서 인간만을 유독 역사의 주체로 내세웠던 근대 역사학의 전제 자체를 회의하고 있다. 천시天時와 지리를 누락하고 말았기에 인류의 '보편적 진보'라는 허황한 망상도 가능했던 것이다. 유물사관조차도 뜬구름이었다.

《갈색의 세계사》에서 거명되고 있는 수많은 도시를 세계지도에 찍어보았다. 카라카스와 아루샤 등 낯선 지명도 적지 않은 탓에, 전체 구도를 조망해보기 위해서였다. 그러자 의미심장한 그림이 떠올랐다. 제3세계의 인민사를 표방하고 있는 책임에도 유럽발 지리 구획의 유산을 답습하고 있는 것이다. 제3세계는 (지리적) 장소가 아니라 (정치적) 프로젝트였다, 라는 근사한 언명에서 시작하고 있음에도 유럽, 그중에서도 특히 영국의 지정학적 구도가 짙게 투영되어 있었다. 과연 프라샤드는 인도, 대영제국의 식민지 출신이다. 탓인지 그가 파악하는 제3세계의 판도 또한 대영제국만큼이나 드넓되 '치명적인 부재'가 도드라진다. 무엇보다 가장 큰 갈색 나라, 중국이 희미한 것이다.

중국의 부재는 취사선택일 수 있다. 혹은 언어적 한계일지도 모른다. 그래서 중동과 아프리카, 라틴아메리카에 치중된 것이라고 할 수도 있다. 그러나 중국의 소략이 결정적으로 문제가 되는 것은 비단 그 규모 때문만은 아니다. 제3세계론 자체의 사상적 갱신에 중국의 영향이 지대했기 때문이다. 저자는 여전히 미국을 제1세계, 소련을 제2세계, 나머지를 제3세계로 분류한다. 그러나 이러한 구분법 자체를 타파하며 제출된 중국발 제3세계론이 바로 '삼개세계론'三個世界論이었다. 미국과 소련이 공히 제1세계임을 적확하게 지목했던 것이다. 양국의 적대적 공존으로 동맹국과 위성국인 제2세계를 통제하고, 그 외부의 제3세계를 지배하고 있다는 빛나는 인식론의 개진이었다. 삼개세계론으로 말미암아 비로소 냉전기의 세계를 둘 혹은 셋으로 쪼개는 것이 아니라, 하나의 위계적 질서로서 총체적으로 파악할 수 있었던 것이다.

공간적 범위에서 유럽 식민주의의 그림자가 물씬하다면, 시간적 단위 또한 1910년대에서 1990년대까지로 한정되어 있음이 적잖이 아쉽다. '단기 20세기'에 치중하고 있는 것이다. 그래서 '장기 21세기'의 출발이라고 할 수 있을 1979년의 의미가 간과되고 있다. 중국에서는 개혁개방이, 이란에서는 이슬람 혁명이 일어났던 해이다. 중화세계와 이슬람 세계에서 공히 20세기형 좌/우와 일선을 긋는 개혁과 혁명의 흐름이 본격화되었던 시점이다.

하지만 프라샤드가 보기에는 전자는 자본주의로의 투항으로, 후자는 근본주의로의 후퇴로 접수되기 십상이다. 그러면서 저자가 정작 강조하고 있는 것은 재차 영미권의 변화, 즉 신자유주의의 약진이다. 라틴아메리카부터 동아시아까지, 신자유주의가 제3세계 프로젝트를 좌초시켰음에 방점이 찍혀 있는 것이다. 물론 조금도 틀린 말은 아니다. 다만 무엇이 더 중요한 조류였던가를 판별하고 경중을 따지지 못했음이 안타깝다. 그래서 2010년대보다는 1990년대에 더 어울리는 독법에 그치고 만 것이다.

이처럼 꼼꼼하고 폭넓게 씌어진 제3세계의 통사가 어쩐지 작금의 동서 반전과 남북 역전의 실감과 어긋나고 있는 것은, 제3세계의 전사前史가 결여되어 있음과 무관치 않아 보인다. 전사가 부재함으로써 후사後事 또한 부실하고 흐릿한 것이다. 넓은 반면 깊지는 못하다. 그래서 이 책만으로는 제3세계의 장래를 헤아리는 데 충분치 않다는 판단이다. 또 다른 인도 출신의 지식인, 판카지 미슈라Pankaj Mishra가 쓴 《제국의 폐허에서》를 함께 읽기를 권하는 까닭이다. 그래야 지난 200여 년을 통관通觀하는 깊이까지 아울러 확보할 수 있다.

제국의 폐허에서, 중흥을 복원하다

《제국의 폐허에서》는 1798년 나폴레옹의 이집트 침공에서 출발한다. 20세기보다는 19세기를 획기로 삼고 있다. 그런데 이를 유럽의 제국주의나 제3세계의 식민화로만 접근하지 않고 있음이 돋보인다. 이 사건이 균열을 일으킨 핵심 사태로 이슬람의 우주적 질서의 동요를 꼽고 있는 것이다. 동아프리카부터 서태평양까지 드넓게 펼쳐져 있던 무슬림 공동체의 역사적·문명적 공속감 및 도덕적·정신적 일체감이 붕괴되기 시작한 것이다. 즉 신God은 유럽에 앞서 이슬람 세계에서 먼저 죽었다. 곧이어 중화세계의 하늘[天]도 무너졌다.

이 책이 방점을 찍은 시기가 바로 이 무렵이다. 무굴제국, 대청제국, 오스만제국이 차례로 스러져갔다. 동시에 문명을 재건하려는 움직임 또한 여기서 비롯하였다. 즉 《갈색의 세계사》가 1914년 1차 세계대전(민족주의)과 1917년 러시아 혁명(사회주의) 등 동/서구의 동향으로부터 제3세계를 사유하기 시작한다면, 《제국의 폐허에서》는 동서고금이 착종하던 세기의 전환기를 주목하고 있다. 그리고 바로 그 시공간을 '다른 백 년'과 '새 천년'의 사상적 요람이자 정치적 영감의 원천으로 삼는다는 점에서 커다란 차별성을 갖는다.

미슈라가 호명하는 인물은 크게 셋이다. 량치차오梁啓超(1873~1929)와 타고르가 비교적 익숙하다면, 가장 낯선 이로는 자말 알딘 알아프가니가 있다. 이슬람 혁명의 지적 대부로 추앙받는 인물이라고 한다. 일생을 이슬람의 갱신과 경장更張을 위해 헌신하며 이집트부터 인도까지 방랑하고 주유했던 풍운아였다. 그러면서 코란을 명확하고 적확하게, 그리고 근대적으로 읽는 학습운동을 전개했다. '이슬람 세계의 루터'가 되어 종교개혁을 단행하는 것이 그의 포부였던 것이다. 하여 사회주의와 민족주의에 투신한 '혁명파'도 아니었고, 근본주의를 고수한 '수구파'도 아니었다. 이슬람의 근대화, 즉 '이슬람의 개신改新교'를 도모한 이슬람판 '고금 합작'의 원조라고 하겠다.

타고르와 량치차오도 엇비슷하다. 힌두교와 유교를 급진적으로 (재)해석하여 주체적인 개화, 독자적인 근대화를 모색했다. 안타까운 것은 그들의 생과 세상의 때가 맞지 않았음이다. 천시天時가 어긋났던 것이다. 당대의 신청년들은 타고르를, 량치차오를, 알아프가니를 경멸적으로 무시했다. 고리타분한 구세대로 타박하며 '보수파'의 낙인을 남발했다. 량치차오가 눈을 감은 것은 1929년이다. 타고르는 1941년 세상을 떴다. 그리고 타고르가 '동양의 남학생들'이라고 꼬집었던 좌/우파 신청년들이 인도와 중국, 터키의 독립 이후를 이끌었다. 진보를 향한 동/서구의 열의를 고스란히 복제한 아류들이 새 국가의 주역이 되었던 것이다.

제3세계 프로젝트가 좌초하고 만 근본적 까닭 또한 여기서 찾아야 하지 않을까. 그들도 진보를 섬기는 근대의 발정난 수컷들이었다는 점에서 오십 보, 백 보였다. 결국 따라하기, 흉내 내기에 그쳤던 것이다. 고쳐나기, 거듭나기에는 이르지 못했던 것이다. 그들에게는 "서구의 민주란 부자가 빈자에게 강제로 먹이는 아편"이라는 타고르의 번뜩이는 통찰을 곱씹어볼 만한 여유와 여력이 없었다. 허겁지겁, 허둥지둥, '시간과의 경쟁'에 급급했다. 그들 또한 그들이 살아야 했던 역사의 구속, 천시로부터 조금도 자유롭지 못했던 것이다. 천시 또한 역사의 주체임에 틀림이 없는 것이다.

한 책은 '진보파'의 '혁명'을 추억하고, 다른 한 책은 '보수파'의 '중흥'을 복권시키려 한다. 두 권을 겹쳐 읽노라니 양자가 분열하여 신/구를 다투었던 20세기가 야속하고 비통하다. 천만다행인 것은 나에게 주어진 천시만은 선조와 선생과 선배들이 통과했던 저 지난한 20세기와는 판이할 듯 보인다는 점이다. 사회과학적 저항(혁명)과 인문학적 경장(중흥)이 합류할 수 있는 새 판이 열리고 있다. 그 딴판을 직접 목도하고자 견문에 나섰던 것이기도 하다.

기왕지사 서평으로 우회한 김에, 책 이야기를 조금 더 이어간다.《제국의 폐허에서》에서는 량치차오에 견주어 그의 스승 캉유웨이가 상대적으로 가려졌다. 그런데 나는 갈수록 캉유웨이에 더 끌리는 편이다. 그 중에서도 특히《대동서》에 남다른 애착이 간다. 변법자강變法自强운동이 좌절하고 망명지를 전전하며 집필했던 동방형 유토피아 서적이다. 대란大亂에 직면하여 대동大同을 염원했던 동방지사의 집념이 집약되어 있는 각별한 서물인 것이다. 후학이자 후세로서 기리고 추모하고 싶은 마음이 애틋하다. 부국강병의 논리가 판을 쳤던 난세에도 면면했던 '대동세계'의 여망부터 추수한다. 그 연후에 두 달여간 진행된 서역 견문과 소회를 본격적으로 풀어내기로 한다. 다른 세상, 별세계, 신천지를 보고 왔다.

029

대동大同, 그 거룩한 계보

1902년 《대동서》에서
1980년대 대동제까지

캉유웨이와 대동서

캉유웨이康有爲는 이름부터 특별하다. 생략된 말은 '聖人'성인이다. '有聖
人爲', '성인의 뜻대로 행하리라', '성인 말씀을 따르리라'라는 뜻을 이름
에 새겼다. 언제부터 이 이름을 사용했는가는 설이 분분하다. 유학을 공
부했던 소년기와 서학을 학습했던 청년기 이후라고 짐작하는 편이 온
당할 것이다. 당대 현실의 개혁을 위해 일생을 투신하겠노라는 출사표
로서 스스로 이름을 고쳐 세상에 나온 것이다.

개명改名의 결기에도 개혁은 호락하지 않았다. 그가 주모했던 변법은
100일 천하로 주저앉았다. 복권된 수구파들은 반역자의 목을 원했고,
홍콩과 일본, 캐나다, 영국, 인도를 전전하는 망명자의 신세가 되지 않
을 수 없었다. 그 인고의 세월 동안 집필한 서적이 바로 《대동서》大同書
이다. 1902년 인도에서 완성했다.

소싯적부터 특출난 천재였다지만, 이 책만은 일필휘지가 아니었다.

초고의 바탕이 된《인류공리》人類公理를 발간한 것이 1884년이다. 보태고 고치고 다듬기를 거듭해 1902년이 되어서야 마침표를 찍은 것이다. 장장 18년이니, 집중보다는 집념의 소산이라 해야 옳겠다. 그 세월의 두께만큼이나 양무운동, 청불전쟁, 청일전쟁, 무술변법 등 격동의 중국 근대사가 아른거린다. 서문에서부터 "국난을 슬퍼하고, 민생에 애통하여, 대동서를 지어 백 년을 기리고자 할지라"며 소회를 밝히고 있다. 백 년의 대란을 예감하고 다른 백 년을 예비하는 예언서인 듯도 읽힌다.

열쇳말은 역시 '대동'이다. 문헌의 기원은《예기》禮記로 거슬러 오른다. 〈예운〉禮運 편에서 '천하위공'天下爲公과 '세계대동'世界大同이라는 개념이 처음 제시되었다. '대도'大道가 실현된 사회가 '대동'이며, '대동'이 구현된 시대가 '대동세'大同世다. 고대의 '대동'은 군자 또는 현자가 실현하는 것이었다. 그들이 인간의 도덕을 밝히고 공공선을 진작시킴으로써 대동세계를 만들어야 했다.

근대의 '대동'도 크게 다르지 않다. 여전히 도와 덕을 근간으로 한 동방형 유토피아를 지향했다. 다만 군자와 현자에게만 맡길 수가 없음이 '변법'變法의 요체라고 하겠다. 만인의 지혜를 개발시키는 것이 자강自强의 과제가 된 것이다. 캉유웨이 또한 교육을 으뜸으로 삼았다. 인본원人本院부터 소학원, 중학원, 대학원에 이르기까지 독자적인 교육체계를 제시했다. 소학小學과 대학大學에 앞서 '인본'이 자리함이 인상적이다. 이성보다는 인성에 방점을 둔 것이다. 만인萬人의 성인聖人화를 도모하는 '국민교육'의 도입이다. 그의 평등사상은 급진적이고 파격적이었다. 남녀, 계급, 민족, 인종의 차별을 지우고, 급기야 가정도 국가도 흐릿해지는 '대동의 세계화'를 제시했다.

캉유웨이의 대동세계는 자본이 주권을 잠식해가는 작금의 세계화가 아니었다. 도덕으로 천하를 통일하는 글로벌 프로젝트였다. 흥미로운 것은 당시 철도와 전신, 전기가 선사해준 기회를 높이 샀다는 점이다. 전 지구적 의사소통체계가 마련됨으로써, 전 지구적 덕치德治의 구현도 가능해졌다고 생각했다. 한 마을, 한 국가, 한 지역을 넘어 비로소 전 지구를 대상으로 동시에 교육하고 계몽할 수 있는 길이 열린 것이다. 고쳐 말해 서방이 전해준 물류物流에 동방의 문류文流를 실어 보낸다는 역逆 개화의 발상이었다. 중화문명의 정수를 길어 올려, 온 누리를 길들이고자 한 것이다. 그렇다면 대동세가 되면 전 세계가 하나의 '공정부'公政府 아래 계界와 도都의 자치를 누린다는 글로벌 거버넌스의 비전 또한 20세기형 천하에 방불했다 해도 오독만은 아닐 것이다.

박은식과 대동교

'대동'이 중화세계가 공유하는 보편적 이상이었듯, '대동의 근대화' 또한 중국만의 것일 리는 없었다. 대륙에 캉유웨이가 있었다면, 반도에는 백암白巖 박은식이 있었다. 백암이 제창한 것이 바로 '대동교'大同敎이다. 1909년이었다.

전후 사정이 있다. 때는 일본의 통감기였다. 병합을 완수하기 위해서 유림들의 친일화에 매진했다. 아무리 대한제국으로 꼴을 바꾸었다 한들 반천 년 조선의 근간은 유교였기 때문이다. 그래서 이완용, 신기선 등 친일 유림들의 주도하에 대동학회大東學會(1907)를 조직했다. 이 대동학회라는 사이비의 대항마로서 대동교가 등장했던 것이다. 1909년 9월 11일, 창립총회가 성대하게 열렸다. 장소는 응당 성균관이었다.

하필 '대동교'였을까? 박은식은 황해도 출신이다. 기독교는 평안도, 황해도, 함경도 등 북삼도에서 교세를 빠르게 확장했다. 조선시대 성리학의 뿌리가 깊지 않았고, 황해와 압록강 건너 청의 선진 문물을 앞서 접했던 곳이다. 개화적 사고도 이르게 피어났다. 박은식은 소년기와 청년기를 통하여 기독교의 확산을 관찰할 수 있었을 것이다. 실제로 대동교의 모델은 기독교에 가까웠다. 유림의 선교사화를 꾀한 것이기 때문이다. 즉 유림이 기득권을 버리고 적극적으로 국민 교화에 나설 것을 촉구했다. 1909년에 발표한 그의 논설 〈유교구신〉儒敎求新에서도 위민爲民주의, 구세주의, 현실주의를 내세웠던 바이다. 루터의 종교개혁에서 개신改新의 영감을 얻었을 것임에 분명하다.

그럼에도 개신유교는 개신교와 달랐다. 전지전능 유일신을 신봉하는 '미신'은 따르지 않았다. 사후 천국이나 극락을 말하지도 않았다. 구원이나 해탈보다는 경세가 우선이었다. 박은식에게 종교란, 성인이 하늘을 대신하여 말로써 만민을 깨우치는 것이었다. 그 성인 또한 여전히 공맹孔孟이었다. 공자의 대동주의와 맹자의 민본주의에 근거하여 유교의 근대화, 유교의 인민화를 꾀했던 것이다. 즉 조선 유교의 국가적·권위적 성격을 지우고, 신분이 낮고 배움이 모자란 일반 대중까지도 도덕으로 교화하여 근대적 국민으로 만들겠다는 포부였다. 제왕의 유교에서 인민의 유교로. 그렇다면 대동교를 1894년 짓밟힌 동학東學의 후생後生이었다 해도 지나친 억측만은 아닐 것이다.

그러나 박은식의 천시天時도 캉유웨이에 못지않았다. 아니, 더 가혹했다. 대동교 창설 이듬해 국망國亡을 경험한다. 그 또한 망명하지 않을 수 없었다. 망국민의 처지로 망명한 것이니 반역자의 운명보다 더 처절한 것이었다. 그래서 꿈을 꾸었다. 망명지 서간도西間島에서 집필한 서적이 《몽배금태조》夢拜金太祖(1911)이다. 식민지기 종종 등장했던 몽견류 소설의 하나였다. 나는 그의 대표작 《한국통사》韓國痛史(1915)보다도 이 글을 훨씬 아끼는 편이다. 근대적 역사학자보다는 전통적 사상가로서의 면모가 물씬하기 때문이다. 사유가 활달하고 분방하다.

《몽배금태조》는 조선의 망국민 무치생無恥生이 단군이 강림한 음력 10월 3일, 꿈에서 금나라 태조 아골타를 만나 조선의 망국과 독립을 주제로 나눈 가상의 대화를 서술한 작품이다. 무치생이 박은식의 작중 화자임은 두말할 것도 없다. 헌데 만주로 건너가 꿈에서 만난 인물이 주몽도 대조영도 아니고 아골타였음이 의미심장하다. 상고사의 영웅주의로 내달리지 않았다.

금나라가 어떤 나라였던가. 흉노, 돌궐, 선비를 이어 북방을 제패한 여진족의 나라다. 강성한 금나라는 송나라에 조공을 하지 않고 '조약'을 맺은 최초의 나라이기도 하다. 여기서 조선의 유교 전통을 극복하기 위한 알레고리를 발견할 수 있다. 조선이 섬겼던 성리학, 즉 주자학이 발원한 송나라와 대등했던 금나라를 대타 항項으로 소환한 것이다. 조선에 자자했던 소중화小中華 의식과 화이론華夷論을 일거에 허무는 파격적이고 창조적인 서사 전략이다.

그럼에도 친일의 독배를 들이킨 통상적 문명개화론자들과는 달랐다. 서구화를 대세로 받아들인 통속적 계몽주의자도 아니었다. 박은식이 《몽배금태조》를 통해 인식하는 20세기란 동과 서, 신과 구의 문명 교체기다. 다만 우열관계로 파악하지 않았다. 서구의 신문명이 겉으로는 계몽과 발전을 주장하지만 실제로는 살벌하고 잔혹한 강권주의에 불과함을 견지했다. 그래서 오늘의 강권주의를 극복하고 내일의 대동세계를 위하여 '역사'를 서술했던 것이다.

즉 그가 역사를 강조하는 이유는, 진보를 섬기는 계몽 서사를 구축하기 위해서가 아니었다. 도리어 계몽이라는 미명하에 펼쳐지고 있는 강권의 현재가 영원하지 못할 것임을 폭로하기 위해서였다. 문명의 교체와 전환은 역사적으로 반복되어온 현상이다. 고로 지금의 고난 또한 영영하지는 않을 것이다. 부도不道하고 불법不法한 난세가 영원할 수는 없는 법이다.

후사後事의 대비는 역시 교육이었다. 공자 이래 동방은 늘 '교육입국'이었다. 특히 하등사회 자제의 교육을 강조했다. 다만 무치생이 답답함을 토로하는 것은, 교육을 담당할 상류층의 다수가 매국노이거나 은둔지사라는 점이다. 금 태조의 답변은 명료하다. 자신만의 정결함을 지키려고 세상을 구제하지 않는 은둔지사는 그 죄가 매국노와 같다는 것이다. 전환기의 지식인은 공덕과 공익을 추구해야 한다. 배우는[修己] 만큼 베풀어야[治人] 한다. 조선은 그 호걸의 피를 가진 열혈아가 없어서 망한 것이다. 아골타의 입을 빌려 지사志士와 열사烈士를 호출하고 있는 것이다. 사기士氣의 진작이자, 자기다짐이기도 했을 것이다.

무치생의 꿈이 때 이르게 성취되는가 했다. 8년 후 3·1운동이 일어났다. 박은식에게 3·1은 조선 민족의 독립선언에 그치지 않았다. 패도가 왕도로 반전하는, 강권적 세계가 대동세계로 이행하는 터닝포인트였다. 그는 곧장 대한민국 임시정부로 달려갔다. 비로소 대동몽大同夢을 실천할 수 있는 현실적 근거지를 확보한 것이다.

대동단, 대동회, 그리고 1980년대 대학 축제

3·1운동의 직접적인 영향 아래 결성된 독립운동 단체가 하나 있다. '조선민족대동단'이다. 1919년 3월 말에 발기했다. 강령이 각별하다. 1항이 '조선 영원의 독립을 완성하는 것'임은 능히 이해될 만하다. 2항은 '세계 영원의 평화를 확보하는 것'이다. 나아가 〈일본 국민에 고함〉이라는 문서도 작성했다. "동양 5억의 민생이 우의를 유지하는 것을 행복으로 하는지, 의구·원한의 악연에 고민하는 것을 명예로 하는지, 일본 국민의 일대 각성을 필요로 한다"는 호소가 간절하다. "조선 독립의 선포

가 공존공영의 지성으로부터 나온 것이지 추호도 역사적 감정에 의한 것이 아니며, 일본을 배척하려는 것도 아니며, 근린을 끊고 원교를 부르려는 것도 아니"라며 일본을 달래고 어르고 있다. 즉 3·1 정신 또한 도무지 민족주의에 그치지 않았다. 지역의 화목과 세계의 화평을 함께 염원했다. 이러한 문명주의란 마땅히 유교에 바탕한 것이다. 그래서 이름도 '대동단'大同團이었다.

도둑처럼 해방이 오자, '대동'은 다시 솟아났다. 대동아가 붕괴한 다음 날(8월 16일), 대동회大同會가 결성된 것이다. 불현듯은 아니었다. 일제 치하 비밀 독서모임이었던 대동사大同社가 모체였다. 대동회는 명륜학원 출신 중에서도 한학 실력이 가장 뛰어났던 수재들이 주축이 된 청년 유림 단체였다. 캉유웨이를 읽고 박은식을 읽었던 지하조직이 해방 공간의 정치단체로 등장한 것이다. 유교계의 재건과 통합은 물론이요, 독립국가 건설이라는 시무時務에도 적극 기여코자 했다. 은둔지사를 털어내고 사대부의 이념형을 복구한 것이다.

1946년 '민족대동회'로 확대 개편하면서 정치 결사체의 성격은 더욱 또렷해졌다. 독립운동 세력의 대동단결을 꾀하며 통일국가 수립을 추구했다. 1947년 정책 방향도 제출한다. 정부 형태로는 인민공화국을, 토지 정책으로는 무상분배를, 노동 정책으로는 8시간 노동과 최저임금 보장, 사회보장제도 도입을 제시했다. 아무래도 대동사상은 사회주의에 친화적이었던 것이다. 대동회의 좌향좌에 영향을 미친 인물로는 김태준(1905~1950)도 있었다. 한때 명륜학원 강사였던 그는 동아시아의 '해방구'였던 옌안에서 마오쩌둥과 더불어 망명생활을 하다가 서울로 돌아온 '전설'이었다. 청년 유림들에게 그의 아우라는 상당했을 것이다.

그러나 해방 공간은 급속도로 닫혀갔다. 탈식민은 미-소 주도의 신新식민으로 굴절되었다. 미군정은 일찌감치 민족대동회를 온건 좌파로 분류하여 동향을 감시했다. 하여 '자유민주'를 이식하려는 미군정과는 애당초 길이 달랐다. 불화는 국대안(국립서울대학교 설립안) 파동* 때부터 불거졌다. 성균관 복권을 통해 '대학'大學의 재건을 꾀했던 대동회가, 미군정이 추진하는 국대안의 반대투쟁에서 최전선에 선 것이다.

분단건국이 확실해지자 결국 대동회의 상당수는 북조선을 선택했다. 남한에 잔류한 일부는 국회 프락치 사건**에 연루되었다. 그리고 한국전쟁 발발은 최후의 일격이었다. 북과 남 모두에서 대동회는 사실상 소멸되었다. 이로써 좌/우는 물론이요, 고/금 사이에서도 분단체제가 확립되었다.

분단체제는 해방 공간의 인식에도 지대한 영향을 미쳤다. 해방전후사의 '인식'과 '재인식'을 막론하고, 유교계의 동향은 망각되었다. 반천년의 정신사가 반백 년도 안 되는 식민기 동안 깡그리 사라질 리 없건만, 무시하고 간과했다. 그만큼 한국사 연구와 서술의 기본 틀이 편향되고 편중되었던 것이다.

허나 좌편향도 우편향도 '올바르지 못한' 진술이다. 좌/우 공히 '근

---

* 미군정 학무국이 국립서울대학교 설립안을 추진하면서 통합 대상인 교육기관들과 사전에 충분한 토의를 거치지 않은 채 일방적으로 강행한 데서 비롯했다. 처음에는 단순히 교육계의 논쟁에 한정된 것이었으나, 점차 논쟁이 격화됨에 따라 민족 진영과 좌익 진영의 대결이라는 정치적·사상적 투쟁의 성격을 띠게 되었다.

** 1949년 4월, 이른바 남로당 프락치(공작원)로 제헌국회에 침투해 첩보공작을 한 혐의로 13명의 의원이 체포된 사건. 당시 국회 부의장이던 김약수를 비롯해 진보적 소장파 의원들이 외국군의 완전 철수, 남북 정당·사회단체 대표로 구성된 남북정치회의 개최를 주요 내용으로 하는 '평화통일방안 7원칙'을 제시하자, 북진 통일만을 주장하던 이승만 정권은 이들이 남로당 공작원과 접촉해 정국을 혼란시키려 했다는 혐의로 김약수 등 13명을 검거했다.

대'로 편향되었다. 그래서 기독교계와 공산주의 계열을 서사의 축으로 삼은 것이다. 그리고 분단체제의 강화로 유교계의 몰락 또한 가팔라졌다. 북에서는 봉건의 유습으로 매장되었고, 남에서는 현실과 등을 지고 칩거함으로써 박제화되었다. 갱신과 경장으로 거듭나기를 게을리하지 않고 불의에 맞서 의로움을 실천했던 반천 년 유교사의 전통은 단절되었다.

내가 몹시 흥미롭게 여기는 현상은, 1980년대 민주화운동의 정점에서 다시 한 번 '대동'이 호명된다는 점이다. 대학 축제가 '대동제'大同祭로 전환되어갔다. 1982년 10월 서울대학교에서 비롯하여, 1987년에는 전국의 주요 대학으로 확산되었다. 즉 '6월 항쟁'에 앞서 '5월 대동'이 있었던 것이다. 그리고 '대동'의 이상을 대학大學의 담장 밖으로까지 밀어붙인 것이 '민주화'였다. 이 무렵 대학은 민속 전통의 장마당이었다. 농악과 가면극, 풍물과 탈춤이 신록의 캠퍼스를 온통 뒤덮었다.

당사자도 아니고, 그 시대를 연구하지도 않았다. 다만 짐작하고 추론할 뿐이다. 아무래도 5월의 광주가 기폭제였을 것이다. 미국이라는 나라를 다시 보게 되었고, 미국식 대중문화에 반성이 일었을 것이다. 반면으로 '국풍國風81'과 같은 관변 주도의 전통문화 부흥에도 반감이 컸을 것이다. 그러나 대동제 또한 편향이었다. 민중에 편중됨으로써 농민 공동체의 전통만을 편애했다. 정작 조선이 일구었던 고급 문명의 정수를 오늘에 되살린다는 발상에는 달하지 못했다. 중흥보다는 혁명 쪽이었다. 제3세계 프로젝트의 한계를 고스란히 반복한 것이다.

대동제의 주역이었던 1980년대 학번은 공교롭게도 한글 전용 1세대였다. 탓에 일천 년 한자문명과 단절된 1980년대의 열혈아들이 쏟아졌다. 그래서 그들이 정작 '대동'의 기원과 계보에 얼마나 자각적이었을지 적잖이 회의하게 된다. 대동강이 천 년을 흐르고, 대동법과 대동세로써 개혁을 실천하고자 했던 문명국가의 후손이라는 자의식이 얼마나 있었을까? 멀게는 율곡 이이에서 담헌 홍대용, 혜강 최한기를 거쳐 백암 박은식을 잇는 후예이자 적통이라는 '신진 사대부'의 기상은 있었을까?

과연 민주화 이후 대동제는 시나브로 시들해졌다. 겉만 남고 실은 사라졌다. 혹자는 사회주의권의 붕괴와 '역사의 종언'에 발맞추어 뉴라이트(신진 매국노)로 전향했고, 일부는 포스트모던 담론으로 탈주하여 은둔지사로 돌아갔다. 대학은 다시 잦아들었고, '민주화 이후의 민주주의'는 갈수록 대동세계와 멀어져갔다. 급기야 민주화 30년을 목전에 두고 '헬조선'이라는 신조어까지 등장했다.

대동세기와 대동세계

2015년은 《신청년》 창간 100주년이 되는 해다. 그 새파란 친구들이 조롱하고 야유했던 캉유웨이의 '대동몽'이 목하 중국에서 환생하고 있음이 의미심장하다. 중국의 청두 시成都市가 '도농일체화'와 '신형도시화'를 추진하는 과정에서 표방한 구호가 바로 '대동사회'인 것이다. 농민공의 사회복지를 개선하고 도시-농촌 간 균형 발전을 도모하는 정책에 '대동'의 이름을 붙였다. '중화민족의 위대한 부흥'이라는 시진핑 시대의 국정 기조가 지속되면서 유교의 근대화, 유학(古)과 사회주의(今)의 결합이라는 '유교 좌파'의 전통이 갈수록 역력해지고 있는 것이다. 하여 '중화인민공화국'을 국명으로 삼고 있는 저 나라가 '자유민주'를 복제할 가능성은 터럭만큼도 없다 말해도, 적어도 내가 사는 동안은 크게 틀리지 않을 성싶다.

중국만큼이나 '대동'의 계보가 면면했던 조선 또한 '자유민주'를 추구한 바 없다. 자유민주주의는 누가 뭐래도 분단의 소산이다. 분단건국과 분단체제로 말미암아 이식된 것이다. 그래서 공든 탑이 무너지는 것이다. 애당초 토양이 달랐다. 역사의 축적이 없는 외래종이 튼튼하게 자리 잡힐 리가 없다. 그 부정교합의 주동자가 이승만이었다. 새삼 박은식과 이승만의 갈림길을 복기해보지 않을 수 없다. 분수령은 역시나 1894년 갑오년, 청일전쟁이었다.

소싯적 두 사람은 모두 위정척사론자였다. 그러나 노老대국 청국이 신흥국 일본에 무참히 패하는 것을 보고 개화사상을 수용했다. 다만 방향이 달랐다. 배재학당에 들어간 이승만은 서양의 정치사상을 공부하고 서구론자가 되어갔다. 박은식은 한역 신서를 탐독하고 번역하면서 개신改新유림으로 변해갔다. 대한제국기 이승만은 개신교를 받아들여 '개신교 입국론'을 정립했고, 박은식은 양명학에 입각한 '유교 구신론'儒教求新論을 주창했다. 경술국치(1910), 이승만과 박은식은 미국과 중국으로 각기 망명했다. 이승만은 미국에서 열리는 감리교 총회에 참석하기 위해 서울을 떠났고, 박은식은 압록강을 건너 서간도로 들어가 대종교 시교사 윤세복에게 신세를 졌다. 이승만은 하와이를 주 무대로 교육, 종교, 언론, 단체 활동을 펼치며 유력한 독립운동가로 성장했고, 박은식은 노령露領, 만주 및 중국 관내를 넘나들며 언론, 출판, 단체 활동을 벌이면서 독립지사로서 명성을 다져갔다.

이처럼 해양과 대륙으로 갈라졌던 두 사람이 합류하게 된 계기가 3·1운동이다. 물과 뭍이 만나는 상하이上海에 대한민국 임시정부가 세워진 것이다. 이승만이 상하이에 머물렀던 1920년 12월부터 1921년 5월까지, 두 사람은 직접 대면했을 것이다. 하지만 양자의 조우는 아름답지 못했다. 이승만의 위임통치청원론*에 박은식은 대노했다. 아직 세워지지도 않은 나라마저 미리 팔아먹은 것이니 이완용보다 더한 놈이라고 성토했다. 결국 1대 임시대통령이었던 이승만을 탄핵한다. 그리고 2대

임시대통령으로 선출된 인물이 박은식이었다. 인연보다는 악연이었다.

그러나 천시는 이승만 편이었다. 역사는 임시정부에서 탄핵받은 이승만을 복권시켰다. 미국의 입김이 결정적이었다. 식민기의 위임통치가 해방기의 신탁통치를 거쳐 분단기의 한미동맹으로 결착이 난 것이다. 이로써 대한민국 또한 '의존적 독립국', 근대적인 속국이 되었다. 과연 동맹국의 형식을 정초한 그는 '건국의 아버지'였다. 조공국-식민지-동맹국으로 이어지는 속국의 계보를 완성한 것이다.

캉유웨이는《대동서》에서 거란세據亂世, 승평세升平世, 대동세大同世라는 삼분론을 제시했다. 난세와 치세 사이에 승평세를 놓은 것이다. 곰곰 아귀를 맞추어본다. 아편전쟁에서 베트남전쟁까지를 동아시아 백 년의 거란세였다고 할 수 있을까? 그러하면 지금은 승평세의 와중인 것일까? 혹은 작금 반도와 열도의 반동적 작태 또한 거란세의 말기 현상일 뿐이라고 낙관해도 되는 것일까? 불안과 불길을 떨쳐내기 위해 나는 다시 백암을 펼친다.

> 천도는 순환하기를 좋아하고, 만물은 반드시 올바른 곳으로 되돌아가며, 견고한 것이라 할지라도 장구하지 않으니, 이는 모두 불변의 이치이다. 어찌 인인仁人과 지사志士가 이 어지러운 적자생존의 세태를 구하려 함이 없겠는가? 그러므로 세계 대동과 인류 공존을 위하는 사상이 점차 학자들의 이론 속에 나타나게 될 것이다. (박은식,《몽배금태조》)

---

* 1차 세계대전 이후 미국의 윌슨 대통령이 '민족자결주의'를 주창하면서 국제연맹을 구상하였는데, 이승만은 조선을 국제연맹의 위임통치하에 둘 것을 요청하는 청원서를 윌슨 대통령에게 제출했다. 이승만은 그것이 일본의 식민지로부터 벗어날 수 있는 길이라고 주장하였던 것이다.

천도天道는 순환할 것이며, 만물은 올바른 곳으로 돌아갈 것이며, 그 어느 것도 장구하지는 않은 법이니, 서세동점과 우승열패의 근대 또한 불변하지만은 않을 것이다. 그 변함없는 이치에서 작은 위안을 얻는다. 또 대동세기와 대동세계를 구하는 이론의 등장에도 미력하나마 일조하고 싶다는 소망도 키운다. 아무렴 박은식이 모자랐던 것이 아니다. 그가 나고 자란 세계와 세기가 모질었던 것이다.

세기世紀는 바뀌었고, 세계世界도 달라졌다. '대동몽'을 안고서 향하는 곳은 중국의 서편, 서역西域이다. 태평양의 난류亂流와는 사뭇 다른 승평세의 활기活氣가 일고 생기生氣가 도는 '다른 백 년'의 현장이었다.

시안의 미래는 장안이다

미래 세계가
고대 중국으로

대당제국의 수도 장안, 서역의 출발점

중국에 처음 간 것이 2004년이다. 나름 20대 중반의 결단이었다. 뜻을 두었던 서학西學에서 답을 구하지 못했다. 사회학을 전공하고 불어와 독어를 연마했지만, 이 땅의 현실과 겉돌고 있다는 회의가 짙었다. 내 말과 글이 갈수록 공허했다. 그렇다고 한국학 또한 마땅치 않았다. 서학이 뜬구름이었다면 국학國學은 외통수였다. 답답하고, 갑갑했다. 한쪽은 남 것만 추키고, 다른 쪽은 제 것만 아꼈다. 돌파구는 동아시아였다. 중국을 좌左로, 일본을 우右로 삼아 공부를 재개했다. 동학東學의 출발이었다.

그럼에도 여전히 비렸다. 2004년이면 개혁개방하고도 25년, 한-중 수교하고도 10년이 더 지난 시점이었다. 하건만 사회주의의 흔적을 찾아다녔다. 자금성에서도, 만리장성에서도 혁명을 회감했다. 제 눈의 안경이었고, 아는 만큼만 보였다. 어지간히도 '좌편향'이었다.

그 후 여러 차례 중국을 오고갔다. 자료를 찾느라 도서관에서 죽치기도 하고, 학술회의에 참여하거나 답사를 겸한 여행도 있었다. 자연스레 초기의 '좌편향'은 수정되었다. 도무지 좌/우로는 가늠되지 않는 나라였다. 그런데 부지불식 또 다른 편향이 있었다. 처음 간 곳은 베이징이었고, 오래 머물렀던 곳은 상하이였다. 칭다오와 광저우, 난징과 항저우, 톈진과 선전도 살펴봤다. 대륙 밖으로는 대만과 홍콩도 들락거렸다. 하나같이 바다를 근처한 동남부의 연안 도시들이다. 즉 '좌편향'을 교정하는 와중에서도 '동남부 편향'이 역력했던 것이다. 그래서 중국을 어디까지나 '동아시아'로만 접근했다. 한자 중심, 유교 중심, 농경 중심, 강남 중심, 한족 중심, 운하 중심이라는 비판을 면하기 힘들다. 통으로 '근대 중심'이었다고 할 수 있다. 은연중 근대의 해양 중심 사관에 젖어 있었다. 그래서 중국의 겉만 핥았던 것이다.

따라서 2015년 서역행은 2004년에 못지않은 획기였다. 동남부에 치우친 편향을 거두고 마침내 서북부 내륙 깊숙이 진입한다. 교두보는 대당제국의 수도였던 장안長安, 오늘날의 시안西安이다. 옛날 옛적 서역의 출발점이었다. 그런데 시안으로 가는 비행기에서 지도를 펼치니 중화인민공화국의 한복판이다. 중원과 서역, 북방과 남방, 동남부와 서북부를 가름하는 한 중심에 자리하고 있다.

과연 이곳은 왕년에 '관중'關中이라 불리던 곳이다. 최초의 중화제국 진나라가 일어났고, 최대의 중화제국 당나라가 번성했던 곳이다.《삼국지》를 비롯한 고대사의 주요 무대로서, 시안을 수도로 삼았던 왕조만 열을 헤아린다. 그중 셋이 (전)한과 수, 당이었으니, 명실상부 천 년사의 중심이었던 것이다. 그 유명한 병마총부터 두보와 이백의 시를 비롯하여 양귀비의 전설까지, 가히 중국 문화의 정수를 간직하고 있다.

만시지탄의 한편으로 이제야 이곳을 찾는 것 또한 나름의 필연이라

고 여긴다. 천시天時가 운동하고 있다. 무
엇보다 옛 길을 되살리겠다는 회심回心의
프로젝트, '일대일로'와 직결된다. 중원의
대운하와 서역의 비단길이 합류하던 곳
이 바로 시안이었다.

그 첫 안내자로 장홍張鸿 선생을 만났
다. 시안의 유뎬邮电대학 경영학 원장인
그는 일대일로 중에서도 일대一帶, 즉 내
륙부를 담당하는 '실크로드 경제벨트' 발
전연구원의 학술위원이기도 하다.

장홍 유뎬대학 경영학 원장.

시안의 봄, 장안의 봄

이병한 시안은 지방 도시입니다. 그런데 인구가 천만이 훨씬 넘더군
요. 이미 서울보다 큰 도시이고, 머지않아 경제적으로도 도쿄를 추
월하겠구나 싶습니다. 아무래도 일대일로 프로젝트의 영향이 클 텐
데요, 공항부터 시내까지 선전 구호가 요란하더군요.

장홍 시안은 지난해(2014) 9.9퍼센트의 성장을 기록했어요. 충칭重慶
에 이어 두 번째입니다. 중국의 발전 전략이 전환하면서 내륙 도시
들이 약진하고 있는 것입니다. 중국의 미래는 단연 서부에 있습니
다. 일대일로는 시안의 전략적 위치와 그 중요성을 반영합니다. 시
안의 활력과 실력을 국가적으로 인정받은 것이지요. 그래서 건국
이래 가장 좋은 발전 기회를 맞이하고 있습니다. 이 황금 기회를 잘
포착하여 국제 교통, 국제 무역, 국제 문화 등 다방면에서 중대한
성취를 일구어야 합니다. 서북 5성의 중심 도시일 뿐 아니라, 유라

시아 합작을 선도하는 내륙의 거점 도시로 부상할 것입니다.

이 동남부 연안부의 대도시와는 어떤 차별성이 있을까요?

장 시안은 지리적으로 중국 강역疆域 지리의 중심입니다. 역사·문화적
으로 실크로드의 기점이자, 가장 중요한 도시였습니다. 시안을 중
심으로 고대 상업 활동이 천 년간 지속되었지요. 이 지리적 특성과
역사적 유산이 시안의 영광이자 미래 동력입니다. 시안이 내륙형
개혁개방의 근거지로 중국인의 마음을 고무하고 있습니다.

이 '내륙형 개혁개방'이라는 말이 인상적인데요, 기존의 개혁개방과는
어떤 점이 다를까요? 일각에서는 동남부의 과잉생산 거품을 서북
부와 중앙아시아로 이전시키는 임기응변책에 불과하다며 폄하하
기도 합니다.

장 그동안 시안에는 항구가 없어서 발전이 더뎠습니다. 해안과 1,000
킬로미터나 떨어져 있으니까요. 그런데 일대일로를 통하여 시안을
'국제 육항陸港'으로 육성하기로 했어요. 철도와 도로, 항공을 종횡
으로 엮어서 '내륙 항구'로 만든다는 것이죠. 지난 2년간 성 내에만
5,000킬로미터의 고속도로를 건설하고, 향후 5년 동안 1,500킬로미
터를 추가로 건설할 계획입니다. 철도는 3,500킬로미터가 더 증설
되지요. 시안 역은 명실상부 신실크로드의 허브 역이 될 것입니다.

　　'장안호'長安號를 예로 들 수 있습니다. 시안에서 출발하는 이 열
차는 우루무치를 지나 카자흐스탄을 통과하고 최종적으로 네덜란
드의 로테르담에 닿습니다. 11일 여정으로, 동부 항만에 비해 열흘
을 단축합니다. 현재 일주일에 세 차례 운행 중이며 산시 성陝西省의
화물을 중앙유라시아로 운송하고 있어요.

이 열차의 이름이 상징적이네요. 대당제국의 수도, 장안에서 따왔습니
다. 지리적으로는 중원과 서역을 잇는 거점이겠지만, 저로서는 과

거와 미래를 연결하는 작업 같기도 하네요. '시안의 미래가 장안'이라니, 고대-중세-근대라는 진보사관을 허무는 '타임머신'이라고 할까요? 그래도 변화는 있습니다. 예전에는 없었던 하늘길도 분주하던데요. 신공항 건설이 한참이지요?

장 시안 공항은 이미 국제공항으로 위상을 다졌습니다. 24개 해외 항공사가 시안으로 직통하고 있어요. 인천-시안 간 직항로도 이미 운행 중이죠? 올해는 몰디브와 도쿄도 직항이 생겼습니다. 곧 카자흐스탄의 알마티와 로마도 직항로가 생기고요. 호랑이 등에 날개를 달아준 셈입니다.

이 시안의 직항로를 살피니 역시나 중앙유라시아 국가의 수도들이 많더군요.

장 산시 省陝西省은 키르기스스탄, 카자흐스탄, 투르크메니스탄, 우즈베키스탄 등의 국가들과 자매관계를 맺었습니다. 이 나라들의 대사관은 베이징에 있지만, 별도로 영사관을 시안에 두고 있어요. 최근에는 말레이시아와 캄보디아의 영사관도 생겼습니다.

이 한국의 삼성전자도 시안에 큰 공장을 두고 있는데요, 조만간 한국 영사관이 생길지도 모르겠습니다. 한국인들도 중국의 풍향에 따라 '서진'하고 있는 셈이죠. 왕년의 신라방을 떠올리게 됩니다.

장 가능성이 없지 않습니다. 2008년 이후 중국 동부에서 내륙으로 산업단지가 대거 이전하면서 시안이 최대 물류센터로 부상하고 있기 때문입니다. 삼성전자와 연동해서 한국의 중소기업들도 시안을 비롯한 서부 진출이 활발합니다. 시안의 뤼디綠地에 이미 한인촌이 형성되었어요.

이 지난 9월에는 '유라시아 경제포럼'이라는 행사도 열렸습니다.

장 올해는 40여 개 나라에서 장관급 인사가 참여했습니다. 기간산업,

농업, 에너지산업 등에서 지난 2년간 체결한 프로젝트만 100개가 넘어요. 러시아와 합작하여 하이테크 산업단지를 조성하고 있고, 중앙유라시아 국가들과는 에너지산업, 생명과학, 정보산업에서 협력하고 있습니다. 중국 유일의 신기술 농업단지도 있지요. 건조 지대에서의 농업을 연구하고 지원하고 있습니다. 그래서 중앙유라시아와 남아시아의 학생들이 시안의 주요 대학으로 유학 오는 숫자도 점점 늘고 있고요.

이 저도 캠퍼스의 학생들을 보고 다소 놀랐습니다. 동부의 명문 대학들보다도 인종적 구성이 더 다양해 보이더군요. 연안의 개혁개방이 '중국이 세계로'였다면, 내륙의 개혁개방은 '세계가 중국으로'라고 표현할 수 있을까요? 더 정확하게는, '중국이 현대 세계로'에서 '미래 세계가 고대 중국으로'라고 해야 할지도 모르겠습니다. 마침 올해가 '실크로드의 해'라고 들었습니다. 실크로드 박람회, 실크로드 예술제, 실크로드 영화제 등 관련 행사가 다양하더군요.

장 산시 성과 시안 시가 적극적으로 지원하여 실크로드 도시 간의 교류를 증진하고 있습니다. 최근에는 '일대일로 여행지 연맹'도 시안에서 창립대회를 가졌어요. 여행사, 항공사, 요식업, 숙박업계는 물론 IT 업체와 광고 회사까지 광범위한 연합체를 꾸린 것입니다. 실크로드 선상에 있는 수많은 국가와 도시의 독특하고 풍부한 관광자원을 통합적으로 관리하고 협력하는 초국적 민간 조직이 될 것으로 기대합니다.

이 21세기의 물류에서 디지털과 온라인을 빠뜨릴 수 없을 텐데요, 중국 최대의 전자상거래 업체인 '알리바바'도 시안에 진출했다지요?

장 지난 8월에 '알리바바'의 투자를 이끌어냈습니다. 4G 보급과 온라인 상업망 구축에 박차를 가하기로 했어요. 이미 시골 농부들이 온

중국 한복판에 자리한 시안은 최초의 중화제국 진나라가 일어났고, 최대의 중화제국 당나라가
번성했던 곳이다. 시안을 수도로 삼았던 왕조만 열을 헤아리니 명실상부 천 년사의 중심이었던
것이다.《삼국지》를 비롯한 고대사의 주요 무대이자, 두보와 이백의 시를 비롯해 양귀비의
전설까지 가히 중국 문화의 정수를 간직하고 있다.

대안탑과 현장 법사. 대안탑은 장안의 유일한 유적으로서 '자은사 탑'이라고도 하는데,
천축(인도)에서 가져온 불경을 보관했던 사찰인 자은사의 주지가 바로 현장 법사였던 것이다.

라인으로 작물 판매를 시작했습니다. '알리바바'를 통한 직거래죠. 기존의 슈퍼마켓보다 절반이나 저렴합니다. 제가 가르치는 학생들이 실습 과제로 농민들을 지원했어요, 학생들은 스타트업을 체험하고, 농부들은 더 높은 수익을 창출하고, 시민들은 더 싸고 신선한 농작물을 구입하는 윈-윈이지요. 그 덕에 '알리바바'의 결제 시스템인 '알리페이'가 가장 빠르게 확산되고 있는 곳도 시안과 산시 성입니다.

이 도-농 간 온라인 연결망이네요. 더불어 저는 '알리바바'가 아랍어 서비스를 본격적으로 시작한 점을 눈여겨봤습니다. 중국 시장을 석권한 '알리바바'가 이슬람 세계로까지 진출하는 형세인데요, 아무래도 무슬림들에게는 '아마존'보다야 '알리바바'가 더 친근하지 않겠어요? 시안, 아니 장안과 딱 어울리는 이름입니다. 장안이야말로 서역풍이 농후했으니까요.

장 저는 일대일로를 일컬어 종종 '전세금생'前世今生이라고 표현합니다.

천년의 전세금생

시안의 전세前世, 장안은 화려했다. 7~10세기 세계의 수도였다. 모든 길이 장안으로 통했다. 학문의 메카였다. 동아시아에서 학생들과 승려들이 몰려왔다. 예술의 맨해튼이었다. 오아시스 왕국들에서 화가와 음악가들이 몰려들었다. 경제의 중심이었다. 사마르칸트*, 인도, 페르시아, 그리고 아랍에서 상인들이 밀려왔다. 종교의 천국이었다. 불교와 이슬

---

* 우즈베키스탄의 도시. 중앙아시아에서 가장 오래된 도시 중 하나로, 실크 로드의 교역 기지로서 번창하였다.

람교, 동방기독교까지 번성했다. 기회의 땅이었다. 정치적으로 실패한 망명객부터 어려운 경제 형편에서 벗어나려는 이민자들까지 죄다 빨아들였다. '대당몽'大唐夢으로 합류한 인구는 무려 100만을 넘어섰다.

덩치만 컸던 것이 아니다. 속도 꽉 찼다. 장안은 세계에서 가장 핫하고 쿨하며 힙한 곳이었다. '장안의 화제'가 곧 글로벌 트렌드였다. 그중에서도 특히 '호류'胡流가 열풍이었다. '이란 스타일'이 절정의 인기를 누렸다. 댄스는 호선무胡旋舞가 으뜸이었고, 미인은 호희胡姬를 제일로 쳤다. 먹고 마시는 호식胡食도 유행했다. 페르시아 출신 셰프가 와인에 올리브를 곁들인 만찬을 제공했다. 당대의 스타 가객 이백은 푸른 눈에 곱슬머리, 하얀 피부를 가진 호희들과 포도주를 마시는 기분을 즐겨 노래했다. 패션 역시 호풍胡風이 대세였다. 의상과 모자, 신발까지 남녀노소를 불문했다. 또 다른 풍류가 백낙천은 '최신 메이크업'(時世妝)이라는 유행시를 지어 호류에 동참했다.

고로 장안은 '한인'漢人들이 주도하는 '중화도시'가 아니었다. 이국적이고 혼종적이며 잡종적인 세계도시였다. 장안에 모여 사는 '당인'唐人들은 세계시민의 원조였고, 유라시아의 사방으로 열린 대당제국은 세계제국의 원형이었다.

그 성세 앞에 난세가 자리했다. 5호 16국 시대가 있었다. 135년간 이어진 분열과 분단의 시대다. 암흑기만은 아니었다. 성세를 예비하는 준비기였다. 오랑캐가 중원으로 대거 남하했다. 화華와 이夷, 한漢과 호胡가 뒤섞였다. 양자가 공존하는 방법을 강구하는 것이 시대정신이 되었다.

창발적 변화는 역시 주변에서 비롯되었다. 선비족 탁발씨가 창업한 북위가 화/이 공존, 호/한 통합의 비전을 제시했다. 오랑캐의 두목이 자세를 고쳐 잡고 '중화 군주'를 자임했다. '대동'의 이상이 담긴 균전제도 앞서 실시했다. 그래서 북방의 한족을 감화시켰다. '호/한 융합체제'

로 중국 재통일의 기반을 닦은 것이다. 장차 수/당으로 이어지는 치세의 토대였다. 실제로 수와 당은 북위를 계승한 호족과 한족의 혼혈 왕조, 잡종 왕조였다. 굳이 경중을 따지면 호족의 피가 더 진했다. 그래서 유연하고 개방적이었다. 북방 유목민의 후예들이었다.

진/한과 수/당의 차이가 여기에 있다. 춘추전국을 평정한 진/한은 중원의 대일통을 완수했다. 5호 16국의 난세를 극복한 수/당은 중원과 서역을 통일시키는 대업을 이루었다. 인류사 최초로 농경문명과 유목문명을 융합하고 통합한 것이다. 그래서 진/한이 다민족 제국이었다면, 수/당은 다문명 제국이라고 할 수 있다. 중화제국과 유목제국을 결합한 복합제국, 유라시아 제국의 탄생이었다. 그래서 당 태종은 한인들의 천자이자 호인들의 '가한'可汗(칸)이라는 의미에서 '천가한'天可汗이라고 칭했던 것이다.

그간 시진핑 시대 중화인민공화국의 모델을 두고 설이 분분했다. 집권 3년차, 이제는 판별이 났다. 대당제국임에 틀림없다. 일대일로 프로젝트는 명명백백 '성당'盛唐을 참조한 것이다. 그렇다면 아편전쟁 이래 '서구의 충격'Western Impact 또한 5호 16국 시대의 '북방의 충격'Northern Impact에 견줄 수 있을까? 유럽 열강과 러시아/소련, 일본이 대륙에 진출하여 중국을 과분瓜分했다. 자유주의부터 사회주의까지 각종 외래 사상이 전파되었다. 아편전쟁부터 개혁개방까지 얼추 140년을 헤아린다. 중국공산당도 대장정의 천신만고 끝에 서북의 오지, 옌안에서 토지개혁(균전제)을 시작했다. 과연 대당제국이 이루었던 호/한 문명 융합에 견줄 만한 동/서 문명 융합을 중화인민공화국이 제출할 수 있을 것인가. 그래서 '중화'와 '인민공화국'의 결합, '중국'(古)과 '공산당'(今)을 결합시킨 현 지배집단을 현대판 '천가한'이라 빗대어도 모자람이 없을 것인가.

시안 관광의 축은 크게 셋이다. 성城과 시市, 그리고 탑塔이다. 중국은 •371

시안 성 성벽.

여전히 도시를 '성시'城市라고 부른다. 성벽과 시장이 옛 도시의 핵이었다. 성벽부터 오르기로 했다. 자전거를 빌려 달릴 수 있을 만큼 폭도 굉장한데 길이 또한 대단하다. 페달을 굴리고 또 굴려도 반나절이 지나서야 제자리로 돌아온다. 그런데 이 성곽길 역시 원본이 아니라고 한다. 명나라 때 재건된 것이다. 더 놀라운 것은 대당제국 시절의 10분의 1에 불과하다는 것이다. 장안성의 실제 규모가 현재의 시안 성보다 10배는 더 컸다는 말이다. 천 년 후 대청제국의 북경성보다 1.5배가 컸으며, 동시대의 비잔틴보다는 7배, 바그다드보다는 6배가 더 컸다. 대당제국의 압도적 스케일을 짐작하고도 남는다.

저녁에는 서쪽 시장, 서시西市에 들렀다. 야시장으로 불야성을 이루는 대표적인 명소다. 실은 장안 시절부터 유명했다. 서역의 이방인들이 머물고 장사하던 곳이었다. 지금은 회족回族들이 터줏대감이다. 이슬람을 신봉하는 한족들이 그들의 먼 조상이 '호식'으로 소개했을 양꼬치를 팔고 있다. 고깃점이 유독 크고 두툼하며 향신료도 듬뿍 친다. 서역이 전수해준 양꼬치에 서구가 전해준 칭다오 맥주를 곁들였다. 동서고금이 어우러진 일품 야식에 시안의 떠들썩한 밤이 깊어간다.

저 멀리로 그믐달이 투명하게 빛났다. 두보가 유독 사랑했던 바로 그 달빛이다. 그는 매일같이 달의 변화를 기록하고 찬미하는 시를 짓고 읊었다. 그 달 아래로 대안탑大安塔이 눈에 든다. 21세기 시안에도 고스란히 남아 있는 장안의 유일한 유적이 대안탑이다. '자은사慈恩寺 탑'이라고도 한다. 당 고종이 모친의 명복을 빌기 위해 세운 불탑이었다. 그러나 고종의 효심보다 더 유명한 것은 승려의 불심이다. 이 사찰의 주지가 바로 현장 법사였던 것이다. 천축(인도)에서 가져온 불경을 보관했던 사찰이 바로 자은사였다. 그 현장 법사가 서역으로 가기 전에 들렀던 곳도 서시였다. 서쪽 장마당에 살고 있는 서역인들에게 지도를 구하고 여행정보를 얻었다.

2015년 가을밤, 시안 성도 서시도 대안탑도 중국 도처와 세계 각지에서 방문한 여행객들로 인산인해를 이루었다. 흡사 '당인들의 저잣거리'(唐人街)가 재림한 듯 보였다. 그들의 면면을 찬찬히 살펴보노라니, '시안의 미래는 장안이다'라는 말이 갈수록 실감을 더한다. 중국인中國人과 외국인外國人이 반반이고, 중국인은 한족과 호족(소수민족)이 반반이다. 옛 마을, 구도시, 올드타운이 점차 기운을 되찾아가고 있다. 새 마을, 신도시, 뉴타운이 독주하던 시대가 저물어가고 있다. 신세계는 기울어지고, 구세계는 다시 차오른다. '장안의 봄'이 '시안의 봄'으로 환생還生한다. 관중關中이 부활한다.

현장은 불멸의 고전 《대당서역기》를 남겼다. 현장을 삼장 법사로 탈바꿈시킨 기막힌 SF소설이 《서유기》다. 기차간에서 두 책을 번갈아 읽으며 향한 곳은 투루판吐魯番이다. 천축으로 가는 관문이자, 손오공의 화염산火焰山이 이글거리는 황막한 벌판이다. 중국의 속 더 깊숙이, 더 오래된 고성古城으로 들어간다.

031

서유기, 구도와 득도의 길

수행과 깨달음으로 거듭난
'반영웅적 영웅'

신서유기

나영석 PD를 잘 몰랐다. 〈무한도전〉을 편애했기에 〈1박 2일〉에는 정을 주지 않았다. 〈꽃보다⋯〉 시리즈나 〈삼시세끼〉는 더 낯설었다. 외국에 머물며 국내 예능까지 챙겨 볼 여유가 없었다. 그러다 일시에 관심이 꽂혔다. 그가 〈신서유기〉를 만든다는 소식을 접한 것이다. 한참 《서유기》에 빠져 있던 무렵이었다.

무릎을 쳤다. 지금 이 시점에 시안으로 가서 예능을 만든다? 그것도 TV가 아닌 인터넷 플랫폼으로? 최신 미디어에 동방 고전의 모티프를 얹어서 새 콘텐츠를 생산한다! 나 PD가 일대一帶니 일로一路니 유라시아의 지각변동을 고려했을 리는 없을 것이다. 그럼에도 때가 맞았다. 그래서 더 신통했다. 숙소에서, 카페에서 〈신서유기〉를 몰아서 보았다. 21세기 서역행이 선사하는 또 다른 즐거움이었다. 과연 온라인On-Line은 새 천년의 신대륙, 신천지였다.

그렇더라도 영판 새 현상만은 아니다. 《서유기》의 변주와 차용은 그 자체로 오래된 전통이다. 20세기에도 줄곧 미디어의 변화에 발맞추어 재탄생하고 재인용되었다. 만화로는 도리야마 아키라의 《드래곤볼》을 첫손에 꼽을 수 있다. 1984년 《주간 소년점프》에 연재를 시작하여 장장 10년을 지속한 대작이다. 엄청난 인기에 힘입어 후지TV의 만화영화로도 제작되었고, 극장판 애니메이션까지 선보였다. 태평양 건너 할리우드에서는 실사 영화로도 만들었다.

국내에선 허영만의 만화 《미스터 손》(1989)이 먼저 떠오른다. KBS에서 방영되어 40퍼센트대의 시청률을 자랑했던 〈날아라 슈퍼보드〉(1990)의 원작이다. 손오공의 여의봉은 쌍절곤으로, 저팔계의 삼지창은 바주카포로 변형되었다. 사오정은 말귀를 못 알아먹는 한국적인 캐릭터로 분신하여 명랑만화의 성격을 가미했다. 《마법 천자문》도 빠뜨릴 수 없겠다. 이 어린이용 한자 교재 또한 손오공을 캐릭터로 활용하여 베스트셀러이자 스테디셀러로서 입지를 굳혔다. 《서유기》를 차용한 게임 또한 적지 않으니 가히 '원 소스 멀티 유즈'의 대표격이라 할 만하다. 견줄 만한 또 다른 고전으로는 《삼국지》가 유일하지 않을까 싶다.

실은 2015년, 중국에서도 '신서유기'가 돌풍을 일으켰다. 3D 애니메이션 〈서유기〉가 공전의 히트를 기록했다. 〈뮬란〉과 〈쿵푸팬더〉가 세웠던 기존의 흥행 기록을 모두 갈아치웠다. 〈뮬란〉도 〈쿵푸팬더〉도 중국의 문화유산을 할리우드에서 재치 있게 변주하여 재가공한 문화상품이었다. 마침내 중국에서도 자신들의 고전을 뉴미디어의 문화 콘텐츠로 재활용하기 시작한 것이다. 어쩐지 일대일로라는 국책의 동향과 전혀 무연해 보이지 않는다. 옛 길의 복원과 함께 고전의 현대화에도 불을 지핀 것이다. 유럽의 르네상스란 중국이 전수해준 인쇄술에 그리스 고전을 얹어 일으킨 것이었다. 이번에는 중국이 캘리포니아산 디지털미디어에 동방의 고전을 접목한다. 중국이 혁명의 단계를 지나 중흥의 단계로 들어서고 있음을 새삼 실감케 되는 것이다.

그런데 중국 문학사의 4대 명저로 꼽히는 《서유기》조차도 실은 재활용과 재창조의 산물이었다. 《서유기》는 명나라 작가 오승은吳承恩의 작품이다. 명대에는 인쇄산업이 호황을 구가했다. 농사보다 책장사가 훨씬 이문이 남았다. 출판 편집자가 신종 직종으로 각광을 받았다. 적기에 천 년 전 고전을 차용하고 재구성하여 《서유기》라는 희대의 '장르문학'을 창조했던 것이다. 그래서 원본과 원판부터 살펴보는 것이 순서에 맞겠다. 《서유기》에 앞서 '서역기'가 있었다. 현장 법사의 위대한 성지 순례기, 《대당서역기》이다.

현장의 위대한 성지 순례, 대당서역기

중국 신장웨이우얼 자치구에 위치한 투루판은 타클라마칸 사막의 북방에 자리한다. 사막은 내륙의 바다, 모래로 된 바다였다. 망망하고 막막하다. 끝이 가늠되지 않는다. 때때로 폭풍도 분다. 모래바람이 파도처럼 일어나면 한 치 앞도 내다볼 수가 없다. 기온마저 살인적이다. 한참 때는 섭씨 80도에 육박한다. 생지옥이 따로 없다. 고속도로를 달려도 수월치가 않다.

그런데 예로부터 이곳을 오고가는 사람들이 있었다. 낙타를 타거나 걸어서 다녔다. 상인들이었고, 교인들이었다. 유라시아의 물질과 정신의 교류를 촉진하는 매개자였다. 두 발로 모래바다에 비단길을 놓은 것이다. 중국과 이란, 인도는 그렇게 연결되었다. 그 꼭짓점에 투루판이 있었다.

투루판은 지금도 '세계도시'이다. 골목 구석구석에서 난Nan을 팔고

이슬람풍 정취가 물씬한 투루판의 바자르. 역사적으로도 투루판은 혼종 도시였다. 중원과 서역의 융합, '장안의 봄' 또한 이곳에서 출발했다.

있다. 중앙유라시아와 북인도에서 즐겨 먹는 일용식이다. 시장의 풍경도 동아시아의 장마당보다는 서아시아의 '바자르'*에 가깝다. 페르시아풍 양탄자가 널려 있고, 반짝이는 보석이 박힌 근사한 칼을 구할 수도 있다. 굳이 물건을 사지 않더라도 가게에 발만 들여도 차 한잔을 대접한다. 환대의 문화를 몸에 익힌 유목민의 기질이 남아 있다. 역사적으로도 투루판은 혼종 도시였다. 중원에서 이주한 중국인들과 사마르칸트 출신의 소그드인들이 모여 살았다. 중국인들은 이곳에서 먼저 호악胡樂을

* 이슬람 세계 특유의 시장. 거리의 양쪽으로 상점이나 공방이 길게 들어서고, 통로의 위쪽은 채광이나 통풍을 위해 구멍이 뚫린 둥근 지붕으로 덮여 있다.

듣고 호선무胡旋舞를 보았을 것이다. 소그
드인 또한 이곳에서 처음 중국 문화를 접
했을 것이다. 중원과 서역의 융합, '장안의
봄' 또한 이곳에서 출발했다.

현장 법사도 투루판을 지나지 않을 수
없었다. 천축으로 가는 관문이었다. 그러
나 당시의 당나라는 '대당제국'에 모자랐
다. 629년, 겨우 창업기였다. 태종 이세민
이 형제들을 살해하고 등극한 직후였다.
일종의 쿠데타였다. 즉위를 둘러싼 잡음을
없애기 위해서라도 관심을 밖으로 돌려야
했다. 대외 팽창 정책을 펼쳤고, 그 첫 목
표가 북방의 위협인 돌궐(투르크)이었다. 돌
궐에 대한 총공세를 감행하기 위해서 국
경에 비상령을 선포하고, 통행을 엄격하게
금지했다. 현장은 그 계엄령을 어기고 여

현장 법사. 별명이 '경전
상자'였을 만큼, 무거운 책
지게를 이고 있는 모습은 그의
상징이 되었다. ⓒbaidu

행을 감행한 것이다. 그를 이끈 것은 국법國法이 아니라 불법佛法이었기
때문이다. 장안을 몰래 빠져나온 그는 홀홀 단신으로 고비 사막과 기련
산맥(치롄 산맥) 사이에 난 하서회랑河西回廊을 걷고 또 걸었다.

복병은 고창국高唱國이었다. 고창국은 투루판에 자리했던 왕국이다.
당시 국문태麴文泰라는 한인漢人이 다스리고 있었다. 국왕은 현장에게
천축으로 가는 것을 포기하고 그곳에 남아 불법을 가르쳐줄 것을 요청
했다. 그러나 국법까지 어기고 고국을 떠난 마당에 청을 받아들일 리가
없었다. 단식까지 불사하며 뜻을 굽히지 않았다. 돌아오는 길에 다시 들
러 불법을 설파하겠다는 약조를 하고서야 여행을 재개할 수 있었다. 망

외의 소득도 없지 않았다. 4명의 사미승과 법복 30벌, 황금 100량과 은전 3만, 비단 500필을 제공받은 것이다. 게다가 돌궐의 군주들에게 전달하는 소개장까지 써주었다. 당시 투루판은 페르시아 세계의 동쪽 끝에 자리한 가한可汗의 동맹국이었다. 그의 소개장이 유목세계를 통과하는 일종의 '비자'가 된 것이다.

고창국을 출발한 현장은 타클라마칸 사막, 톈산天山 산맥을 가로지르고, 타슈켄트를 거쳐 아프가니스탄으로 들어갔다. 모래폭풍이 일고, 비바람이 불고, 눈보라가 몰아쳐도 '관음보살'을 되뇌며 전진을 거듭했다. 천신만고 끝에 천축에 도착한 현장은 인도의 전역을 두루 다니면서 각지의 불적佛跡을 탐방하고 고승들을 만나 토론을 벌인다.

약관 28세의 현장이 죽음을 불사하고 천축으로 향한 이유는 크게 셋이다. 첫째는 성지 순례이다. 불타佛陀가 나고 자란 성스러운 고장을 직접 방문하고자 했다. 둘째는 유학留學이다. 당시 중국에 전래된 불교는 중구난방이었다. 정확하고 엄밀한 번역이 부재했다. 마땅한 스승 또한 찾을 수 없었다. 그래서 본고장에서 불학佛學의 정초를 닦고자 했다. 무엇보다 그가 고뇌했던 철학적 난제는 '인간의 성불成佛 가능성'이었다. 과연 모두가 해탈에 이를 수 있는가? 만인이 불타가 될 수 있는가? 현장의 평생 화두였다. 그래서 불학의 메카였던 갠지스 강 근처 나란타那爛陀 사원에서 5년을 배우고 익힌 것이다. 유학생이었지만 불심에 터한 향학열은 발군이었다. 산스크리트어를 익혀서 원전을 독파하고 암송했다. 그를 유난히 아꼈던 고승들이 나란타에 머물러 학맥을 이어주기를 청했을 정도다.

그럼에도 현장은 귀국을 선택했다. 애당초 돌아오기 위한 출타였다. 천축행의 세 번째 이유가 바로 중생의 구제였기 때문이다. 중생을 널리 이롭게 하기 위하여 유학과 순례를 단행했던 것이다. 즉 소승보다는 대승이었다. 홀로 아라한阿羅漢*에 이르는 것으로는 족할 수가 없었다. 속세로 나아가 보살행을 실천해야 했다. 구법求法의 궁극적인 목적은 이 땅을 정토淨土로 전환시키는 변혁에 있었다. 그래서 달달 외운 불교 원전을 잔뜩 짊어지고 돌아온 것이다. 훗날 무거운 책 지게를 이고 있는 모습은 그의 상징이 되었다. 별명도 '경전 상자'[經筍], 당대의 '걸어다니는 사전'이었다.

귀국 후에도 방심할 틈이 없었다. 여생을 경전 번역에 헌신했다. 밤낮을 불문하고 촌음을 다투어 산스크리트어 원전을 한문으로 옮겼다. 그 전에는 한문에 능숙치 못한 서역인들이 주로 번역을 했다. 그래서 번역투가 심하고, 뜻 또한 명료하지 않았다. 현장으로 말미암아 비로소 제대로 된 한역漢譯 불경을 가지게 된 것이다. 그의 초인적인 집념으로부터 불교는 동아시아 정신세계의 거대한 지반을 이루게 된다.

그가 돌아온 해는 645년이었다. 장장 16년의 대장정은 전대미문, 전인미답이었다. 그의 귀국 소식에 온 장안이 들썩였다. 출국을 허락하지 않았던 당 태종마저 몸소 성대한 환영행사를 준비했다. 138개국의 생활상, 역사, 지리와 종교 등을 기록한《대당서역기》또한 수많은 설화와 전설을 파생시켰다. 대당제국 때 이미《대당삼장법사취경기》大唐三藏法師取經記나《대당삼장취경시화》大唐三藏取經詩話와 같은 민간 설화집이 등장했다. 이후 동아시아에서 맥이 끊어지지 않고 등장하는 '서유기'류의 원천이었다.

타클라마칸 사막의 북방에 위치한 투루판. 예로부터 이 거칠고 황막한 사막의 모래바다에 두
발로 비단길을 놓은 상인들이 있었다. 중국과 이란, 인도는 그렇게 연결되었고, 그 꼭짓점에
투루판이 있었다.

화염산 손오공, 그 성장과 성숙의 서사

화염산을 두 눈으로 직접 보았다. 투루판과 옛 고창국의 고성古城을 오가는 길에 길게 자리했다. 수직으로 파인 수많은 주름들로 이루어진 붉은색 산줄기가 기기하고 묘묘하다. 서역인들은 '붉은 산'이라는 뜻의 '키질 탁'Kizil Dağ이라고 불렀다 한다. 너무나 밋밋한 이름이다. 중국인들이 일컬었던 화염산火焰山이 훨씬 제격이다. 멀리서 보노라면 정말로 불꽃이 이글거리며 타오르는 느낌이다. 환상문학이자 탐험기이며 액션물이기도 한《서유기》의 무대로도 안성맞춤이다.

《서유기》의 주인공은 단연 손오공이다. 구미에서《서유기》를 번역할 때 원숭이를 제목으로 내세웠을 만큼('Monkey King') 존재감이 압도적이다. 캐릭터가 살아 있다. 마력에다 마법까지 겸비한 다재다능한 말썽꾸러기다. 흥미로운 점은 인도에도 원숭이 형상의 장수將帥 하누만이 있다는 것이다. 힌두교의 대서사시〈라마야나〉*에 등장하는데, 주인공 라마 왕자를 돕는 장수가 바로 하누만이다. 지금은 코끼리 머리 형상을 한 힌두교 신 가네샤와 쌍벽을 이루는 인도의 대표적인 캐릭터가 되었다. 《서유기》가 중국을 중심으로 동아시아에서 널리 애독되었다면,〈라마야나〉는 인도를 중심으로 남아시아에서 높은 인기를 누렸다. 라마와 삼장, 하누만과 손오공은 신기하리만큼 닮았다.

그래서 손오공과 하누만의 상관관계에 대해 학계의 설이 분분한 모양이다. 하지만 손오공이 하누만을 차용한 것인지를 따지는 게 그리 중요해 보이지는 않는다.《서유기》가《대당서역기》를 바탕으로 하고 있음을 염두에 둔다면, 불교 설화나 인도 신화가 삽입되는 것은 자연스럽기

---

* 고대 인도의 대서사시. 제목은 '라마가 나아간 길'이란 뜻으로, 코살라 왕국 라마 왕자의 파란만장한 무용담을 담고 있다. 산스크리트어로 기록되었으며,〈마하바라타〉와 더불어 세계 최장편의 서사시로 알려져 있다.

까지 하다. 중국과 인도, 불교와 도교 등 지역과 시대를 넘나드는 멀티 소스를 하나의 서사로 집대성한 작품이라고 간주하는 편이 온당할 것이다. 창작創作을 과도하게 추키는 것도 근대의 편견이다. 술이부작述而不作의 태도는 동방의 오래된 미덕이었다.

배경보다 더 인상적인 것은 서사의 궤적이다. 《서유기》는 크게 세 부분으로 나뉜다. 손오공의 탄생과 천궁에서의 소동이 1부라면, 삼장 법사의 생애를 설명하는 부분이 2부이다. 그리고 삼장 법사가 손오공, 저팔계, 사오정 등을 제자로 삼아 서역으로 여행하는 이야기가 3부를 구성한다. 백미는 단연 3부이다. 분량 면에서도 8할을 넘는다. 고로 《서유기》는 손오공이 삼장을 만난 이후에 전개되는 성장과 성숙의 서사라고 할 수 있다. 손오공은 바윗돌에서 태어나 동물로 살아가다가 수련을 통해 막강한 힘을 얻지만, 정작 그 능력을 통제하지 못하고 요마가 된다. 그러다 서역 여행을 통해 다른 요괴를 물리치는 역할을 수행하면서 '덕성'德性을 몸에 익혀가는 것이다. 탁한 기운을 맑게 가꾸고, 거친 기질을 어질게 길들여간다.

성장과 성숙의 서사는 공간적 기표로도 분류된다. 《서유기》는 천계-지상-하계로 삼분되어 있다. 천계는 신성한 공간이다. 하계는 욕망이 들끓는 원초적 공간이다. 지상은 천계와 하계 사이의 세속이다. 정신분석학적으로도 읽힌다. 하계가 무의식이라면, 지상은 의식의 세계이다. 그리고 천계는 자아를 넘어선 진아眞我의 여여한 경지라 할 수 있다. 즉 《서유기》는 그 자체로 존재의 근원으로 진입하는 구도求道의 여정이다. 수성獸性을 거두고 인성人性을 획득하여 신성神性에 이르는 득도得道의 과정이다.

그래서 손오공은 '반영웅적 영웅'이다. 멀리는 헤라클레스부터 가깝게는 할리우드의 슈퍼히어로와는 전혀 다른 영웅상을 제시한다. 압도적

붉은색 산줄기가 마치 불꽃이 이글거리며 타오르는 듯 기기묘묘한 화염산. 환상문학이자
액션물이기도 한《서유기》의 무대로는 그야말로 안성맞춤이다.

인 괴력으로 세상을 홀로 구해내는 것이 아니라, 그 힘을 통제하고 절제
함으로써 깨달음에 이르는 것이다. 힘을 발산하기보다는, 수행을 통하
여 각성하고 덕화시킨다. 무武를 문文으로 감싸 안기, 중국의 쿵푸와 인
도의 요가에 담겨 있는 '아시아적 가치'가 손오공의 성장기에 투사되어
있는 것이다.

고로《서유기》는 선이 악을 이기고 재난에 처한 세계를 영웅이 구해
낸다는 천진난만한 아동물이 아니다. 몸의 통제와 마음의 절제, 도덕의
수련을 역설하는 심오한 성인물이다. 과연 인간이 불타가 될 수 있는
가? 남Being(존재)에서 됨Becoming(생성)으로 거듭날 수 있는가? 현장 법
사의 일생의 화두가 천 년 후 SF소설에도 면면히 계승되고 있는 것이
다. 원본이, 근본이 중요한 까닭이다.

힌두교의 대서사시 〈라마야나〉에도 원숭이 형상의 장수 하누만이 등장한다. 《서유기》가 중국을 중심으로 동아시아에서 널리 애독되었다면, 〈라마야나〉는 인도를 중심으로 남아시아에서 높은 인기를 누렸다. 라마 왕자와 삼장 법사, 하누만과 손오공은 신기하리만큼 닮았다.

여반장의 죽비를 내리치다

근대의 여행기는 대개 선교Mission이다. 처음에는 천주天主를 전파하고, 나중에는 민주民主를 설파했다. 그래서 정복과 전복(Regime Change)이 일관된 서사였다. 문명화, 근대화, 민주화를 복음처럼 외웠다. 작품으로도 반영되었다. 멀리는 《로빈슨 크루소》부터 《톰 소여의 모험》, 《허클베리 핀의 모험》을 지나 〈인디애나 존스〉까지 흡사하다. 독립된 개인을 드높이고, 자아와 자유를 극대화한다. 자아의 극복이 아니라 자아의 실현이 서사의 축이다. 그래서 자신의 과거는 중세라는 암흑기로 가두고, 남의 과거와 현재는 야만으로 접수해갔다.

전혀 근거가 없지는 않았다. 계몽의 빛에 터하고 있었다. 그래서 더더욱 오만과 편견이 자라났다. 이성을 맹목하고, 과학을 맹신했다. 자성自省이 부족했다. 무지와 아집이 맹위를 떨쳤다. 서부 개척의 대서사는 구도와 득도를 구했던 《서유기》와는 전혀 다른 세계관의 소산이었다.

손오공이 이성과 계몽의 단계에 머물 때도 있었다. 그의 여의봉如意棒은 뜻대로, 자유자재로 늘고 준다. 구름(근두운筋斗雲)을 비행접시처럼 타고 다니기도 한다. DNA 복제술도 탁월하다. 털을 뽑아 수많은 분신을 만들어낸다. 생명과학과 기계공학의 총아이다. 그럼에도 날고 뛰어봤자 부처님 손바닥 안이다. 아무리 빼어난 능력을 가졌다 해도, 과학이 아무리 발달한다 해도, 인간이라는 근원적인 한계, 그 원초적인 고뇌를 벗어나지 못한다. 이성에 대한 과신, 과학에 대한 맹신, 계몽의 서사를 일거에 허무는 격몽擊蒙의 죽비를 내리친다. 이 통쾌하고도 의미심장한 한판 뒤집기의 상징이 바로 여반장如反掌이다. 반전시대의 메타포로 삼아도 조금도 모자람이 없는 기가 막힌 아이템이다.

소승에서 대승으로 가는 길에 《대당서역기》가 있었다. 에고Ego에서 참나[眞我]로 가는 길에 《서유기》가 있었다. 동방에서 서방으로 길을 떠나는 까닭은 늘 도道를 구하기 위해서였다. 새 천년, 신세기, 새 길을 내는 새 역사 또한 구도와 득도와 무관해서는 곤란할 것이다. 왕도王道의 실현이 없다면 일대일로 또한 손바닥 뒤집기[如反掌], 말짱 도루묵에 불과할 것이다.

032

대장정, 중국의 길

중국은 패권국이 아닌
'책임대국'으로 거듭날 수 있을까?

두 개의 대장정

중국의 서부가 20세기 내내 적막했던 것은 아니다. 도리어 결정적인 분수령이었다. 옌안延安과 시안西安, 충칭重慶은 각기 현대사의 핵심 현장이었다. 다만 차이는 있었다. 서역으로 가는 옛 길이 구도求道의 여정이었다면, 서부로의 새 길은 구국救國의 행군이었다. '대장정'이 그것이다.

중국공산당의 출발은 1921년 상하이였다. 태평양과 장강(양쯔 강)이 만나는 국제도시에서 첫 깃발을 들었다. 그러나 장제스가 눈엣가시로 여겼다. 국공 합작을 선도했던 쑨원이 숨을 거두자 공산당 탄압으로 돌아섰다. 중국공산당이 밀리고 밀려 끝내 옌안까지 쫓겨간 해가 1935년이다. 국민당의 거점이었던 난징으로부터 멀찍한 곳을 찾았던 것이라고만 여겼는데, 근방에서 살피니 또 다른 이유가 짐작이 간다.

서북은 소련과 가까웠다. 북쪽의 몽골은 이미 아시아 최초의 공산주의 국가, 소련의 위성국이었다. 서쪽의 신장 또한 소련이 지원하는 군벌하에 있는 '동투르키스탄'에 가까웠다. 몽골과 신장을 배후지로 삼아 와신상담을 도모하기에 제격이었던 것이다. 지리地理를 지리地利로 활용한 셈이다. 그럼에도 대장정의 실상이란 참담한 것이었다. 최초의 8만 명 중 최후까지 살아남은 이가 7천 명에 불과했다. 그들 또한 토굴 살림을 견뎌야 했다. 최후의 승리자가 되었기에 붉은 신화로 보정되고 윤색될 수 있었다.

그런데 붉은 대장정만 있었던 것이 아니다. 국민당 또한 대피난을 면할 수 없었다. 공산당이 국민당을 피해서 떠난 것이라면, 국민당은 일본을 피해서 거점을 옮겨야 했다. 1937년 7월, 일본의 침략으로 중일전쟁이 발발했다. 일본은 베이징, 톈진, 상하이를 차례로 점령하고, 그해 12월에는 중화민국의 수도 난징까지 점령해 무고한 시민 수십만을 잔인하게 살육했다. 결국 국민당은 1937년 11월 25일, 난징에서 충칭으로 천도한다. 장강을 따라서 1,500킬로미터 떨어진 내륙으로 중화민국 정부 자체가 피신한 것이다.

상하이 전투와 난징 대학살은 치명적인 피해였다. 1937년 8월부터 11월까지 약 3개월 동안 벌어진 상하이 전투는 스탈린그라드 전투에 비견될 만큼 치열한 싸움이었다. 중화민국과 일본제국 양국의 정예부대가 총력전을 펼쳤다. 뒤이어 그해 12월부터 이듬해 2월까지 난징에서 벌어진 강간과 학살의 비극 또한 상하이 대전투와 무관치 않다. 지금껏 경험 못한 중국의 결사항전에 일본군도 제정신이 아니었다. 난징은 1927년부터 중화민국의 수도였던 곳이다. 국민당이 추진하는 근대화 프로젝트의 총본산이었다. 식민도시 상하이와는 다른 중국적인 근대 도시를 선보이고자 했던 곳이다. 베이징에 있는 천단天壇과 워싱턴에 있는 국회의사당을 결합한 국민당 당사부터가 20세기 초의 중국몽을 상징한다. 그 난징의 꿈이 산산조각이 나면서 충칭으로 대장정을 떠난 것이다.

즉 1937년의 충칭을 기억하는 것은 대장정에 대한 인식의 좌편향을 교정하는 데 공헌한다. 더불어 2차 세계대전에 대한 '올바른' 역사 인식에도 기여한다. 2차 세계대전은 1939년 독일의 폴란드 침공에서 시작된 것이 아니다. 1937년 아시아에서, 더 정확히는 중국에서 시작되었다. 중일전쟁이 2차 세계대전의 출발이었다. 그래야 유럽과 태평양에 편중된 영·미 중심의 역사 기억도 바로잡을 수 있다. 2차 세계대전의 주역은 명명백백 소련과 중국이다. 유럽에서는 소련이 독일을 물리쳤고, 아시아에서는 중국이 일본을 버텨냈다. 그래서 2차 세계대전 승리 70주년이었던 2015년에 러시아와 중국이 가장 성대하게 기념행사를 열었던 것이다. 둘 중에서도 중국은 가장 오래 전쟁을 치른 나라이고, 가장 많은 사람이 죽은 나라이며, 가장 많은 피난민이 발생한 나라다. 8년간 전역이 초토화되었다. 곳곳이 쑥대밭이고, 처처가 잿더미였다.

미국이 참전한 것은 1941년 일본의 진주만 공습 이후다. 중국보다 4년이나 늦다. 그 4년간 영국도, 미국도 수수방관했다. 관심은 유럽이었지 아시아가 아니었다. 중국은 홀로 싸워야 했다. 그래서 진주만을 유독 강조하는 것도 편향된 기억이다. 게다가 일본은 당일 하와이로만 출격한 것이 아니다. 1941년 12월 7일, 일본군은 태국 진주부터 시작했다. 30분 후에는 말레이 반도로 진격했고, 그 한 시간 후에 진주만 공습이 단행되었다. 그로부터 두 시간 후에는 싱가포르 폭격이, 한 시간 후에는 괌에도 상륙했다. 여섯 시간 후에는 필리핀의 클라크 공군기지도 폭격했다. 보르네오와 자바, 수마트라로도 출전했다. 그날 히로히토 천황은 하루 종일 해군 제복을 입고 있었다. 대륙에서 해양으로, 유라시아에서 태평양으로 전선이 전환된 것이다. 이 노선 변경에 소련(+몽골)과 일본(+만주국)이 다투었던 할힌골 전투(1939)가 있었음은 앞에서 다룬 바 있다.

1942년 5월까지 일본은 파죽지세였다. 유례없는 속도로 제국의 판

1937년 8월부터 11월까지 약 3개월 동안 벌어진 상하이 전투는 스탈린그라드 전투에 비견될
만큼 치열한 싸움이었다. 중화민국과 일본제국 양국의 정예부대가 총력전을 펼쳤다. ⓒ baidu

난징 대학살. 1937년 12월, 일본은 중화민국의 수도 난징까지 점령해 무고한 시민 수십만을 잔인하게 살육했다. ⓒbaidu

도를 넓혀갔다. 함선 하나 잃지 않고 피지와 사모아까지 점령해서 미국과 호주의 연결망까지 끊어냈다. 태평양에 산재한 영국, 미국, 프랑스, 네덜란드 등 구미 제국주의를 몽땅 몰아낼 태세였다. 그래서 아시아의 해방을 천명하는 '대동아전쟁'을 선포했던 것이다. 따지고 보면 하와이도 독자적인 왕국에서 미국에 복속된 지 얼마 되지 않은 시점이었다. 베트남의 호찌민, 버마(미얀마)의 아웅산, 인도네시아의 수카르노 모두 대동아의 남양南洋 진출에 환호했다. 조선과 대만, 만주에서는 친일문학이 쏟아져나왔다.

친일親日의 기운과 대동아의 기세가 아시아를 휘감고 있을 때, 항일의 최전선에 서 있던 이가 바로 장제스였다. 대동아전쟁이 본격화된 이후에도 일본의 주력군은 여전히 중국에 머물러 있었다. 달리 말해 중화민국이 육박전을 벌이며 대일본제국의 진격을 버텨내고 있었다. 일본의 선봉대가 영국령 인도까지 쳐내려가지 못하고 버마에서 멈춘 것도 국민당군의 저항 때문이다.

그 항일의 최후 보루가 충칭이었다. '자유중국'이라는 표상 또한 군국주의 일본에 저항한다는 의미로 충칭에서 처음 내세운 것이다. 그 '자유중국'을 찾아서 수백만이 쓰촨 성四川省으로 피난하고 이주했다. 대한민국 임시정부 또한 충칭으로 이전했다. 순식간에 '중화민국의 축소판'이 된 것이다. 그래서 일본 역시 충칭에 폭격을 집중시켰다. 충칭 시민들은 방공호의 공포에서 자그마치 8년을 떨어야 했다. 강산이 한 번 바뀔 만큼의 인고의 세월이었다. 이제는 옌안만큼이나 충칭을, 아니 옌안보다 충칭을 '항일의 수도'로서 더 기려야 할지 모른다. 역사 바로 세우기다.

남북전쟁과 중일전쟁

장제스는 일본을 저지했지만, 정작 중국을 차지한 것은 마오쩌둥이었다. 제국일본의 패망과 중화민국의 쇠락 속에서 중화인민공화국이 일어선 것이다. 즉 중일전쟁의 이면에 중국 내전이 내연하고 있었다. 아니, 중일전쟁으로 말미암아 중국 내전의 향방이 달라졌다고도 할 수 있다. 제국일본이 신중국 건설의 일등공신이 되는 커다란 역설이 일어난 것이다.

장기적인 지평에서 접근할 필요가 있다. 대청제국이 무너졌다. 밖으로는 제국주의가, 안에서는 군벌주의가 기승을 부렸다. 중국은 사분오열, 구분십열로 갈라졌다. 곳곳에서 지방 군벌이 난립했고, 외세와 결탁한 매국노도 적지 않았다. 전형적인 난세의 혼돈이 펼쳐진 것이다. 신해혁명(1911) 이후 중국에서 전개된 내란과 내전은 그 규모와 기간 면에서 '유럽 내전'이었던 1차 세계대전을 훨씬 능가한다.

중국 내전의 균열선은 서북과 동남으로 크게 갈라졌다. 사실상의 남북전쟁이었다. 동남을 발판으로 중국 재통일의 선두에 섰던 세력이 국민당이다. 쑨원은 광둥에 거점을 두고 민족, 민권, 민생이라는 삼민주의를 제시했다. 그러나 창업과 개국은 이념만으로 되는 것이 아니다. 무력이 절실했다. 그래서 세운 것이 황포군관학교(1923)다. 근대적인 군대를 확보해야 군벌들을 복속시킬 수 있었다.

장제스가 왕징웨이汪精衛를 제치고 후계자가 된 것도 그가 무인이었기 때문이다. 삼민주의의 적통을 내세운 왕징웨이가 이론가라면, 장제스는 사령관이었다. 황포군관학교의 설립과 지휘를 주도함으로써 중화민국의 최고 실력자로 부상한 것이다. 남중국을 평정한 다음에는 북중국 수복이 지상 과제가 되었다. 이른바 '북벌'北伐이다. 1928년 베이징北京을 접수하고 이름을 '베이핑'北平으로 고쳤다. 12월 31일, 장제스는 수도 난징南京에서 중국 재통일 완성을 선언한다.

그러나 성급한 주장이고, 과장된 언명이었다. 당장 수도를 난징으로 삼은 것부터가 북중국에서의 약세를 반영한다. 장제스는 북경어를 능숙하게 구사하지 못했다. 북중국 군벌들과 접견할 때는 항상 통역을 대동했다. 북중국에서는 '동북의 풍운아' 장쉐량張學良(1901~2001)을 비롯한 군벌들의 입김이 여전했다. 실은 남중국에서도 장제스는 철권을 행사하지 못했다. 쓰촨과 윈난, 광시 성 등 서남부 또한 독자성이 여실했다. 군벌주의를 일소했다기보다는 장제스 아래 재배치한 것에 불과했다. 난징의 구심력이 약해진다면 언제라도 재분열할 수 있는 미봉책에 그쳤던 것이다.

이 중국의 남북전쟁에 깊숙이 개입해 들어온 세력이 일본이다. 거점은 북방의 동쪽, 만주였다. 남중국을 통일한 중화민국과, 북중국의 동편을 떼어간 제국일본이 길항했다. 난징南京과 도쿄東京의 대결, 북벌과 남진의 충돌은 시간문제였다. 그러나 만주국이 세워진(1932) 이후에도 중일전쟁이 당장 일어나지는 않았다. 장제스는 일본과의 전면전보다는 내전에 집중했다. 그중에서도 공산당 토벌에 총력을 기울였다. 내부 단속부터 해야 일본과 맞설 수 있다고 여겼다. 일리가 없지 않았다. 그는 지방 군벌도 아니고, 공산당 같은 소수파도 아니었다. 도쿄를 방문한 경험도 있는 장제스는 일본의 군사력도 익히 알고 있었다. 시간을 벌어 실력부터 축적하자는 대계大計는 합당한 면이 없지 않았다.

이이제이以夷制夷는 장제스가 즐겨 구사하는 전략이었다. 만주국 건국으로 동북을 상실한 장쉐량을 서북으로 보냈다. 옌안에 터를 잡은 공산당의 마지막 숨통을 끊어버릴 작정이었다. 지방 군벌을 공산당 토벌의 최전선에 투입함으로써 정적 제거와 군벌 약화의 이중 효과를 노린 것이다. 헌데 장쉐량이 공산당에 패하는 낭패가 일었다. 일본의 남진으로 장쉐량은 퇴로마저 차단되었다.

장쉐량은 진퇴양난의 출로를 북방에서 찾았다. 소련에 접근했다. 자신의 무력과 소련의 지원으로 서북에 독립국가를 세우자고 유혹했다. 몽골(인민공화국)과 신장(동투르키스탄)과 유사한 형태의 위성국을 제안한 것이다. 그러나 스탈린은 무리수를 두지 않았다. 일본의 유라시아 진출을 저지하기 위해서라도 장제스의 건재가 필요했기 때문이다. 중화민국을 더욱 약화시키는 것은 자칫 소련에도 패착이 될 수 있었다. 일본의 북진을 막기 위해 중화민국을 방파제로 활용하는 책략은, 미국의 북진을 염려하여 중화인민공화국을 이용했던 한국전쟁에서도 반복되었다.

장쉐량은 다시 기지를 발휘한다. 국공 합작에 기반한 항일 통일전선의 구축이라는 묘수를 낸 것이다. 국민당과 공산당이 협력해야만 본인도 살 길이 열릴 수 있었다. 만주의 패자였던 그로서는 일본이 주적일 수밖에 없었다. 심지어 아버지 장쭤린張作霖을 죽인 원수의 나라이기도 하다. 그리하여 '시안 사건'(1936)이라는 돌발 사태가 발생한 것이다. 일개 군벌이 국가의 최고 지도자(장제스)를 납치하고 감금한 후 협박하는 충격적인 일이었다.

장쉐량은 장제스에게 공산당 소탕을 멈추고 연합전선을 구축하여 항일전쟁에 나설 것을 요구했다. 총통이 사살될 것인가, 풀려날 것인가. 2주간 전 세계의 이목이 변방의 고도, 시안에 집중되었다. 장제스가 석방된 날은 12월 25일, 성탄절이다. 국공 합작을 수용한 장제스가 구세주처럼 보였다. 중국 전역이 환호했다. 항일 민족주의가 전국적으로 고취되었다. 마침내 단일대오가 형성됨으로써 중일전쟁이 본격화되었다.

중일전쟁(1937)은 대청제국 붕괴 이후 분열을 거듭하던 중국에 단일한 정체성을 부여하는 결정적인 계기가 되었다. 현대 중국은 남/북, 좌/우를 막론하고 항일抗日에 근거해 재탄생한 것이다. 중일전쟁은 청일전

1936년 시안 사건 당시 체포된 장제스(앞줄 가운데)와 국민당 고위 간부들. 장제스가 국공 합작을 수용함으로써 마침내 중국은 항일 단일대오가 형성되었다. ⓒ baidu

쟁(1894)과도 성격을 달리했다. 청일전쟁이 제국주의 대 제국주의의 전쟁이었다면, 중일전쟁은 제국주의 대 반제국주의의 전쟁이었다. 현대중국이 역사적인 도덕성을 확보하는 데 중일전쟁이 있었던 것이다. 그래서 2차 세계대전이 종식된 1945년 이후 중국은 미국, 영국, 소련과 더불어 '빅4'로 대접받는다. 전후 질서의 기틀이 된 유엔의 상임이사국에도 유일한 아시아 국가로 참여할 수 있었다. 아편전쟁 이후 백 년 만의위상 회복이었다. 1945년 8월 15일 오전 10시, 장제스는 예수와 쑨원을호명하며 국민혁명의 역사적 과업을 마침내 완수했다는 특별담화를 발표한다. 그의 목소리는 옅게 떨렸다. 감격스러웠을 것이다.

그러나 이번에도 성급했다. 공공의 적이 물러나자 국/공은 재차 분열했다. 게다가 역학 구도 또한 크게 달라져 있었다. 국민당은 일본과의총력전 속에서 약화된 반면 공산당은 그동안 크게 성장했다. 대장정의홍군紅軍은 북중국의 팔로군八路軍과 남중국의 신사군新四軍으로 발전해있었다. 이들의 주된 역할은 항일전쟁이 아니었다. 일본군과 국민당군

1949년 10월 1일, 톈안먼 광장에서 중화인민공화국 수립이 선포된다. 신해혁명 이래 40여 년 지속된 난세를 평정하는 대일통의 과업, 즉 천명을 중국공산당이 완수한 것이다. ⓒbaidu

이 싸우고 떠난 자리에 들어가 마을을 재건하고, 인민을 동원하고, 농촌을 조직하는 데 더 능숙했다. 그래서 중일전쟁 동안 군사력이 소진된 것이 아니라 갈수록 세를 늘려갔던 것이다. 1937년 중일전쟁 당시 4만 명에 그쳤던 공산당원은 1945년 270만 명으로 증가했다. 팔로군과 신사군도 130만 명에 육박하는 대군이 되었다.

　서북의 오지奧地에서 기사회생한 공산당은 동북의 대지大地에서 대역전의 발판을 마련한다. 일본이 떠나간 만주가 국공내전의 주 무대가 된 것이다. 만주는 일본 본토를 제외하고 아시아에서 가장 산업화된 곳이었다. 북중국에 거점을 둔 마오쩌둥에게도 사활적인 장소였다. 다시금 지리地理가 공산당에 유리했다. 만주의 북쪽에는 소련이, 서쪽에는 몽골이 자리했고, 남쪽에는 갓 북조선이 들어섰다. 만주 벌판이 어느덧 소비에트의 바다에 둘러싸여 있던 것이다.

만주에서 국민당을 제압한 공산당은 일사천리였다. 만리장성을 넘고, 황하를 건너고, 장강마저 넘었다. 장강을 따라 충칭으로 피신했던 장제스는 이제 바다 건너 대만으로 패주했다. 상상하기 힘들었던 일대 역전패였다. 타이베이로 향하는 길 위에서 그의 억장은 무너졌을 것이다.

1949년 10월 1일, 톈안먼 광장에서 중화인민공화국 수립이 선포된다. 수도는 재차 베이징이 되었다. 정권의 교체가 아니라 국가의 교체, 새로운 건국이었다. 신해혁명 이래 40여 년 지속된 난세를 평정하는 대일통의 과업, 즉 천명天命을 중국공산당이 완수한 것이다. 어쩐지 기시감이 인다. 17세기 일본이 중원의 명나라를 흔들자, 동북의 만주족이 중국을 접수하고 대청제국을 세운 역사가 있었다. 20세기에는 대일본제국이 중화민국에 타격을 가함으로써 변방의 공산당이 중화인민공화국을 세운 것이다. 즉 20세기에도 중국은 중세에서 근대로 진보를 경주한 것도 아니고, 좌/우의 세력 교체를 경험한 것도 아니다. 누천년 일치일란—治—亂의 중국적 순환Chinese Cycle을 다시 한 번 반복했을 뿐이다.

중국의 길, 21세기의 대장정

중화인민공화국의 탄생은 미국도 소련도 원치 않던 바였다. 미국은 응당 비공산주의 중국의 지속을 원했다. 장제스가 마땅치는 않지만 국민당을 계속 지원했던 까닭이다. 소련도 거대한 붉은 중국의 등장을 바라지 않았다. 스탈린은 장강에서 진격을 멈추고 북중국에 족하라고 요구했다. 남/북 분단을 꾀함으로써 동독이나 북조선 같은 또 다른 위성국을 만들고자 했다. 그러나 마오쩌둥은 아랑곳하지 않았다. 1950년에는 최남단 하이난 섬海南島과 최서단 신장까지 복속시켰다. 1951년에는

충칭 시 전경. 2차 세계대전의 주역은 명명백백 소련과 중국이다. 유럽에서는 소련이 독일을
물리쳤고, 아시아에서는 중국이 일본을 버텨냈다. 특히 중국은 8년간 전역이 초토화되면서 가장
오래 전쟁을 치른 나라이고, 가장 많은 사람이 죽은 나라였다. 그리고 그 항일의 최후 보루가
충칭이었다.

티베트 고원까지 접수했다. 외몽골을 제외하면 대청제국의 영토를 거의 복구한 것이다. 주체 노선의 실현이었고, 자력갱생의 성공이었다.

자력갱생의 기원이 옌안에 있다. 대장정이라는 고난의 행군 속에서 프랑스와 소련 유학파들은 떨어져 나갔다. 토박이 마오쩌둥이 카리스마를 확립했다. 충칭의 장제스가 전장을 진두지휘할 때, 옌안의 마오쩌둥은 토굴에서 독서하고 사색하고 집필했다. 베이징대학 사서 출신이었던 그의 지적 재능이 폭발적으로 만개한 것이다. "권력은 총구에서 나온다"고 말한 장본인이지만, 정작 그는 글을 쓰고 말을 하는 사상가에 가까웠다. 〈모순론〉과 〈실천론〉, 〈신민주주의론〉 등 마오 사상의 핵심이 되는 문건들이 모두 이 시기에 발표된 것이다. 냉전기 신중국이 과시했던 독자 노선의 바탕 또한 이 사상적 독립에 있었다고 하겠다.

비운의 장제스가 눈을 감은 해가 1975년이다. 천운의 마오쩌둥도 1976년 세상을 졌다. 두 거인이 삶을 다함으로써 한 시대가 저물었음이 확연해졌다. 새 천년 충칭에 장제스 기념관이 들어섰다. 그가 항일전쟁을 이끌었던 관저가 박물관으로 복원된 것이다. 장제스는 세계에서 가장 큰 나라를 20여 년이나 이끌었던 정치 거물이자, 항일전쟁의 영웅이다. 마땅한 대접이다. 대중문화에서도 변화의 기운이 여실하다. 2015년 중국 CCTV에서 방영된 항일전쟁 특집 드라마들은 공산당 일색이었던 왕년과는 확연히 다른 모습이었다. 좌편향을 탈색함으로써 상하이 전투, 난징 대학살, 충칭 대공습 등 그간 국민당의 역사라며 대륙에서 삭제되었던 중일전쟁의 기억들이 차근차근 복원되고 있었다.

중일전쟁의 기억 재편이 중요한 것은 두 가지 이유 때문이다. 첫째는 대륙과 대만, 양안 간 화합과 직결된다. 항일전쟁 승리 70주년이었던 2015년에 중화인민공화국의 주석 시진핑과 중화민국의 총통 마잉주馬英九가 최초로 회합한 것도 우연만은 아니지 싶다. 국민당도 공산당도 항일抗日로 하나이다. 그런데 마잉주의 직책이 국민당 주석이 아니었다는 점을 눈여겨볼 필요가 있다. 과거의 '국공 합작'에서 한발 더 나아갔다. 양당의 합작이 아니라 양국의 화합이다. 중화민국과 중화인민공화국이 대통합으로 가는 또 다른 대장정의 출발인 것이다. 아무래도 우리는 이번 세기 중에 '中華國' 혹은 '中國'을 국명으로 삼는 통일국가의 출현을 목도할지 모른다.

더 중요한 것은 세계 속의 중국의 위상과 역할 조정이 항일전쟁의 기억과 밀접하게 연동되어 있다는 점이다. 중국은 갈수록 항일전쟁보다는 '항일 반파시스트 전쟁'이라는 명명을 선호하고 있다. 일본이라는 특정 국가에 대한 항전이 아니라, 제국주의와 전체주의라는 반인류적·반세계적 조류에 대한 저항으로 자리매김하는 것이다. 즉 세계적인 공헌이 필요할 때 중국은 전심전력을 다해 그 몫을 수행했던 바이다. 그 역사의 환기로부터 '책임대국'이라는 최신의 국책 담론을 도출하는 것이다. 덤으로 역사를 직시하지 않는 일본은 물론이요, 그 일본을 거들고 부추기는 미국과도 대비시키는 효과를 노리고 있다. 즉 '책임대국'을 표방하는 중국은 일본이나 미국과 같은 20세기형 '강대국'을 추구하지 않는다. 무력에 의존하여 패도를 행사하는 패권국이 아니라, '왕도의 근대화'를 도모한다.

20세기의 대장정이 21세기의 일대일로와 접속하는 연결고리가 바로 여기에 있다. 20세기의 대장정이 구국救國이었다면, 21세기의 대장정은 구세救世이다. 자본주의 세계체제를 반복하느냐 개조하느냐의 갈림길에 일대일로가 있는 것이다. 중국이 미국을 복제하면 인류의 장래가 암담해진다. 고도성장이 예외적으로 지속된 20세기에는 자유주의와 민주주의를 구현한 미국이 인류의 문명을 이끌고 갈 수 있었다. 그러나 저성장 혹은 탈성장의 '신상태'New Normal로 되돌아가는 21세기에는, 고전 문명의 정수였던 중국이 새로운 문명의 표준을 제출하는 막중한 사명감을 지닌다.

과연 중국이 패권의 교체가 아니라 문명의 교체를 선도하는 '책임대국'으로 거듭날 수 있을 것인가. 그 실상과 여부를 가늠해보기 위해서라도 조금 더 서쪽 깊숙이 들어가기로 한다. 자치구 성립 60주년을 맞이한 신장新疆이다.

033

서부로 오라!

와일드 와일드 웨스트, 신장위구르의
중국화와 세계화

제국의 순환, 고금의 쟁투

신장은 크다. 중국의 6분의 1이다. 한국의 17배, 한반도의 8배다. 유럽
의 절반이다. 영국, 프랑스, 독일, 이탈리아, 오스트리아, 스위스를 합친
것보다 넓다.

신장은 멀다. 중국의 최서북단이다. 비행기를 타도 베이징에서 4시
간, 상하이에서는 5시간이다. 중국의 한복판인 시안에서 버스를 타면
우루무치까지 꼬박 하루가 걸린다.

신장은 걸다. 산맥과 사막으로 험하다. 북에는 톈산天山이, 남에는 히
말라야가 우뚝하고, 사이로는 고비 사막과 타클라마칸 사막이 광활하게
펼쳐진다. 설산雪山과 모래밭의 공존은 대기의 운동에도 영향을 준다.
눈보라와 모래바람이 동시에 일고, 더위와 추위가 하루에도 수차례 변
덕을 부린다. 그래서 예로부터 사람은 드물었다. 지나는 사람들이 머무
는 사람보다 많았다. 드문드문 눈이 녹아 물이 고이는 곳에 풀과 나무가

자랐고, 옹기종기 오아시스가 생겨났을 뿐이다.

신장은 낯설다. 중국의 '와일드 와일드 웨스트'Wild Wild West, 왕년에는 '서역'이라 불렸다. '西域'서역을 '新疆'신장이라 고쳐 부른 것이 18세기다. 이곳을 정복하고 대청제국에 편입시킨 건륭제가 '새로운 강역'이라는 뜻에서 새 이름을 붙인 것이다. 즉 신장은 200년이 조금 넘은 최신 용어다.

그러나 어디까지나 중국의 시각이다. 서역도, 신장도, 중원의 관점이다. 유라시아의 지도를 활짝 펼치면 신장은 변방이 아니라 중심, 한복판에 자리한다. 문명의 물결 또한 주로 서쪽에서 밀려왔다. 2천 년 이란계와 투르크계가 유목문명을 꾸렸고, 1천 년 이슬람의 바람이 강하게 불었다. 서쪽에서는 이란-이슬람 문명이, 남쪽에서는 인도-티베트 문명이, 북쪽에서는 유목민들의 정치군사적 압력이 신장의 역사를 주조한 것이다. 이에 반해 동쪽의 중국은 간헐적이었다. 이 유라시아의 동서 길항을 역전시킨 왕조가 바로 대청제국이다.

그럼에도 여전히 크고 멀며, 험하고 설었다. 신장에 '성'省을 설치하고 중국식 제도의 도입을 시도한 것이 19세기 말이다. 피치 못할 사정이 있었다. 동남부에서는 서구 열강과 일본이, 서북부에는 러시아제국이 굴기했다. 그들은 대청제국의 조공국(자치국)과 번부(자치구)를 '독립국'으로 분리시켜 식민지로 삼으려 했다. 이에 중국은 중화세계 내부의 조공국(조선, 월남 등)과 번부(신장, 티베트 등) 모두 대청제국의 판도라고 주장하며, 근대적인 어법과 법률로 항변해야 했다. 중국이 조선의 외교권에 간섭하고, 번부의 자치를 거두고 유교식 교육(중국에서 보자면 '근대적인 국민교육')을 도입한 것도 이 무렵이다. 그러나 때가 늦었다. 1911년 대청제국이 붕괴함으로써 신장은 다시 중국의 영향에서 벗어난다.

대청제국을 벗어나자 오스만제국을 바라보는 이들이 많았다. 혈통이 비슷하고 종교가 일치하는 투르크계 이슬람 제국이 유라시아의 서쪽에 자리했다. 우루무치에서 이스탄불로 사절단을 파견했다. '이슬람적 근대화'에 필요한 교사와 관료들을 충당하기 위해서였다. 아랍어와 페르시아어에 빼어난 신청년들을 이스탄불에 유학 보내는 '서유'西遊운동도 일어났다. 1910년대 신장의 학생들은 오스만제국의 교과서로 공부하고, 오스만제국의 행진곡을 불렀으며, 오스만제국의 의상을 모방한 교복을 입었다. 오스만제국의 술탄을 최고 지도자라고 배웠다.

그러나 오스만제국도 곧 대청제국의 운명을 따른다. 서구형 민족주의가 주입됨으로써 오스만제국 또한 산산이 찢겨나갔다. 동유럽, 중동, 북아프리카에서 수십 개의 독립국가가 우후죽순 생겨난 것이다. 제국의 폐허에서 새로 일어난 터키공화국은 난징의 중화민국만큼이나 힘이 모자랐다. 신장은 난징도 이스탄불도 영향력을 행사하지 못하는 무주공산이 된 것이다.

이 동/서의 힘의 공백을 메우고 등장한 세력이 북방의 소련이다. 1차 세계대전으로 오스만제국은 몰락했지만 소비에트연방은 굴기했다. 볼셰비키 혁명을 공산주의 국가의 등장이라고만 이해하는 것도 좌편향이다. 20세기형 유라시아 제국이 (재)부상한 것이다. 오스만제국, 합스부르크제국, 이란제국, 대청제국의 파편을 끌어모았다. 즉 스탈린 서기장은 서방의 술탄과 북방의 칸과 동방의 황제를 겸직한 꼴이었다. '사회주의 국제주의'라는 제국의 이데올로기도 설파했다. 신장 역시 소련의 자장으로 끌려들어갔다. 상인과 난민과 노동자들이 소련과 교통했다. 물류와 인류人流는 문류文流도 수반하기 마련이다. 소련의 지적 사조 또한 신장에 퍼지기 시작했다. 1920년대 신장은 나날이 적화赤化되었다.

1930년대 신장은 소련의 위성국, 동투르키스탄에 가까웠다. 지도자 성스차이盛世才부터가 소련이 간택한 인물이다. 그는 랴오닝 성遼寧省,

신장 자치구의 구도인 우루무치. 멀리 설산이 보인다.

동북 출신이다. 일본이 만주국을 세우면서 고향에서 쫓겨났다. 소련은 만주의 조선인들은 중앙아시아로 이주시키고, 항일의용군들은 서북으로 이동시켰다. 그들을 서북에 포진시킴으로써 몽골과 신장으로 침투하는 일본의 유라시아 진출을 봉쇄하려 든 것이다.

'위구르'라는 용어를 공식적으로 유포한 인물도 성스차이이다. 중화민국은 1912년 건국 당시 '오족공화'五族共和를 표방했다. 한족과 만주족, 몽골족과 장족(티베트족), 회족이 중화민국을 이룬다고 했다. 만주국 역시 '오족협화'에 그쳤다. 반면 성스차이는 훨씬 세분화된 스탈린식 민족 범주를 도입한다. 신장의 구성원은 단순히 '회족'으로 뭉뚱그려지는 대신 위구르족을 중심으로 카자흐, 타타르 등 14개 소수민족으로 분류되었다.

스탈린주의도 만개했다. 세세하게 구분된 민족 분류는 독배가 되었다. '사회주의형 인간'을 위하여 각각의 민족성을 제거해가야 했기 때문이다. 그 결과 신장판 공포정치와 대숙청이 감행되었다. '인민의 적', '제국주의 스파이', '민족주의자' 등의 이름으로 10만여 명이 처형되었다. 즉 신장의 성스차이는 몽골의 초이발산에 비견될 수 있는 인물이었다. 스탈린은 두 사람을 무척 아꼈다. 신형 유라시아 제국의 충직한 제후들이었다.

신장의 형세가 바뀌기 시작한 것은 1937년이다. 국민당 정부가 내륙 깊숙한 충칭으로 천도한다. 동부를 일본에 내어준 중화민국으로서는 서부를 총동원해야 했다. 신장 또한 더 이상 방치할 수 없었다. 중화민국의 기구가 처음 신장에 설치된 것이 1943년이다. 소련은 연합국의 일원이었던 중화민국을 배려하는 포즈를 취했다. 중화민국을 지원하는 미국의 개입을 우려하여 신장에서의 위성국 만들기를 거두어들인 것이다. 마지못한 것이었다.

신장을 완전히 복속시킨 것은 중화인민공화국이다. 1950년 인민해방군이 진입하고, 1955년 자치구로 만든다. 그러나 좌경적 오류는 반복되었다. 중원에서 통했던 토지개혁이 서역에서는 화근이었다. 신장 주민들은 농민이 아니라 유목민이다. 토지 소유란 부질없고 무망한 것이었다. 중국공산당에 천명을 하사했던 소농경제형 '프티부르주아 사회주의'(인민주의)가 초원에서는 작동하지 않은 것이다. 그들에게는 땅보다는 말과 낙타, 양과 당나귀가 소중했다. 또한 1950년대 후반 농업과 공업

•413

에서 급진적인 증산 정책을 추진한 대약진운동 역시 실패했다. 가축을 공유하자는 집단농장화 시도에 유목민들은 가축을 잡아먹는 방식으로 저항했다. 공산주의자로서는 납득하기 힘든 '반동'적 작태였다.

　좌경적 오류의 절정은 문화대혁명(1966~1976)이다. 중원의 홍위병들이, 공산당이 아니라 인민이 주도하는 전면적인 사회주의 완수를 외치며 궐기했다. 내지의 계급투쟁은 변경의 민족 탄압으로 변질되었다. 신장 지식인들을 소련의 주구라고 타박하고, 종교인들을 봉건의 잔재라고 질타했다. 수많은 모스크가 폐쇄되고 파괴되었다. 1949년 5만 개가 넘었던 모스크가 문화대혁명을 거치며 1만 개 이하로 줄었다. 알라를 모시던 경건한 모스크가 마오쩌둥을 섬기는 학교가 되었다. 교재 또한 코란이 아니라 붉은 표지의 마오쩌둥 어록이었다. 심지어 일부 모스크는 돼지우리로 사용되었다. 돼지고기를 금기로 삼는 무슬림들로서는 더없는 치욕이었을 것이다. 근대의 우매가 전근대를 향해 가하는 테러의 결정판이었다. 모스크를 후원하고 이슬람 성직자들을 존중하고 마드라사(이슬람 학교) 졸업생들을 관료로 채용했던 대청제국과는 도저히 견줄 수 없는 혁명파의 만용이었다.

　유라시아적 지평에서 살피면 유럽의 좌/우 도식은 피상이고 허울이다. 자유주의와 공산주의가 다툰 동/서 유럽보다 훨씬 넓은 강역에서 자유주의/공산주의라는 세속적 이데올로기에 이슬람주의가 길항했다. 좌/우보다는 고/금 간의 항쟁이 훨씬 치열했던 것이다. 그러한 동력이 이란 혁명을 촉발했고, 소비에트연방을 해체시켰으며, 유고슬라비아공화국을 무너뜨렸다. 자본주의가 공산주의에 승리한 것이 아니다. 이성과 계몽의 독재에 영성과 신성이 도전한 것이다. 20세기 말에는 소련과 동유럽을 와해시키고, 21세기 초에는 미국과 서유럽에 충격을 가하고 있다. 사회주의/자유주의를 막론하고 근대의 세속 문명을 내파해간다.

좌파의 무신론은 물론이요 우파의 물신주의까지 배격하는 이슬람의 재부상은 긍/부정을 아울러 21세기를 추동하는 주요 동력이다.

서부대개발과 제국의 톨레랑스

헌데 이례적으로 신장만은 '위구리스탄'으로 분리되지 않았다. 이웃 나라들과 운명을 달리했던 것은 중화인민공화국의 노선이 변경된 탓이다. 역시 1979년이 분기점이다. 이란에서는 이슬람 혁명이 일어나고 소련이 아프가니스탄을 침공한 바로 그해에 중국에서는 개혁개방이 발진한다.

개혁개방 또한 좌/우의 시각만으로는 충분치가 않다. 사회주의를 거두고 자본주의로 투항한 것이 아니다. 혁명국가임을 거두고 제국성을

1981년 덩샤오핑의 신장 방문 사진. 그는 열흘간 신장을 주유하며 '선부론'(先富論)을 역설했다. 사회주의 초급단계론, 백 년 대계였다. ⓒ 우루무치 역사박물관

회복해간 것이다. 문화대혁명 기간에 삭제된 초기 헌법이 복구되었다. 소수민족의 평등한 권리 및 정치적, 재정적 자치에 대한 내용들이 복원되었다. 신장에서는 바자르가 다시 열리고, 모스크가 새로 지어졌다. 메카 순례를 포함한 이슬람 국가로의 여행 또한 자유로워졌다. 근대 국민국가의 경직성을 떨쳐내고 고전적 제국의 '톨레랑스'를 재가동한 것이다. 자유주의적 쿨함(다문화주의)의 과시가 아니라, 대덕大德의 호방한 발현이었다.

덩샤오핑이 몸소 신장을 순방한 해가 1981년이다. 열흘간 신장을 주유하며 '선부론'先富論을 역설했다. 당장은 동남부 연안부터 발전하겠지만, 한 세대 후에는 서북 내륙에도 투자가 이루어질 것이라고 다독였다. 사회주의 초급단계론, 백 년 대계였다. 그리고 새 천년, 약속은 이행되었다. 2000년 3월, 서부대개발이 닻을 올린다. 중국 영토의 6할, 인구의 4분의 1을 차지하는 서부에도 훈풍이 불기 시작했다. 초창기 신장의 구호는 '일흑일백'一黑一白이었다. 검은 것은 석유요, 흰 것은 면화다. 양대 산업을 기둥 삼아 신장 경제를 다져나갔다.

영판 새 바람만은 아니다. 덩샤오핑에 앞서 신장 개발을 주창한 최초

우루무치의 시내 풍경. 바자르풍 쇼핑센터가 들어서고, 스카이라인을 다시 그려가는 고층 아파트와 마천루의 내부는 램프와 양탄자로 앤티크하게 꾸며진다. 아랍어, 중국어, 러시아어에 능한 위구르인들의 세계시민적 잠재력이 십분 발휘되면서 유라시아적 규모의 위구르 네트워크가 형성되고 있다. 새 천년 우루무치에 '장안의 봄'이 어른거린다.

의 지도자로 대청제국의 건륭제를 꼽을 수 있다. 신장을 복속시킨 그는 한족 이주와 토지 개간으로 새 강역을 안정시키고자 했다. 그러나 한족 대신들의 반대로 뜻을 관철하지 못한다. 너무 먼 곳인지라 전략적, 환경적, 문화적으로 취약하다며 황제의 의사를 기각시킨 것이다.

뒤를 이은 것은 장제스다. 1937년 중일전쟁이 발발하고 대동아전쟁이 격화되자 '서부로 오라!'[到西北來!]는 캠페인을 대대적으로 벌인다. 일본의 손아귀에 떨어진 동남부로부터 서북으로 이주하라는 전국적 운동이었다. 교사와 공무원, 기술자를 모집했고, 동반 가족에게는 정착 보조금도 지급했다. 일본에 저항하기 위해 서북에 경제적 토대를 건설하는 한편으로, 빈곤한 변경 지대에서 공산당이 세를 확장하는 것을 막기 위한 양수겸장이었다. 덕분에 캘리포니아와 알래스카로의 서부 개척(Go West!)에 필적할 만한 프런티어 붐이 일어났다. 즉 서부대개발은 대청제국, 중화민국, 중화인민공화국으로 이어지는 200년의 숙원사업이다.

새 천년 우루무치의 봄

1991년 소련의 해체가 서부대개발의 기폭제가 되었다. 19세기 이래 중국을 위협하던 국경 너머의 거대한 경쟁자가 사라진 것이다. 20세기형 유라시아 제국이 무너지면서 우즈베키스탄, 카자흐스탄, 키르기스스탄, 타지키스탄, 투르크메니스탄이 들어섰다. 일부는 은근하게 신장의 분리 독립도 예측했다. 소비에트연방에 이어 중화인민공화국마저 주저앉아 '역사의 종언'에 마침표를 찍기를 희구했다.

그러나 기민한 쪽은 도리어 중국이었다. 러시아가 공급해주지 못하는 소비재를 중국이 대신 공급했다. 철강 및 석유를 비롯한 원자재도 중국이 수입했다. 신장은 이들 국가와 중국을 연결하는 가교로 부상했다. 신장의 우루무치와 카자흐스탄의 알마티를 잇는 철도가 완공된 것이 1992년이다. 당시에 이미 '유라시아 대륙 철교'의 개통이라며 크게 선전했다. 즉 유라시아를 약동시키는 엔진이 모스크바에서 베이징으로 교체된 것이다. 축의 이동이다.

오래 숨죽였던 위구르인들에게도 기회였다. 국경 자유화로 보따리 상인들의 활로가 열렸다. 적지 않은 위구르인들이 이웃 국가로 진출하거나, 중국의 동부로 이동했다. 아랍어를 읽을 수 있고 중국어와 러시아어도 능했던 위구르인들의 세계시민적 잠재력이 십분 발휘되었다. 금세 유라시아적 규모의 위구르 네트워크가 형성되었다. 혈연과 지연의 오프라인은 물론이요, 송금경제와 인터넷 커뮤니티를 비롯한 온라인 연결망도 약진했다. 이 위구르 중산층들의 취향은 민족적이면서도 중국적이고 또 세계적이다. 우루무치에는 바자르풍 쇼핑센터가 들어서고, 스카이라인을 다시 그려가는 고층 아파트와 마천루의 내부는 램프와 양탄자로 앤티크하게 꾸민다.

인구 또한 급격히 늘고 있다. 자연 증가가 아니라 이주 때문이다. 기회의 땅을 찾아 동부의 한족들만 진출하고 있는 것도 아니다. 서쪽의 파키스탄과 아프가니스탄, 이란과 터키, 러시아에서도 사람들이 몰려들고 있다. 실제로 우루무치는 카자흐스탄에서 1시간 반, 파키스탄에서 3시간이다. 베이징과 상하이보다 테헤란과 뉴델리가 더 가깝다. 그래서 당일 출장하는 비즈니스맨들도 적지 않다. 유라시아의 한복판에 '범이슬람 1일 생활권'이 형성되고 있는 것이다.

유학생들의 이동 역시 활발하다. 중앙아시아, 남아시아, 서아시아의 신장 유학이 갈수록 늘고 있다. 20세기 초의 '서유'운동과 방향을 달리한, 21세기의 '동유'운동이다. 우루무치대학의 캠퍼스는 퍽이나 특별했다. 유라시아의 4대 언어, 즉 영어와 중국어, 러시아어와 아랍어가 공존했다. 어느덧 유라시아의 교차로, 왕년의 복합문화공간을 재현하고 있는 것이다.

따라서 민족 갈등 운운하며 분리주의를 과장하는 언설들은 호들갑으로 여겨진다. 침소봉대가 도를 넘는다. 신장의 현재는 지난 300년 이래 중국에 가장 통합적이기 때문이다. 위구르 중산층은 중국공산당의 든든한 우군이다. 이를 발판으로 유라시아 전역에 걸친 대륙형 연결망의 허브가 되고 있다. 서부대개발이 일대일로로 자연스레 이어지는 까닭이다. 중국 내지와 신장을 잇는 고속도로와 고속철이 서아시아로, 남아시아로, 유럽으로 거미줄처럼 엮여간다. 송유관과 전신망과 정보망도 구석구석 뻗어간다. 중국의 공산품이 중앙아시아의 바자르를 채우고, 아랍어를 장착한 '알리바바'는 아라비아 반도까지 진출한다. '디지털 유라시아'의 탄생도 머지않았다.

고로 신장의 화두 또한 분리와 독립이 아니다. 이 '새 강역'이 '새로운 세계체제'의 초석이 될 것이냐의 여부가 관건이다. 문명 간 공존체제, 중화세계와 이슬람 세계의 공생과 공영이 요체이다. 본디 중국사의 역동성은 서역에서 비롯했다. 서쪽의 이슬람 문명과 남쪽의 불교문명과 북쪽의 유목문명이 중화제국을 유라시아 제국으로 진화시켰다. 20세기 서구의 충격으로 말미암아 한족 중심, 유교 중심, 농경 중심, 강남 중심의 중국상이 도드라졌을 뿐이다. 그러나 중국이 서진을 거듭하면 할수록 호/한胡/漢 융합을 일구어냈던 과거의 찬란한 유산이 미래의 프로젝트로 회귀할 것이다. 즉 탈냉전 이후 유라시아는 중국화와 세계화의 상호 진화로 운동한다. 중국적 세계화와 세계적 중국화가 공진화한다. 새천년 우루무치에 '장안의 봄'이 어른거린다.

천지는 어질지 않다

그러나 마냥 장밋빛만은 아니다. '우루무치의 봄'이 그리 길지 않을 수 있다. 일대일로의 곳곳에 자리한 미군기지가 걸림돌이라는 말이 아니다. 온/오프라인에서 유라시아의 사통팔달은 거스를 수 없는 대세, 메가트렌드다. 인력人力으로는 쉬이 꺾기 힘들 것이다.

그러나 자연은 다르다. 천지는 어질지 않다고 했다. 정확하고 객관적이다. 인과응보로 응대한다. 이미 설산이 녹아내리고 있다. 기후온난화는 북극과 남극의 빙하만 녹이고 있는 것이 아니다. 지구의 지붕, 텐산(천산天山)과 히말라야의 만년설도 녹아들고 있다. 오아시스의 신비를 제공했던 사막의 물줄기가 메말라가고 있는 것이다. 자연스레 사막의 면적은 점점 더 늘어나고 있다. 생명수는 줄어들고, 황무지는 넓어진다. 개발의 속도만큼이나 생존의 토대가 잠식되고 있는 것이다. 신장이 직면하고 있는 진정한 위기 또한 바로 여기에 있다. 천지인天地人의 불화가 깊어지고 있다.

본디 인적이 드물었던 곳이다. 그런데 이미 2,500만 명을 돌파했다.

소도시만 산재했던 공간에 국가 규모의 공동체가 들어선 것이다. 더 이상의 인구를 지탱하기 어려운 생태적 한계치에 도달했다. 이미 우루무치에 조성되어 있는 녹지의 나무들은 눈[雪]물과 빗물이 아니라 지하수를 먹고 자라난다. 즉 석유와 전기의 인위人爲를 통해서 오아시스 도시가 지탱되고 있는 것이다. 인공 도시가 되어버렸다.

임기응변이다. 지속 가능할 수 없다. 아메리카의 서부를 개척했던 야망과 야심을 반복해서는 유라시아의 서부 개발도 도루묵이다. 신장 자치구 60주년을 맞이한 2015년 10월, 베이징에서 열린 중국공산당 5중전회(중앙위원회 제5차 전체회의)는 생태문명 건설을 유난히 강조했다. 신장의 모래바람이 베이징의 스모그를 가중시키는 와중이었다. 한 달 후 파리에서는 신新기후체제를 모색하는 다국적 협정도 체결되었다. 서쪽에서 발족한 글로벌 거버넌스와 동쪽에서 발기한 제국의 방책이 인류의 중지衆智로 합류하지 못한다면 '오아시스의 봄' 또한 일장춘몽에 그치고말 것이다. 톈산天山의 설경을 우러러보며 천지불인天地不仁을 되새기는까닭이다.

034

'일대일로'의 사상:
지리 혁명, 공영주의, 천인합일
후안강과의 대화

중국학파의 등장

후안강胡鞍鋼을 만난 것은 2015년 5월이다. 내몽골 견문을 마치고 베이징에 들렀다. 초면은 아니었다. 2013년 태평양 건너 샌디에이고에서 처음 만났다. 아시아학회(AAS)Association for Asian Studies 회의장에서 '슈퍼차이나'에 대한 호기로운 발표를 들었고, 저녁 리셉션에서 인사를 나누었다. 그러나 겨우 5분 남짓한 짧은 시간이었다. 그는 중국 학계의 거물, 말을 섞고 싶어 하는 이들이 줄을 이었다.

나를 기억할는지 자신이 없었다. 그래서 지도교수 이름을 팔았다. 중국에서 드물게 알려진 한국 지식인 가운데 한 분이다. '유라시아 견문' 연재도 보태었다. 일대일로에서 촉발된 기획이라며 인터뷰를 꼬드겼다. 칭화清華대학교 국정연구원장으로서 일대일로의 밑그림을 그린 장본인이 바로 후안강이기 때문이다. 2013년 12월 중국 국무원에 보고서를 제출하고, 2014년 1월 신장의 대학 학술지에 그 내용을 발표했다.

그를 '신좌파'라고 부르기도 하는 모양이다. 나는 회의적이다. 신좌파가 아니라는 말이 아니다. 신좌파, 자유주의파, 신유가新儒家 등으로 접근하는 중국 사상계 분류법이 얼마나 적절한지 의문이다. 관성적이고 타성적이다.

나는 통으로 '중국학파'가 등장하고 있다고 본다. 좌/우를 가리지 않고 학술 독립과 학문 자립이 진행 중이다. 아편전쟁 이래 150년, 서학(자유주의)과 북학(사회주의)의 수용을 마치고 사상의 자력갱생을 이루어간다. 남방의 불교와 서역의 이슬람교를 수용한 끝에 송학宋學이 등장했던 천 년 전처럼, 동/서구의 좌/우를 포용하고 '중(국)학'中學을 회복해가는 것이다. 사상 면으로는 왕후이汪暉, 외교 쪽으로는 옌쉐퉁閻學通, 경제 방면으로는 후안강 등을 대표격으로 꼽을 수 있겠다. 공히 학자이면서도 책사 역할도 한다. 그래서 재야의 '비판적 지식인'도, 관방의 '어용 지식인'도 아닌, 중국 특색의 '공공 지식인'의 전범을 확립해간다.

후안강은 1953년생이다. 신중국 수립 직후인 1950년대에 태어난 이들의 특별한 세대적 경험이 있다. 10대에 문화대혁명을 체험한다. 변방의 오지와 농촌으로 하방된다. 20대에는 개혁개방을 경험한다. 구미 유학 1세대다. 즉 세계체제의 밑바닥부터 꼭대기까지를 20년에 걸쳐 두루 망라했다. 그래서 시야가 넓고 깊다. 학-석-박사를 상아탑에서만 곱게 보낸 이들과는 꽤나 다르다. 후안강은 중국에서 공학 박사를 마치고, 미국에서 경제학을 공부했다. 공학과 사회과학의 겸비, 그래서 '사회공학자'에 가깝다. 그가 집필한 책들은 각종 통계와 도표와 그래프로 가득하다. 자료를 집대성하고 재편집하는 '정보 디자이너'처럼 보이기도 한다. 그래서 이념적 편견이 덜하고, 인상 비평에 그치지도 않는다. 논증은 꼼꼼하고, 주장은 과감하다.

그가 칭화대학교에서 가르치는 전공도 '공공관리학'이다. 행정학에 경영학을 결합한 학문이다. 송대 이래 중국의 천 년의 관료제에 20세기 미국의 발명품인 경영학을 접목했다. 마흔 살에 집필한《중국국가능력보고》로 인정받기 시작했고, 그 후 20년이 넘도록 국정개혁 전반에 깊숙이 개입하고 조언해왔다. 2000년부터는 중국 내정을 연구하는 칭화대학교 국정연구원 원장을 맡았다. 본인이 중국공산당 18차 전국대표 중 한 명이기도 하다. 이렇게 대학 캠퍼스와 중난

후안강 중국 칭화대학교 교수.

하이中南海*를 오가며 작성한 보고서들은 중국의 최고 지도자들이 필독하는 핵심 문헌으로 유명하다. '슈퍼차이나', '중국몽', '중화민족의 위대한 부흥', '일대일로', '신상태' 등 최근에 널리 회자되고 있는 개념과 조어造語 또한 그의 보고서에서 비롯했거나 구체화되었다.

인터뷰는 네 차례에 걸쳐 진행되었다. 2015년 5월의 대면 인터뷰를 시작으로, 신장과 윈난에서 두 번의 이메일을 주고받았고, 이 글을 쓰기 직전에 한 번 더 이메일 인터뷰를 했다. 네 번의 온/오프라인 인터뷰를 대화 형식으로 재구성해 소개한다.

---

* 중국 베이징에 위치한 호수 이름이자 그 일대를 일컫는 말. 근방에 국무원을 비롯한 정부 청사들이 밀집해 있는 데다 저우언라이, 마오쩌둥, 덩샤오핑 등 중요 인물들이 거주했던 주택가가 있어 중국 정부를 상징하는 의미로 쓰인다.

슈퍼차이나의 대사大事와 대전략

이병한　　칭화대학은 제가 베이징에 올 때마다 들렀던 학교입니다만, 국정연구원은 처음 와봤습니다. 연구소 소개부터 시작해볼까요?

후안강　　지난 2000년에 설립되었습니다. 올해(2015)로 15년 되었네요. 그간 다양한 국가 프로젝트를 수주받아 연구를 진행해왔습니다. 중국의 국가 경영에 '칭화의 목소리'를 반영해왔을 뿐 아니라, 이를 통해 학문의 전문화, 체계화, 고급화도 이끌어왔다고 자부합니다. 이론과 실무를 겸장한 박사와 박사후 연구원들을 다수 배출했습니다. 국가의 대사에 깊이 참여하는 고급 인재를 집중적으로 양성해온 것입니다. 실천적 학술연구를 통하여 '중화민족의 위대한 부흥'에 기여하고 있다고 생각합니다.

이　　'중국 특색의 사회주의 시장경제'라는 말도 이곳에서 제출한 개념이라고 들었습니다.

후　　아닙니다. 덩샤오핑이 이미 말했던 바 있습니다. 다만 국정연구원이 그 개념을 더욱 구체화하고 이론화했다고 말할 수는 있겠습니다.

이　　자세히 말씀해주시죠.

후　　어떤 경제체제도 완전하지 않습니다. 나름의 장점이 있고, 또 단점도 있습니다. 가장 좋은 것, 가장 이상적인 것은 없습니다. 가장 적합한 것이 있을 뿐입니다. 중국의 경제 기적은 그렇게 발생한 것입니다. 중국은 소련도 미국도 따라가지 않았습니다. 소련형 사회주의도, 미국형 자본주의도 아닙니다. 중국의 국정과 정치문화에 적합한 '중국의 길'을 걸었던 것입니다. 유일무이한 중국형 근대화입니다.

이　　그 특징이 무엇인가요?

후　　중국은 사회주의 제도의 장점을 십분 활용했습니다. 덩샤오핑은

"역량을 집중하여 대사大事를 처리한다"고 말한 적이 있죠. 중국의 인구는 세계 총인구의 5분의 1입니다. 반면에 중국의 자원이 차지하는 비중은 훨씬 적습니다. 인구는 많고 자원은 부족한 조건에서 재화와 서비스의 공급을 시장에만 일임할 수 없습니다. 유능하고 책임 있는 정부, 특히 중앙정부가 전 사회의 자원을 집중하여 공공재정, 공공투자, 공공정책 등 허다한 대사를 처리해야 대국적인 효과를 발휘할 수 있습니다. 중국의 가장 중요한 경험은 중앙에 역량을 집중시키고, 그 집중된 역량 내부에서 민주를 가동시키는 '집중과 민주의 조화'에 있습니다. 이로써 그때그때 필요한 정책 결정이 이루어지고 각종 도전과 위기에 대처해왔습니다.

이 '민주집중제'는 중국만의 특색이 아니지 않나요? 굳이 원조를 따지면 소련일 텐데요.

후 중국의 사회주의 시장경제는 전통적 사회주의 계획경제 체제를 초월했습니다. 동시에 자본주의적 자유시장 체제도 능가하고 있습니다. 사회주의 시장경제 특유의 개방성, 포용성, 적응성, 혁신성을 증명하고 있습니다. 시장의 보이지 않는 손과 국가의 보이는 손이 조화를 이룹니다. 시장의 혁신주의와 국가의 실력주의를 결합합니다. 만능정부의 미신에 빠지지도 않고, 자유시장을 숭상하지도 않습니다. 활력 있는 시장과 유능한 정부라는 '두 개의 손'으로 작동하는 중국의 독자적 체제를 개척한 것입니다. 계획경제도 시장만능도 아닌, 중국 특색의 사회주의 시장경제가 자리 잡았습니다.

이 여전히 추상적인데요, 더 구체적인 설명이 필요할 것 같습니다. 가령 2008년 세계 금융위기 이후 '중국 특색의 사회주의 시장경제'는 어떻게 작동했던 것일까요? 어떤 점이 체제의 비교우위라고 말할 수 있을지요?

후 10년 전으로 더 거슬러 올라갈까요? 1998년 아시아 금융위기가 있었습니다. 당시 중국 정부는 내수 확대 정책으로 대응했습니다. 2000년 서부대개발이 대표적입니다. 서부의 기간시설 설비에 투자를 집중함으로써 아시아 금융위기를 돌파했습니다. 더불어 동북3성의 노후한 공업 기지를 재건하고, 중부 개발도 시작했습니다. 정보산업에 박차를 가한 것도 이 무렵입니다.

2008년 세계 금융위기 이후에는 두 번째 내수 확대 정책을 실시합니다. 고속철과 고속도로 등 인프라 투자에 집중하여 불과 5년 만에 중국은 세계 최고의 인프라 국가가 되었습니다. 이를 발판으로 '일대일로'를 추진하게 된 것입니다.

1978년 개혁개방을 살펴볼까요? 중국은 점진적 개혁으로 혁명적 효과를 거두었습니다. 라틴아메리카와 동유럽, 소련이 경험했던 '쇼크 독트린'과는 달랐습니다. 하룻밤 사이에 국유 자산을 민영화, 즉 '사유화'시키는 남미형과 동구형과는 달랐습니다. 그랬다면 소련 해체 초기처럼 일부의 고급 인력들만 시장경제에 적응해서 고수입의 혜택을 누렸겠죠.

반면 중국의 개혁개방은 '장기 혁명'이라고 할 수 있습니다. 한의학적 접근이라고 할까요. 대증요법이 아니라, 원기와 근기를 살리는 것입니다. 장기적 정책 수립과 실천이 가능한 것은 무엇보다 정치의 안정에 있습니다. 정치 안정을 토대로 점진적인 양적 변화를 추진함으로써 궁극적으로 질적인 변화, 혁명적 성과를 거두는 것입니다. 그래서 전 지구적으로 양극화가 심화되는 시기에 중국만은 6억의 인구를 빈곤에서 구해낸 것입니다. 6억은 세계 인구의 10퍼센트입니다.

이 개혁개방이 중국형 근대화라면, 일대일로는 중국형 세계화의 출발일까요?

후 중국의 대전략Grand Strategy입니다. 대전략은 대국의 필수품입니다. 그리고 대국만이 소비할 수 있는 희귀품이기도 합니다. 중국은 정치, 경제, 외교, 문화, 환경 등 모든 분야에서 대전략을 수립할 수 있는 역량과 자격을 갖추었습니다.

　일국의 흥망성쇠는 대개 5단계를 겪습니다. 성장기, 신속한 발전기, 강성기, 완만한 발전기, 상대적 쇠락기입니다. 2050년까지 중국은 공업화, 도시화, 현대화를 완수할 것입니다. 세계 최대 인구의 국가에서 일어나는 천 년 만의 대전환이죠. 저는 개혁개방 직전까지가 중국의 성장기였다고 봅니다. 그리고 1980년부터 2020년까지가 신속한 발전기입니다. 개혁개방에서 비롯한 고도성장기이죠. 이제 2020년부터 중국은 강성기에 진입합니다. 종합국력지수에서 중국이 미국을 앞지르게 됩니다.

이 이른바 '슈퍼차이나' 말씀이시죠? 중국공산당 창당 100주년(2021)에 슈퍼차이나로 등극하여, 건국 100주년이 되는 2049년에 절정을 구가한다는 전망이신데요. 최근 미국의 프랜시스 후쿠야마가 쓴 칼럼이 흥미로웠습니다. 일대일로를 따라서 중국형 발전 모델이, 인도네시아부터 폴란드까지 유라시아로 확산될 것을 우려하는 내용이었습니다. 미국은 뒤늦게라도 아시아인프라투자은행에 참여해서 '자유민주주의' 모델을 사수해야 한다는 견해를 피력했는데요, 어떻게 생각하시나요?

후 그야말로 미국식 사고방식 아닌가요? 중국은 미국처럼 내정에 간섭하지 않습니다. 모든 국가는 자국의 상황과 문화에 적합한 정치 체제를 가질 자유와 권리가 있습니다. 신중국의 일관된 원칙이고, 앞으로도 변함이 없을 것입니다. 천하는 넓고, 할 일은 많습니다. 중국의 대전략은 대사大事에 전념하지, 소사小事에 관여하지 않습니다. 일대일로는 중국中國의 독주가 아닌 만국萬國의 합창입니다. 러시아의 유라시아경제연합, 몽골의 신新초원길, 인도의 인도양 면화길, 터키의 네오-오스만주의, 한국의 유라시아 이니셔티브 등과 건설적으로 합류할 수 있습니다.

지리 혁명, 유라시아와 세계로

이 중국이 '책임대국'의 역할을 하기 시작한 것일까요?

후 2008년 이후 확실해진 것은, 유럽은 더 이상 세계를 견인하지 못한다는 것입니다. 미국 또한 신뢰할 수 없는 패권국입니다. 지난 연말 미연방은행의 금리 인상을 보십시오. 달러 패권 고수라는 자국의 이익을 위하여 타국의 재정위기를 초래하고 있습니다. 대국적 견지에서 작은 손실을 감수할 수 있는 나라가 지도국입니다. 그러나 미국은 이미 문제의 해결사가 아니라, 문제의 유발자입니다. 금융 조작으로 세계에 기생하면서 패권을 지속하는 꼴입니다.

중국은 더 이상 글로벌 거버넌스의 방관자로 있을 수 없습니다. 적극 참여할 뿐 아니라 선도해갈 것입니다. 지구적 규칙과 규범을 새로 만드는 데 중국의 목소리를 높일 것입니다. 중국적 요소를 더욱 주입시킬 것입니다. 인류와 평화를 위해 더 크게 공헌할 것입니다. 일대일로의 전 과정에서 '함께 논의하고, 함께 건설하고, 함께 향유한다'는 원칙을 고수할 것입니다. 폐쇄적이거나 전횡적이지 않으며, 개방적이고 포용적일 것입니다.

이 초기 호응은 나쁘지 않은 것 같습니다. 미국의 최고 우방국인 영국마저 아시아인프라투자은행에 참여했으니까요. 이미 60여 개 국가에 40억 인구를 아우르는 규모입니다. 발의에서 발족까지 불과 2년이 걸린 셈인데요, 그 동력이 무엇이라고 생각하시나요?

후 가장 근본적인 이유는 중국이 이미 세계 경제의 중심이기 때문입니다. 세계 제1의 무역대국입니다. 세계 200여 개 국가에서 제1, 제2, 혹은 제3의 무역 파트너가 중국입니다. 미국과 단절된 국가는 없지 않지만, 중국과 담을 쌓고 있는 나라는 세계에 하나도 없습니다. 그래서 중국은 전 세계 모든 국가들의 이해당사국, 그중에서도 가장 중요한 이해당사국이 되었습니다. 이익공동체이자 운명공동체가 될 수밖에 없는 물적 토대가 이미 형성된 것이지요. 이로써 세계 경제의 영도 지위로 올라선 것입니다. 일대일로를 발기함으로써 중국은 처음으로 독자적인 세계질서를 제안하게 되었습니다. 제3세계의 리더에서 전 세계의 리더로 바뀌었습니다. 비서구 국가로서는 처음이라고 하겠습니다.

이 영국이나 미국이 주도했던 기존의 세계질서와는 어떤 차별성이 있을까요?

후 미국의 세계전략은 미국의 안전 보장을 강화하는 것입니다. 미국의 패권을 유지하는 것입니다. 환태평양경제동반자협정(TPP)이 대표적입니다. 가입국들에게 세계무역기구(WTO)보다 더 강도 높은 조건을 요구합니다. 소국과 후진국을 전혀 배려하지 않습니다. 선진국, 더 정확히 말해 미국의 이해관계에 부합하는 기준과 규제로 세계를 표준화하는 것입니다. 이는 세계화의 취지에도 어긋납니다.

반면 일대일로는 2차 세계대전 이후 미국의 마셜플랜과도 질적으로 다릅니다. 마셜플랜은 기본적으로 (서)유럽의 경제 회복을 원조함으로써 미국의 과잉생산을 해소하는 전략이었습니다. 다시 말해 유럽 시장을 미국이 장악하여 소련에 대항하는 역량을 키우는 것이었습니다. 기본적으로 냉전적 사유에 바탕한 것이지요. 그러나 중국의 일대일로는 중국의 발전을 전 세계와 융합하는 것입니다. 중국의 번영이 세계의 이익과 수혜가 되도록 일치시키는 것입니다. 유럽과 동아시아의 선진국뿐만 아니라 유라시아의 복판을 차지하는 발전도상국들까지도 혜택을 제공하는 것입니다. 새로운 국제주의의 합작 모델을 제시하는 것입니다.

중국은 지난 30년간 거의 유일하게 빈부격차를 해소해간 나라입니다. 개혁개방 초기에는 불균형과 불평등이 심했습니다. 그러나 2005년을 기점으로 점차 축소되고 있습니다. 동남부와 서북부, 도시와 농촌 간 격차가 줄어들고 있습니다. 2005년에 75.1퍼센트까지 벌어졌다가, 2015년에는 43.5퍼센트로 떨어졌습니다. 1990년대 중반의 55.4퍼센트보다 오히려 더 좋아진 것이지요. 성/향城/鄕 일체화, 도/농都/農 일체화의 정책이 결실을 맺어가고 있습니다.

이 '대동大同사회'라는 말도 등장했더군요.

후 중국 안에서의 격차 해소형 일체화를 세계 경제의 일체화와 결부시키는 것이 일대일로입니다. 선진국과 후진국의 격차도 해소해가는 것이지요. 중국이 주도적으로 아시아와 아프리카 국가들의 기간산업을 일으키는 한편으로, 유럽의 노후화된 시설도 개선해갈 것입니다. 정치와 경제의 결합, 내정과 외교의 결합, 시간과 공간의 결합, 역사와 미래의 결합에 일대일로의 성패가 달려 있습니다.

이 '천하무외天下無外'라는 말을 연상시킵니다.

후 일대일로는 일종의 '지리 혁명'입니다. 중국의 경제지리에서 유라시아의 경제지리로, 나아가 세계의 경제지리를 바꾸어갑니다. 으뜸은 교통 혁명이지요. 고속철 혁명과 고속도로 혁명입니다. 중국의 교통 혁명은 무無에서 유有로, 소少에서 다多로, 다多에서 세계 최고

톈산 산맥의 설산을 넘어 중국과 파키스탄을 연결하는 카라코룸 고속도로. 일대일로는 일종의
'지리 혁명'이기도 하다. 그러나 단지 국가와 국가를 잇는 것에 그치지 않는다. 중화세계와 이슬람
세계가 합류하는 문명 융합의 길이기도 하다.

高로 성장했습니다. 2015년 현재 11만 킬로미터의 고속도로와 2만 킬로미터의 고속철이 중국에 깔렸습니다. 점차 유라시아 전체로 확산될 것입니다.

인터넷 혁명도 진행 중입니다. 중국은 이미 세계 최대의 정보망이 깔린 나라입니다. 가장 많은 네티즌을 보유한 국가입니다. 2015년으로 7억 명을 돌파하여 세계 네티즌의 4분의 1을 차지합니다. 미국조차 2억 명에 그칩니다. 모바일 연결망 또한 세계 최대입니다. 6억 명이 모바일 폰을 사용합니다. 세계의 35퍼센트입니다. 모바일화, 디지털화, 네트워크화에 가장 성공한 국가가 중국입니다. 알리바바와 샤오미의 기적은 이제 시작일 뿐입니다. 이 온/오프라인의 지리 혁명으로 세계의 판도를 바꾸어갈 것입니다.

이 '지리상의 발견'이라는 말이 있었습니다. 시공간에 대한 유럽의 지식과 관념이 전 지구적으로 확산되었는데요, 20세기에는 지정학 Geo-Politics, 지역학Area Studies 등으로 변주되었고요. 동아시아, 남아시아, 동남아시아, 중앙아시아 등의 구획과 범주 자체가 서구, 더 정확하게는 미국의 지배전략이 투사된 공간-지리 개념이었습니다. 과연 일대일로가 '지리의 발견' 이래 세계지도를 다시 그려가는 '지리의 혁명'이 될 수 있을지 흥미롭습니다.

현재의 세계지도가 그려진 바탕에는 유럽의 국가간체제가 있었습니다. 30년 종교전쟁의 산물이었죠. 종교개혁 이래 신교와 구교가 뒤엉킨 혼종 상태를 인위적으로 가른 것이었는데요, 즉 구교 국가와 신교 국가를 나눔으로써 국가간체제가 성립된 것이지요. 다시 말해 유럽의 '국민국가'란 일종의 신앙공동체였던 셈입니다. 그 종교적 열정이 '민족주의'라는 신념공동체로 발전한 것이고요.

이 민족주의와 국민국가가 결합하여 유라시아형 제국들을 해체해간 것이 지난 20세기였습니다. 인위적인 국경 설정으로 기층의 생활세계가 해체됨으로써 분단과 이산(디아스포라)이 만연했고요. 외부의 타자화와 내부의 소수민족 문제 등 배타성도 심해졌습니다. 우승열패, 적자생존, 약육강식의 논리가 횡행하고 민족주의가 20세기의 시대정신이 된 것 또한 지리-공간의 재편과도 긴밀히 관련되어 있다고 할 것입니다. 따라서 일대일로가 일종의 지리 혁명이라고 한다면, 그 새 공간을 채워가는 새로운 시대정신이란 무엇인가 궁금해지지 않을 수 없습니다.

윈-윈의 공영주의

후 한마디로 윈윈이즘win-winism입니다. 콜럼버스가 신대륙을 발견한 이후 인류는 세계화의 길을 걸어왔습니다. 첫 번째 세계화는 15세기부터 19세기까지의 식민주의 시대이고, 그 뒤를 이은 것이 대영제국이 앞장선 제국주의 시대였습니다. 제국주의 시대는 파시즘을 포함한 양차 세계대전으로 막을 내리고, 2차 세계대전 이후에는 패권주의 시대가 펼쳐집니다. 처음에는 미-소 양 패권에서 후반기는 미국의 단독 패권기입니다. 패권주의가 세계 냉전의 근원이자 지역 분쟁의 뿌리가 되었습니다. 한국전쟁, 베트남전쟁, 이라크전쟁, 아프간전쟁, 리비아 내전, 시리아 내전 등이 계속 이어지고 있습니다.

중국의 일대일로는 새로운 시대의 개막을 의미합니다. 500년 전의 식민주의, 200년 전의 제국주의, 20세기의 패권주의와 다른 시대의 출발을 알립니다. 앞의 3개의 세계화는 정글의 법칙이 작용했습니다. 그러나 시진핑 주석의 말대로, 중국은 나라가 부강하면 반드시 패권을 추구한다[國强必覇]는 논리를 믿지 않습니다. 세계는 중국이 주도하는 일대일로를 통하여 원원이즘의 시대로 진입할 것입니다. 원원이즘은 기존의 서양 사전에는 없는 단어로, 세계의 공동 번영을 의미합니다.

이 원원이즘을 한자로 옮기자면 '공영共榮주의'가 되지 않을까요? 동아시아인으로서는 곧바로 대동아공영권이 떠오릅니다. 대중화공영권의 우려가 없지 않을 텐데요.

후 앞서의 세계화는 불공정했지만, 후자는 공정합니다. 전자는 적대성을 바탕으로 했지만, 후자는 평등성에 기반합니다. 전자는 배타적이었지만, 후자는 포용적입니다. 전자는 충돌성을 내장했지만, 후자는 조화성을 강조합니다. 전자는 지속 불가능했지만, 후자는 지속 가능성 즉 지구성持久性에 바탕합니다. 일대일로는 시진핑 시대의 10년짜리 국책이 아닙니다. 10년을 단위로 계속해서 계획을 만들어 오랜 세월 지속할 장기 프로젝트입니다.

이 백년대계百年大計인가요?

후 전쟁을 하지 않고 평화롭게, 적대하지 않고 합작으로, 제로섬이 아니라 윈-윈으로. 인류 사회의 항구적인 주제입니다. 기존의 양자 또는 다자적 자유무역협정이란, 대내적으로는 개방적이지만 불평등합니다. 선진국이 후진국을, 대국이 소국을 배려하지 않습니다. 대외적으로는 폐쇄적이고 배타적이지요. 봉쇄 전략과 항상 연동되어 있습니다. 환태평양은 중국을, 환대서양은 러시아를 봉쇄하려는 전략이지 않습니까.

그러나 중국은 이러한 배타성을 배격합니다. 일대일로는 전면 개방적인 '신형 국제합작'의 모델입니다. 참여국 모두에게 개방적이고 평등합니다. 또 포용적입니다. 국가의 대소, 인구의 다소, 국가의 빈부, 종교와 문화를 막론하고 최대 공약수를 찾아서 상호이익을 누리는 방법을 찾습니다.

이 어떻게 찾습니까?

후 공동 건설과 호련호통互聯互通을 통해서입니다. 아시아, 유럽, 아프리카의 연결망을 재구축합니다. 화물 무역, 서비스 무역, 직접투자를 비롯하여 온라인-오프라인을 통합하는 네트워크를 구축합니다. 휴먼 네트워크에 사물 네트워크까지 포함한 전방위적, 다층적, 복합형 호련호통입니다. 마음을 얻는 자, 천하를 얻는다得衆心者, 得天下고 했습니다.

게다가 일대일로는 국가 간 합작에 그치지도 않습니다. 역사상 가장 큰 규모의 '대륙 간 합작'입니다. 세계에서 가장 활발한 동아시아와 세계에서 가장 발달한 유럽에 중간의 광활한 중동, 북아프리카, 중앙아시아, 남아시아까지 포함합니다. 3대륙 2대양을 통합하는 인류사적 프로젝트라고 할 수 있습니다.

이 베이징에 오기 전에 반둥에 다녀왔습니다. 반둥 회의 60주년 기념 행사를 지켜보았는데요, 반둥 정신과 일대일로가 무관하지 않다는 생각도 듭니다.

후 중국은 대외개방과 세계화의 가장 직접적이고 가장 큰 수혜자입니다. 중국은 점점 더 세계가 필요하고, 세계 또한 갈수록 중국이 필요합니다. 대국이든 소국이든, 부국이든 빈국이든, 아시아든 유럽이든 아프리카든, 모두가 중국의 미래 향방에 주목합니다. 중국의 목소리를 경청합니다.

반둥 회의 60년 만에 남반구 국가와 북반구 국가의 몫이 비슷해졌습니다. 북반구와 남반구의 제로섬 게임이 아니라 윈-윈 게임으로, 지속 가능하고 신뢰 가능한 비제로섬 합작체제로 전환할 수 있는 가장 좋은 적기입니다. 중국은 그러한 의지가 있고, 그럴 만한 조건이 있고, 또 능력이 있습니다. 지구의 남북이 공동으로 '조화세계'를 건설하고, '공부共富세계'를 건설하고, '녹색세계'를 건설하는 공영주의 시대를 열어갈 수 있습니다.

그는 첫인상만큼이나 여전히 자신만만하고 야심이 넘쳤다. 지나치게 국가에 친화적이라는 비판에도 아랑곳하지 않을 성싶다. 아니, 그런 비판 자체가 번지수를 잘못 찾은 것인지도 모른다. 애당초 본인이 깊이 관여하여 만든 청사진들이기 때문이다.

나는 반신반의다. 국가 간 공존, 문명 간 연대에는 어느 정도 후한 점수를 줄 수 있다. 화/이 변태와 호/한 융합으로 작동했던 중화제국의 반만년사를 돌아보면 전혀 허황한 야망이라고만은 보지 않는다. 현재의 중화인민공화국 자체가 내부로 수많은 국가를 품고 있는 다국가 연합이자 다문명 제국이기도 하기 때문이다.

그러나 관건은 역시나 환경이고 생태일 것이다. 인간과 인간 사이의 조화와 포용은 중화문명의 오래된 장기였다. 천주를 섬기지 않고 천하를 염려했던 오래된 저력을 높이 산다. 그러나 인간과 자연 사이의 조화, 천지인天地人의 조화는 좀처럼 낙관하기 힘들다. 중국의 사방팔방으로 깔린 고속철과 고속도로가 굉장하다가도, 과연 그 장거리 기차와 자동차가 2050년에도 순탄하게 달릴 수 있을 것인지 의아스럽기도 하다. 땅 속의 석탄과 석유, 가스가 얼마나 남아 있을까. 뜨거워지는 지구는 또 어떻게 견뎌낼 것인가. 인류의 살림살이를 지하자원에 의존했던 근대문명의 수명이 얼마나 더 연장될 수 있는 것일까.

마침 후안강은 '녹색 고양이'를 주창하고 나섰다. 덩샤오핑의 '흑묘백묘'黑猫白猫를 빗대어 살짝 비튼 것이다. '홍색 중국'에서 '녹색 중국'으로 이행해야 한다는 주장이다. 베이징의 우중충한 겨울 스모그를 유라시아의 초원까지 확산시킬 작정이 아니라면, '일대일로의 녹색화'는 필수적이고 사활적이다. '녹색 중국'에 대한 그의 전망을 계속 들어보기로 한다.

홍색 중국에서 녹색 중국으로

이 저는 미국의 '재균형' 전략이 중국의 부상을 막기는 힘들다고 봅니다. 시간을 지연시키고 비용만 더 지불하겠죠. 그러나 자연과 환경의 '재균형' 기제는 중국의 굴기를 주저앉힐 수 있다고 생각합니다. 천지는 자비롭지 않으니까요[天地不仁]. '홍색 중국에서 녹색 중국으로'의 이행을 주장하고 계시죠?

후 국정 연구에 종사하면서 중국의 장기 발전의 제약 요소로 환경 문제를 줄곧 강조했습니다. 에너지와 수자원에 관한 보고서도 여러 차례 작성했고요. 자연과 자원은 대국의 운명을 좌우할 뿐만 아니라 인류의 역사를 좌우합니다. 응당 중국의 미래에도 결정적인 영향을 미칠 것입니다. 중국은 유럽과 미국, 일본의 산업화 과정을 반복할 수 없습니다. 후발주자의 혜택을 누릴 수가 없지요. 현재의 선진국처럼 지난 백 년의 지구 오염에 대한 책임을 외면할 수도 없습니다. 경제성장과 동시에 생태문명을 건설하는 것이 중국의 핵심 목표입니다.

이 대의는 공감합니다. 문제는 각론인데요.

후 일단 질문을 바꾸어야 합니다. 중국이 미국에 도전하고 있다고 걱정할 것이 아니라, 미국 스스로 자신들의 체제와 문명을 돌아봐야 합니다. 미국식 생활방식이 더 이상 지속 가능하지 않다는 자각부터 시작되어야 합니다. 미국을 지탱하기 위하여 세계가 감당해왔던 지난 세기의 기회비용에 대해서도 공감할 수 있어야 합니다. 그래야 소모적인 경쟁이 아니라 생산적인 합작을 시작할 수 있습니다.

　　미국을 정점으로 하는 서방형 발전 모델이란 고낭비, 고소비, 고오염에 바탕합니다. 재생 불가능한 자원을 남용하고 고도의 소비생활을 구가하면서 지속적으로 환경을 오염시킵니다. '흑색 모델'이라고 할 수 있습니다. 즉 서방의 발전 모델은 자유나 인권, 민주주의 같은 그럴듯한 말로 포장하여 합리화할 수 있는 성격의 것이 아닙니다. 지구적 관점에서 폐기되어야 합니다.

이 서방 모델을 비판하는 것만으로는 '책임대국'의 역할에 모자랍니다. 환경파괴의 대명사는 이미 중국이 된 것 같은데요.

후 미국은 세계 인구의 20분의 1이지만 에너지는 4분의 1을 소비합니다. 중국은 세계의 5분의 1이지만 에너지 소비는 10분의 1에 그칩니다. 그렇다고 중국이 미국의 모델을 반복할 수도 없습니다. 중국의 재앙이고 지구의 재앙입니다. 중국은 어쩔 수 없이 '중국의 길'을 걸어야 합니다. '중국 특색의 사회주의 시장경제'를 실천해야 합니다. 자원 절약형 생산체제를 건설하고, 적절한 수준의 소비생활을 영위해야 합니다. 그래야만 14억 인구와 자연 및 자원의 모순을 해결할 수 있습니다. 개혁개방 초기에는 경제 건설, 정치 건설, 문화 건설의 삼위일체를 강조했습니다. 후진타오 시대에는 사회 건설을 추가했습니다. 시진핑 시대에는 생태문명 건설을 보탰습니다. 즉 중국 특색의 근대화는 오위일체로써 추진될 것입니다. 생태 친화형 발전 모델과 녹색 근대화로 '녹색대국'Green Super-China을 실현할 것입니다.

물의 거버넌스와 도道

이 구체적인 사안을 짚을까요? 물 문제가 심각합니다.

후 물은 생명의 근원이고 생산의 필수이며 생태의 기본입니다. 그런데 중국의 객관적 조건이 엄혹합니다. 중국은 인구가 세계의 20퍼센트 인 데 반해 수자원이 차지하는 비중은 6퍼센트에 불과합니다. 1인 당 평균 수자원도 세계 평균의 30퍼센트에 그치지요. 지난 30년간 평균 10퍼센트의 경제성장을 지속하면서 수자원 문제는 갈수록 복 잡해졌습니다. 가뭄이 빈번하고 물의 수요와 공급 간 모순도 심해 졌습니다. 수질 또한 나빠졌고요. 수자원 생태계의 퇴화도 심각합 니다. 기후변화는 물 문제를 더욱 증폭시키고 있습니다. 이미 경제 발전의 주요 제약이자, 생태문명 건설의 장애가 되었어요. 그래서 '수리'水理가 독자적인 학술 영역이 된 것입니다.

이 국정연구원 산하에 수리연구센터도 있더군요. 역사적으로 줄곧 그 랬던 것 같습니다. 치수治水가 치국治國의 기초였지요.

후 중국만도 아닙니다. 인류의 4대 문명은 모두 대하 유역에서 발원했 습니다. 강은 각종 문명의 발원지입니다. 황하를 다스리는 것은 역 대 중화민족의 흥망성쇠를 좌우하는 대사였습니다. 예부터 우禹왕 의 치수가 전설로 전해졌습니다. 한 무제는 황하를 다스림으로써 나라의 기틀을 다졌고요. 수나라는 대운하를 건설함으로써 대당제 국의 초석을 두었습니다. 강희제 역시 치수 사업을 통해 대청제국 의 번영을 이루었습니다. 마르크스의 주장처럼 대하 유역이라는 지 리적 조건이, 강력한 중앙집권적 정부가 공공사업을 집행하도록 이 끌었던 것입니다.

이 아시아적 생산양식은 동양의 정체停滯를 설명하는 이론으로 악용되 기도 했는데요.

후 중국의 역사는 분열과 통일의 반복으로 진행되었습니다. 분열과 할거의 시대가 거듭 출현했습니다. 그러나 대세는 역시 통일과 재통일이었습니다. 분열의 시간은 점점 줄어들고, 통일의 기간이 점차 늘어났습니다. 현재 중국은 유럽의 50개 국가 7억의 인구에 중남미의 34개 국가 6억의 인구를 합한 규모입니다. 슈퍼 인구이고 슈퍼 사회이며 슈퍼 국가입니다.

왜 유럽처럼 수많은 국가들로 나뉘지 않고 대일통이 반복되었을까요? 여기에 아시아적 생산양식의 요체가 있습니다. 중국의 지리 조건과 긴밀한 관계를 갖습니다. 즉 중국의 자연과 지리가 대규모 치수 사업을 필요로 합니다. 작은 나라들로 쪼개져서는 황하와 장강을 통합적으로 관리하고 다스릴 수가 없습니다. 통일된 중국이 치수에 더 유리하고, 치수의 과정이 다시 중앙집권을 더욱 강화시킵니다. 그래서 치수가 곧 치국이고, 치수의 길[治水之道]이 곧 치국의 길[治國之道]이 됩니다.

이 그러고 보니 다스릴 '治'치 자에도 물 '水'수 변이 들어가 있네요.

후 중국인들은 '도'라는 글자를 통하여 우주만물의 진리를 표현하기 좋아합니다. 지고의 지혜를 '도'라고 표현했습니다. 저는 이 말을 치리治理, 즉 거버넌스와 연결시킵니다. 좋은 거버넌스란 곧 '양치良治의 도道'를 구하는 것입니다. 물을 다스리는 과정 자체가 좋은 거버넌스를 갈고 닦는 것이라고 할 수 있습니다.

이 수리水理와 치리治理, 재미난 비유입니다. 궁금한 것은 실제인데요.

후 국정연구원에서 치수 연구를 본격화한 지도 이미 10년이 넘었습니다. 치수의 도, 양치의 도에 관한 종합적 관점을 형성해가고 있습니다. 계획경제 시대 황하의 치수는 홍수 방지면 충분했습니다. 그래서 정부의 대처만으로도 일정한 효과를 보았습니다. 그러나 개혁개방에 따라 수자원의 이용이 폭발적으로 증가합니다. 황하의 곳곳에서 강물의 흐름이 끊기는 단류斷流가 발생했습니다. 도시화와 산업화가 진행되는 지역에서 과도하게 물을 이용함으로써 농촌 지역에는 가뭄이 심해졌지요. 소득수준의 격차뿐만이 아니라 생태환경의 격차도 발생했던 것입니다. 즉 황하 단류의 위기는 겉으로는 자연과 환경의 위기이지만 본질적으로는 거버넌스의 위기인 것입니다. 국가 거버넌스부터 지방 거버넌스까지 포함한 종합적이고 총체적인 거버넌스 문제입니다. 따라서 중국의 물 문제는 거버넌스 변혁으로 대처해야 합니다. 좋은 거버넌스의 신형 모델을 만들어야 합니다.

이 어떤 모델일까요?

후 저는 계획경제 시대의 전통적 명령과도 다르고 완전 시장형도 아닌 '준準시장'을 제안합니다. 지방정부에 수권水權을 부여하고 유역의 상/하 지역에 '수水 시장'을 만드는 것입니다. '수권'과 '수 시장' 등의 수단을 도입하여 공공성과 시장성을 결합하는 것입니다. 수자원 관리에 시장 기제를 도입하고, 수자원 배분의 공평과 효율을 높이는 것입니다. 이러한 치수 실천의 진일보에 따라서 수리 거버넌스의 정보와 지식 또한 증대할 것입니다. 중국 특색의 수자원 관리 이론을 확립해갈 것입니다. 수리만큼이나 치리 또한 풍부해질 것입니다. 녹색 문명은 세계사적 조류와도 합치할뿐더러 천인합일이라는 중화문명의 전통적인 대도大道와도 부합합니다.

이 치수 거버넌스와 일대일로는 어떤 관련이 있을까요?

후 황하와 장강은 히말라야와 티베트 고원에서 발원합니다. 그러나 지구의 지붕에서 대양으로 흘러나가는 물줄기가 황하와 장강만은 아닙니다. 중국에서는 서에서 동으로 흐르지만, 동남아에서는 북에

신장의 풍력발전소. 2009년을 기점으로
중국은 풍력발전량에서 미국과 독일을
제치고 세계 1위로 등극했다.

서 남으로 흐릅니다. 동남아의 젖줄인 메콩 강의 수원도 히말라야와 티베트 고원에 있습니다. 즉 메콩 강은 황하와 장강의 자매 강입니다. 남아시아로는 갠지스 강과 인더스 강도 흐르지요. 즉 중국 안에서 중앙과 지방이 합작하여 수리 거버넌스를 형성해가는 것처럼, 중국과 동남아, 남아시아 또한 합작하지 않을 수 없습니다. 공동 관리와 공동 보호로 공생과 공영을 실현해야 합니다. 일대일로의 지리 혁명과 공영주의와 무관할 수 없습니다. 아니, 매우 깊이 연동되어 있습니다. 유라시아 단위의 초국적인 거버넌스 마련이 시급하고 절실합니다. 일대일로의 모든 국가는 같은 물을 먹고 마시는 운명 공동체입니다.

기후 적응형 사회와 에너지

이 2015년 12월 파리에서 신新기후협정이 체결되었습니다. 현장에 계셨지요?

후 만족스럽진 않지만, 일정한 진전을 이루었습니다. 중국의 책임을 더욱 절감합니다. 중국은 이미 세계 최대의 이산화탄소 배출국입니다. 따라서 중국이 즉각적인 조치를 취하지 않으면 세계 여타 국가들이 어떠한 행동을 취하더라도 인류에게 최악의 결과가 도래하는 것을 막을 도리가 없습니다.

중국의 14억 인민부터가 환경오염, 생태 파괴의 가장 큰 피해자입니다. 자연재해로 피해를 입는 인구가 가장 많은 나라입니다. 가뭄 피해 인구가 매년 1천만에 육박합니다. 홍수와 폭풍 피해 규모는 5천만에 달합니다. 인도에 비해서도 1.3배가 많아요. 중국과 비슷한 영토를 가진 미국에 견주면 90배나 많습니다. 최근에는 기후 이상으로 인한 재해도 늘어나고 있습니다. 2008년 말과 2009년 초 화베이華北 지역에 가뭄이 극심했습니다. 2009년 말에는 서남부에서 가뭄 피해가 컸습니다. 2010년 3월에는 황사가 중국의 절반을 뒤덮었습니다. 중국인의 입장에서는 아시아 금융위기나 세계 금융위기보다 자연재해의 피해가 훨씬 컸던 것입니다. 그 후유증 또한 더 심각하고요. 금융주권 확보로도 어찌할 수 없는 자연의 보복입니다. 기후온난화가 지속되고 해수면 상승이 현실화된다면 중국에서 가장 발달한 동남부 연해 지방부터 타격을 입을 것입니다. 개혁개방의 성취가 순식간에 물거품이 될 수 있습니다.

따라서 중국은 반드시 중국 자신을 위해서, 또 인류 전체를 위해서 선도적이고 즉각적으로 탄소 배출을 감소시켜야 합니다. 미국이나 브라질, 인도 등 여타 이산화탄소 배출 대국의 감소 여부와 무관하게 자주적이고 주동적이며 적극적으로 추진해야 합니다. 중국의 핵심 이익이자 근본 이익이며, '과학적 발전관'의 필연적 요구이기도 합니다.

이 녹색 산업혁명의 골자가 궁금합니다.

후 세계적으로 녹색에너지 혁명이 진행 중입니다. 그중 재생에너지 분야의 성장 속도가 가장 빠릅니다. 1996년에서 2008년 사이, 세계 풍력발전소의 용량이 20배나 증가했습니다. 매년 158억 톤의 이산화탄소를 감축하는 효과를 내고 있지요. 더불어 40만 명의 일자리를 창출했습니다. 다행스러운 것은 그 녹색에너지 혁명의 주도국 중 하나가 중국이라는 점입니다. 2009년을 기점으로 중국은 풍력발전량에서 미국과 독일을 제치고 세계 1위로 등극했습니다. 중국은 또 태양력발전기와 태양력 전지판 생산에서도 세계 1위입니다.

인공림 조성에서도 으뜸입니다. 세계 전체의 3분의 1을 차지합니다. 2004~2008년 사이에 전국의 삼림 면적이 10년 전(1994~1998)에 견주어 24억 세제곱미터가 증가했습니다. 이 확장된 인공 삼림에서 매해 45억 톤의 산소가 배출됩니다. 임업으로 4,500만 명의 신규 일자리를 창출하기도 했고요. 원자력발전에도 주력하고 있습니다. 2020년까지 핵발전소의 발전 총량을 7,000만 킬로와트 이상으로 끌어올릴 것입니다. 이로써 매년 4억 톤 이상의 이산화탄소 배출 감소 효과를 가집니다. 신산업혁명과 신과학혁명의 최전선에 중국이 서 있는 것입니다. 중국은 이 녹색 산업혁명의 참여자이자 발동자이고, 혁신자이자 지도자일 것입니다.

이 내몽골, 신장, 윈난 등을 돌아다니며 거대한 풍력발전소 단지를 여러 차례 보았습니다. 다만 일본의 3·11(후쿠시마 핵발전소 사고) 이래 원자력발전에 대한 의문은 더욱 커진 것 같은데요?

후 적어도 2050년까지는 불가피합니다. 녹색에너지, 청정에너지, 재생에너지로 전환하는 이행기에 14억 인민에게 전력을 공급하는 방안으로 원자력 이외의 현실적 대안은 거의 없다고 생각합니다.

이 장기적으로는 어떻습니까?

후 '기후 적응형 사회'를 건설해야 합니다. 혹은 '기후 지능형 사회'라고 말할 수도 있습니다. 기후 적응형 사회란, 주택이나 인프라 건설에서부터 에너지 절약 방법을 강구하고, 온실가스 배출을 덜 하는 녹색 경제 모델을 뜻합니다. 저탄소 상품을 개발하고, 저탄소 에너지를 강구하고, 저탄소 소비 방식을 마련하는 것입니다. 경제성장과 탄소 배출의 관계를 분리해가는 것입니다.

덴마크를 참조해볼 만합니다. 덴마크는 1990~2006년 사이에 연평균 경제성장률이 2.3퍼센트였던 반면에 탄소 배출 누계는 오히려 5퍼센트씩 감소시켜왔습니다. 현재 덴마크의 재생에너지의 비중은 전체 전력량의 25퍼센트를 차지합니다. 그러나 덴마크는 인구 500만의 지극히 작은 나라이지요. 지구적인 효과 또한 미미합니다. 그러나 중국이 실행하면 다릅니다. 중국 안에는 덴마크 규모의 도시가 100개가 넘습니다. 중국에서 전면적으로 또 전국적으로 덴마크 모델을 도입한다면 상황은 전혀 달라질 것입니다. 중국은 그러하지 않을 수 없는 조건에 처해 있으며, 그럴 만한 능력과 의사 또한 있습니다. 당장 2020년까지 재생에너지와 청정에너지의 비율을 20퍼센트까지 끌어올릴 계획입니다. 총발전량에서의 비중 또한 17퍼센트에서 30퍼센트까지 증가할 것입니다. 2020년에서 2050년까지는 더 빠른 속도로 전환해갈 것이고요.

이 능력과 의사라 함은 중국 당국을 말씀하시는 거겠죠?

후 중국의 에너지 거버넌스 또한 '중국 특색의 사회주의 시장경제'에 바탕합니다. 미국처럼 소수의 에너지 기업들이 정책의 방향에 영향력을 행사하지 못합니다. 반면 국가가 보유한 정책적 수단은 다양합니다. 녹색 체제를 혁신하고 녹색 거버넌스를 실행할 수 있습니다. 일단 준강제적으로 녹색주택 건설을 유도하고 있습니다. 단위 면적당 에너지 소비를 크게 줄이는 건설 방식을 독려하고 있습니다. 주요 은행을 통해서는 녹색 신용대출, 녹색 융자, 녹색 담보를 제공할 것입니다. 생산, 제작, 유통 등 전 분야에서 탄소 배출이 많은 기업에 대해서는 지원을 감소시켜갈 것입니다. 탄소세를 선도적으로 신설하여 매년 1조 2,000~4,000억 위안을 거두어들일 계획도 수립했습니다. 항공업계와 자동차업계부터 시작하여 GDP의 3~4퍼센트 규모로 신장시킬 예정입니다.

이 하더라도 2050년까지 재생에너지의 비중이 70퍼센트가 될 것이라는 전망은 너무 낙관적인 것 아닌가요?

후 낙관이 아닙니다. 반드시 그렇게 해야 합니다. 그러지 않고서는 '중화민족의 위대한 부흥'도 가능하지 않습니다. 이미 '에너지와 기후위원회'를 조직하여 에너지 절약과 탄소 배출 감소를 주도하는 지도체제의 일원화를 이루었습니다. 관련 정부부서 사이의 협조를 강화하고 중앙과 지방의 합작을 심화하는 종합적인 감독기구입니다. 이곳에서 중장기 목표를 설정하고 실천해나갈 것입니다. 전국 각지에서의 탄소 배출과 온실가스 통계를 집약하고 예측하고 관리하는 총체적인 시스템을 정비해갈 것입니다.

중앙에 결집된 역량은 연구와 개발 지원으로도 이어집니다. 정부가 주도적으로 기술개발자금을 지원하고 녹색 기술의 사용을 권장합니다. 국내 및 국제 시장에서 경쟁력을 확보할 수 있을 때까지 지원하여 중국의 녹색 기업들이 세계의 녹색 시장을 견인해갈 수 있도록 할 것입니다. 이렇게 축적해간 공공 지식을, 지구적 규모에서 효과를 볼 수 있도록 발전도상국에 전수하는 등 책임대국으로서의 역할도 게을리하지 않을 것입니다. 기후 안정이란 지구적 공공재입니다. 그 공적 책무를 중국은 외면하지 않을 것입니다.

이 기후 거버넌스와 일대일로는 어떤 관련이 있습니까?

후 기후 거버넌스의 지지부진은 '죄수의 딜레마'를 반영합니다. 세계 200여 개 국가들이 자국은 덜 감소시키고 타국은 더 감소시킬 것을 원합니다. 그 결과 각국 모두가 피해자가 됩니다. 이러한 딜레마가 지속된다면 주요 피해자는 발전도상국이 될 것이며, 가장 큰 피해자는 중국이 될 것입니다. 따라서 중국은 기후 거버넌스의 실질화를 위해서라도 에너지 거버넌스에 적극 참여해야 합니다. 20세기의 에너지 거버넌스에는 영·미 주도의 국제정치에 월 가의 금융공학이 결합되어 있었습니다. 지정학과 독점자본이 결부되어 있었습니다. 이 왜곡된 거버넌스를 교정하고 수정해야 합니다.

가령 앞으로 에너지 소비가 가장 많을 중국과 인도, 유럽에 에너지 부국인 러시아와 중동 국가를 포함한 유라시아 에너지 거버넌스를 구축할 수 있습니다. 중국은 미국처럼 러시아나 중동 국가들과 적대적이지 않습니다. 상극이 아니라 상생을 도모할 방법이 여럿입니다. '유라시아 에너지 안전보장회의' 등 새로운 국제기구의 설립도 적극 고려해볼 만합니다. 중국은 이미 상하이협력기구(SCO) 같은 안보기구, 아시아인프라투자은행(AIIB) 같은 금융기구 등 다양한 국제기구를 성공적으로 출범시켰습니다. 에너지 분야 또한 다르지 않을 것이라고 전망합니다. 일대일로에 자리한 에너지 수출국과 수입국이 윈-윈 할 수 있는 공동의 지혜를 모아야 합니다.

동방치리학

인터뷰를 마치고 두 권의 책을 선물로 받았다. 후안강과 그 제자들이 함께 집필한 수리 정책과 에너지 정책에 관한 두툼한 보고서였다. 문외한인 나로서는 머리말만 훑었다. 2050년 녹색 중국의 청사진에 대해 시시비비를 따질 능력이 부족하다. 녹색 거버넌스, 기후 적응형 사회, 생태 문명 건설 등의 실현 가능성 여부를 감별하고 판별하기 힘들다.

보고서를 함께 작성했다는 두 명의 제자와 저녁 식사를 했다. 1978년생과 1980년생, 내 또래였다. 개혁개방 직후에 태어난 소장학자들이다. 이들은 후안강의 지도 아래 국가의 대사에 관해 박사 논문을 쓰고, 국정연구원에서 대계를 세우고 대전략을 마련하는 연구를 지속하고 있었다. 특히 주력하고 있는 분야가 '동방치리학'의 확립이라고 한다. 중국의 거버넌스를 독자적 학문 분과로 키워가고 있는 것이다.

학문의 자립, 사상의 독립만큼이나 학술 재생산이 착실하게 진행되고 있다는 인상이다. '민주화' 이후 학문의 종속성은 더 심화되고 재생산 기능은 더 약화된 한국의 대학원과 비교되지 않을 수 없다. 헌데 이 친구들, 술이 몇 순배 도니 한술 더 뜬다. "국가를 위해 학문한다", "인민을 위해 복무한다"는 낯간지러운 말을 스스럼없이 내뱉는다. '먹물'의 자조가 자자한 한국에서는 찾기 힘든 기상이고 사기士氣다. 아니나 다를까, 둘 다 공산당원이었다.

중국공산당의 역설이 여기에 있을 것이다. 8,600만, 지구에서 가장 큰 정치조직이자 가장 막강한 정치집단이다. 아마도 가장 유능한 정당이기도 할 것이다. 게다가 만년 여당, 미국의 공화당이나 민주당보다 훨씬 더 큰 권력을 누린다. 그러하기에 세계의 어느 정당도 추진하기 힘든 메가 프로젝트를 장기간 추진할 수 있는 예외적인 집단이기도 하다. 이 점이 중국이 가진 가장 큰 리스크이자 가장 큰 자산이기도 할 것이다. 녹색 거버넌스는 정책의 변화라기보다는 패러다임의 전환이다. 일종의 혁명이다. 녹색당과 같은 소수정당이나 환경단체 같은 NGO만으로는 쉬이 가능하지 않을 성싶다.

중국의 자연과 지리가 강력한 중앙집권체제의 바탕이 되었다는 '아시아적 생산양식'론을 곰곰 되새겨본다. '동양적 전제專制'가 생태문명 건설에는 도리어 득이 될지도 모른다는 역설도 궁리해본다. 인간의 욕망을 일정하게 누르는 절제와 억제, 통제와 강제가 요청되지 않을 수 없을 것 같다. 성장보다는 성숙을, 해방보다는 해탈을 더 독려해야 할 것 같다. 과연 중국공산당이 그들만이 보유한 그 막대한 권력을 도덕적인 방향으로 사용할 수 있을 것인가. 양날의 검을 선한 목적으로 휘두를 수 있을 것인가. 내 앞에 앉아 술잔을 기울이고 있는 미래의 후안강, 장래의 책사들을 지켜보며 나는 재차 반신반의, 긴가민가했다.

035

동서고금의 교차로, 카슈가르

중국에도
서해西海가 있다!

'각양각색의 집'

카슈가르Kashgar에 이르렀다. 중국의 정식 명칭으로는 카스喀什*. 신장의
남부이자, 중화세계의 서쪽 끝이다. 다른 세계가 펼쳐진다. 카라코룸 고
속도로를 곧장 내달리면 파키스탄이다. 위쪽으로 방향을 돌리면 키르기
스스탄, 타지키스탄이다. 그래서 북北신장의 우루무치와도 사뭇 다르다.
우루무치는 위구르족과 한족이 반반이었다. 카슈가르는 열에 아홉이 위
구르족이다. 이곳이 중국의 일부라는 사실은 인민광장과 인민대로, 거
대한 마오쩌둥 동상을 통해 확인할 수 있을 뿐이다.

시간도 다르게 흐르는 듯하다. 우루무치만 해도 서부대개발의 바람
이 여실했다. 고층 빌딩 사이로 인민들이 발걸음을 재촉한다. 그러나 카
슈가르는 느릿하다. 낙타와 당나귀의 방울 소리가 딸랑거린다. 일요일

* '카슈가르'는 위구르어 발음이고, '카스'는 한자로 음차한 것이다.

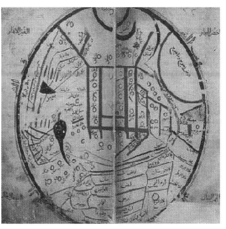

11세기 카라한 왕국의 이슬람 대학자인 마흐무드 카슈가리가 편찬한《돌궐어 대사전》과, 사전에 실린 원형 세계지도. 당시에 이미 지구가 둥글다는 사실을 알고 있었다는 게 놀랍다. ⓒbaidu

바자르의 풍경 또한 천 년 전과 크게 다르지 않을 것 같다.

이곳을 처음 다녀간 중국인은 장건張騫이 아니었을까. 적어도 기록상으로는 그러하다. 기원전 128년이었다. 당시에 이미 20만 명이 살고 있었다고 한다. 오아시스의 대도시였다. 현장 법사도 이곳을 지나갔다. 천축에서 공부를 마치고 시안으로 돌아가는 길이었다. 불교와 이슬람이 공존하는 복합문명도시의 풍경을 꼼꼼하게 새겨두었다.

그러나 카슈가르의 주인공들은 역시 위구르인이다. 전성기는 천 년 전, 11세기다. 카라한 왕국의 수도였다. 문화가 크게 번성했다. 위구르 문학을 대표하는 대서사시 〈복락지혜〉福樂智慧가 탄생한 곳이 바로 이곳이다. 시인이자 사상가이며 정치가였던 유수프 하스 하지브Yusuf Khass Hajib의 작품이다. 위엄과 격조가 넘치는 그의 무덤에는 여러 이름이 새겨져 있다. 아랍어, 위구르어와 함께 중국어로는 '玉素甫·哈斯·哈吉甫'라고 되어 있다. 이 다양한 표기법 자체가 카슈가르의 복합문명적 성격

•453

을 잘 말해준다.

인류사의 한 획을 긋는 위대한 사전도 편찬되었다. 《돌궐어 대사전》이 그것이다. 유라시아 문명 교류를 상징하는 하나의 이정표라 할 수 있다. 위구르족 이슬람 대학자 마흐무드 카슈가리麻赫穆德·喀什噶里, Mahmud Al Kashghari가 편찬했다. 아랍어를 사용해 돌궐어를 해석한 획기적인 사전이다. 당대의 정치, 경제, 사회, 문화뿐 아니라 역법과 천문학 등 다방면을 망라했다. 어학사전에 백과사전까지 더한 격이다. 그래서 카라한 시대의 물질생활과 정신생활을 다각도로 보여준다. 특히 인상적인 것은 사전에 실린 세계지도다. 놀랍게도 원형이다. 동그라미 안에 카슈가르와 이슬람 세계, 중화세계를 그려 넣었다. 지구가 둥글다는 사실을 이미 알고 있었던 것이다. 마젤란이 지구를 일주하기 400년도 전이었다.

이 저작들은 돌궐, 아랍, 페르시아 문명이 중화문명과 교류하고 중첩되고 융합했던 당시의 파노라마를 생생하게 증언한다. 즉 북아시아와 서아시아는 동아시아와 오래전부터 공진화하고 있었다. 이 대학자들이 태어나서 활동했던 시기 또한 송나라에서 주자와 정자程子* 등이 등장하여 송학宋學이 확립되어가던 때와 오롯하게 포개지거나 다소 앞선다.

그래서인지 최근에는 송학의 성립에 불교만이 아니라 이슬람교의 영향도 다대했다는 연구가 속속 등장하고 있다. 신유학으로 꽃을 피운 유라시아의 첫 번째 르네상스부터가 중국만의 '내재적 발전'의 산물이 아니었던 것이다. 중원과 서역, 천축의 상호 진화가 빚어낸 인류의 합작품(Made in Eurasia)이었다. '오래된 세계화'의 결실이었다.

오늘날 카슈가르의 문화와 학술의 집약지는 카슈가르대학이다. 이

* 송나라의 유학자 정호(程顥)와 정이(程頤) 형제를 높여 이르는 말.

곳 역시 일대일로의 발족과 더불어 쇄신의 전기를 마련했다. 2015년 종합대학으로 승격된 카슈가르대학이 카라한 왕조의 위대한 전통 계승을 사료로 다진다. 중국의 지방 대학에서 유라시아의 허브 대학으로 거듭나는 것이다. 역시 향서向西 개방은 향동向東 개방과는 다르다. 태평양은 낯선 세계로의 편입이었지만, 유라시아는 누천년의 정감에 기초한다. 2천 년의 역사와 새 천년의 미래가 캠퍼스의 잠재력을 일깨운다. 카슈가르야말로 동서고금의 교차로라 하겠다. '각양각색'이라는 '카슈가르'의 본뜻과도 안성맞춤이다.

신천하, 서역과 서해

100여 년 전(1920년대), 미국의 역사학자 오언 래티모어Owen Lattimore가 중국을 방문했다. 상하이나 홍콩이 아니었다. 오지를 쏘다녔다. 북방에 이어 서역을 살폈다. 카슈가르에도 머물렀다. 서북西北의 중요성을 일찌감치 간파한 것이다. 그가 집필한 책이 바로《중국의 내륙 아시아 변경》Inner Asian Frontiers of China이다. 몽골사와 만주사 등 내륙 아시아 연구자들에게는 필독서다. 나도 이참에 손에 들었다. 기차에서, 카페에서 틈틈이 읽어갔다. 백 년이 무색한 훌륭한 저서였다. 20세기보다는 21세기에 더욱 값진, 시대를 앞서간 서물이었다.

래티모어는 유라시아의 내륙부가 중국사를 추동했다고 독해한다. 서에서 동으로, 북에서 남으로 영향을 미쳐왔다. 중원 중심주의, 한족 중심주의, 유교 중심주의를 일찍이 극복한 것이다. 만리장성 또한 화華와 이夷의 경계라고 보지 않았다. 유목문명과 농경문명의 교호와 교류의 조랑corridor이라고 이해한다. 양대 문명을 분단시키지 않고 통합하여 이해하는 득의得意를 선보인 것이다. 그의 시각에서 변경은 주변에 머물지 않는다. 왕래 지대이고 소통 지역이다. 화이부동和而不同의 창조적이고 창발적인 공간이다. 카슈가르의 백 년 후를 내다보는 선견지명이 번뜩인다.

그러나 정작 그가 중국을 누비던 20세기까지는 담아내지 못했다. 서북 내륙과는 다른 충격이 중국사에 가해졌다. 바다의 충격, 해양문명의 도전이었다. 그의 구분법을 빌리면 중국사는 서방 이전pre-Western과 서방 이후post-Western로 나눌 수 있다. 선두는 영국이었다. 1820년대 이미 카슈가르 변방까지 접근했다. 1826년 무렵에는 신장의 절반, 남부를 장악했다. 인도 동북부의 아삼 주와 벵골 만의 아편길Opium Road이 신장까지 이어졌다. 아편전쟁의 전조였다. 반면 신장의 북부는 러시아의 진출이 여실했다. 내륙에 보태어 해양까지 동시에 변방을 잠식해가는, 전례 없는 상황에 직면한 것이다. 서역과 중원의 양자관계가 삼차함수로 성격이 변한 것이다.

바다는 이미 크게 달라졌다. 본래의 무한성과 미지성이 사라지고 있었다. 망망대해가 육지화되고, 영토화되었다. 서방의 자본주의가 구축한 정치질서와 경제질서가 바다를 땅처럼 나누고 쪼개어갔다. 독일의 정치학자 카를 슈미트가 《대지의 노모스》the Nomos of the Earth에서 묘파했던 바로 그 현상이다. 즉 자본주의 세계체제는 바다를 육지화함으로써, 고쳐 말해 대양을 서방의 '내해'內海로 삼음으로써 비로소 완성될 수 있었다. 다문명, 다제국, 다국가들이 공존했던 '공해'公海가 '영해'領海가 되어갔다. 아랍의 바다와 중화의 바다가 몬순 계절풍에 따라 순환했던 인도양과 태평양 또한 지중해처럼, 대서양처럼 변해갔다. '낯선 세계화'였다.

이 내륙과 내해의 이중적 압박의 탈출구를 신장에서 찾은 이가 공자진龔自珍(1792~1841)이다. 대청제국 말기의 대학자였다. 그가 〈서역치행

성의〉西域置行省議라는 상서를 올린 것이 1821년이다. 신장에 중국식 행정기구인 성을 설치해야 한다고 주장한 최초의 문헌이다. 중원의 사대부로서는 드물게 신장 문제를 중국 전체의 문제로 사고한 선구적 인물이었다.

공자진은 러시아와 영국이 유라시아 전체에서 벌이는 '그레이트 게임'을 돌파하기 위해서는 '서역'을 서해西海와 연결시켜야 한다고 건의했다. 서역의 특징은 바다와 면하지 않았다는 점이다. 해양과 가장 멀리 떨어진 변방이었다. 그러하기에 더더욱 바다의 시각에서 접근해야 한다. 서역과 중원을 동시에 숙고하면서 '서해'라는 묘수를 궁리한 것이다. 사해四海 의식에 갇혀 있던 중원에서의 코페르니쿠스적 일대 전환이었다.

그가 말한 서해란 다름 아닌 인도양이다. 중국의 인도양 진출을 자그마치 200년 전에 모색한 것이다. 그 발상이 목하 실현 중에 있다. 카슈가르에서 과다르 항까지 이어지는 중국-파키스탄 회랑이 바로 그것이다. 카슈가르가 일대(내륙)와 일로(내해)를 연결하는 허브가 되어간다. 즉 공자진의 서해 구상은 조숙한 지리 혁명, 신천하의 개진이었다. 동해(태평양)와 서해(인도양)를 양 날개로 삼는 양해兩海 전략으로 '中國'이라는 기성의 경계를 돌파한 것이다. 그의 말을 그대로 빌리면 '천지동서남북학'天地東西南北學의 재정립이라 하겠다. 구천하를 버리고 신천하, 대천하大天下를 구상한 것이다. 세계관의 수정, 세계관의 재건이었다.

그 1821년의 상소가 2021년의 청사진이 되고 있음이 기가 막히다. 200년을 꿰뚫는 혜안이 빛을 발한다. 그가 제창했던 '천지동서남북학'을 내 식으로 풀면 '유라시아학'이 되지 않을까 싶다. 3대륙 2대양을 담아내는 신천하의 신학문이고, 대천하의 대학문이다.

하나이며 여럿인, 여럿이며 하나인

당장의 일대일로 담론을 주도하고 있는 이들은 사회과학자들이다. 경제학자와 국제관계학자들이 최전선에 자리한다. 전 지구적 자본주의의 위기가 일대일로를 촉발했음이 분명하다. 시장 확장의 논리를 수반하고 있음도 부정할 수가 없다. 그래서 중국의 과잉생산을 해소하는 수요 창출과 인프라 투자 및 금융에 초점이 맞추어져 있다. 더불어 미국의 아시아 재균형 정책에 맞서 활로를 찾는 지정학적 고려도 있었을 것이다.

그러나 그것만으로는 전혀 신선하지 않다. 근대 세계체제의 반복이고 확산에 그친다. 유라시아의 광활한 지대에서 자연 생태계를 오염시키고 문화 생태계를 파괴해갈 것이다. 지난 세기의 익숙한 모순과 충돌을 답습할 것이다. 착취와 억압에 저항과 보복이 잇따르는 근대적 악순환이 영겁으로 회귀할 것이다. '다른 백 년'은커녕 '다시 백 년'이 되기 십상이다.

그러나 비단 그것만이었다면 당장 나부터가 견문에 나서지 않았을 것 같다. 또 다른 함의가 있다고 생각한다. 자본주의 세계체제와 일선을 긋는 문명사적 의의를 내포하고 있다고 여긴다. 나아가 '문명'文明의 의미를 재정의할 수 있는 잠재성까지도 내장하고 있다고 여긴다.

일단 언어[文]부터가 각별하다. 변경을 내지화하고 바다를 내륙화했던 영토적 발상을 뛰어넘는다. 로路와 대帶, 랑廊과 교橋라는 핵심 한자어부터 탈영토성이 여실하다. 일대일로가 큰 길[大路]을 내면, 회랑과 가교가 오솔길[小路]을 잇는다. 4개의 한자말(路, 帶, 廊, 橋) 모두 연결망network에 가까운 것이다. 하나같이 교류와 소통, 융합을 촉진하는 매개적 발상이다. 그래서 다성적이고 다중적이며 탄력적이다. 딱딱하고 단단하지 않고, 부드럽고 유연하다. 동과 서를 분획하고 그 동서의 내부 또한 국민국가들로 분할해갔던 기존의 세계체제를 상쇄하고 전복해간다.

전혀 새로운 현상만은 아니다. 래티모어가 '서양 이전'pre-Western이라고 일컬었던 옛 질서의 갱신에 가깝다. 그래서 다른 국가, 다른 문명, 다른 세계가 공동으로 참여하는 다자적이고 중층적인 복합계의 가능성이 농후하다. 유라시아의 각양각색의 문명들이 본디 품고 있었던 무한한 가능성을 다시 실현해가는 '다함께 르네상스', '더불어 중흥'을 도모해봄직하다.

애당초 중국이라는 나라부터가 다민족 국가일 뿐 아니라 다문명 제국이다. 다양성과 통일성의 변증법으로 반만년을 지속했다. 다양성의 지반 위에 공동성을 세워갔다. 소위 '천하위공'天下爲公이다. 따라서 여럿[多]과 하나[一] 또한 모순되지 아니했다. 하나가 단일單一로 군림하며 여럿을 억압하지 아니했다. 여럿의 각자 또한 홀로서기를 고집하지도 않았다. 제국 안에 준準국가와 차次국가가 자리했고, 국가 위에는 또 천하가 자리했다. 이 복합적 정치체제가 '일즉다 다즉일'一卽多 多卽一의 네트워크를 통하여 거듭 업데이트되어간 것이다. 하나이면서 여럿이었고, 여럿이면서 하나였다.

비단 중화제국만도 아니다. 19세기 이전까지 천 년간 반복되었던 유라시아형 제국들이 대개 그러했다. 그 다양성을 단일성으로 짓눌러갔던 과정이 소위 '압축 근대화'였다. 하나의 제국이 수많은 하나들로, 국민국가들로 분화되어갔다. 그에 따라 배타적 민족주의와 종교적 근본주의가 20세기 내내 만연했다. 즉 국수주의와 근본주의는 근대에 미달해서 생겨난 것이 아니다. 19세기 이전까지 부재했던 현상이다. 근대로 진입하면서 생겨난 신종 질환이다. 일대일로는 이 근대 병을 치유하고 회복하는 재활의 길이 되어야 할 것이다. 왕년의 '다'多와 '일'一의 동태적 역사 관계를 복원해가야 할 것이다.

카슈가르의 역사 또한 '일'과 '다'의 복합적 관계망 속에서만 온전한 서술이 가능하다. 민족사나 국가사로는 도저히 담아낼 길이 없다. 중국사만도 아니고, 그렇다고 동투르키스탄만의 역사도 아니다. 중화문명사로도 충분치 않고, 이슬람 세계사만으로도 족하지 않다. 오래전부터 줄곧 다문명 사회였다. 인도 문명, 이슬람 문명, 중화문명에 유럽(동/서구) 문명도 커다란 족적을 남겼다. 돌궐어와 위구르어, 아랍어와 페르시아어, 한자와 러시아어와 영어로 남겨진 이곳의 문헌(사료)들이 다중적 역사, 다성적 역사의 가능성과 필연성을 합창으로 웅변한다. 천지동서남북학, 즉 유라시아학이 아니고서는 카슈가르를 논할 수가 없는 것이다.

국사를 넘어 유라시아 대서사로

유라시아의 한복판에서 '유라시아 사관'이라는 것을 궁리해본다. 3대륙 2대양을 크게 잇고 엮는 종합적 역사관의 마련이다. 응당 기존의 유럽 중심주의도 아닐 것이며, 그렇다고 최근의 중국 중심주의로 수렴되지도 않을 것이다. 말 그대로 '천지동서남북'의 재균형을 이루어야 한다.

20세기의 역사란 대개 국사國史, National History였다. 나라마다 칸막이를 치고, 각자의 국가가 저마다의 터널 속에서 고대에서 중세로, 중세에서 근대로 경주마처럼 내달려왔던 것으로 서술했다. 역사 서술 자체가 이웃과의 경쟁심을 부추기고 적대심을 고조시켰다. 좌파도 우파도 진보 사관으로 하나였다. 그러나 천지동서남북은 늘 공진화하고 있었고, 유라시아는 항시 환류하고 있었다. 바람이 불듯, 물결이 일듯, 문명과 문명이 동과 서로 흐르고 남과 북으로 통했다. 일대일로의 건설(하드웨어)과 더불어, 상부상조하고 자리타리自利他利하는 공존과 공영의 역사관(소프트웨어) 또한 다함께 세워가야 할 일이다.

즉 우리에게 필요한 것은 새로운 거대 서사Grand Narrative다. 지구적

카슈가르 풍경.

인 근대 서사의 창출이다. 일상[小事]으로의 함몰이라는 포스트모던적 유희는 시한을 만료했다. 동서고금을 융합하는 유라시아의 대사大史를 바로 세워야 하겠다. 불과 백 년 전 동학도들만 하더라도 요순시대를 '동시대'Contemporary로 환기하는 장쾌한 역사 감각이 여전했다. 그 장구한 동시대 의식과 광활한 공간 감각을 회복해가야 할 것이다. 유라시아 견문에 마침표를 찍는 2018년 2월이면 이러한 시공간에 바탕한 '유라시아 사관'의 얼개라도 어렴풋이 제출할 수 있었으면 하는 바람이다.

이참에 향후의 로드맵을 대강이나마 밝혀두는 편이 낫겠다. 카슈가르는 '일대'와 '일로'가 갈라지는 분기점이기 때문이다. 중앙아시아로 갈 수도 있고, 남아시아로 향할 수도 있다. 나는 남진하기로 했다. 톈산天山의 구름 남쪽, 윈난雲南으로 가기로 한다. 그곳에서 미얀마를 거쳐 벵골 만을 지나 인도로 갈 것이다. 2016년에는 인도양 세계와 이슬람 세계에 주력할 예정이다. 연말이나 연초에는 유럽까지 이를 것이다. 유라시아의 문명적 축을 이루었던 양대 세계를 먼저 살피고 유럽에 당도하면 '서구 근대' 또한 유라시아적 맥락에서 상대화하고 역사화할 수 있는 안목이 생길지도 모르겠다.

2017년은 '서구 근대'에 대한 첫 번째 저항이었던 러시아 혁명 100주년이 되는 해다. 모스크바를 배꼽으로 삼아 동유럽과 중앙아시아를 거쳐 시베리아와 연해주를 살피고 동북3성으로 되돌아오는 여정을 계획 중이다. 소련발 사회주의가 지배했던 유라시아의 북방을 살피면서 20세기의 혁명이란 무엇이었나를 반추하고 성찰해보려 한다. 아울러 '미래의 사회주의'를 궁리해보는 기회가 될 것이다. 역시나 내가 꿈는 핵심어는 '고금 합작'이다. 각자의 문명적 고유성과 사회주의적 보편성을 튼튼하게 결합하는 신사회주의 프로젝트이다. 20세기의 사회주의는 역사적 문명을 배격하고 배타했다는 점에서 자본주의의 쌍생아였다. 그러나 미래의 사회주의는 저마다의 문명에 바탕을 둔 '오래된 사회주의'에 빗댈 수 있을 것 같다.

즉 '역사의 종언'도 아니고 '문명의 충돌'도 아닌 '역사적 사회주의', '문명적 사회주의'이다. '과학적 사회주의'가 아니라 '인문적 사회주의'이다. 2050년의 동아시아라면 사회주의Socialism라는 꼬리표도 떼어낼지 모른다. '대동세계', '태평천하'라는 옛말이 한결 더 어울릴 법하다. 마르크스와 레닌을 학습하기보다는 공맹孔孟을 읊고 노장老莊을 행하고 불심佛心을 닦을 것도 같다.

036

제국의 남문, 쿤밍

중국-태국-베트남 사이,
5천만의 나라가 있다

쿤밍은 날마다 봄날

"昆明天天是春天"

공항에 도착하자 가장 먼저 눈에 띈 표어다. '쿤밍은 날마다 봄날'이라는 뜻이다. 사시사철 꽃이 피고 연중 20도 안팎을 오르내리는 봄의 도시다.

비행기에서부터 첫인상이 남달랐다. 옆자리에 앉은 분이 형형색색 전통 복장 차림이다. 찰랑찰랑 장신구가 주렁주렁 달려 있다. 산간 지역에 사는 소수민족임에 틀림없다. 실례를 무릅쓰고 출신을 여쭈었다. 먀오족(묘족苗族)이라고 한다. 윈난 성에 가장 많이 살고 있는 대표적인 소수민족이다.

'소수민족'이라는 말에 어폐가 없지 않다. 중국 인구의 7퍼센트다. 그런데 14억의 7퍼센트이니 1억에 육박한다. 중국 소수민족의 규모가 일본 전체 인구에 가까운 것이다. 당국이 공식적으로 인정하는 소수민족만 55개에 이른다. 그중 51개 민족이 윈난 성에 살고 있다. 4천 명 이상으로 일정한 거주 지역을 가지고 있는 소수민족도 25개에 달한다. 또 15개 소수민족은 오로지 윈난 성에서만 살고 있다. 윈난 성이야말로 소수민족의 보고寶庫인 셈이다. 성 인구의 40퍼센트를 차지한다.

인문지리는 자연지리와 불가분이다. 윈난 성의 면적은 일본이나 독일보다 조금 더 크다. 인구도 5천만이니 한국과 맞먹는다. 중국에서는 일개 지방이지만 사실상의 '준準국가'이다. 그런데 산지가 전체의 84퍼센트를 차지한다. 고원도 약 10퍼센트다. 영토의 9할이 산악 지형이다. 때문에 한족의 이주 또한 주춤할 수밖에 없었다. 상대적으로 자급자족의 소규모 지역사회가 곳곳에 산재했던 것이다. 산과 산 사이 골짜기마다 오막살이를 했다. 하더라도 내가 인사를 나눈 먀오족만 해도 1천만을 헤아린다. 유럽으로 치면 스웨덴 규모의 '차次국가'이다. 두 번째라는 야오족(요족瑤族)은 450만이다. 덴마크와 엇비슷하다. 유럽의 국민국가 개념으로는 중국은 말할 것도 없고 윈난 성마저도 제대로 담아낼 수가 없는 것이다.

윈난 성은 자연 풍광이 압도적으로 아름다운 곳이다. 동부의 고산지대부터 중부의 호수 지역을 지나 서쪽의 설산에 이르기까지 장관이 펼쳐진다. 산악자전거를 타거나 하이킹을 하기에 제격이다. 시간이 넉넉지 않은 나는 오토바이를 빌려 사흘을 내달렸다. 호강이고 호사였다. 날씨는 백점이고 경치는 만점이다. 여행자의 극락이고 관광객의 천국이다. 천하절경이 따로 없다.

이러한 기후와 환경 덕에 보이차를 비롯한 차 재배로 오래전부터 명성이 자자했다. 최근에는 네슬레와 맥스웰 등 커피도 생산한다. 중국 전역의 스타벅스에서는 윈난산 커피도 맛볼 수 있다. 담배와 화초 또한 자랑거리다. 그럼에도 경제적으로 오래 뒤처져 있었다. 2차, 3차 산업의 발전이 몹시 더디었다. 2015년 기준으로 GDP 3,500달러 수준이다. 산시 성山西省, 구이주이 성貴州省과 더불어 중국에서 가장 가난한 성 가운데 하나다. 차라리 남쪽으로 이웃한 베트남과 비슷한 형편이다. 이 또한 지리 때문이다. 중국의 서남부 모퉁이에 자리해, 동부 연안에서 시작된 개혁개방의 물결에서 가장 멀리 떨어져 있었던 것이다.

그래서 쿤밍 또한 호젓한 호반도시를 기대했다. 포근한 날씨에 호숫가를 산책하며 한숨 쉬어가는 여정을 계획했다. 그러나 큰 오산이었다. 중국은 매번 예상을 빗나간다. 명색이 중국학자인 본업이 무색해질 정도다. 쿤밍은 변방의 한적한 지방 도시가 아니었다. 시내로 들어갈수록 고층 빌딩이 즐비했다. 뭐지 싶어 뒤늦게야 도시 정보를 확인했다. 이미 쿤밍은 인구 800만의 대도시였다. 2010년 이후에는 신장 자치구와 더불어 가장 많은 인프라 투자 자금이 몰려드는 기회의 땅이기도 했다. 과연 도시 전체가 공사판이었다. 땅 아래로는 4, 5, 6호선 지하철 신설 공사가 진행 중이고, 땅 위로는 72층 쌍둥이 빌딩이 올라가고 있었다.

응당 고속철과 고속도로가 빠질 수 없겠다. 북으로는 베이징, 남으로는 상하이까지, 고속도로 20개 노선이 동시에 건설 중이다. 고속철도 못지않다. 12개 노선이 건설 중에 있다. 북으로는 샹거리라香格里拉(샹그릴라 Shangri-La*)를 지나 티베트(시짱西藏)의 라싸拉薩까지 이어지고, 동으로는 '향동向東 개방'의 중심지였던 광저우와 '향서向西 개방'의 허브인 충칭과 우루무치와도 연결된다. 중화인민공화국 건국 이래 서남 내륙에 갇혀 있던 쿤밍이 중국 전역의 도시들과 촘촘하게 엮여가고 있는 것이다.

요체는 이 연결망이 중국 내부로 그치지 않음이다. 윈난 성은 동남

아시아와 국경을 맞대고 있다. 베트남, 라오스, 태국은 물론이요 미얀마와도 이어진다. 미얀마를 지나면 곧장 남아시아와 접속한다. 동북아와 동남아, 동아시아와 남아시아를 연결하는 한복판에 윈난 성과 쿤밍 시가 자리하는 것이다. 지리는 재차 쿤밍의 숙명이다. 중국이 '혁명국가'에서 '열린 제국'으로 변모하면서 윈난의 운명 또한 달라지는 것이다. 점차적으로 제국의 남문南門이 되고 있다. 점진적으로 지리 혁명의 허브가 되어간다. 새 역사의 봄맞이가 한창이다. 날마다 봄날이고, 나날이 봄날이다.

제국의 남문

제국의 남문이 크게, 활짝 열렸다. 남대문南大門이라 할 만하다. 2015년 3회째를 맞은 중국-남아시아 박람회China-South Asia Expo가 대표적이다. 일대일로의 발족과 더불어 쿤밍에서 열리는 새로운 국제행사다. 지금까지는 23년의 역사를 자랑하는 쿤밍 수출입 박람회가 1990년대 이래 윈난 성과 동남아시아의 활발한 경제 교류를 이끌어왔다. 이제는 남아시아까지 포함하여 새로운 동력을 확보했다.

이 두 박람회가 같은 시기에 열린다. 여행하기에 가장 좋다는 6월 중순의 2주간이다. 윈난 성 기업들의 해외 진출과 해외 기업들의 중국 진출에 교두보가 된다. 쿤밍 시 일대가 유라시아 남부의 허브로 변모하는 것이다. 2015년에는 75개 국가, 6천 개 기업, 2만여 명의 비즈니스맨들이 참여했다. 규모는 갈수록 커지고 있다. 여행, 에너지, 인프라, 물류, 교육, 환경 등 다양한 분야를 망라한다.

새로운 터전도 마련했다. 2013년 착공한 쿤밍국제박람회장이 2015년 개장했다. 쿤밍의 상징인 커다란 호수(뎬츠滇池 호) 근방에 자리한다.

윈난 성의 소수민족. 51개 민족이 거주하며 성 인구의 40퍼센트를 차지하는 윈난 성은
소수민족의 보고(寶庫)이다.

박람회가 열리지 않는 기간은 인민공원으로 활용된다. 구경삼아 가보았
다. 중국답게 넓디넓었다. 이 너른 자리가 다민족 다인종의 인산인해를
이루는 박람회의 풍경을 상상해본다. '시안西安의 봄'에 못지않은 '쿤밍
의 봄'에 빗댈 수 있지 않을까. 주변으로도 건설 붐이 한창이다. 새로운
비즈니스 구역을 조성한다고 한다. 고층 아파트와 고급 쇼핑몰이 들어
서고 있다.

　박람회에서는 매년 '올해의 국가'를 선정해 특별 전시회도 열린다.
2015년의 주인공은 인도였다. 인도의 산업뿐 아니라 역사와 문화에 관
련된 전람회가 열렸다. 인도의 모디 총리가 시안에서 시진핑과 정상회
담을 가진 지 꼭 한 달 만이었다. 그래서 인도의 외교부 장관이 직접 박
람회에 참석했다. 그리고 윈난대학교에 중국 최초의 요가학부를 신설하
기로 합의했다. 인도에서 직접 교수들을 파견하여 인도의 철학과 사상,

윈난 성의 자연 풍광은 그야말로 천하절경이다. 동부의 고산지대부터 중부의 호수 지역을 지나 서쪽의 설산에 이르기까지 장관이 펼쳐진다.

수행법을 전수할 것이라고 한다. 물류만으로 그치지 않는 것이다. 사상 대국과 종교대국의 문화 교류, 문류의 일환이다.

인도 외에도 31개 국가에서 외교 사절단을 보냈다고 한다. 몰디브에서는 대통령이 몸소 방문했고, 라오스에서는 수상이 직접 참석했다. 방글라데시, 캄보디아, 미얀마, 태국, 베트남 등에서는 관련 부처 장관들이 참여했다. 이들을 맞이한 중국 대표는 국가 부주석 리위안차오였다.

해외 정치인과 기업인들의 대거 방문은 윈난대学과 쿤밍대학 등 쿤밍의 주요 대학생들의 '학습장'이 되어주기도 한다. 동남아시아와 남아시아 언어를 전공하는 약 2천 명의 학생이 박람회 기간 안내자 겸 통역자로 자원봉사 활동을 한 것이다. 두 종합대학 역시 일대일로와 보조를 맞추어 동남아시아와 남아시아를 연구하는 특성화 대학으로 변모하고 있다. 내가 찾은 윈난대학교에서도 미얀마어, 방글라데시어 등을 유창하게 구사하는 석·박사생들을 만날 수 있었다. 모국어인 중국어에 세계어인 영어를 장착하고, 아시아 언어 하나씩을 보태고 있는 것이다. '유라시아 시대'를 예비하는 인재상에 가까워 보였다. '유라시아학'의 맹아와 단초도 발견한다.

중국 전도를 치우고 유라시아 지도를 펼쳐본다. 국사國史가 역사를 분절하듯이, 국도國圖는 세계를 분획한다. 지방local과 세계global의 복합적 관계망에 대한 상상력을 가로막는다. 하여 나는 종종 국경을 지운 유라시아 전도 위에 도시와 도시를 이어 새 지도를 그려본다. 거리 감각과 공간 감각을 재조정하기 위해서다. 이번에는 쿤밍을 중심에 두고 유라시아를 다시 살핀다.

쿤밍에서 동쪽의 상하이까지가 약 2,000킬로미터다. 꼭 그만큼의 거리를 서남진하면 미얀마의 양곤에 이른다. 태평양(동해)으로 향하는 상하이와 인도양(서해)으로 향하는 양곤을 잇는 중간 지점에 쿤밍이 자리하는 것이다. 남쪽으로 또 그만큼의 거리를 뻗어가면 라오스의 수도 비엔티안을 지나 태국의 수도 방콕까지 닿는다. 조금 더 내려가면 말레이시아의 수도 쿠알라룸푸르를 지나 싱가포르까지 이어진다. 상하이와 양곤, 싱가포르를 잇는 삼각 꼭짓점에 쿤밍이 있는 것이다. 새 지리의 배꼽이고, 허브이다.

괜히 이 도시들을 거론한 것이 아니다. 중국이 유라시아 전역에 걸쳐 건설하고 있는 고속철의 중간 역들이기 때문이다. 20세기의 지정학적 분류와 지역학적 구획이 크게 흔들리고 있다. 동북아와 동남아, 동아시아와 남아시아를 나누고 쪼개었던 지리적인 지식의 칸막이들을 거두고 치우고 지워가고 있다. 지경학을 통하여 중국의 서남부와 동남아시아와 남아시아를 한 몸, 한 통으로 묶어가는 새로운 인문지리가 창출되고 있는 것이다. 21세기의 후안강이 말하는 '지리 혁명'의 한 사례일 것이며, 19세기의 공자진이 구상했던 '신천하'의 현현일 것이다. 장차 '남유라시아'라고 할 것인가? 동아시아와는 달리 동남아와 남아시아는 영국, 프랑스, 네덜란드 등 유럽의 흔적이 역력하다. 그 200년의 역사도 끌어안는다는 점에서 '남유라시아'라는 명명이 정명正名에 한층 가까울 듯하다.

도시-국가-지역을 잇는 남유라시아 지리 혁명

'남유라시아'의 지리 혁명은 각양각색이다. 다층적이며 복합적이다. 크게 세 차원으로 나눌 수 있다. 도시 간 연합, 국가 간 연대, 지역 간 합작이다.

먼저 'K2K 포럼'은 도시 간 연합이다. '쿤밍 to 콜카타' 혹은 '콜카타 to 쿤밍'의 약자이다. 쿤밍과 콜카타 간의 정기 포럼을 일컫는다. 인도의 동북부 서벵골 주에 자리한 콜카타는 'Look East' 정책의 근간이 되는 곳이다. 최근에는 'Act East' 정책으로 진화했다. 그리고 중국 서남부에 자리한 쿤밍은 향남向南 개방의 거점이다.

이 양 도시가 2013년 10월 콜카타에서 자매도시를 맺었다. 2014년에는 쿤밍으로 자리를 옮겨 '21세기형 중인대동中印大同'을 다짐하는 '쿤밍 선언'을 발표했다. 도시 간 연합은 세계화, 도시화, 정보화의 필연적 추세라며, 경제와 문화 등 다방면에서의 공영win-win을 약속했다. 양 도시는 공히 풍부한 문화유산과 자연유산을 간직하고 있다. '불교 순례'와 '생태여행' 등 영성을 깨우고 양생을 북돋는 관광상품도 함께 만들어갈 것이라고 한다. 일단 쿤밍에서 콜카타까지 장장 2,800킬로미터에 이르는 고속도로부터 짓기로 했다. 남중국과 동인도를 잇는 세계 최장의 고속도로가 될 것이다.

국가 간 연대로는 'BCIM 회랑'이 손꼽힌다. '방글라데시(B)-중국(C)-인도(I)-미얀마(M) 회랑'의 머리글자를 따온 것이다. 이 역시 일대일로의 일환으로 제출되었다. 2013년 12월 공식 출범했다. 자연스레 중국과 인도 사이에 자리한 미얀마도 들썩인다. '쇄국 정책'을 오래 고수했던 나라의 빗장을 풀어낸다. 경제 수도 양곤까지 고속철이 이어지고, 벵골 만의 차우퓨에는 항구 건설이 한창이다. 차우퓨에서 쿤밍까지 약 1,000킬로미터의 송유관도 건설될 예정이다. 인도양의 동쪽인 벵골 만은 인도의 동북부를 연결시키는 것으로 그치지 않는다. 인도양의 서쪽으로는 페르시아 만과 아라비아 해를 지나 동아프리카까지 이어진다. 미얀마가 동아프리카와 중동을 중국과 연결하는 또 다른 통로가 되고 있는 것이다. 벵골 만 또한 남유라시아의 '남해'南海가 되어간다.

이 고속철과 고속도로, 항만과 송유관을 따라서 BCIM 분업체제도 만들어질 것이다. 일각에서는 이 4개국의 합작이 '세계의 공장'을 담당할 것이라며 'Made in BCIM'으로 표현하기도 한다. 실제로 4개국의 인구만 따져도 30억, 인류의 절반이다. 잠재력이 무궁무진하다고 하겠다. 지난 20세기 방글라데시와 인도는 '남아시아'로 분류되었다. 미얀마는 '동남아시아'의 하나로 간주되었다. 중국은 흔히 '동아시아'라고 했다. 작위적이고 인위적인 분류였다. 동인도와 남중국은 천 년이 넘도록 불교 네트워크가 활발하게 작동했던 공간이다. 이를 따라 물질과 정신의 교류 또한 활달했다. 서방 이전pre-Western의 지리 문명이 BCIM 회랑으로 복원되고 있는 것이다.

새로운 인문지리가 오래된 자연지리와 무관할 수 없다. 지역 간 합작으로는 'GMS'Greater Mekong Subregion가 돋보인다. 메콩 강 경제권 협력 프로그램이다. 메콩 강을 젖줄로 삼아 이웃하고 있는 나라들의 공생과 공영을 도모한다. 구체적으로 베트남, 라오스, 캄보디아, 태국, 미얀마와 중국을 일컫는다. 현지 언론에서는 'GMS 국가'라고 부르기도 한다. 동남아시아국가연합, 즉 아세안(ASEAN)과도 차별되는 또 다른 무리 짓기이다. 메콩 강을 줄기 삼아 남중국과 인도차이나 반도를 아우르는 발상이다. 2014년 9월 개통한 베트남의 노이바이-라오까이 고속도로가 대표적이다. 인도차이나 반도의 중심인 하노이와 중국의 국경을 직선으로 잇는다. 종전 12시간에서 3~4시간으로 대폭 단축되었다. 'GMS 국가'들 간의 교통회랑 건설이 본궤도에 오른 것이다. 중국-베트남은 또 다른 고속도로를 두 개 더 건설할 예정이다.

하노이에 머물던 시절, 하노이와 하이퐁의 모스크가 몹시 신기했었다. 두 곳 모두 천 년의 역사를 자랑하는 곳이었다. 중국에서 독립하기이전, 즉 대당제국 시절의 영화를 간직하고 있던 곳이다. 하이퐁과 하노이에서도 아랍 상인과 페르시아 상인들이 모여 살았던 것이다. 벵골 만과 남중국해를 잇는 바닷길의 중간 역이었다. 하여 남중국해를 두고 양국이 갈등하고 있다는 소식 또한 일방적이고 일면적이다. 실제로는 중국의 해양 실크로드 구상에 베트남도 긴박하게 연결되고 있다. 세계은행(WB)과 아시아개발은행(ADB)만으로는 'GMS 국가'들의 인프라를 감당할 수 없기 때문이다. 아시아인프라투자은행(AIIB)이 주도하지 않을 수 없다.

인도차이나 반도의 내륙국가로는 라오스가 있다. 바다를 면하고 있지 않은 동남아시아의 유일한 국가다. 이 내륙국가가 세계와 연결되는 길은 육로와 하늘길뿐이다. 여기에 아세안에서 가장 빠른 고속철을 중국이 건설하고 있다. 지난 2015년 12월 2일은 라오스 건국 40주년이 되는 날이었다. 라오스 국가주석 추말리 사야손과 중국 전인대(전국인민대표대회) 상무위원장 장더장張德江이 고속철 착공식에 함께 참석했다. 비엔티안의 시장과 쿤밍의 시장이 이들과 동반했다. 쿤밍 시장은 중국의 동부보다도 'GMS 국가'를 더 자주 방문한다.

때문에 향후 '성省-국國 체제'라는 조어가 필요할지도 모르겠다. 'K2K'도 'BCIM'도 'GMS'도 중국의 중앙정부가 주도하는 사업이 아니다. 윈난 성이 주체가 된다. 하더라도 윈난 성을 지방정부라고 낮추기도 어렵다. 규모와 인구에서 준국가에 방불하기 때문이다. 신장 자치구가 중앙아시아 국가들과의 협력을 주도하며 카스피 해와 아라비아 해를 지나 지중해까지 가닿는 연결망을 만들어가고 있는 것처럼, 윈난 성 또한 메콩 강 국가들과 합작하여 황하-장강(양쯔 강)-메콩 강을 잇는 문명 복합체를 만들어간다. 나아가 벵골 만을 지나 페르시아 만, 홍해를 잇고 동아프리카까지 연결된다. 얼핏 정화의 대원정이 떠오른다. 어설픈 연상도, 억지스런 비유도 아니다. 정화는 바로 이 윈난 성에 살고 있던 무슬림 집안의 후손이었기 때문이다. '거대한 뿌리'의 소산이다.

준準국가 윈난의 역사

쿤밍에는 철도박물관이 있다. 쿤밍이 남유라시아의 교통 허브가 되고 있는 만큼 호기심이 발동했다. 백 년 전 기차가 전시되어 있었다. 20세기 초에도 철도 열기가 뜨거웠던 것이다. 윈난 성은 중국에서 철도가 가장 먼저 연결되었던 곳 중 하나였다. 쿤밍과 베트남 하이퐁을 오갔다는 증기기관차와 프랑스산 디젤기관도 구경할 수 있었다. 1914년에 첫 운행을 시작하여 무려 65년이나 사용했다고 한다. 1979년까지, 즉 개혁개방에 이르기까지 이 구식 열차를 타고 다닌 것이다. 기관실 내부에는 60년 묵은 매캐한 냄새가 희미하게 남아 있었다.

역시나 철도는 제국주의와 불가분이었다. 유럽 열강의 중국 과분瓜分과 직결되었다. 첫 삽을 뜬 것은 프랑스였다. 인도차이나의 철도 연결망을 완성한 후 남중국까지 노린 것이다. 국경을 맞댄 윈난 성이 첫 목표가 되지 않을 수 없었다. 1904년에서 1910년까지 윈난-베트남 철도를 건설한다. 백 년 전에 이미 하노이와 쿤밍을 연결시킨 것이다. 역사의 아이러니라면, 남중국에 근거지를 마련하고 독립운동을 펼치다 이 열차를 타고 하노이에 입성했던 인물이 바로 호찌민이었다는 점이다.

1930년대에는 영국이 접근했다. 윈난 성 위에 자리한 티베트는 이미 영국의 간접 통치 아래 있었다. 이제는 프랑스가 독점적으로 혜택을 누리던 윈난 성까지 넘보려 든 것이다. 마침 대영제국이 품고 있는 버마(미얀마)와 국경을 접하고 있었다. 버마를 윈난 성과 연결하는 철도를 건설하고자 했다. 이 양곤(당시 랑군)-쿤밍 철도가 완공되면 자연스레 영국령 인도의 수도였던 콜카타(당시 캘커타)까지도 연결되는 것이다. 2차 세계대전 발발로 완공되지는 못했다고 하나, 그럼에도 목하 건설 중인 K2K 노선의 원조격에 해당한다고 하겠다.

즉 동북에서 일본이 만주국을 세우고 대동아공영권을 건설하고 있

윈난 성은 중국에서 철도가 가장 먼저 연결되었던 곳 중 하나였다. 사진은 백 년 전 윈난 성의
쿤밍과 베트남 하노이를 연결했던 철도. ⓒ 윈난 철도박물관

을 때, 서남에서는 프랑스의 인도차이나제국이 확장되고 대영제국 또한 그 판도를 더욱 넓혀가고 있었다. 연합국이나 추축국*이나 별반 차이가 없었던 것이다. 당시 난징에 자리한 국민당 정부는 겨우 중원만을 차지하고 있었을 뿐이다. 윈난 성은 이 권력의 진공 속에서 군벌이 통치하는 사실상의 자치 상태였다. 다시 말해 '중화민국'의 외부에 자리한 유사 독립국이었던 것이다.

새삼 준국가로서의 윈난사史에 흥미가 솟아난다. 살펴보니 비단 서구와 중국 사이의 100년사만도 아니다. 이슬람 세계와 중화세계의 1,000년사도 절묘하게 포개져 있는 흥미로운 장소였다. 윈난 성 최후의 독립왕국이 자리했던 다리大理부터 가보기로 한다.

---

*   2차 세계대전 때 일본·독일·이탈리아가 맺은 3국 동맹을 지지하면서, 미국·영국·프랑스 등의 연합국과 대립한 여러 나라. 1936년 무솔리니가 "유럽의 국제관계는 로마와 베를린을 연결하는 선을 추축으로 하여 변화할 것이다"라고 연설한 데서 유래한 말이다.

• 477

037

윈난에서 이슬람적 중국을 만나다

이슬람 세계와 중화세계의
'더불어 중흥'

하늘과 가까운 두 고성古城

여행 가이드북이 중국의 변화 속도를 따라가지 못한다. 이동하는 버스에서 듣고자 몇 편의 팟캐스트 방송을 다운로드했다. 절반도 듣지 못했는데 다리大理에 도착하고 리장麗江에 이르렀다. 그 사이에 고속도로가 새로 생긴 것이다. 굽이굽이 산맥에는 터널을 뚫었고, 험준한 협곡에는 다리를 놓았다. 윈난 성 내부의 연결망도 갈수록 촘촘해진다. 지도를 다시 그리고, 지리를 다시 이룬다.

두 고성古城 모두 하늘과 가깝다. 히말라야로 가는 길목에 자리한다. 공기가 차고 깨끗하다. 오랫동안 한족의 발길이 드물었던 곳이다. 이제는 잘 닦인 고속도로와 고속철을 따라서 밀물처럼 몰려든다. 날씨는 온화하고 경치는 예쁜 데다 소수민족의 색다른 문화를 즐길 수도 있다. 지갑이 두툼해진 동부의 중산층들이 유람하기에 제격이다. 샹그릴라, 중국 안에서 이국異國을 만끽할 수 있는 특별한 공간이다.

사람이 느는 만큼 돈의 회전도 빨라진다. 유네스코 세계유산으로 지정되면서 상업화의 물결도 가팔라졌다. 애초에 교토를 상상했다. 혹은 경주를 연상했다. 그러나 천년 도읍의 정취는 사라진 지 오래였다. 테마파크 같았다. 발길 닿는 곳마다 식당이고 카페이고 상점이고 술집이다. 고성 내부에 숙소를 잡은 것도 두고두고 후회했다. 밤새 가라오케와 바에서 들려오는 음악 소리로 시끄러웠다. 아직 문화의 수준이 물질의 속도를 따라가지 못한다. 시간이 좀 걸릴 것이다. 울적한 마음을 '풍화설월'風花雪月을 마시며 달래었다. 윈난산 맥주의 이름이다. 한시의 한 구절을 뽑아온 듯한 고졸미가 우아한 상품명이 되어 있다.

더 일찍 왔어야 했던 곳이다. 그새 숙소 직원들의 태도도 달라졌다. 뻔히 한국 여권을 제출해도 아랑곳없이 중국어로 말을 한다. 노란 얼굴의 동방인은 모두 중국어라도 해야 한다는 말인가. 응대하면서도 유쾌하지 않았다. 짧은 영어조차 배울 이유가 없어진 모양이다. 하긴 투숙객의 9할이 중국인이다. 외국의 배낭여행객들과는 달리 이들은 씀씀이도 크다. 다리大理 고성의 유명한 양인가洋人街('서양인들의 거리')마저도 셀카와 단체사진 찍기로 여념 없는 한족들로 점령되었다. 탈식민화와 세계화와 중국화가 빚어내는 착잡한 풍경이다. 역시 규모는 중요하다. 양이질을 변화시킨다.

차마고도와 몽골 로드

윈난의 중국화는 최신의 현상이다. 황하와 장강에서 비롯한 중화문명의 경계가 쓰촨 성四川省 언저리였다. 쓰촨을 분기로 윈난에는 유교와 농경문화의 영향이 희미했다. 차라리 이웃한 티베트나 미얀마와 가까웠다.

당시의 모습을 기록으로 남겨둔 이가 있다. 마르코 폴로이다. 800년

윈난의 '중국화'는 최신의 현상이다.
왕년의 윈난은 인도의 불교문명
영향권 아래 있었다. 차라리 이웃한
티베트나 미얀마와 가까웠다. 그러나
몽골세계제국 때 중국에 편입되면서
중앙아시아의 무슬림 인구가 대거
유입되었고, 중일전쟁을 거치면서
윈난의 중국화가 본격적으로 시작된
것이다. 사진은 윈난 성 쿤밍 시의
둥촨(東川) 홍토지 지대.

전 이곳을 다녀갔다. 《동방견문록》에서도 윈난 성 일대를 중화문명의 밖으로 묘사한다. 벵골 만 건너 인도 문명과 더 유사하다고 느낀 것이다. 크게 틀리지 않은 눈썰미다. 윈난 성이 중국에 편입된 것은 몽골세계제국 때의 일이다. 폴란드에서 한반도까지 유라시아의 대제국이 들어서면서 비로소 중국의 일부가 된 것이다. 중원과 서역을 통합했던 대당제국의 전성기에도 윈난은 독립왕국을 지속했다.

윈난의 독자왕국이 스스로를 무엇으로 불렀는지는 확실치 않은 모양이다. 중국 문헌에는 남조국南詔國이라고 기록되어 있다. 불교 왕국이었다. 미얀마(버마)와도 인연이 깊었다. 아니, 남조국이 미얀마에 영향력을 행사했다. 미얀마의 대표적 불교 도시인 파간Pagan의 건설에도 깊이 관여했다. 그 파간을 통하여 인도의 힌두 왕국과 불교 왕국과도 연결되었다. 남조국의 왕들은 스스로를 불교 황제 아소카*의 후예라고 간주했다. 불교 세계 특유의 '만달라 질서'가 작동하고 있던 것이다.

남조국에서는 이 만달라적 네트워크가 미치는 영역을 '간다라'라고 불렀다. '간다라'는 불교 법왕들이 다스렸던 평화롭고 신성한 낙토를 일컫는다. 알렉산더 대왕 시기 현재의 파키스탄과 아프가니스탄 변경에 걸쳐 자리했다. 당장 떠오르는 것이 아프가니스탄의 '칸다하르'라는 지명이다. 미얀마어에도 흔적이 남아 있다. 윈난을 지칭하는 말이 여전히 '간다라'다. 왕년의 윈난은 명백하게 인도의 영향권 아래 있었던 것이다.

그 천 년의 역사는 오늘날 소수민족의 '풍습'으로 남아 있다. 태국, 미얀마, 라오스 등 동남아의 불교 국가에서는 새해를 맞이하는 물놀이 축

---

* 기원전 3세기 인도 마가다국 마우리아 왕조의 제3대 왕. 인도 최초의 통일왕국을 세워 불교를 보호한 이상적인 왕으로 많은 설화를 남겼다.

제 '송끄란'이 유명하다. 서력으로 4월이다. 윈난의 일부 소수민족도 춘절보다는 송끄란을 즐긴다. 리장의 터줏대감, 나시족(납서족納西族)이 대표적이다. 오래전 차마고도茶馬古道*를 통하여 티베트와 인도를 윈난과 연결했던 사람들이다. 이들의 토착어 또한 티베트어와 미얀마어에 가깝다고 한다. 만달라 세계와 중화세계, 불교문명과 유교문명의 가교 역할을 한 것이다.

흥미로운 점은 고려 후기의 귀족들이 유교적 소양을 갖추어갔던 것처럼, 나시 왕국의 귀족들도 점차 중화문명에 물들어갔다는 점이다. 사서삼경을 공부하고 시·서·화를 교양으로 갖추기 시작했다. 집 안에 경전을 보관하는 도서관을 지어 '구별 짓기'의 상징자본으로 활용했다.

나시 왕국의 대표적인 귀족의 집이 지금은 박물관으로 남아 있다. 외관부터 내부까지 송나라의 사대부를 모방했음이 확연하다. 다만 차이라면, 서재에 커다란 호랑이 가죽을 걸어두었다는 점이다. 야생과 야성의 과시가 여전했다. 외래의 선진 문명과 현지의 토착 문화가 기묘하게 공존한다. 혹시 외풍이 없었더라면 윈난에서도 한반도와 유사한 역사 전개, 즉 불교 왕국에서 유교 왕국으로의 전환이 이루어졌을지도 모르겠다. 윈난 성 바로 아래 베트남의 역사처럼 말이다.

그러나 윈난은 유교화/중국화가 아니라 이슬람화를 먼저 경험한다. 외풍은 북풍이었다. 몽골이 진격했다. 1253년 쿠빌라이칸이 대리국大理國를 복속시킨다. 행정의 중심을 쿤밍으로 옮긴 것도 쿠빌라이칸이다. 윈난을 중국의 10개 성 중 하나로 포함시켰다. 그러나 현지 민족이

---

* 차(茶)와 말을 교역하던 옛 길. 실크로드보다 200여 년 앞서 형성된 인류 역사상 가장 오래된 교역로다. 평균 해발고도 4천 미터 이상에 위치하며, 중국 서남부에서 티베트를 넘어 네팔·인도까지 5천여 킬로미터에 달하는 장대한 이 길을 따라 중국의 차와 티베트의 말이 오갔다.

나 중원의 한족에게 통치를 맡기지는 않았다. 북방의 몽골족과 서역의 투르크족을 이동 배치시켰다. 관료와 군인 등 중앙아시아의 무슬림 인구가 윈난으로 대거 유입된 것이다. 흑해의 터키인도 있었고, 볼가 강의 불가리아인도 있었다. 당시 윈난에는 동쪽의 한족보다 서쪽에서 온 투르크족이 훨씬 더 많았다. 불교에서 이슬람으로의 전환, 과연 윈난의 역사는 동아시아보다는 남아시아의 경로에 더 가까웠던 것이다.

가장 유명한 이로는 오마르Sayyid Ajall Shams al-Din Omar를 꼽을 수 있다. 우즈베키스탄의 부하라 출신이었다. 집안의 계보를 따지면 이집트의 카이로까지 가닿는다. 몽골이 정복한 이라크의 바그다드를 성공적으로 다스리면서 명성을 쌓았다. 그 경력을 인정받아 1270년대에는 윈난 성의 통치를 맡게 된다. 청렴하고 지혜로운 지도자였던 모양이다. 중원의 선진적 농업기술을 보급하여 윈난의 생활수준을 크게 향상시켰다. 그래서 오늘날 윈난의 무슬림 중 상당수는 오마르를 시조로 삼고 있다. 윈난의 무슬림들도 족보를 가지고 있는 것이다. 이슬람 세계와 중화세계의 교우가 빚어낸 흥미로운 풍경이 아닐 수 없다.

대청제국 아래서는 삼분천하를 이루었다. 토박이였던 소수민족들과 떠돌이였던 무슬림과 한족들이 윈난의 소천하小天下를 형성했다. 지각변동은 태평천국운동에서 비롯했다. 천하天下를 뒤엎고 천국天國을 열고자 하는 시도에 대청제국은 기독교를 탄압했다. 덩달아서 이슬람교에도 불똥이 튀었다. 다문명을 품어 안았던 제국의 균형이 무너지기 시작한 것이다.

그러자 윈난에서도 무슬림 지도자가 떨쳐 일어섰다. 두문수杜文秀 (1823~1872)가 대표적이다. 다리大理를 재차 수도로 삼아 독립왕국을 선포했다. 그는 버마와 국경을 접한 지방의 무슬림 상류 집안 출신이었다. 소년기와 청년기에는 유교 경전을 공부하고 과거에도 응시했다. '빼어

두문수 박물관. 두문수는 버마와 국경을 접한 지방의 무슬림 상류 집안 출신으로, 청나라가 제국성을 잃어가자 이슬람 독립왕국의 꿈을 키웠다. 그러나 그의 이슬람 국가 만들기는 16년 백일몽으로 끝나고 말았다.

난 문장'[文秀]이라는 이름에서도 묵향이 가득하다. 그러나 청나라가 제국성을 잃어가면서 이슬람 독립국의 꿈을 키운 것이다. 자신을 '술탄 술레이만'이라 고쳐 부르고, 다리大理에 마드라사(이슬람 학교)를 세워 아랍어 교육을 보급했다. 한문으로 번역한 코란도 출판했다. 콜카타에 무슬림 대표단을 파견하고, 런던에는 아들을 보냈다. 남조국과 대리국을 잇는 운남국云南國의 하산 왕자라며 지원을 호소하고 무기를 요청했다. 대청제국 대신 대영제국에 기대어 자립과 독립을 모색한 것이다. 그러나 오판이었다. 대영제국은 무굴제국을 식민지로 삼고 오스만제국도 붕괴시켰다. 두문수의 이슬람 국가 만들기는 16년 백일몽으로 마감되었다.

　그의 집도 박물관이 되었다. 이슬람 거상의 후예답게 부티가 흐른다. 외양은 중국식이고, 내부는 이슬람식으로 꾸몄다. 아랍어와 한문 서적들이 빼곡한 서재가 인상적이다. 그의 반란과 궐기에 대한 중국어 설명을 읽어보았다. 왜곡과 곡해가 심하다. 무슬림 봉기였다는 점이 교묘하게 가려져 있다. '회민기의'回民起義라는 이름 아래, 봉건 왕조에 저항했던 혁명적 농민 봉기라고 되어 있다. 두문수 역시 '농민 장군'으로 묘사한다. 중국공산당의 공식 서사에 끼워 맞춘 좌편향적 해석이 아닐 수 없다. '동학혁명'을 독일농민전쟁에 빗대어 '갑오농민전쟁'으로 서술했던 한국 근대 역사학의 착오를 여기서도 목도한다. 나라면 이슬람의 중흥운동이자 윈난의 '경장更張운동'이었다고 고쳐 말했을 것이다. 알라를 섬기면서도 공맹을 따랐던 그의 정신세계가 무척이나 궁금하다.

항일抗日의 생명선, 버마 로드

흔들리는 대청제국의 빈틈을 영국과 프랑스가 비집고 들어왔다. 1876년 영국이 윈난과 버마 간 국경무역의 권리를 앗아간다. 민간의 자유무역이었던 '호시'互市를 박탈한 것이다. 1886년 버마를 대영제국에 병합한 이후에는 국가 간 공식 무역이었던 조공도 폐지시켰다. 청불전쟁(1884~1885)에서 이긴 프랑스 또한 대청제국의 베트남에 대한 종주권을 소멸시키고, 민간 무역을 독점했다. 윈난의 대외무역을 관장하는 해관海關 설치 권한도 프랑스가 획득했다. 윈난은 20세기 또한 중국화가 아니라 탈중국화, 서구와의 대면으로 출발했던 것이다. 동부의 베이징과 상하이가 아니라, 프랑스와 영국이 양분했던 동남아시아와 깊숙하게 연루되었다.

정치적으로도 기우뚱한 상태였다. 영국과 프랑스의 상호 견제 속에서 식민지화는 면할 수 있었다. 일본이 러시아를 누르고 만주를 독점했던 동북과는 판이 달랐다. 영국, 프랑스, 중화민국의 길항 속에서 윈난을 통치한 이가 룽윈龍雲이다. 외눈박이 군벌로, 1927년부터 1945년까지 거의 20년을 지배했다. 가계를 따지고 올라가면 남조국 귀족의 후예라고 한다. 10만의 군대를 보유하고 독자적인 화폐도 발행했다. 그가 표방한 것 역시 '신중국'이 아니라 '신윈난'이었다. 초등학교에서도 삼민주의가 아니라 윈난 애국주의를 가르쳤다. 5천 년 중국사가 아니라 남조국과 대리국에서 출발하는 1천 년 윈난사를 전통과 적통으로 가르쳤던 것이다.

'신윈난'의 운명을 좌우한 것은 1937년 중일전쟁이다. 일본과 전면전이 발발하면서 항일연합 노선에 대한 요구가 중국 전역에서 일어났다. 즉 항일연합이란, 국민당과 공산당 간의 좌우 합작만을 의미하지 않는다. 각 지방에서 준독립, 반자치를 누리고 있던 모든 세력의 대동단결을 요청했다. 일본으로 말미암아 윈난의 '중국화'가 본격적으로 시작된 것이다.

먼저 한족들이 밀려왔다. 중화민국의 정치, 경제, 문화의 중심이었던 상하이와 난징이 무너지면서 동부 사람들이 대거 서부로 이주했다. 국민당 정부의 수도를 충칭으로 옮긴 파장이 쿤밍까지 미친 것이다. 쓰촨의 충칭이 항일전쟁의 정치적 중심이었다면, 윈난의 쿤밍은 전후 복구를 예비하는 문화적 중심이었다.

1938년 설립된 시난연합대학西南聯合大學이 상징적이다. 동부의 명문대학과 고급 인력이 쿤밍에 집결했다. 전선에서 가장 멀리 떨어져 있고, 쿤밍-하노이 철도를 통하여 도서 구입 등이 비교적 용이했기 때문이다. 순식간에 쿤밍이 중국에서 가장 지적이고 수준 높은 교육도시가 된 것이다. 일약 중화문명을 고수하는 최후의 보루가 되었다. 지난 천 년사에 유례가 없던 전면적 중국화의 시기였던 것이다. 1946년까지 지속되었던 시난연합대학의 유산은 현재의 윈난대학으로 고스란히 이어졌다. 변방의 대학임에도 훌륭한 도서관을 갖추고 있다.

그 유명한 '버마 로드' 또한 이 무렵에 만들어진 것이다. 동부 연안이 일본군에 점령당하면서, 동남아시아와 남아시아와 접한 윈난의 전략적 중요성이 부각된 것이다. 버마 로드는 항일전쟁을 수행하는 중화민국의 '생명선'이었다. 그러나 당시의 기술 수준으로 고준산맥과 급류가 흐르는 협곡 위에 도로를 짓는 것이 쉬운 일은 아니었다. 장비 부족을 대신한 것은 인해전술이다. 소수민족까지 포함하여 약 20만 명이 동원되어 도로 공사를 강행했다. 1년 만에 버마 로드를 완공했으니, 윈난인들의 피와 땀으로 일구어낸 기적이었다.

이 버마 로드를 통해서 영국과 미국의 원조 물자가 보급되었다. 석유와 무기, 식량과 의료품 등 전시 필수품들이 중국에 전해졌다. 중국 정복을 목전에 두었던 일본군이 좌시할 리 없었다. 버마 로드를 끊어내기 위해 윈난을 공습했다. 일부 지역이 점령되어 백병전이 펼쳐지기도 했다. 삽과 곡괭이로 도로를 만들었던 이들이 이번에는 총과 칼을 들었다. 이 항일전쟁의 경험으로 말미암아 윈난의 소수민족들까지도 비로소 '중국인'의 정체성을 가지게 된 것이다. 과연 '항일'抗日은 신중국 건설의 척추였다.

1942년 일본은 버마를 직접 점령함으로써 버마 로드를 단절시켰다. 이에 중국과 영국, 미국의 대표단이 뉴델리에서 회동한다. 인도의 동북 콜카타(당시 캘커타)와 중국의 서남 쿤밍을 잇는 또 다른 도로를 건설키로 했다. 인도의 아삼과 뱅골 지역에서 쿤밍을 직접 연결하는 공중 보급로도 마련했다. 미 공군 보급부대가 급히 조직되어 인도와 중국 간에 물자 운송을 담당했다. 그러나 히말라야 일대는 기류가 복잡하고 지형도 험난했다. 3년간 히말라야를 넘지 못하고 추락한 비행기만 500기가 넘는다.

이처럼 항일전쟁기 동인도와 동남아, 남중국은 하나의 전장戰場으로 긴밀했다. 바로 이 지역이 K2K, BCIM, GMS로 하나의 시장市場이 되고 있음에 격세지감이 아닐 수 없다. '다른 백 년'의 발동이 걸린 것이다.

사뎬 마을에서 이슬람적 중국을 보다

전장에서 시장으로의 전환이 순조로웠던 것만은 아니다. 그 백 년의 이행기에 혁명도 자리했다. 중화민국이 중화인민공화국으로 대체된 것이다. 윈난의 중국화 또한 중화인민공화국의 성립으로 완수되었다. '제국의 남문'에 앞서 '혁명의 관문'부터 통과해야 했다. 윈난에 산재해 있는 독실한 무슬림들에게는 특히나 가혹한 시간이었다.

　그 현장을 부러 찾았다. 사뎬沙甸이라는 마을이다. 이슬람을 믿는 몽골족의 후예들이 모여 살고 있다. 쿤밍에서 남쪽으로 버스를 타고 세 시

이슬람을 믿는 몽골족 후예들이 모여 살고 있는 사뎬 마을.

간 정도 걸린다.

구청 건물부터 특이했다. 모스크형 건축 위에 오성홍기가 휘날리고 있다. 공산당과 이슬람의 공존을 상징한다. 그 앞으로 앳된 여학생이 자전거를 타고 지나간다. 중동에서나 볼 수 있을 법한 검은 차도르를 두르고 있다. 잠시 멈추더니 휴대전화를 꺼내 통화를 한다. 귀를 쫑긋하니 중국어다. 검은 차도르와 중국어, '이슬람적 중국'의 단면이다.

마을 중심가에 자리한 대大모스크로 향했다. 휘황한 모스크 양쪽으로 '愛國'애국과 '愛敎'애교가 새겨져 있다. 묘한 긴장감이 전해진다. 정작 내가 가보고 싶었던 곳은 순교자 기념비. 문화대혁명 기간 숨진 사람들을 모셔둔 곳이다. 그러나 가이드북에는 나오지 않는 마을인지라 순교비의 위치도 가늠하기 힘들었다. 어쩔 수 없이 오토바이 택시를 타기로 했다.

"순교자 기념비로 가주세요."

기사 아저씨가 고개를 돌려 물끄러미 쳐다본다. 어느 나라 사람이냐, 거긴 왜 가느냐, 어떻게 알았느냐, 질문을 쏟아낸다.

사뎬을 처음 알게 된 것은 장청즈張承志라는 작가 덕분이다. 중국 문단에서는 꽤나 유명한 회족 출신의 소설가이자 산문가다. 한창 그의 책을 탐독하던 시절이 있었다. 마침 내 중국어판 킨들에도 서역 기행의 감회를 담은 그의 산문집이 저장되어 있었다. 기사 아저씨에게 보여주자 순간 얼굴이 환해진다. 화색이 돈다.

"장청즈도 알아요?"

길 안내는 물론이요, 택시비도 받지 않았다. 저녁까지 사겠단다. 뜻밖의 호의를 마다할 이유가 없겠다. 기꺼이 응했다.

900명의 이름을 새겨둔 순교자 기념비에는 아랍어와 중국어가 병기되어 있었다. 문화대혁명을 이끈 4인방의 극좌적 오류였다고 기재되어 있다. 역시나 당국의 '공식 서사'라고 하겠다. 나는 마을에서 전해지는 '대항 서사'를 접할 수 있었다. 인민해방군의 '대학살'에 관한 폭로였다.

사다의 출발은 1968년 12월이다. 윈난 성 혁명위원회에서 인민해방군 1천 명을 사뎬에 파견했다. 일종의 '하방'이었다. 혁명열에 불타는 붉은 전사들은 이슬람을 믿는 촌민들을 무시하고 적대했다. 모스크를 숙박시설로 삼아 기거했고, 촌민들에게 돼지 사육을 강요했다. 그것까지는 참을 수 있었다고 한다. 그런데 돼지고기를 먹고 남은 뼈를 마을 우물에 버리기 시작했다. 노골적인 경멸이고 치욕이었다. 격분한 신도들이 쿤밍에 있는 성 정부에 탄원서를 제출했다. 그런데 도리어 탄압으로 되돌아온 것이다. 반혁명 폭동을 진압한다며 더 많은 군인을 파병했다.

비극의 절정은 1975년 7월 29일이다. 새벽 3시부터 무차별 포격과 총격이 개시되었다. 소총만이 아니라 대포까지 동원되었다. 삽시간에 불바다와 피바다로 변했다. 거의 모든 집과 모스크가 붕괴되고 마을은 초토화되었다. 7,700명 주민 가운데 900여 명이 사망했음이 공식 기록이다. 그러나 사후에 병사한 이들까지 합하면 두 배가 넘는다고 한다. 즉사한 900명의 희생자 가운데 기사 아저씨의 할아버지와 할머니, 어머니와 누나 등 일가족 아홉 명도 있었다. 40년이 지난 지금도 그는 매일같이 기념비에 들러 기도를 드린다고 했다. 18살 때 경험한 비극이다.

어쩌면 그리도 잔혹했을까. 혁명의 맹목만으로 설명이 가능한 것일까. 쿤밍에 돌아와 자료를 찾아보니 동아시아를 갈라놓았던 분단체제도 한몫했던 것 같다. 중화인민공화국과 중화민국의 분열과 적대가 영향을 미친 것이다. 윈난 성 당국은 냉전기 내내 미얀마에 남아 있는 국민당 잔당의 침투를 경계하고 있었다. 한반도의 남과 북이 서로 간첩을 보냈던 것처럼, 양안 간에도 첩보전이 상시적으로 전개되었다. 특히 미얀마와 접한 윈난이 주된 침투지였다고 한다. '버마 로드'를 통하여 대륙 수

사덴 마을의 순교자 기념비. 문화대혁명 기간 숨진 사람들을 모셔둔 곳으로, 기념비에는 900명의 이름이 아랍어와 중국어로 새겨져 있다.

중국식 모스크. 북방의 내몽골부터 남방의 윈난에 이르기까지 곳곳에서 이슬람의 흔적을 자주 접할 수 있었다.

복의 기회를 엿본 것이다.

소수민족을 독려하여 분리독립을 선동하는 공작도 적지 않았다. 설상가상으로 중소분쟁도 영향을 미쳤다. 신장을 동투르키스탄으로 독립시켜 소련에 편입시키려는 획책이 없지 않았다. 1969년 양국이 국경 전쟁까지 벌인 마당에 소련의 사주로 윈난에서도 이슬람 공화국이 들어설 수 있다는 신경질적 반응이 상당했던 모양이다. 양안의 분단과 중·소의 분열 등 냉전기의 온갖 모순이 이 작은 마을에 응집되어 있었던 것이다.

트랜스 시스템 사회

그래도 살아남은 자들은 꾸역꾸역 살아간다. 살아남은 만큼, 살지 못한 이들의 몫까지 더 잘 살아야 할 것이다. 식사 자리가 술자리로 바뀌면서 분위기가 아연 달라졌다. 어느새 맥주에서 백주로 주종도 바뀌었다. 가족과 이웃도 속속 합류했다. 그런데 그 면면이 참으로 가관이다. 회족에 장족, 몽골족이 섞여 있고, 윈난의 토착민인 나시족納西族과 바이족白族도 있었다. 하나의 가계도 안에 4개, 5개 민족이 뒤엉켜 있는 것이다. 종교 또한 잡종이다. 기사 아저씨는 이슬람교를 믿는데 처제는 도교를 따르고, 며느리는 티베트 불교의 신자라고 했다.

당장 떠오른 것이 중국의 사상가 왕후이汪暉가 말하는 '트랜스 시스템 사회'(과체계사회跨體系社會)라는 발상이다. 중화제국의 사회구성체를 설명하기 위해 제출한 최신의 개념이다. 다소 막연하고 추상적으로 여겨졌던 개념에 순간 뼈와 살이 붙어 확연한 실감으로 다가온다. 사뎬 마을의 구성원, 가족과 친족, 이웃 안에서 구현되고 있는 모습이야말로 '트랜스 시스템 사회'에 가까웠기 때문이다. 다민족, 다언어, 다종교, 다문명이 '가족'家族의 울타리 안에 공존하고 있다. 이 복합적 기층사회를 토대로 '천하' 또한 세워질 수 있었을 것이다. 게다가 이들의 족보부터가 일대일로의 연결망과 오롯하게 포개짐이 기가 막히다. 오마르를 시조로 삼아 중국의 사덴과 이집트의 카이로가 핏줄로 이어지고 있는 것이다.

실제로 북방의 내몽골부터 남방의 윈난에 이르기까지 중국을 주유하면서 이슬람의 흔적을 자주 접할 수 있었다. 신장 자치구는 말할 것도 없고 간쑤 성甘肅省과 칭하이 성青海省 등 중국의 서부 전체에 무슬림이 널리 퍼져 있다. 곳곳에서 모스크를 목도하고, 사이사이에 '청진객잔'清眞客棧이라는 할랄 여관도 자리한다. 그래서 이 일대를 일컬어 '이슬람적 중국'이라고 표현하는 학자도 있다. 다소 과장된 어법이지만 복합제국으로서의 중국을 이해하는 데 유용한 발상임을 부정하기도 힘들다. 그만큼 중화세계와 이슬람 세계의 공진화는 오래된 것이다. 즉 중화제국사를 온전히 이해하기 위해서라도 유불도儒佛道 타령만 해서는 곤란하다. 유불도 삼교의 동방문명과 서역의 이슬람 문명은 줄곧 불가분으로 연동하고 있었다.

그 천 년의 유산이 '백 년의 혁명'으로 사라질 리도 만무하다. 아니, 목하 '中國'과 '中東'의 상호 진화를 추동하는 기저가 되고 있다. 사덴의 대모스크 앞에서 기념사진을 찍고 있는 중동인들과 중국인들의 모습에서 이슬람 세계와 중화세계의 '더불어 중흥'을 예감한다. 마침 시진핑은 2016년 첫 해외 순방으로 중동 3개국을 선택했다. 짚어보기로 한다.

중국과 중동의 상호 진화
진보의 대서사를
'춘추'로 대체하다

세계가 생산하고 중국이 소비하는 신상태

2016년 새해 첫 달, 세계 경제가 휘청했다. 유가는 하락하고 주가는 폭락했다. 표적은 둘이다. 중동 산유국의 파산을 전망하고 중국의 경착륙을 우려한다. 그러나 공히 허언이고 실언이다. 흑심마저 담겨 있는 교활한 언사이다.

유가는 시장의 논리만을 반영하지 않는다. 국제정치와 지정학이 긴밀하게 결부되어 있다. 이번에는 산유국과 미국의 셰일업계 간 치킨게임이 치열하다. 사우디아라비아가 선봉에 섰다. 정면 돌파를 선택했다. 셰일산업을 주저앉히고 석유 시장의 지배권을 미국으로부터 탈환하려 든다. 당장의 재정난도 감수키로 했다. 대응책으로 국영 석유회사 사우디아람코Saudi Aramco의 주식 일부를 상장한다. 사우디아람코는 총자산 10조 달러인 세계 최대의 석유회사다. 상장은 국제 부문의 5,000억 달러 정도로 추정된다. 그럼에도 애플이나 구글에 버금가는 규모다. 이로써 재정적자 2년치를 메울 수 있다는 것이다. 향후 1~2년간 미국의 셰일업계와 저유가 경쟁을 지속하겠다는 뜻이다.

정작 위기는 셰일업계로 옮아갈 듯하다. 이미 만성 적자로 허덕인다. 그 적자를 정크펀드에 의존해 버텨왔다. 셰일업계가 무너지면 미국의 사채 시장 전체가 위험해진다. 그래서 무리를 거듭하여 자금 회전을 지원해주었던 것이다. 그러나 저유가가 지속되면 달리 수가 없게 된다. 2017년 여름까지 미국 석유회사의 3할이 도산할 것이라는 전망이다. 셰일업계는 절반 이상이 파산할 수 있다. 사채 시장의 붕괴는 주식과 채권 시장에도 직격탄이다. 리먼브라더스 사태 이상의 금융 붕괴를 촉발할 수도 있다. 그 후 유가는 다시 60달러 선으로 회복할 것이라는 것이 사우디아라비아의 예측이다. 믿는 구석이 있다. 일대일로가 진전한다. 아메리카를 대신하여 유라시아에서의 수요가 늘어날 것이다.

중국은 주가 폭락이 두드러졌다. 그러나 경착륙으로 이어질 가능성은 거의 없다. 단기 수익에 연연하는 투자자(와 투기꾼)들의 호들갑이다. 월 가의 입김에 놀아나는 언론들도 덩달아 아우성이다. 그러나 중국 위기론은 30년째 반복되는 돌림노래다. 정작 중국 주식시장에서 외국 자본이 차지하는 비율은 5퍼센트도 안 된다. 주식 계좌를 가지고 있는 중국인들 또한 2억 명에 못 미친다. 실제 거래 계좌는 1억 개 안팎이다. 즉 실물경제에 미치는 영향이 미미하고, 국민경제에서 차지하는 비중도 크지 않다. 주식보다는 예금의 규모가 훨씬 더 크다. 저축액이 GDP의 절반에 이른다. 차고 넘치는 외환 보유고에 금까지 넉넉하다.

따라서 1997년 아시아 금융위기 같은 사태가 중국에서는 일어날 수가 없다. 2008년 미국식 금융위기는 더더욱 불가능하다. 금융이라는 가상경제가 실물경제를 지배하지 못하기 때문이다. 게다가 예금과 주식 모두 중국 당국이 큰 손이다. 외부의 작전에 대응할 정책적 수단이 다양한 것이다.

중국의 제조업 지수가 낮아진 것도 위기의 징후라 잘라 말하기 어렵다, 구조적 이행의 지표에 가깝다. 2015년은 중국 경제에서 서비스 분야가 제조업을 앞지른 첫 번째 해였다. 비중이 50퍼센트를 넘어섰다. 중국에 공장을 두었던 기업의 상당수가 동남아시아나 남아시아로 이전한다. 즉 중국이 생산기지에서 소비시장으로 바뀌고 있는 것이다. 소비와 서비스, 첨단기술이 향후 중국 경제를 이끌고 간다. 그래서 실업률은 도리어 줄어든 것이다. 소비할 수 있는 인구가 더 늘고 있다는 뜻이다.

중국은 현재 중산층만 6억이다. 미국 인구의 두 배다. 2015년부터는 한 자녀 정책도 폐지했다. 여력이 있는 집부터 둘째를 가질 것이다. 그들이 성인이 되면 소비시장은 더욱 커진다. 당장 미국의 대표적인 기업들도 중국에 사활을 걸고 있다. 애플, 아마존, 스타벅스, 맥도날드, 나이키 등 글로벌 브랜드의 신년 계획도 하나같이 중국 시장에 명운을 건다는 쪽이다. 페이스북의 최고경영자도 거듭 중국어로 춘절을 축하한다. 향후 30년간 글로벌 소비시장의 '중국화'는 불가역적 현상이기 때문이다. 즉 중국이 생산하고 세계가 소비했던 개혁개방 이래의 '구상태'는 지나갔다. 세계가 생산하고 중국이 소비하는 '신상태'로 진입했다.

2016년은 '신상태'의 첫해로 기록될 만하다. 제13차 5개년 계획이 시작되었다. 핵심은 역시 일대일로이다. 중국 경제의 병폐인 중복투자와 과잉생산의 거품을 덜어낸다. 2016년 1월 16일, 57개 창립국으로 아시아인프라투자은행(AIIB)도 닻을 올렸다. 그 한 달 전(2015년 12월)에는 아세안의 경제통합체로서 아세안경제공동체(AEC)도 출범했다. 21세기 해양 실크로드를 통하여 중화세계와 만달라 세계가 하나의 시장이 되어간다.

여기에 더해 시진핑 주석은 1월 19일부터 23일까지 중동을 방문했다. 새해 첫 해외 순방으로 사우디아라비아와 이집트, 이란을 선택한 것이다. 사우디아라비아는 7년, 이집트는 12년, 이란은 14년 만이었다. 중국과 중동의 상호 진화, 중화세계와 이슬람 세계의 (재)통합에도 박차를 가한다. 비단 중국만이 아닌 것이다. 유라시아 전체가 '신상태'로 진입 중이다. '다른 백 년'의 항산恒産을 지어간다.

이슬람 세계에 울려퍼진 '천하대장부'

중동 순방에 앞서 중국의 아랍 정책을 총괄하는 백서가 발표되었다. 1월 14일자 〈인민일보〉에도 공개되었다. 중동에서 발을 빼는 미국을 대신하여 중국의 관여Engagement 정책이 본격화된 것이다. 에너지 합작, 고속철 건설, 문화와 교육 교류, 인민외교 등 다방면의 청사진을 제시했다. 공익과 공영에 기초한 신형 국제관계를 통하여 중동의 평화를 재건하겠다는 뜻이다. 장차 유엔 개혁, 기후변화 등 지구적 현안에 대해서도 아랍 국가들과 보조를 맞춘다고 한다.

첫 방문지는 세계 최대의 산유국 사우디아라비아였다. 유가 하락에 고심인 사우디아라비아에 거액의 구매를 선사했다. 대중국 석유 수출을 위한 인프라 건설도 합작한다. 장차 결제 통화는 달러가 아니지 싶다. 미국 금융 패권의 핵심이었던 '오일-달러'의 공식을 무너뜨려가는 것이다. 중국과 사우디아라비아는 양국 관계를 '전면적 전략동반자'로 격상시켰다. 아무래도 미국의 맹방이었던 20세기의 사우디아라비아는 차츰 잊어가도 좋을 것 같다.

다음 행선지는 중동 최고의 군사 강국 이집트였다. 마침 '아랍의 봄' 5주년이었다. 중동의 민주화라는 장밋빛 전망이 허위이고 기만이었음이 날로 명확해지고 있다. 곳곳에서 국가 붕괴와 내전이 이어졌다. 이

혼돈과 혼란으로 이집트는 돈줄까지 메말랐다. 공항에 홍등까지 켜두고 시진핑을 맞이한 연유다. 유/무상 경제 지원은 물론이요, 지지부진하던 신新행정수도 건설도 돕기로 했다. 마침 양국 수교 60주년이었다. '중국 문화의 해'를 선포하는 개막식에도 시진핑이 직접 참석했다.

중동 순방의 정점은 이란이었다. 중동의 대국 이란이 국제사회에 복귀한다. 그 첫 손님이 바로 시진핑이었다. 하산 로하니 대통령과 정상회담을 하고, 최고 종교 지도자인 알리 하메네이도 접견했다. 성聖과 속俗의 지도자를 두루 만난 것이다. 세속의 지도자는 곧바로 유럽을 방문하여 세일즈 외교에 분주했지만, 영적인 지도자는 '서방을 결코 믿지 않는다'며 여전한 불신을 드러냈다. 립서비스만은 아니었을 것이다. 냉전기 CIA의 정권 전복 시도가 처음으로 성공한 나라가 이란이었다. 탈냉전기에도 '악의 축'이라며 '체제 전환'을 호시탐탐했다. 2월 11일 이슬람혁명 37주년 기념행사에서도 '반미'와 '반이스라엘' 구호는 여전했다. 미국의 패권에 굴복한 것이 아니다. 오히려 균열을 내갈 것이다. 이란산 석유 역시 유로로 결제해야 한다.

중국의 입장에서도 이란은 관건적인 장소이다. 일대(육로)도 통과하고, 일로(해로)도 지나간다. 실은 서방의 경제제재 기간에도 중국은 이란과 우호적 관계를 지속했다. 이제 이란의 시장 개방으로 더욱 전면적인 관계 증진에 나선 것이다. 양국의 합작으로 '신중동'의 초안을 마련해간다. 시진핑이 강조한 것은 누천년의 역사이다. 중화제국과 페르시아 제국으로 거슬러 오르는 오랜 우정을 상기시켰다. 양국은 에너지, 산업, 철도, 항만, 신기술, 관광 등 17개 분야에서 계약을 체결했다. 지속 기간은 25년이다. 2040년까지 비단길의 부활을 약속한 것이다.

백미는 이집트 카이로에서 열린 아랍연맹* 본부에서의 기조연설이었다. 중국이 중동의 '균형자'가 될 것을 천명했다. 마침 사우디아라비아와 이란의 국교 단절로 알력이 심해지던 시점이었다. 중국은 수니파와 시아파 간의 경색 국면에서 중재자의 자세를 취했다. 시리아 내전 해결에도 가담하고 있다. 2015년 12월에는 정부 대표단을 접견하고, 이듬해 1월에는 반정부군을 접촉했다. 동예루살렘을 수도로 삼는 팔레스타인 독립국가 지지도 밝혔다. 요르단, 레바논, 리비아, 예멘에도 인도주의적 지원이라며 돈 보따리를 풀었다. 중동에서 전개되고 있는 중국식 '재균형'이다.

나폴레옹의 이집트 침공 이래 중동은 유럽 제국주의의 안방이었다. 21세기에도 이라크전쟁, 아프간전쟁, 리비아 내전 등 미국의 군사적 개입주의의 볼모였다. 백 년이 넘도록 화약고가 지속되는 근본적 까닭이다. 군사적으로 정복해서 경제적으로 착취한다는 서방의 논리가 지속된 것이다. 반면으로 이슬람 근본주의와 테러주의가 기승을 부렸다. '교조적 민주주의'와 '종교적 원리주의'가 악순환을 거듭한 것이다. 십자군전쟁이 세속화·근대화되었다고도 할 수 있다. 기독교 세계와 이슬람 세계는 여전히 견원지간, 천 년의 앙숙이다.

중국은 다른 논리를 제시한다. 정경 분리이다. 체제와 이념에 가타부타하지 않는다. 남들의 내정은 본체만체이다. 비즈니스는 비즈니스일 뿐이라고 한다. 경제 교류를 확산시켜 새로운 국제질서, 신형 국제관계를 만들자는 것이다. 과연 중국이라 해서 유럽이나 미국과는 다를 것인가? 반신반의하는 아랍 지도자들에게 시진핑이 읊은 것은 맹자의 '대장부'大丈夫였다.

천하의 넓은 집에 거처하고, 천하의 바른 자리에 서며, 천하의 큰 도를 행하여, 뜻을 얻으면 백성과 도를 행하고, 뜻을 얻지 못하면 홀로 그 도를 행한다. 부귀가 마음을 방탕하게 하지 못하고, 빈천이 절개를 변하게 하지 못하며, 위무가 지조를 굽게 하지 못하는 것, 이를 대장부라 이르는 것이다. [居天下之廣居, 立天下之正位, 行天下之大道, 得道與民由之, 不得志獨行其道, 富貴不能淫, 貧賤不能移, 威武不能屈, 此之謂大丈夫.]

새해 벽두부터 이슬람 세계에 '천하대장부'가 울려퍼진 것이다.

중국과 중동의 상호 진화

중화세계와 이슬람 세계가 늘 봄날은 아니었다. 첫 대면은 반목으로 시작했다. 장안(시안)에 거점을 둔 대당제국은 서역으로 팽창했다. 바그다드를 중심으로 한 아바스 왕조는 동진을 거듭했다. 양 제국이 충돌한 것이 탈라스 전투(751)다. 중앙아시아를 둘러싼 정치적 경쟁이 군사적 충돌로 치달았다. 양대 제국의 알력으로 육상 교역로는 쇠퇴했다. 실크로드의 중심이 초원길에서 바닷길로 옮아간 것이다. 아바스 왕조도, 대당제국도, 해군은 부실했다. 인도양은 상대적으로 평화로운 바다였다. 드문드문 생계형 해적만 있었다.

　해양 실크로드의 개척자는 상인들이었다. 아랍과 페르시아 출신들이 앞장섰다. 아라비아 해와 벵골 만을 엮고, 아랍의 바다를 중화의 바다까지 연결해냈다. 항해 기술과 선박 제조술도 날로 발달했다. 기술의 발전에 따라 사람들의 이동도 늘어났다. 자연스레 지식과 문화의 교류도 증진했다. 빈번하게 접촉하며 상호 이해도 증진했다. 이슬람 세계와 중화세계의 공존과 공영은 생활인들이 기초를 다진 민간 사업에서 출발했다.

민간의 교류와 교역을 정치적 차원에서 통합한 제국이 몽골이다. 몽골 유목인들이 양대 세계를 융합했다. 1260년에서 1368년까지 두 세계가 하나의 하늘 아래 자리한 것이다. '팍스 몽골리카'라는 보기 드문 성세盛世였다. 칼리프(서역)와 칸(북방)과 황제(동방)가 통합되자 제국적 선순환이 작동했다. 관료와 지식인, 군인의 순환 보직이 일반적이었다. 바그다드를 통치하다가 쿤밍으로 이직한 오마르 같은 경우가 대표적이다. 그들을 따라 상인과 장인도 이동했다. 중국의 동남부 연안에 정착한 무슬림들은 동남아시아와 남아시아의 무역도 촉진시켰다. 이들을 따라 화교의 동남아 진출도 활발해졌다. 유라시아의 동서남북에서 상품과 지식과 인간과 생물의 교류와 교환이 정점에 달했던 시절이다.

그 황금시대의 산물 중 하나가 세계지도이다. 유라시아를 하나로 그려낸 세계지도가 속속 등장했다. 덕분에 중화세계와 이슬람 세계의 자기중심적 세계관도 일정하게 수정될 수 있었다. 궁극적으로는 몽골세계제국의 외부에 자리한 서유럽까지 영향을 미쳤다. 마르코 폴로의《동방견문록》이 그 증거다. 이 책에는 실제로는 가지 않았을 것으로 추정되는 지역에 대한 서술도 적지 않다. 아랍어와 중국어로 축적된 사전 지식과 정보가 있었던 것이다. 즉《동방견문록》은 몽골세계제국이 촉발한 유라시아적 지식을 집대성한 하나의 판본이라고 이해하는 편이 합당하겠다.

몽골세계제국이 해체되면서 이슬람 세계와 중화세계는 다시 갈라진다. 14~15세기경 티무르제국과 명제국이 갈등했다. 호전적인 쪽은 티무르였다. 사마르칸트(현재 우즈베키스탄의 도시)에 터를 두고 명의 정복을 시도했다. 반면 명제국은 중앙아시아로 진출하지 않았다. 남경(난징)을 수도로 삼은 한족 왕조는 유라시아 진출보다는 중화제국에 자족했다.

그럼에도 몽골세계제국의 흔적은 여전했다. 정화의 대원정이 대표적이다. 바닷길의 이슬람 네트워크를 따라 수차례 동아프리카까지 다녀왔다. 그리고 아프리카-유라시아를 담아낸 세계지도도 편찬했다. 갓 건국한 조선에서도 세계지도(혼일강리역대국도지도, 1402)가 편찬될 수 있었던 까닭이다. 아랍의 바다와 중화의 바다가 밀물과 썰물처럼 오고갔던 인도양의 전성기가 유라시아의 동쪽 끝 반도까지 파고를 미친 것이다.

물론 중화세계가 항상 화평했던 것만은 아니다. 이슬람 세계 또한 늘상 평화롭지만은 않았다. 응당 중화세계와 이슬람 세계의 교류 역시 훈풍만은 아니었다. 갈등과 대립의 삭풍도 있었다. 그럼에도 두 세계에 남아 있는 기록과 여행기들은 상대방에 대한 호감과 호의가 주조를 이룬다.

무슬림 지식인들은 중국 장인들의 기술, 넓은 영토와 체계적인 행정체제, 세련된 문화와 풍요로운 생활을 칭송했다. 중국의 지식인들 또한 이슬람 세계를 긍정적으로 묘사했다. 부유하고 세련된 교양인들이 수준 높은 문화를 향유한다고 말했다. 일부 전설과 환상에 기댄 바도 있지만, 상당 부분은 사실에 바탕한 상호 인식이었다. 풍문에 견문을 보태어 천년을 누적한 상호 왕래의 소산이었기 때문이다.

1498년 인도의 고아 지방에 낯선 이가 도착한다. 기왕의 무슬림들과는 생김새가 달랐다. 리스본이라는 외딴 곳에서 왔다는 뜨내기였다. 이름은 바스코 다가마라고 했다. 마침내 유라시아의 서쪽 끝 사람들도 인도양 네트워크에 참여하기 시작한 것이다.

처음에는 대수로이 여기지 않았을 것이다. 그러나 차츰 풍경이 달라지기 시작한다. 19세기부터는 전혀 딴판이었다. 대양의 육지화, 군사화가 본격화되었다. 지도의 성격 또한 크게 달라졌다. 민간 교류보다는 영토 정복이라는 국가적 어젠다가 투영되었다. 영토성이 연결망을 대신하

실크로드의 교역 기지로서 번창했던 우즈베키스탄의 고대 도시 사마르칸트의 심장부인
레기스탄 광장. 이슬람 세계와 중화세계의 누천년의 연결망이 다시 복원되고 있다.

고, 군사망이 상업망을 대체했다. 이슬람 세계와 중화세계의 거개가 식민지로 전락하는 제국주의 시대가 도래한 것이다.

이제 중화세계는 분열되어갔고, 이슬람 세계는 더 잘게 분할되어갔다. 이 과정을 문명화니 근대화니 우롱하는 프로파간다도 널리 횡행했다. 이 선전선동을 제도화한 학문이 바로 근대의 역사학이다. 진보prog-ress의 대서사가 '춘추'春秋*를 대체했다.

인도양, 유라시아의 내해內海로 공진화하다

민족주의가 화급한 시대정신이 되면서 이슬람 세계와 중화세계는 소원해졌다. 그러나 각자도생만으로는 온전한 독립국가가 되기도 힘들었다. 반제국주의, 반식민주의, 제3세계 운동을 함께 펼치며 양대 세계는 서서히 재결합한다. 이번에는 작가와 지식인, 정치인들이 앞장섰다. 토막토막 난 물류를 대신하여 문류부터 먼저 회복해간 것이다.

그렇다면 21세기 일대일로의 발진 또한 뜬금없는 돌발이 아니라고 하겠다. 20세기를 통하여 교감했던 정신적 연대의식에 육체성과 물질성을 부여해가는 작업이기 때문이다. 특히 냉전기 신중국과 신아랍 간 연대와 교류의 역사는 일대일로의 초석이 되고 있다. 미국의 속국으로

---

* 오경(五經)의 하나로서, 기원전 5세기 초에 공자가 엮은 것으로 알려진 중국 역사서. 춘추시대 노(魯)나라 은공부터 애공까지의 역사를 연대순으로 기록했다. '춘추'라는 말은 시간의 추이를 상징하는 춘하추동(春夏秋冬)의 약어로서 '일 년간'이라는 뜻인데, 본래는 주(周) 왕조 치하 각 제후국의 독자적인 편년사를 가리키는 통칭이었다. 이 책은 단순히 역사적 사실만을 전달하는 것이 아니라, 대의명분을 밝혀 천하의 질서를 바로세우려 하였다. 그래서 명분에 따라 준엄하게 기록하는 것을 흔히 '춘추필법'이라고 한다.

태평양을 해바라기했던 한국은 그 남-남South-South 합작의 유산에 대해 도무지 까막눈이다. 인도양 세계와 이슬람 세계로 서진하면서 차차 복기해갈 작정이다.

2016년 새해 첫 달, 유가와 주가보다 더 흥미로운 통계 지수를 접했다. 국제 해운 동향을 보여주는 벌크선 운임지수(BDI)Baltic Dry Index가 그것이다. 이 BDI가 사상 최저 기록을 연거푸 갱신 중이라고 한다. 태평양과 대서양을 오고갔던 선박 운항의 숫자가 급격히 줄고 있다는 것이다. 즉 유럽과 아메리카가 점점 멀어지고 있다. 아시아와 아메리카도 멀어져가고 있다. 반면 유럽과 아시아는 점점 더 가까워지고 있다. 그래서 인도양만 더욱 분주한 것이다. 인도양이 유라시아의 '내해'內海로서 공진화하는 것이다. 마침 2015년 12월 글로벌 운송기업 DHL은 중국과 터키를 잇는 새로운 철도 연결망을 제출했다. 민간의 물류망 또한 일대일로에 호응하고 있는 것이다. 민관 합작으로, 고금 합작으로, 동서 합작으로, 유라시아를 만들어간다.

이 유라시아의 대서사는 재차 '춘추'에 더 가까울 것 같다. 봄이 가고 가을이 온다. 가을이 지면 봄이 온다. 문명의 교류에도 썰물이 있고 밀물이 있다. 오르막이 있으면 내리막도 있는 법이다. 성盛과 쇠衰가 교차하고, 음과 양이 태극으로 운동한다. 하여 '역사의 종언'도 아닐 것이며, '문명의 충돌'만도 아닐 것이다. 춘하추동의 대서사를 궁리해보고 있다.

진보가 역사를 독점했던 20세기, 삼중의 분단체제가 있었다. 남북의 분단은 좌/우의 분단이다. 이념과 체제의 분단이었다. 전근대와 근대의 시간적 분단도 있었다. '고/금 간 분단체제'이다. 20세기를 전혀 딴 시절인 양 간주했다. 더불어 유럽과 비유럽 간의 공간적 분단도 있었다. 유럽과 그 외부를 별천지처럼 다루었다.

'유라시아 대서사'는 이 시공간적 분단체제의 극복과 해소를 지향한다. 유라시아의 동/서/고/금 간 회통을 꾀한다. 이 대서사에 남북통일의 (소)서사도 결합되어야 할 것이다. 대서사가 부재하기에 소서사가 갈피 없이 표류하는 것이다. 대계大計가 없기에 소계小計 또한 부실한 것이다. 과연 대안적인 유라시아의 거대 서사를 마련할 수 있을 것인가. 그 시시비비와 허허실실에 대해서는 뉴델리에서, 테헤란에서, 바그다드에서, 두바이에서, 카이로에서 거듭 묻고 따져가기로 한다.

039

왜 왕도정치인가?

장칭과의 대화

양명학의 발원지, 양명정사

양명정사陽明精舍 가는 길은 멀고 설었다. 항공망이 촘촘하고 고속철과 고속도로가 뻥뻥 뚫린 대륙이지만, 시골에는 간이역과 오솔길이 여전했다. 버스를 몇 차례 갈아탄 끝에야 다다른 곳은 구이저우 성貴州省의 구이양貴陽하고도 룽창龍場. 명나라의 대유大儒 왕양명의 흔적이 역력한 마을이다. 주희의 신유학을 혁신했던 개신改新유학, 즉 양명학이 발원한 장소인 것이다.

물론 500년 전 왕양명을 추모하기 위해 험한 길을 마다하지 않은 것은 아니다. 관심은 동시대, 그리고 미래를 향해 있다. 주자학과 양명학에 이어 또 한 번의 유교 혁신을 궁리하고 있는 당대의 민간 유학자 장칭蔣慶을 만나고 싶었던 것이다. 그 또한 이곳에서 나고 자랐다. 타지에서 활동하다가 낙향하여 양명정사를 꾸린 것이 2001년이다. 수양과 강학을 병행하는 현대판 서원이라 하겠다.

장칭을 처음 알게 된 것은 역설적으로 미국이었다. 캘리포니아주립대학 LA캠퍼스(UCLA) 구내서점에서 중국의 유교 부흥에 관한 신간을 접했다. '유교 헌정'에 관한 그의 논의를 영어로 먼저 접한 것이다. 매우 인상적이었으나 소략하다는 아쉬움이 남았다. 그래서 그가 출간한 중국어 원서들을 몽땅 구해 읽었다. 미국 명문 대학의 도서관이 구축해둔 글로벌 지식망의 덕을 톡톡히 본 셈이다. UCLA 도서관에서는 미국과 중국은 물론 홍콩에 있는 책까지 죄다 수집해주었다. 며칠을 몰입해 읽었던 기억이 지금도 생생하다. 독창적이고 독보적이었다. 좀처럼 접해보지 못한 정치이론이었다. 그로부터 4년이 지나 선생을 직접 만나게 되는 것이다. 설레었다.

그는 1953년생이다. 문화대혁명으로 하방했다가, 개혁개방으로 대학 공부를 할 수 있었다. 1978년 충칭에 있는 시난정법대학西南政法大學 법학과에 입학한다. 1982년부터는 같은 학과의 교수가 된다. 1988년부터 2001년까지는 개혁개방을 상징하는 도시 선전深圳의 행정학원 교수로도 있었다. 2001년 대학교수직을 그만두고 차린 민간 학당이 바로 양명정사이다.

학술에 주력하던 그가 논객으로 주목받게 된 계기가 있었다. 1989년 6·4 톈안먼 사태이다. 학생들의 '민주화' 요구가 잔인하게 진압당하면서 5·4 정신의 복원을 요구하는 목소리가 높아졌다. 1919년 5·4운동의 핵심 정신이 바로 '민주'(와 과학)였기 때문이다.

그러나 장칭은 전혀 다른 견해를 피력했다. 대만의 신新유가 잡지에 발표한 논설의 제목이 〈중국 대륙 유학 부흥의 현실 의의 및 당면 문제〉였다. '5·4'와 '문화대혁명'과 '6·4'를 하나의 흐름으로 파악하여, 서구 민주에 대한 낭만적 열정이 중국 정치를 거듭 혼란스럽게 만들고 있다는 관점을 제출한 것이다. 장차 중국 정치의 출로를 유학의 부흥에서 구한 선언적 문헌이었다.

그 후 자기 발언에 책임이라도 지는 양 그는 30년 가까이 유교 헌정의 제도 입안에 주력해왔다. 일각의 비판처럼 그는 '유교 근본주의자'인가, 아니면 시세를 앞서간 선각자인가? 어느 쪽이든 그와의 대화는 충분히 흥미롭고 인상적이었다. 헛걸음이 아니었다.

신유가, 정치유학, 쿵푸학

이병한   흔히 선생님을 '대륙 신유가新儒家'로 분류합니다. 그간 신유가라 하면 대만과 홍콩, 미국 등 대륙 밖의 학자들이 많았는데요, 대륙의 신유가라면 어떤 차별점이 있을까요?

장칭   정치유학儒學의 여부에 달려 있습니다. 대만의 신유가들도 정치에는 관심이 많습니다. 하지만 '정치를 논하는 유학'일 뿐이지, '정치유학'은 아닙니다. 정치유학의 핵심은 유학에 바탕한 제도 건설에 있습니다.

그러나 대만의 정치는 서방의 민주정입니다. 대만의 30년 민주화 과정에 유가의 목소리는 거의 반영되지 않았습니다. 그래서 나날이 서구화되고 있는 것입니다. 중국 문화에서 가장 동떨어진 민주진보당이 집권도 하지 않습니까? 괜히 '대만 독립'이 불거지는 것이 아닙니다. 민주진보당은 문화적으로 비중국적입니다. 그들이 추구하는 것은 서방의 정치이지 동방의 정치가 아닙니다. 신유가가 아니라 반反유가들이 대만 민주를 이끌던 것입니다. 그래서 민주적 정치제도를 따를 뿐, 유가적 정치제도를 탐구하지는 않습니다. 단지 정치인의 자질과 덕목을 따지는 '심성유학'이 있을 뿐입니다.

이   심성유학의 측면에서 평가해줄 지점은 없습니까?

장 심성유학은 본질상 덕행 수양입니다. 수신修身과 공부工夫(쿵푸)이지요. 그런데 대만과 홍콩의 신유가들은 심성유학을 '쿵푸'가 아니라 '이성'Reason의 영역으로 축소시켰습니다. 유독 칸트 전공자가 많은 것도 우연이 아닐 것입니다. 유학을 '철학'이라는 서구의 사변적인 학문의 하나로 강등시킨 것입니다.

중국 유학은 서방 철학처럼 '신의 뜻'을 올바르게 인식하는 것이 목적이 아니었습니다. 내 안의 천성天性을 갈고 닦아 인성人性을 밝히는 것이 과제였습니다. 논리의 구축이 아니라, 수행을 통하여 덕을 쌓고 성인聖人에 이르는 것이 목표였습니다. 그렇게 보자면 대만의 신유가는 명백하게 서구의 전통을 계승하고 있는 것입니다. 그래서 철학과나 사학과 등 특정 학과의 전문가로 자족하는 것이지요. 대학에서 연구하고 강의하는 것을 업으로 삼아도 어색함을 느끼지 못합니다.

그러나 유학은 분과학문이 아닙니다. 공자는 사상가, 교육가, 사학자, 경학가, 문헌학자이자 정치가, 외교가, 종교가, 법률가이며, 예학자이고 음악가였습니다. 아니, 공자는 그 어느 것도 아니었습니다. 그저 '유학자'였을 뿐입니다. 대유大儒의 전통은 항시 그러했습니다.

이 그래서 쿵푸학工夫學의 재건을 주장하시는 것이지요? 그중에서도 저는 '어린이 독경讀經 운동'이 인상적이더군요. 어린 친구들이 사서삼경을 합창하는 운동을 주도하셨습니다.

장 경전은 본래 소리 내어 읽는 것입니다. 성대를 울려서 내 몸을 공명시키는 것입니다. 소리 내어 읽기는 함께 읽기, 더불어 읽기이기도 합니다. 내 몸과 남의 몸, 서로의 몸을 경經으로 단련시킴으로써 도덕공동체를 만들어가는 것입니다. 경이 본디 (음)악이었던 까닭입

양명정사의 왕양명 기념 조형물. 주희의 신유학을 혁신했던 개신유학, 즉 양명학이 발원한 장소가 바로 이곳이다.

중국의 유학자 장칭. 그가 2001년 대학교수직을 그만두고 차린 민간 학당이 바로 양명정사이다. 수양과 강학을 병행하는 현대판 서원인 셈이다.

니다. 함께 노래하며 도덕적 학습공동체를 형성해갔던 것이죠. 혼자서 아무리 논리적 이성을 연마한다 한들 덕성을 갖춘 대장부, 군자에 이르지는 못합니다. 무엇이 더 중요한 가치입니까? 저는 응당 쿵푸학이라고 생각합니다.

이 유학을 공리공담이라고 비판하는 경우가 많은데요, 한국에서는 '공자 왈, 맹자 왈' 하면 뜬구름 잡는 흰소리를 말하거든요. 정치유학의 현실적 근거가 있을까요?

장 정치유학은 공자의 《춘추》에 바탕해 창립한 학문입니다. 그중에서도 제도개혁, 즉 '개제입법'改制立法을 가장 중시합니다. 쿵푸학으로 사람의 도덕생명을 바로 세우고, 정치유학으로 왕도정치를 재건하는 것입니다. 서방에서는 마르크스주의가 예외적으로 정치 실천을 강조하지요. 세계를 해석하는 것이 아니라, 세계를 개조하는 것을 목표로 삼았습니다. 그런 점에서 마르크스주의는 유학과 꽤 흡사한 구석이 있습니다. 유학의 관심 또한 세계의 개조에 있기 때문입니다. 유학은 줄곧 사회와 정치에서 도덕적 이상을 구현하는 실천학문이었습니다.

이 실제로 근대 유럽의 정치혁명을 '맹자의 충격'으로 접근하는 연구들이 등장하고 있습니다. 역성혁명易姓革命의 정당성을 설파하는 《맹자》의 번역이 유럽의 정치적 각성을 촉발했다는 것인데요. 일본의 메이지유신을 '사무라이의 사대부화'라고 이해하는 관점이 제출되고 있듯이, 20세기 서구의 공산당원들을 '유럽의 사대부'로 이해하는 독법이 등장할지도 모르겠습니다.

장 재미난 비유입니다. 하지만 차이점 또한 분명했습니다. 유가는 계급혁명, 폭력혁명을 반대합니다. 패도覇道의 정치니까요. 목적이 수단을 정당화할 수 없습니다. 오로지 왕도정치에 근거하여 세계를 개조하고자 합니다. 덕德으로 사람을 감화시키고, 인仁으로 천하를 다스려야 합니다. 왕도정치와 마르크스-레닌주의의 차이가 여기에 있습니다. 20세기의 공산주의자들이 폭력혁명을 옹호했던 것은 '역사의 필연성'을 믿었기 때문입니다. 헤겔의 역사이성과 마르크스의 과학적 유물사관은 폭력혁명과 무관치 않습니다.

이상적인 세계상 역시 다릅니다. 유가는 지배층과 피지배층의 조화를 탐구했지, 지배/피지배 없는 유토피아를 몽상하지 않았습니다. 그런 점에서는 오히려 민주정치에 배울 측면이 있습니다. 냉전의 승패가 말해주듯 그들이 제도적 개혁에는 더 능했거든요. 정치제도적 실천이란 혁명적 열정보다는 합리적 이성의 설계에 바탕하기 마련입니다. 그래서 '개제입법'에 더 근사한 측면이 있습니다.

서구식 민주정치를 넘어 왕도정치로

이 그럼에도 정치유학이란 결국 중국적인 사상이고 정치 아닙니까? 넓게 잡아도 중화세계에 한정되는 게 아닐는지요? 보편성이 있을까요?

장 전혀 그렇지 않습니다. 정치유학은 결코 협애한 문화민족주의가 아닙니다. 더 좋은 정치, 가장 좋은 정치를 추구하는 보편주의입니다. 물론 저의 사고는 중국의 역사에 깊이 뿌리내리고 있습니다. 그러나 동시에 보편적입니다. 중국성과 보편성의 종합을 지향합니다. 본디 왕도정치란 천하의 이념이지, 특정 국가의 이념이 아닙니다. 초월적이며 항구적인 도道에 바탕한 것입니다. '도'는 역사의 흐름과 세계의 변화로 바뀔 수 있는 것이 아닙니다. 변하는 것은 오로지 세勢일 뿐입니다. 다만 이 보편적인 '도' 또한 필연적으로 특수한 역사와 문화와 결합되기 마련입니다. 그래야 구체적인 제도로 결실을 맺을 수 있으니까요. 그것이 바로 법法입니다. 즉 '법'은 나라마다 다를 수 있습니다. 아니, 다를 수밖에 없습니다. 그러나 '도'는 동일한 것입니다.

중국의 민간 유학자 장칭.

　　제가 정치유학을 주창하는 가장 큰 이유는 지난 20세기 중국 정치의 파탄 때문입니다. 혁명에 혁명을 거듭하며 너무나 큰 사회적 비용을 지불했습니다. 그중에서도 정체성의 위기가 가장 심각합니다. 주체성을 지키려다 정체성을 상실한 역설이 일어났습니다. 구체적으로 말해 좌/우를 막론하고 서방의 정치를 추구한 것입니다. 정작 중국을 무대로 한 정치에 유학의 '리'理와 문명의 '근'根이 결여되었던 것입니다. 중국 문화를 상실한 정치가 백 년을 휩쓴 것이지요.

　　'천하위공'天下爲公을 사표로 삼았던 쑨원만 해도 달랐어요. 그러나 5·4 이후가 문제입니다. 좌/우 모두 중화문명의 독특성과 중국 역사의 개별성을 무시하고 서방 민주에 함몰되었던 것입니다.

이　그래서 6·4도 5·4의 연속으로 이해하시죠? 5·4-문화대혁명-6·4를 동일한 흐름으로 판단하시는 건데요, 좌/우의 편차는 있으되 탈중국적 정치를 추구했다는 점에서 일관되었다는 독법입니다. 매우 독특하면서도 논쟁적인 시각입니다.

장　1919년 5·4 신청년들과 1989년 톈안먼의 대학생들이 지향했던 바가 무엇이었을까요? '과학'과 '민주'를 달성한 중국의 모습은 어떠했을까요? 중국과 세계의 일체화, 동질화였을 것입니다. 그 결과 지구상에 다시는 '중국 문명'을 발견할 수 없게 되었을 것입니다. 5·4와 6·4의 실현이란 곧 중국의 서구화가 완성되는 것이기 때문입니다. 그게 역사의 진보입니까?

이 그래서 서방의 민주에 반대하시는 겁니까? 중국 문명의 수호를 위해서?

장 이 또한 국수주의자의 입장에서 말하는 것이 아닙니다. 저와 비슷한 발상을 했던 이가 서방에도 있습니다. 18세기 영국의 에드먼드 버크 같은 사상가가 대표적이죠. 그는 계몽주의의 대척점에서 인류의 문명과 역사, 종교의 다양성과 존엄성을 수호하고자 했습니다. 그런 그를 가리켜 계몽주의자들은 '보수주의자'라고 성토했지요.

　　20세기 중국의 비극은 버크와 같은 진정으로 깊이 있는 보수주의자가 없었다는 점에 있습니다. 저마다 혁명파이고 개조파였어요. 자유주의든 민주주의든 사회주의든, 기본 성질은 동일합니다. 모두 강렬한 근대주의와 세계주의 경향을 지닙니다. 그래서 자유민주든 사회민주든 인류 역사 발전의 필연적 추세라고 주장합니다. 각자가 인류 최후의 문명을 자부하지요. 그래서 역사 발전의 풍부한 가능성을 무시하고 문명의 다양성을 파괴하는 것입니다.

이 20세기 중국의 주류가 혁명파였다는 점은 수긍합니다. 하지만 천편일률이었는지는 단언할 수 없는 것 같아요. 난세亂世에 출세出世를 거두고 재야在野로 침잠했던 유림들도 있지 않을까요? 저는 한반도에서도 식민지기와 냉전기 '민간 유림'들의 문집을 살피면 귀중한 사상 자원을 발굴할 수 있을 것이라고 짐작하고 있습니다. 아마 그들은 한글이 아니라 한문으로 글을 썼을지도 모릅니다. '국문國文적 근대'가 아니라 '한문漢文적 근대'라고 할까요? 물론 여기서 한문이란 중국의 문자가 아니라, 중화세계의 보편문자를 뜻합니다. 조선도, 일본도, 베트남도 공유했던 기록 수단이자 사유 도구였으니까요. 이들은 '중화문명의 근대화'를 도모하지 않았을까요?

장 공감합니다. 백 년의 대란으로도 중화문명의 맥은 끊어지지 않았습니다. 유가의 '도'는 여전히 중국인의 마음속에 자리하고 있습니다. 그 '도'에 입각해서 현대인의 민주정치에 대한 숭배와 미신을 타파해가야 합니다. 물론 극도로 어려운 과제일 것입니다. 그러나 공자의 '왕도'王道도 맹자의 '인정'仁政도 당시에는 그만큼이나 지난했던 과제였습니다. 동시대인의 상식을 넘어서야 합니다. 복고경화複古更化, 역사로부터 미래를 구해야 합니다.

이 진보사관을 숙명사관으로 표현하시죠?

장 유가들은 인류 역사의 정세定勢를 믿지 않습니다. 진보 역시 종말만큼이나 숙명적인 시각이지요. 끊임없는 변화가 있을 뿐입니다. 따라서 미래未來는 미지未知, 일체의 가능성에 열려 있습니다. 유가의 사관이 훨씬 더 개방적이지 않습니까? 저는 민주정치가 천하를 통일한 현상 또한 일세一世를 더 지속할 것이라고 보지 않습니다. 일세를 풍미했다 해서 천세만세를 누릴 수는 없습니다.

이 일세란 한 세대인가요? 혹은 한 세기입니까?

장 서세동점西勢東漸의 한 시대를 뜻합니다.

이 민주정치도 '서세'의 산물이라는 뜻입니까?

장 그렇습니다. 리理가 아니라 세勢의 결과입니다. 윈스턴 처칠은 "민주주의는 완벽하지는 않을지라도, 그나마 가장 덜 나쁜 정치제도"라고 말했습니다. 바른 말인가요? 서방의 경세經世 경험이 얼마나 됩니까? 관료제와 행정의 역사가 얼마나 되나요? 게다가 적은 인구에 작은 나라들이지 않습니까? 언제 유가의 왕도정치를 해봤습니까? 어디까지나 그들의 역사적 맥락에서 나온 발언입니다. 아주 긴 시간 동안 신정神政정치 아래 있었으니, 민주정치가 그럴듯해 보일 수도 있었겠죠. 그래서 유럽 밖의 정치 전통은 모조리 신정정치에 빗대어 살필 의사도 없었던 것입니다. 그러나 영국인이 그런 말을 했다고 해서 동방인들도 고분고분 따라야 합니까? 저는 아니라고 생각합니다.

이 왜 그렇습니까?

장 유가는 반드시 리理를 세勢보다 더 존중하기 때문입니다. 유가의 책무는 원리를 세워서 추세를 바꾸어가는 것[立理轉勢]이지, 이치를 어겨가며 세력을 따르는 것[曲理就勢]이 아니기 때문입니다. 곡학아세는 금물입니다. 유가는 결점이 많은 민주정치를 차선으로 또는 차악으로 수용하는 것이 아니라, 왕도정치의 '리'를 통하여 민주정치의 '세'를 바꾸어낼 것을 사명으로 삼습니다.

역사적으로 늘 그랬습니다. 춘추전국 때 어땠습니까? 공맹이 시류와 조류를 쫓았습니까? 아닙니다. 공자는 왕도王道를 논하고, 맹자는 인정仁政을 말했을 뿐입니다. 그 후에 어떻게 되었습니까? 당대의 시세였던 법가는 유가를 구닥다리[是古非今]라고 맹렬히 비판했지만, 천세만세의 대세가 된 것은 역시 유가였습니다.

이 20세기 초, 캉유웨이나 박은식의 '대동'大同 또한 그 유가 전통의 계보에 속할 것 같습니다.

장 역사적으로 진정 가치 있는 사상은 종종 동시대와 불화합니다. 사상의 본질은 비판성에 있기 때문입니다. 현재 민주주의에 비판성이 있습니까? 민주주의야말로 현대 정치를 보호하고 수호하는 보수적 사상입니다. 시세를 따르는 정치일 뿐이죠.

이 현재 서세西勢가 기울고 있다고 보시는지요?

장 세를 따지는 것[問勢]은 세를 따르기 위해서가 아닙니다. 역사적 조건이 성숙되지 않았을 때에는 '리'를 밝히고 세우고 지켜야[明理, 立理, 守理] 하기 때문입니다. 왕도와 인정과 덕치와 대동을 실행할 수 없는 난세도 있기 마련이니까요. 그러나 일단 역사적 조건이 무르익으면 '리'로써 '세'를 기다리는[以理待勢] 데서 '세'를 만드는[以理造勢] 것으로, 최종적으로는 '세'를 바꾸는[以理轉勢] 데까지 이를 것입니다.

이 선생님은 스스로를 어느 단계에 위치시키고 계신가요? 중국을 미국과 더불어 G2라고 부르는 판이니, '세'를 기다리던 때 즉 도광양회韜光養晦의 시기는 확실히 지난 것 같습니다. '세'를 만들어가는 시기입니까, 아니면 '세'를 바꾸는 시기입니까?

장 '세'가 바뀌고 있습니다.

이 민주정치가 저물고 왕도정치가 다시 일어난다는 말씀일까요?

장 민주정치를 받아 안아 왕도정치가 더 완미完美해진다는 뜻입니다.

세속화된 사회, 민의의 독재

이 왕도정치의 미덕이 무엇입니까?

장 왕도정치의 가치를 이해하기 위해서는 민주정치의 폐해부터 짚어야 합니다. 민주정치의 최대 병폐는 '민의民意의 독재'에 있습니다. 권력의 원천을 국민의 의사에만 맡기는 것이 근본적인 문제입니다.

이 인민주권론을 부정하시는 건가요?

장 그렇습니다. 더 정확하게는, 권력의 합법성이 인민에게만 있지는 않다는 뜻입니다. 인민주권 유일론을 반대하는 것입니다.

이 권력이 국민으로부터만 나오는 것이 아니다?

장 왕도정치는 정치권력의 원천을 셋에서 구합니다. 소위 왕도통삼王
道通三이라고 하지요. 즉 정치권력은 반드시 '천·지·인'의 3종 합법
성을 확보해야 한다는 뜻입니다. 천天이란 보편적이고 초월적인 합
법성을 말합니다. 지地는 역사와 문화, 즉 특정한 지리 공간에서의
합법성입니다. 인人이 바로 민의의 합법성이죠.

이는 중국인의 오래된 사유 방식에 바탕한 것입니다. 특히《춘
추》와《역경》의 영향이 물씬합니다. 천·지·인을 흔히 삼재三才라
고 하지 않습니까? 중층적 구조로 세계를 이해하는 것이지요. 세계
를 다층적으로 인식하는 만큼 권력의 원천 또한 다층적으로 구했던
것입니다. 제가 전혀 새로운 이론을 개진하는 것도 아닙니다.《중
용》에서부터 이미 '천하에 왕 노릇하는 데 세 가지 중요한 것이 있
다'[王天下有三重]고 말했습니다.

그런데 서방의 민주정치는 오로지 인민주권에만 기초해 있어
요. 오로지 초월적 신에게만 주권을 의지했던 신정을 거꾸로 세운
것입니다. 인간이 신의 자리를 대신한 것이지요. 그러나 권력의 정
당성을 구하는 원천이 유일하다는 구조만큼은 동일합니다. 즉 인
민주권과 천주주권은 내용상의 차이일 뿐, 형식적으로는 완전히
똑같습니다.

이 민주정치는 민의(인도人道)만 대의하지만, 왕도정치는 천도天道(보편
적 원리)와 지도地道(역사와 문화)도 대의한다?

장 왕도정치가 해결하고자 하는 과제는 결국 '정도'政道의 문제입니다.
'정도'와 '치도'治道를 혼동해서는 안 됩니다. '치도'는 구체적인 제
도 건설에 관한 사안이지요. '정도'는 '치도'보다 상위 개념입니다.
'정도'가 '치도'의 목적입니다. '치도'는 '정도'의 수단입니다. 그런데
현대 정치론은 대개 '치도'에 치우쳐 있습니다. 지엽말단에 논쟁이

집중되어 있습니다.

이 '치도'를 거버넌스로 이해해도 될까요? 일당제, 다당제, 대통령제, 내각제, 소선구제, 비례대표제, 추첨제 등 각종 제도 논의가 '치도'에 해당한다고 말할 수 있겠습니다.

장 그뿐만이 아니지요. 민주주의 또한 '치도'입니다.

이 민주주의가 '정도'가 아니다? 목적 그 자체가 아니다?

장 그럼요. 민주주의 또한 좋은 정치, 즉 왕도정치를 위한 수단일 뿐이지요. 민주주의가 말하는 보통 사람들의 정치가 하등 문제될 것은 없습니다. 민중의 뜻과 민초의 희망은 본래 권력의 중요한 원천입니다. 비단 민주정치뿐 아니라 어떤 형태의 정치권력도 민의에 정면으로 반하면서 유지될 수는 없습니다. 정도의 차이가 있을 뿐이죠.

　민주정치가 문제인 것은 인민주권만을 유일무이한 권력의 원천으로 삼는다는 점에 있는 것입니다. 절대적이고, 배타적이며, 양보 불가능한 유일 원천으로 보는 거죠. 그래서 견제와 균형을 불허하는 독재 권력입니다. 왕도정치에서 보자면 납득하기 힘든 지점입니다. '정도' 역시 견제와 균형이 작동해야 하거든요. 정치권력의 합법성을 하나로 독점시킬 경우 폐단이 극심하기 때문입니다. 서방의 옛 기독교 정치와 오늘날 이슬람의 신권정치가 대표적인 사례겠죠. 마찬가지로 민의만이 독재하는 민주정치도 비슷한 문제를 가지고 있습니다. 초월적 신성과 역사/문화를 방기하고 민의만 강조함으로써 극단적인 세속화와 인욕화人慾化, 속물화를 촉발한 것입니다. 현대 민주정치의 적나라한 실태지요.

이 스노비즘Snobbism(속물근성)이라고도 합니다.

장 정치에서 도덕적 이상이 사라지면 세속적 욕망의 분출에 불과하게 됩니다. 현대 정치에 '성왕'聖王의 숭고함이 있습니까? 지도자를 모범으로 삼아 나 자신을 돌아보게 만드는 위엄과 존엄이 있습니까? 그래서 세계가 도덕적으로 퇴락해가는 것입니다. 인민의 도덕적 각성을 자극하고 촉발하는 제도적 장치가 사라지고 말았기 때문입니다. 가장이 존경받지 못하면 가정이 망가집니다. 교사가 존경받지 못하면 교실이 난장판이 됩니다. 나라의 지도자에게 도덕적 아우라가 없으면 사회가 저열해지고 졸렬해지고 천박해집니다. 그래서 왕왕 대중이 파시스트들에게 열광하는 것입니다. 민주정치가 거세해버린 도덕적 욕구 불만을 가상적으로나마 대리 해소해주기 때문입니다.

이 신의 뜻 혹은 하늘의 뜻만 대변했던 신정정치도 편향되었지만, 사람들의 의사만 대변하는 민주정치도 편중된 것이다?

장 그래서 '정도'의 균형과 견제를 이루어야 하는 것입니다. 세 가지 권력의 합법적 원천이 중용과 조화[中和]를 이루어야 합니다.

이 '삼권三權 분립'에 빗대어 '삼도三道 분립'이라고 표현할 수 있을까요?

장 권력이란 본디 도道를 실천하고 실현하는 권능입니다. 정치는 무릇 신성한 것입니다. 그런데 현대 정치는 권력이라는 기술적 차원의 문제에 집중함으로써 정작 '도'를 놓치고 말았어요. 인민주권의 독재가 좌/우를 가리지 않고 20세기에 만연하지 않았습니까? 근대 정치의 근원적인 결함과 결핍이 있었던 것입니다.

이 '대중독재'라는 표현도 있죠. 조금 더 구체적으로 살펴보았으면 합니다. 천·지·인 가운데 먼저 천도가 부재함으로써 일어나는 폐단은 무엇입니까?

장 세속화된 사회의 '민의'라는 것은 결국 개개인의 욕망과 이익의 총합 아닙니까? 현대 민주국가는 유권자들의 이익과 인류 전체의 이익이 충돌할 때, 필연적으로 국익에 굴할 수밖에 없습니다. 한 나라의 정치인이 자신의 지역이나 계급의 이해를 반영하지 않고 천하의 공익을 대의하면 어떻게 됩니까? 정치인으로 수명이 다하겠지요. '민의'가 유일한 권력의 원천이기 때문입니다. 그런데 천하의 관점에서 보면 국익이라는 것도 사익에 불과할 뿐입니다. 그 국익을 견제할 천하의 공익을 대의하는 제도적 장치가 민주정치에는 애당초 미비한 것이지요.

　생태 문제와도 깊이 연관되어 있습니다. 생태란 본디 신성한 합법성, 즉 천도의 영역입니다. 천도와 인욕이 충돌할 때 유가의 방법은 인욕의 극복에 있었습니다. 왕도정치의 전제로 '쿵푸학'을 강조했던 까닭입니다. 그러나 민의가 독재하는 민주제도 아래서는 민의가 천도를 위반할 때, 즉 인욕이 생태와 충돌할 때 속수무책이지요. 제도적으로 천도의 견제를 전혀 받지 않기 때문입니다.

이 유럽에는 녹색당이 있습니다.

장 녹색당이 대변하는 가치가 바로 천도라고 할 수 있습니다. 그러나 민주정치 아래서는 녹색당 또한 어디까지나 '치도'의 측면에서 접근할 뿐입니다. 녹색당의 정신을 전면적으로 관철하기 위해서는 민주정치 자체의 개혁, 즉 '정도'의 차원까지 밀고 가야 합니다. 그러나 서방에서는 3중 합법성의 발상이 부재하기에 녹색당은 만년 소수정당에 그치고 마는 것이지요.

이 두 번째 합법성, 즉 역사와 문화를 대의하지 않음으로써 빚어지는 폐해는 무엇입니까?

장 비서구 국가에서 그 폐단이 특히 심합니다. 민주정치를 수용해가면서 그 나라의 고유한 역사와 문화적 정체성을 배척하고 말았습니다. 그래서 현실 정치와 민족-역사-문화-전통 사이에 커다란 균열이 발생한 것이지요. 서구화된 엘리트와 토착 민중 간의 갈등을 촉발한 원인이기도 합니다.

설령 민중이 민주정치를 지지하더라도 문제는 지속됩니다. 민족의 역사·문화 전통이 부재하기에 완전한 합법성을 누리지 못하기 때문입니다. 민의의 합법성이란 그때 그곳을 일시적으로 점하고 있는 사람들의 의사에 그칩니다. 과거와 현재, 미래를 잇는 무수한 사람들, 즉 선조와 후세의 총체적인 의사를 반영하지는 못하는 것이지요.

국가는 결코 사회계약의 공학적 산물이 아닙니다. 일종의 '역사적 유기체'입니다. 국가는 과거의 국가이자, 현재의 국가이며, 장래의 국가입니다. 따라서 현재의 정치권력 또한 반드시 과거와 미래에 책임을 지고, 역사·문화적 정당성을 획득해야 합니다. 최고 권력자의 세습이 오래 지속되었던 까닭이기도 합니다. 세습제도 그 나름의 합리성이 있었던 것이지요.

서방에서는 역사·문화적 합법성이 크게 문제가 되지 않았습니다. 민주정치 자체가 서방의 역사·문화적 산물이기 때문입니다. 그러나 비서방 국가에서는 그렇지 않습니다. 그래서 과거와 미래를 대의하는 역사·문화 기구도 반드시 있어야 하는 것입니다. 즉 서방의 민주정치가 비서구에서 작동이 잘 안 되는 이유는 비서구의 문화적 토양이 열악하고 의식수준이 모자라서가 아닙니다. 그들의 역사와 문화를 정치제도로 반영하고 있지 못하기 때문입니다. 문화가 문제가 아니라, 문화와 동떨어진 제도가 문제인 것입니다.

이 흥미로운 지적입니다. 1980년대 동아시아의 민주화, 1990년대 동유럽의 민주화, 2000년대 중앙아시아의 민주화, 2010년대 중동의 민주화 등 반세기에 가까운 '비서구의 민주화'를 총괄적으로 성찰하는 데 유익한 말씀이라고 생각합니다.

장 　작금 인류의 정치가 직면하고 있는 가장 큰 문제는 민주주의를 더욱 충실하게 실천하는 것이 아닙니다. 정치권력의 표준을 새로이 세우는 것입니다. 민의가 독재하는 민주정치를 지양하고, 다중적 합법성이 상호 균형을 이루는 '새 정치'(신형 정치)를 만드는 것이 근본적 과제입니다. 이 새 정치는 아마도 중국 유가들이 추구해왔던 왕도정치에 더 가까울 것입니다.

이 　왕도정치가 민주정치를 받아 안는다는 말은 어떤 뜻일까요?

장 　민주정치를 완전히 거부하는 것이 아니라, 왕도정치를 통하여 민주정치를 지양한다는 뜻입니다. 즉 왕도정치는 민주정치를 초월합니다. 민주정치의 기본원칙을 '치도'로 흡수하여 '정도'의 세 기둥을 더욱 튼튼하게 다지는 것입니다. 더 완미한 왕도정치로 이행하는 것이지요. 외부의 사상과 제도를 흡수하여 통합하는 것은 중화문명의 오랜 장기였습니다.

의회삼원제

이 　그래서 제출한 대안이 의회삼원제議會三院制이죠?

장 　유가의 왕도 이념을 기초로 삼아 새로운 제도를 구상해본 것입니다. 3중 합법성이라는 '정도'를 실현하는 '치도'인 것이지요. 삼원제를 설치함으로써 각각의 의회가 저마다의 정당성을 대표하도록 하는 것입니다. 잠정적으로 통유원通儒院, 서민원庶民院, 국체원國體院으로 이름을 지어보았습니다. '통유원'은 초월적, 보편적, 신성한 합법성을 대의합니다. 왕년의 유림정치를 복원하는 것입니다. '서민원'

은 민의를 대표합니다. 서구 민주의 의회를 수용한 것입니다. '국체원'은 역사와 문화를 대변합니다. 불교와 도교, 이슬람교 등 각종 종교단체 대표, 교육기관 수장, 소수민족 지도자, 비정부기구 인사 등을 망라합니다.

이 삼원제를 구성하는 의원들의 선출 방법도 상이합니다.

장 당연히 그래야 하지 않겠습니까. '통유원'은 중국 전통의 과거제를 계승합니다. 선발제입니다. '서민원'은 선거나 추첨을 통하여 선출하지요. 민주주의에 해당하겠습니다. '국체원'은 세습제와 추천제로 운영됩니다. 그들 조직의 독자적 원리와 전통을 존중하기 위해서입니다.

이 재미있는 발상입니다. 삼원제로 운영되는 국정은 어떠할까요?

장 새로운 법률은 반드시 삼원에서 모두 동의를 얻어야 합니다. 서민원에서 민중이 지지한 정책이라 하더라도 천도에 어긋나는 경우에는 통유원에서 거부권을 행사할 수 있습니다. 반대로 통유원이 천도에 근거한 것이라며 제출한 법안 또한 서민원이 동의하지 않으면 법률로 성립할 수 없습니다. 국체원은 통유원과 서민원이 발의하는 법안들이 국가의 역사와 전통, 문화에 부합하는지를 판별할 것입니다. 현재의 대통령이나 주석에 빗댈 수 있는 '최고 행정장관' 역시 삼원의 동의를 구해서 선출합니다. 그래야 천지인을 모두 대표하고 성/속을 두루 아우르는 국가수반을 갖게 되는 것입니다. 왕년의 황제, 천자天子는 바로 그러한 인물이었습니다.

이 서구에도 일부 양원제 국가가 있습니다. 어떤 차이가 있습니까?

장 전혀 다르지요. 상원과 하원의 실질적인 차이가 사라진 지 오래입니다. 양 기관 모두 민의를 따르는 기관이니까요. 상/하원 모두 서민원에 그칠 뿐입니다.

이 서방 국가들도 의회삼원제를 따라야 할까요?

장 아닙니다. 거듭 말씀드리지만 '도'는 보편적이되, '법'은 개별적입니다. '정도'는 보편적이되, '치도'는 특수합니다. 중국의 삼원제는 중국의 역사와 문화를 반영한 것입니다. 그래서 '중국 특색의 삼원제'라고 할 수 있습니다. 저는 여기에 보태 유학자들이 국정 전반을 감사하는 '태학 국정감사제'(태학감국제太學監國制)도 궁리하고 있습니다. 유학자들이 국정을 이끌었던 오랜 전통이 있기에 가능한 발상이지요. 서방은 서방의 사정에 맞는 제도 혁신을 해야 할 것입니다.

이 얼핏 이란이 떠오릅니다. 이란에서도 하원과 유사한 의회가 법률을 제정하고, 상원에 빗댈 수 있는 헌법수호위원회가 그 법률을 심의하지요. 의회의 의원들은 보통선거로 선출하고, 헌법수호위원회는 종교 지도자와 이슬람 학자들로 구성됩니다. 선생님이 구상하시는 통유원와 국체원을 합친 모양새입니다. 이란의 정치제도는 어떻게 생각하시는지요?

장 이란은 그 나름으로 자신들의 문명에 부합하는 정치제도를 만들려고 노력하고 있습니다. 그 점에서는 이슬람만 고수하는 사우디아라비아나 서구화를 추진했던 터키보다 낫다고 하겠습니다. 그럼에도 이란 또한 여전히 신권정치가 압도합니다. 여전히 '정도'와 '치도'를 혼동하고 있는 것 같아요.

지금 지적한 대목은 '치도'의 문제죠. 1979년 이슬람 혁명 이후 이란은 명백하게 초월적이고 신성한 천도가 권력의 유일 원천으로 군림하고 있습니다. '정도'의 균형과 견제가 없는 것입니다. 그래서 '치도'상으로도 견제와 균형이 작동하지 않습니다. 헌법수호위원회의 권한과 권력이 의회보다 월등하게 크지 않습니까? 양 기관은 상하관계에 가깝습니다. 성聖이 속俗보다 위에 있는 것이지요. 의회삼원제에서 통유원과 서민원이 대등한 권리를 가지는 것과는 다른 지점입니다.

이 선생님의 독법을 빌리면, 이란의 신권정치와 서방의 민주정치는 '정도'의 내용상으로는 굉장한 차이가 있으면서도, 합법성의 유일 독재라는 점에서는 차별이 없다고 할 수 있겠군요. 한쪽은 신의神意가 독재를 하는 것이고, 다른 쪽은 민의가 독재를 하는 것입니다.

장 그렇습니다. 양자 모두 '중용과 조화'[中和]의 원칙에서 어긋납니다. 공히 편향되고 편중되었습니다. 의회삼원제야말로 중도中道적 정치, 왕도정치의 '정도'에 부합하는 '치도'라고 하겠습니다.

이 그런데 중국에서 실현 가능성이 있는 발상일까요? 통유원을 운영해갈 유림들이 있습니까?

장 중국인들은 이미 강렬한 문화적 자각을 하기 시작했고, 유가적 가치도 회귀하고 있습니다. 의회삼원제를 실현하는 데 몇 백 년이 걸리지는 않을 것입니다.

이 몇 십 년 안에는 가능하다고 보십니까?

장 (웃음)

이 그러면 유가 정당이 등장하는 걸까요? 중국공산당은 어떻게 됩니까?

장 너무 때 이른 논의입니다.

'정교 분리'라는 신화

이 화제를 바꾸겠습니다. 한창 선생님께서 논쟁의 당사자가 되고 있는 사안이 있죠. 산둥 성 취푸(곡부曲阜)는 공자의 고향입니다. 이곳에 교회가 들어서고 있다더군요. 선생님은 교회 건립 반대 성명서 초안을 기초하는 등 반대운동을 이끄는 선봉장이십니다.

장 취푸는 유가의 발원지이자, 중화민족의 성지입니다. 영해, 영토, 영공만 국가의 주권이 미치는 것이 아닙니다. 문화와 전통과 역사, 가치에도 주권이 있습니다. 중국에서는 그것이 삼공三孔, 즉 공묘孔廟, 공림孔林, 공부孔府*입니다. 그런데 바로 그 근방에 높이 40미터가 넘는 고딕식 교회를 짓는다니요? 가당치 않습니다.

이 유교는 기독교와 이슬람교와 같은 일신교는 아니지 않습니까? 도리어 중화문명의 포용성을 과시하는 측면은 없을까요?

장 저는 문화적으로나 종교적으로 전혀 배타적이지 않은 사람입니다. 인류의 모든 문명적 자산을 섭취하고 포용하고 존중하자는 태도를 견지합니다. 특히 천주교에는 근대성에 대한 비판과 성찰을 자극하는 심원한 사상적 자원이 많다고 여깁니다. 유교와 천주교의 대화를 적극 추진해볼 만합니다. 그래서 저 자신 중국어로 옮긴 신학서도 적지 않아요. 따라서 중국의 기독교 또한 교회를 지을 권리가 있음을 십분 수긍합니다. 실제로도 많은 교회가 들어서고 있어요. 제가 대학교수 노릇을 했던 선전에서는 26층짜리 교회도 짓고 있습니다. 저는 여기에 일언반구도 하지 않았어요. 상하이에 100층짜리 교회가 들어선다 해도 토를 달지 않을 것입니다.

그러나 취푸는 다릅니다. 특수한 장소입니다. 성지예요. 중국 문명의 성소에다 서방 종교의 상징인 고딕식 교회를 꼭 지어야 합니까? 중국 문화와 유교문명에 대한 존중이 없는 것입니다. 어떤 유림도 메카에 유교 사당을 짓지 않습니다. 어떤 스님도 예루살렘에 불

---

* '공묘'는 공자의 사당, '공림'은 공자와 그 가족의 집단 묘역, '공부'는 공자 후손들이 살던 귀족 저택이다.

교 사원을 만들지 않습니다. 싯다르타가 각성했던 부다가야에 천주교 성당을 지을 수 있습니까? 마찬가지 이치입니다.

이 문명 간 대화라는 측면에서는 어떻습니까? 취푸에서 열리는 '세계문명포럼'에서도 취푸의 교회 건설을 유교와 기독교의 대화라고 수긍하는 눈치던데요.

장 문명 간 대화의 대전제는 공자가 말한 '기소불욕 물시어인'己所不欲 勿施於人의 태도부터 갖추는 것에 있습니다. 내가 원치 않는 것을 남에게 해서야 되겠습니까? 혹은 예수가 말한 '네 이웃을 사랑하라'는 가르침부터 실천해야 할 것입니다. 제 본뜻 또한 단지 교회 건설 반대가 아니라, 중국 문명에 대한 최소한의 존중을 표하라는 것입니다.

이 취푸가 유교의 성지이기에 교회 건설은 안 된다는 주장을 '정교 분리'에 어긋난다며 비판하는 분들도 있습니다.

장 정교 분리는 신화입니다. 인류의 어떠한 정치도 종교와 근본적으로 분리될 수가 없습니다. 재차 왕도정치의 용어로 말하면, 국가의 정치권력은 천도와 지도와 인도를 실현해야 합니다. 중국에서는 그 천도와 지도가 상당 부분 유교에 기초해 있습니다. 20세기 중국 정치가 혼란스러웠던 것은 유교와 이탈한 정치가 횡행했기 때문입니다. 그래서 중국은 종국적으로 '유교 헌정'을 만들어서 정교 합일을 복구해야 합니다.

이 근대의 서구 국가들은 정교 분리의 산물이지 않습니까?

장 아닙니다. 그 또한 허구입니다. 미국의 정치권력은 미국의 역사를 통해 형성된 것입니다. 어찌 청교도와 분리해서 설명할 수 있습니까? 개신교의 가치관은 고스란히 미국 헌법에 반영되어 있습니다. 미국의 근간이 청교도에 기초해 있는 것입니다. 설령 법률 조항으

공자의 고향인 산둥 성 취푸의 공자 묘. 최근 이곳에 서양의 고딕식 교회가 건립되고 있어 뜨거운 논쟁이 벌어지고 있다. 유교와 기독교의 문명 간 대화일까, 아니면 중국 문명에 대한 존중이 결여된 무례함인 걸까?

로 국교國敎가 없다 할지라도, 실질적인 정치생활에서는 작동하는 것이지요. 다른 종교가 미국의 지도적 가치관이 될 수 있습니까? 이슬람이? 불교가? 결코 그럴 수 없습니다. 개신교는 미국에서 일종의 왕관학王官學으로 자리하고 있는 것입니다. 즉 '치도'의 차원에서는 종교의 자유를 허용하지만, '정도'의 차원에서는 이미 정교 합일 상태입니다. 그 역사성을 부정하는 것이야말로 자유주의자들의 허위입니다.

<u>이</u> 캐나다의 저명한 종교철학인 찰스 테일러도 비슷한 취지의 얘기를 했던 것 같습니다. 미국의 헌법을 '숨겨진 교회'라고 표현했지요.

<u>장</u> 그럼요. 비단 미국뿐만도 아닙니다. 영국은 아예 성공회가 국교입니다. 국왕이 종교의 수장입니다. 그리스 헌법 역시 동방정교를 국

교라고 명시해두었습니다. 북유럽 국가들은 루터교가 국교 역할을 합니다. 이슬람 국가들은 말할 것도 없고요. 러시아도 정교회에 뿌리를 두고 있죠. 그걸 인위적으로 분리하려던 것이 공산주의 아니었습니까? 그래서 어떻게 되었습니까? 백 년도 안 되어 자멸한 것입니다. 공산주의가 사라진 자리에 동방정교와 이슬람이 다시 자라났습니다. 인간은 결코 초월적 가치 없이 살 수가 없기 때문입니다. 즉 '정교 분리'는 서방 국가에서도 통용될 수가 없는 사이비 이론입니다.

이 그래서 중국에서는 '유교 헌정'이 필요하다는 말씀이시고요.

장 그렇습니다. 유교 헌정이 '정도'이고, 의회삼원제가 '치도'입니다. 왕도정치의 구현은 중국 역사의 '천명'天命이기 때문입니다. 지난 20세기 중국 사상계의 비극은 자기 문화에 내재하는 논리 속에서 중국 정치의 발전 방향을 사고하지 못했다는 점입니다. 그러나 앞으로는 다를 것입니다. 장기적으로 낙관합니다.

이 '20세기의 숙명에서 21세기의 천명으로'라고 말해도 될까요?

장 서구는 민주주의를 선전하고, 이슬람은 지하드로 선동합니다. 중국이 왕도정치라는 제3의 길을 보여주어야 합니다. 서구 근대는 또다른 극단이었어요. 만사를 인권 중심으로 사고하면서 초월적 가치를 배격하고 극단적 세속화를 야기했습니다. 여기에 저항하는 이슬람 국가들 또한 그들만의 역사·문화적 합법성만 강조한 나머지 어떠한 변화와 개혁도 거부하는 수구성을 초래했습니다. 그래서 동시대인의 민의를 수렴하지 못하는 근본주의가 된 것이지요. 역시나 중도를 견지해야 합니다. 서구 민주의 장점을 수용하되, 민주정치의 결점 또한 극복해야 합니다. 그래서 중국인들은 왕도정치가 전 세계, 전 인류에게 호소력이 있는 제도로 거듭날 수 있도록 성심으로 노력해야 합니다.

이 한때 한-중 간의 '인문연대'라는 말이 돌았습니다. 왕도정치의 재
건이 중국만의 단독 사업이 아니라 주변국과의 합작 프로젝트가 되
었으면 하면 바람입니다. 장시간 귀중한 말씀, 깊이 감사드립니다.

장칭과의 대화는 이틀에 걸쳐 진행되었다. 하룻밤을 양명정사에서 묵
었던 것이다. 덕분에 거처하고 있는 그의 제자들과도 말을 섞을 수 있었
다. 무엇보다 수련과 강학으로 빼곡한 그들의 일상을 잠시 엿보는 재미
가 쏠쏠했다. 양명정사를 찾아온 한국인 방문객은 내가 처음이라 했다.
재야의 산림山林들에게 공자의 즐거움[有朋自遠方來 不亦樂乎!]을 선사했기
를 바라는 마음이다.

　장칭의 유교 헌정은 파격적이다. 당대의 파천황破天荒*이라 할 만하
다. 그러하기에 당장 실현되기는 어려울 것 같다. 1978년생인 내가 눈
을 감기 전에도 난망하지 않을까. 그래서 민주정치에서 왕도정치로의
이행 과정을 별도로 숙고하지 않을 수 없다. 이행기에는 이행기에 어울
리는 제도가 있어야 하기 때문이다. 불가능한 것을 꿈꾸되, 리얼리스트
가 되어야 하는 법이다.

　마침 적임자로 꼽을 만한 이가 있다. 자칭 '유교 좌파'를 자처하며 칭
화대학교에서 활동하고 있는 영국 출신의 정치철학자 대니얼 벨Daniel
A. Bell이다. 서방의 새 정치와 동방의 옛 정치를 오래 고민한 끝에 제

---

* 《북몽쇄언》(北夢瑣言)에 나오는 말로, 이전에 아무도 하지 못한 일을 처음
으로 해냄을 이르는 말. 중국 당나라의 형주 지방에서 과거 합격자가 없
어 천지가 아직 열리지 않은 혼돈한 상태라는 뜻으로 천황(天荒)이라고
불리었는데, 유세(劉蛻)라는 사람이 처음으로 합격하여 천황을 깼다는 데
서 유래한다.

출한 《중국 모델: 정치적 실력주의와 민주주의의 한계》The China Model: Political Meritocracy and the Limits of Democracy도 막 출간된 참이었다. 이번에는 '백인 유학자'와 함께 유교정치의 미래에 대해 대화를 더 이어가기로 한다.

040

중국 모델, 정치적 실력주의

대니얼 A. 벨과의 대화

'자유주의적 좌파'에서 '유교 좌파'로

대니얼 벨과의 인연은 오해에서 출발했다. 참새 방앗간처럼 들르던 UCLA 구내서점에서 그의 책을 처음 접한 것이 2011년 가을. 제목이 《중국의 신유교: 변화하는 사회의 정치와 일상》China's New Confucianism: Politics and Everyday Life in a Changing Society이었다. 황당한 마음이 일었다. 중국에 대해 무얼 안다고 이런 책을 쓰나? 칭화대학교 소속이라는 속표지를 보고는 코웃음도 났다.

마냥 삐딱했던 것은 동명이인을 잘못 여겼기 때문이다. 대니얼 벨 Daniel Bell이라는 미국의 유명한 사회학자가 있다. 《이데올로기의 종언》, 《후기산업사회》 등을 쓴 걸출한 지성이다. 1970년대에 이념 대결의 허울을 지적하고 지식사회의 도래를 주장했으니 선구적이었다고 평할 수도 있겠다. 조금 어깃장을 놓자면, 자유주의-자본주의의 승리를 예언하는 선전선동의 색채도 없지 않았다. 이데올로기의 종언을 설파하는 이데올로기적 지식인이라는 선입견이 강했던 것이다. 그랬던 이가 은퇴한 이후에는 중국 대학에 자리를 얻어 중국을 옹호해주는 책을 쓰는구나 착각했던 것이다. 당시만 해도 나는 중국 신유가의 동향에는 전혀 관심이 없었다. 오로지 신좌파들만 주시했다.

그런데 막상 서문을 읽으니 재미가 있었다. 그 자리에 서서 1장까지 내처 읽었다. 결국은 구입까지 했다. 학위 논문 쓰기를 잠시 미루고 계속 읽어갔다. 그만큼 흡입력이 컸다. 중국 사회의 저변에서 일어나는 변화를 예리하게 포착하는 눈썰미가 발군이었다. 아무래도 이상하여 약력을 다시 살폈다. 과연, 그 대니얼 벨이 아니었던 것이다. 전혀 다른 대니얼 벨Daniel A. Bell이었다.

그의 책을 몽땅 구하기 시작했다.《자유민주주의를 넘어서》Beyond Liberal Democracy, 《동과 서가 만나다》East meets West 등 제목부터 쏙쏙 눈에 들었다. 전자에서는 이미 '새 정치'를 궁리하고 있었고, 후자에서는 싱가포르의 전 수상 리콴유가 제기한 '아시아적 가치'에 대한 가장 진지한 학술적 천착이 돋보였다. 공자를 화자로 등장시켜 자유주의 정치철학의 허점을 논박해가는 가상의 대화 형태도 재기발랄했다. 이론적으로 명민할뿐더러 글재주도 빼어났던 것이다. 그 후 신간이 나오면 꼬박꼬박 구해 읽게 되었다. 2013년 엮은이로 참여해 출간한《민주주의를 위한 동아시아의 도전》The East Asian Challenge for Democracy은 직접 번역해볼까 하는 마음도 일었다. 이메일로 의사를 타진하면서 첫인사를 텄다.

실은 장칭도 그를 통해 알게 되었다. 장칭의 유교 헌정과 의회삼원제의 핵심을 간추려 소개한 책이《유교 헌정: 중국의 고대가 어떻게 중국의 정치적 미래를 만드는가》A Confucian Constitutional Order: How China's Ancient Past Can Shape Its Political Future이다. 프린스턴대학 출판사에서 출간되었다. 대니얼 벨이 '프린스턴-차이나'Princeton-China 시리즈의 총괄

책임자다. 대륙의 사상 동향, 그중에서도 신유가의 사상을 영미권에 알리는 데 주도적 역할을 하고 있다. 〈뉴욕 타임스〉, 〈허핑턴 포스트〉 등에도 간간이 칼럼을 기고하여 자유주의 정치이론과 유교정치 간의 대화와 소통을 이끈다. 케임브리지대학에서 박사를 하고 칭화대학에서 교수를 하고 있는 그의 경력부터가 동서東西 간 대화를 상징한다. '자유주의적 좌파'에서 '유교 좌파'로 전향했다는 사상적 이력 역시 고금古今을 잇는다. 나로서는 동서 합작, 고금 합작을 견인하는 동지를 만난 셈이다.

우리의 대화 수단 역시 동서를 넘나들었다. 영어가 모국어이고 중국의 명문 대학에서 강의하는 그에 견주자면 나는 영어도 고만고만하고 중국어도 그저그런데, 중국어 이름(베이단주주貝淡貯)까지 있는 그의 탁월한 어학 실력에 의지하여 영어가 막히면 중국어로, 중국어가 궁색하면 영어로 이어갈 수 있었던 것이다. 심지어 양쪽이 다 마땅치 않을 경우에는 한자를 써서 보여주었다. 서구의 '계몽'Enlightenment과 대비되는 율곡의 '격몽'擊蒙을 말하고 싶었으나 현대 중국어에는 없는 단어이고 영어로도 적절한 말이 떠오르지 않아 직접 써서 보여주니 곧바로 뜻이 통했던 것이다. 옛사람들의 필담의 재미까지 곁들인 즐거운 대화였다.

민주주의가 가장 덜 나쁜 제도?

이병한 선생님은 캐나다에서 태어나 영국에서 공부를 하셨습니다. 그럼에도 중국에서 교편을 잡고 자유민주주의의 대안 찾기에 골몰하고 계시죠. 민주주의가 가장 덜 나쁜 제도라고 했던 처칠의 주장에 동의하지 않으십니까?

대니얼 벨 절반만 동의합니다. 그가 살았던 시대에는 충분히 수긍할 수 있는 말이었습니다. 당시에 자유민주주의의 경쟁자는 독일의 나치즘, 일본의 파시즘, 소련의 공산주의였어요. 자유민주주의가 가장 덜 나쁜 제도였다고 말할 수 있었습니다. 역사의 경로 또한 그 방향으로 흘렀고요. 하지만 지금은 20세기가 아닙니다. 처칠의 말이 미래에도 유효할 것인가에 대해서 저는 갈수록 회의적입니다.

이 '대안은 없다'고 했던 대처의 말도 거부하시는 셈이네요.

벨 맥락이 조금 다르죠. 대처의 말은 신자유주의를 관철시키고자 했던 발언이었고요, 제가 회의하는 것은 1인 1표라는 선거제도가 과연 가장 훌륭한 지도자를 선출해내는 제도인지에 대해서 고민해봐야 할 때가 되었다는 의미입니다.

이 '정치적 실력주의'Political Meritocracy에서 대안을 찾으신 겁니까?

벨 아직 단정적으로 답할 수는 없습니다만, 일단은 선거민주주의에 대한 신념과 신뢰가 얼마나 허약한 토대 위에 서 있는가를 보여주기 위한 방편으로 요긴합니다. 민주주의에 대한 신화부터 허물고 난 다음에야 비로소 열린 마음으로 대안적 정치제도를 논의해볼 수 있기 때문입니다.

이 그래서 이번 책의 제목도 'The East Asian Challenge for Democracy'였습니다. 전치사가 'over'나 'against'가 아니라 'for'입니다. 그런데 자유민주주의에 대한 문제 제기는 더 이상 신선한 화두가 아닌 것 같습니다. 따지고 보면 68혁명까지 거슬러 오를 수 있지 않습니까?

벨 그렇습니다. 그래서 참여민주주의, 숙의민주주의, 풀뿌리 민주주의 등 여러 제도적 대안이 강구되어왔습니다. 일부 실행도 되고 있고요. 그러나 선거민주주의의 한계를 도리어 더욱 심화시키는 면이 있습니다.

이 어떤 면에서 그렇습니까?

벨 참여민주주의의 정점을 중국은 이미 경험해보았거든요.

이 무슨 말씀이신지요?

벨 문화대혁명이죠. 중국에서는 '대민주'大民主라고 했었죠. 기존의 어떠한 사회적 위계도 부정하는 거대한 민주주의의 실험장이었습니다. 68혁명 이후 서구 좌파의 상당수도 알게 모르게 문화대혁명에서 영감을 받았습니다. 그런데 역설적으로 문화대혁명은 마오쩌둥 1인 숭배가 만연하고 홍위병들이 날뛰었던 시기이기도 합니다. 참여민주와 1인 우상화가 동시에 전개되었어요.

문화대혁명이 좌파적 극단이었다면, 우파적 극단으로는 히틀러의 등장을 들 수 있겠죠. 나치즘 역시 열광적인 대중민주주의에서 비롯한 것입니다. 즉 더 많은 민주주의, 더 많은 참여가 선거제 민주주의의 대안이 아닐 수 있다고 봐요. 권력을 소수에서 다수로 나누는 것만이 '민주주의'라는 생각은 그릇된 편견입니다. 그러면서 정작 권력을 운영하게 될 소수를 어떻게 도덕적으로 훈육시킬 것인가 하는, 민주주의 이전의 오래된 정치교육은 누락되고 말았어요.

즉 선거라고 하는 제도의 바탕에 깔려 있는 세계관과 인간관 자체를 깊이 성찰해봐야 합니다. '최대 다수의 최대 행복'이라는 자유주의적 공리의 근거를 진지하게 다시 따져봐야 합니다. 그건 합리적 이성을 가진 인간들의 주체적 의사결정에 맡기자는 것 아니겠습니까? 그런데 그런 계몽주의적 인간관은 이미 여러 방면으로 부정되고 있습니다.

실제로 사람들이 선거를 할 때 정책을 따지고 이성적으로 판단해서 하는 게 아니라는 경험적 연구가 산적합니다. 감정에 훨씬 휘둘리고, 인지적 편견도 깊이 반영됩니다. 그것이 부정할 수 없는 객관적 사실이라고 한다면, 기존의 인간관에 기초해 성립된 정치제도 또한 수정이 불가피하지 않을까요? 사실 보통선거를 통하여 국가의 최고 지도자를 뽑게 된 역사는 지극히 짧아요. 아무리 길게 잡아도 백 년이 안 됩니다. 자유민주주의가 가장 덜 나쁜 제도라고 확신하기에는 그 역사적 검증 기간이 너무나 부족합니다.

대니얼 A. 벨 중국 칭화대학교 교수. ⓒ ytimg.com

이 그럼에도 불구하고 '역사의 종언' 등 자유민주주의가 득세했습니다.

벨 마르크스의 통찰에서도 배울 지점이 있습니다. 그 사회의 지배이념은 지배계급의 이념이라고 했습니다. 한 시대의 지배이념 또한 지배국가의 이념일 것입니다.

이 미국 패권의 산물이다?

벨 영국과 미국이 패권을 쥐었던 시절의 소산이라고 볼 수 있습니다.

이 일각에서는 선거제의 대안으로 추첨제, 제비뽑기를 주장합니다. 그게 아테네 민주주의의 본모습에 가까웠다고 하지요.

벨 절차적 공정성을 최대로 확보하는 게 목적이라면 그럴 수도 있겠죠. 그러나 추첨으로 선거를 대체하기만 하면 기존의 선거제 민주주의가 가졌던 한계가 사라지는가는 별개의 문제입니다. 더 유능하고 덕망을 갖춘 인물들이 국가를 경영하는 결과에 가까워지나요? 지도자를 제비뽑기로 뽑을 거라면, 법률과 정책을 주사위로 결정할 수도 있습니다. 참여민주주의를 심화시키다 보면 결국 이런 모순에 처하게 됩니다. 현재 선거제가 안고 있는 최대의 문제는 절차적 공정성의 부족이나 평등성의 위배에 있지 않습니다. 결과물, 산출물이 갈수록 부실하다는 것입니다. 정치인의 자질, 정치의 수준이 점점 더 떨어지고 있다는 것입니다.

이 왜 그럴까요?

벨 현대 민주국가의 선거는 갈수록 시장화, 미디어화되고 있습니다. 선거제 정치문화란 소비문화와 별 차이가 없습니다. 예능산업, 스포츠산업과 점점 더 유사해집니다.

　미국의 대통령 선거 과정은 메이저리그 야구와 너무나 비슷해요. 민주당과 공화당의 후보 선출 과정은 아메리칸리그와 내셔널리그에 빗댈 수 있습니다. 양 리그의 정상이 다투는 '가을야구', 월드시리즈가 11월의 대통령 선거죠. 1년 내내 유권자는 미디어의 시청자이자 정치 시장의 소비자가 됩니다. '여름야구', 올스타전에는 선거도 직접 하지 않습니까? 야구 팬들이 직접 표를 행사해서 양대리그를 대표하는 선수를 선출한다는 착각을 선사합니다. 그러나 그올스타 선수들의 면면을 보면 결국은 구단의 자금력과 성적에 좌우되는 것이거든요.

　실제 선거정치 또한 월 가와 거대 자본, 거대 미디어에 좌우되면서도 유권자들은 주권을 행사하고 있다는 착시를 갖게 됩니다. 최근에는 미디어산업이 도리어 선거제를 기민하게 활용하고 있습니다. 시청자가 참여하여 우승자를 뽑게 만드는 각종 오디션 프로그램이 성행하죠. 정치와 시장, 미디어와 소비가 일체화되고 있습니다.

이 재미있는 비유이기는 한데, 실력과 인기의 비례를 따지자면 그래도 야구 쪽이 더 잘 반영하는 것 아닌가요? 실력이 있는 선수들이 연봉도 높고 인기도 높습니다. 반면 정치에서는 인기가 높은 사람들이 꼭 정치를 잘한다는 보장이 없다는 게 문제지요.

벨 결국 초점은 참여의 강화가 아닙니다. 사실 최상의 정치는 사람들이 정치에 무심해도 되는 세상을 만드는 것입니다. 왕이 있는지 없는지 모를 정도로 평안한 사회가 태평성대입니다. 선거제 민주주의는 사고를 거꾸로 하고 있어요. 정치에 참여하는 이가 많으면 많을수록 좋다고 합니다.

이 물론 대중의 판단이 잘못될 수도 있습니다. 하지만 다음번에 교정 가능성이 있다는 것이야말로 선거의 매력이지 않나요?

벨 이론상으로는 그렇습니다. 그런데 실제의 경험적 연구를 보면 꼭 그렇지만도 않아요. 지난번에 오판했던 유권자들이 다음 선거라고 달라진다는 보장이 전혀 없어요. 유권자의 표심은 거의 변하지 않는다는 게 통계적 사실에 가깝습니다. 미국 같은 경우 유권자로서 처음 투표했던 정당을 죽을 때까지 투표하는 경우가 90퍼센트에 가깝습니다. 영국도 70퍼센트가 넘어요.

이 일생을 통하여 정치적 지지에 변화가 거의 일어나지 않는다?

벨 통계적 진실은 그렇습니다.

이 정책이나 토론을 통하여 투표를 하는 것도 아니다?

벨 후보 간 토론을 전후로 한 유권자의 표심도 거의 변하지 않습니다. 스포츠 경기와 거의 흡사해요. 자기가 지지하는 후보를 응원하고 반대 후보를 비방하는 데 더 열성이죠. 정말로 안타까운 사실은, 정책 토론을 주시하고 면밀하게 분석하는 소수의 지적인 사람들은 정작 투표율이 낮다는 것입니다. 거의 모든 민주주의 국가의 경험적 연구 결과들이 비슷합니다. 영국에서 투표를 가장 적게 하는 직업군이 교수와 의사입니다.

이 권력 견제의 차원에서는 어떻습니까? 독재 권력의 남용과 부패를 줄이는 데 선거제가 일정한 역할을 하지 않나요? 그래서 20세기 내내 민주화운동이 도처에서 이어졌던 것 아닐까요?

벨 이 역시 경험적으로 연구해볼 대목입니다만, 선거제 민주주의 국 가가 덜 부패했다고 단언하기 힘들어요. 중국과 미국, 어느 쪽이 더 부패했을까요? 쉽게 단언하기 힘듭니다. 세계 최대의 민주주의 국 가인 인도가 세계 최대의 권위주의 국가인 중국보다 덜 부패합니 까? 역시 판단이 쉽지 않습니다. 인도네시아와 대만은 민주화 이후 에 부패지수가 더 나빠졌습니다. 선거가 시작되면서 정경유착이 더 심해졌습니다. 그에 반해 완전한 선거제를 누린다고 보기 어려운 싱가포르, 카타르, 아랍에미리트연방(UAE) 같은 국가들의 청렴지수 가 훨씬 높지요.

즉 선거의 실질적인 효과에 대한 정밀한 사회과학적 연구가 필 요합니다. 세계적인 표본조사를 동시에 진행해볼 필요가 있습니다. 요는 선거제도에 대한 과도한 집착과 맹신을 버릴 때가 되었다는 것입니다. 그래야 더욱 다양한 정치적 실험의 가능성이 열릴 수 있 습니다.

'정치적 실력주의'라는 실사구시

이 그간 써오신 책들을 다시 살펴보니 사고의 궤적이 엿보이더군요. 처음에는 유교 고전의 정치철학에 관심이 많으셨던 것 같습니다. 최근에 점점 더 중국의 현실 정치에 주목하고 계시고요. 특별한 계 기가 있었습니까?

벨 영국에 있을 때는 당대의 중국 정치에는 관심이 덜했어요. 실은 중 국에 살던 첫 10년 동안도 비슷했습니다. 제자백가의 정치이론 연 구에 주력했지요. 현실 정치를 경험적으로 연구할 수 있는 조건이 중국에 갖추어지지도 않았고요.

    아무래도 변화의 계기는 리위안차오李源潮 국가 부주석과의 만남이 결정적이었습니다. 2012년 5월로 기억합니다. 중국공산당 당원들과 외국 학자들이 함께 참여하는 정치개혁포럼에 초대받았어요. 저로서는 중국 고위직 인사를 처음 만난 경험이었습니다. 마지막 날에는 리위안차오와 직접 토론할 수 있는 기회도 있었죠. 매우 지적이고 밀도 높은 대화를 나누었던 기억이 납니다.

이 어떤 얘기를 주고받으셨나요?

벨 공산당원의 선발과 승진의 내부 시스템에 관한 것이었습니다. 특히 하나의 제도를 모든 조직과 단위에 적용하는 것(one-size-fit-all)이 적절하지 않다는 발언이 인상적이었습니다.

이 그 하나의 제도가 선거를 말하는 것이겠죠?

벨 그렇죠. 정부의 단위에 따라 그에 적합한 제도를 시행할 필요가 있다는 것입니다. 중국공산당의 간부 평가 항목이 단위별로 다르다는 것이지요. 기층에서는 인민과의 소통과 교감 등 민주적 자질을 중시하고, 지위가 올라갈수록 실력과 청렴성을 더욱 강조한다고 하더군요.

    그러면서 왜 마을 이장부터 국가수반까지 선거로만 뽑아야 한다고 여기느냐, 세상은 그렇게 단순하지 않다며 서방 학자들에게 훈수도 두었습니다. 국가의 최고 지도부로 올라갈수록 더욱 복잡한 제도적 절차가 필요하다고 했습니다. 경제와 과학, 국제관계, 역사, 정치철학 등 다방면에 뛰어난 견식을 가진 지도자를 걸러내야 한다고요. 게다가 스스로가 여전히 부족하고 모자라다는 자각을 안고 더욱 더 배우려는 자세를 견지하는 사람들이어야 한다고 하더군요. 갈수록 지구화되고 변화의 속도가 빠른 현대 세계에서는 더더욱 그렇다면서요. 기존의 관습에 물든 이들이 아니라 혁신을 습관으로 길들인 사람들을 뽑는 제도를 정교하게 만들어가야 한다고 했습니다.

이 흡사 기업의 최고경영자 선발 같습니다.

벨 일견 그렇습니다. 중국공산당은 리더십 교육에 열성이니까요. 반면에 다른 면모도 있습니다. 14억을 이끄는 최고 지도부라면 14억 인민은 물론 중국 밖의 사람들도 고려할 수 있는 안목과 덕성도 겸비해야 한다고 하더군요. 세계의 5분의 1만큼이나 5분의 4에 대한 사고를 동시에 해야 한다는 뜻이죠. 과연 선거제 민주주의가 그런 지도자를 뽑아내는 최선의 제도일 수 있는가? 리위안차오는 아무리 민주주의 국가를 다녀봐도 그런 것 같지 않다고 말했습니다. 저로서도 딱히 부정하기 힘들었어요. 그날의 대화가 두고두고 자극이 되었습니다. 중국의 현실 정치 기제를 본격적으로 연구해봐야겠다고 생각하게 된 것이지요.

이 그래서 제출한 개념이 '정치적 실력주의'입니다.

벨 그를 만난 다음해(2013) 시진핑이 국가주석으로 선출되었습니다. 같은 해에 바티칸에서는 프란치스코 교황이 등장하지요. 중국은 14억 대국이고, 가톨릭 역시 전 세계 14억 신도를 거느린 거대한 종교 조직이에요. 양쪽 모두 세계 인구의 5분의 1을 대표하는 수장입니다. 어느 쪽도 1인 1표제로 선출된 것은 아니지만, 누구도 그들 권력의 합법성을 부정할 수도 없습니다. 각각의 조직에 어울리는 기제를 통하여 시진핑 주석은 중국의 통치 권한을 부여받았고, 프란치스코 교황은 가톨릭 대표의 임무를 부여받은 것입니다.

이 '정치적 실력주의'의 요지를 간단히 설명해주시죠.

벨 기본 이념은 평등과 차별의 조화에 있습니다. 모두가 평등하게 교육받고 정치에 참여할 수 있는 권리를 보장받는다, 하지만 모두가

이 과정에서 동등한 결과를 얻지는 못한다. 그래서 더 합리적인 정치적 판단을 내릴 수 있는 능력을 검증할 필요가 있다. 즉 평균 이상의 능력을 가진 이들을 선발하는 별도의 과정이 필요하다고 요약할 수 있습니다.

이 당장 떠오르는 나라가 싱가포르입니다. 작은 정부냐 큰 정부냐가 아니라, '유능한 정부'가 중요하다고 합니다. 리콴유는 노골적으로 '소인의 정치'가 아니라 '군자의 정치'를 지향한다고 말했습니다.

벨 중국도 싱가포르에서 착상을 구했던 것이 사실입니다. 동시에 그들 자신의 역사, 즉 과거제에서 영감을 얻고 참조했음도 분명합니다. 그러나 여전히 미흡합니다. '정치적 실력주의'가 제대로 가동되고 있지 않습니다. 능력과 덕성만으로 승진이 되는 것이 아니죠. 파벌과 연줄, 집안 등이 큰 영향을 미칩니다. 다만 그렇다고 해서 중국 정치의 개혁 방향이 선거제 민주주의의 도입인가 하면 꼭 그렇지만은 않다는 것이지요. 오히려 '정치적 실력주의'를 보다 강화하고 한층 더 투명하게 실시하는 것이 정치개혁의 목표가 될 수 있습니다.

이 중국의 실정에 맞는 정치개혁은 '정치적 실력주의'를 더욱 강화하는 것이다?

벨 대전제를 분명히 해두어야 합니다. 저는 영국의 정치개혁을 연구하고 있는 것이 아닙니다. 14억 인구를 보유하면서 현대 국가로 전환하고 있는 중화인민공화국이라는 실체 속에서, 실현 가능한 최선의 개혁 방안을 탐구하고 있는 것입니다.

이 실사구시를 표방한다고 할 수 있겠습니다. 그런데 좀 짓궂게 여쭈어도 될까요? 리위안차오와의 만남이 중국의 현실 정치를 연구해 봐야겠다고 생각한 직접적 계기가 되었다고 하셨습니다. 혹시 그 포럼 자체가 외국 학자들의 관점을 중국공산당에 우호적으로 만들기 위한 고도의 기획이라고는 생각하지 않으십니까? 요즘 중국에서 외국 학자들 초청할 때 대접이 무척 후합니다. 일등석에 고급 호텔에…. (웃음)

벨 그랬다면 성공한 셈이지요. 제 마음까지 돌려세웠으니까요. 그런데 그 성과가 그리 큰 것 같지는 않습니다. 그 포럼에 참여했던 외국인 학자들 가운데 저처럼 중국 정치체제를 본격적으로 연구하는 이는 없거든요. 저만 예외적으로 포섭된 것인가요? (웃음)

이 선생님만이 아니죠. 프린스턴대학의 중국학 시리즈 전체에 영향을 미치고 있는 것 아닌가요? (웃음)

벨 아, 그렇군요!

선거제와 과거제

이 선생님이 궁리하시는 중국 정치개혁의 현실적 방안을 과거제와 선거제의 적절한 상호 보완으로 정리할 수 있을 것 같습니다. 민주주의의 가치를 제도화한 것이 선거제이고, 실력주의를 제도화한 것이 과거제였습니다.

벨 그렇습니다. 우리는 모두 민주주의자입니다. 동시에 우리는 모두 실력주의자이기도 합니다. 만인의 평등을 주장하는 것과 유능한 지도자를 선발하는 것 사이에는 조금의 모순도 없습니다. 1인 1표를 유일한 제도로 고집만 하지 않는다면 대안적 제도 구상의 길은 다양하게 열려 있습니다.

이 이런 견해를 가장 먼저 개진했던 이 역시 싱가포르의 리콴유였습니다. 일찍이 '질적 투표'를 제안했었죠.

벨 리콴유는 40~50대에게 가산표를 주자고 했습니다. 살아온 경험이 짧은 20~30대와 살아갈 날이 많지 않은 60~70대가 40~50대와 등가적으로 한 표씩 행사하는 게 그다지 합리적이지 않다고 말했습니다. 40~50대는 대개 한참 자식을 키우는 부모 세대입니다. 즉 장래의 유권자를 키우는 사람들이지요. 그들에게 한 표씩 더 행사할 수 있도록 하자는 것이었습니다. 자녀의 양육을 책임지고 있는 이들의 정치적 선택을 더 존중하자는 취지였습니다.

이 저도 그 얘기를 처음 접했던 20대 초반에는 어이가 없었어요. 황당무계하다고 여겼죠. 그런데 30대를 지나고 곧 40대가 다가오기 때문일까요. 전혀 허황한 얘기가 아닐 수도 있겠다는 생각이 듭니다. 제 20대의 정치적 판단이 얼마나 옳았는지 되새겨보게 되는 지점도 있고요. 그러나 당장 청년 세대와 노인 세대는 크게 반발하겠지요.

벨 실제로 싱가포르에서도 큰 논란만 초래하고 무산되었지요. 그런데 곰곰 따져보면, 그게 꼭 역차별만도 아니거든요. 왜냐하면 모두가 결국은 40~50대를 통과하게 되지 않습니까? 현재의 20~30대도 머지않아 2표씩을 행사할 수 있게 되며, 2표의 책임을 졌던 사람들도 나이가 들면 1표로 줄어들게 됩니다. 전혀 불공정한 것만도 아니에요. 어쩌면 인간의 성장과 성숙 단계를 반영한 생물학적 합리성을 투영한 제도일 수도 있습니다. 청년들은 사회적 경험이 부족하고, 노년들은 지적인 판단력이 쇠잔해집니다. 중국공산당이 최고 지도부의 나이 제한을 두고 있는 까닭이기도 합니다.

　즉 현재 사회 각 영역에서 가장 활발하게 활동하고 있는 이들의 목소리를 더 많이 반영하자는 주장이 꼭 정의에 위반되는 것인지 철학적으로, 정치학적으로, 생물학적으로 정밀하게 토론해볼 여지가 있어요. 현재의 선거제 민주주의는 인간을 질적으로 판단하지 않거든요. 기계적이고 양적인 통계 대상으로만 봅니다. '질적인 판단', 즉 실력주의적 요소를 부가하면 선거제 민주주의의 운영 방식은 얼마든지 유연하게 변용될 수 있습니다.

이 그 합의에 이르기까지의 과정이 만만치 않아 보이긴 합니다. 일단 가산투표제는 유권자의 차원에서 실력주의적 요소를 투입하고자 했던 것이라고 할 수 있습니다. 다른 방안은 어떠한 것이 있습니까?

벨 최상층부에서의 도입을 생각해볼 수도 있죠. 이것은 쑨원이 제시했던 방안이기도 합니다. 쑨원이 미국에 머물면서 미국의 정치제도를 집중 연구합니다. 그런데 그가 보기에 20세기 초 미국 의회의 수준이 너무 낮았어요. 의회가 민의를 반영하는 참신하고 획기적인 제도임에도 불구하고, 정작 의원들은 자질이 미달한다고 느낀 것이지요. 그래서 중화민국의 헌정은 미합중국의 헌정을 그대로 따를 것이 아니라 중화제국의 제도를 통하여 보완해야 한다고 생각했습니다. 즉 1905년에 폐지했던 과거제의 장점을 어떻게 되살릴 것인가를 고민했던 것이지요.

그래서 궁리해낸 것이 일종의 '자격 심사'입니다. 즉 선거에서 당선이 되었더라도 곧바로 지도자가 되는 것이 아니라, 당선자를 대상으로 시험을 보자는 것입니다. 국민들이 뽑는 선거제도는 인정하되, 그렇게 해서 선출된 사람들을 다시 한 번 걸러내는 장치를 두자는 것이었습니다. 그래야 인기만 있고 능력은 없는 이들이 나라를 좌지우지할 수 없다고 본 것이지요.

이 재미있는 발상입니다. 그랬다면 (아들) 부시 대통령은 나오기 힘들었을 것 같네요. 부시만이 아니라 지금 제 머릿속에 떠오르는 정치인들이 하나 둘이 아닙니다. (웃음) 그런데 그게 현실적으로 가능할까요? 선거에서 이겼던 부시는 시험에 떨어져 낙방하고, 낙선자였던 엘 고어가 시험에 통과해서 대통령이 된다?

벨 그 자격시험이 꼭 지적인 능력만을 측정하는 것은 아닙니다. 지성과 덕성을 두루 평가해야죠. 심지어 쑨원은 당선자뿐만이 아니라 유권자들도 시험을 보아야 한다고 생각했어요. 유권자의 자격을 획득하기 전까지 최소한 6년의 정치학습이 의무적으로 필요하다고도 주장했습니다.

이 역시나 그는 유교정치, 학자-정치의 전통 속에서 사고했던 것 같습니다. 바로 그렇기 때문에, 그런 문화와 역사적 기반이 미약한 국가들에서 얼마나 호소력이 있을지 의구심이 듭니다.

벨 흥미로운 사실은 신자유주의의 원조처럼 간주되는 자유주의 경제학자 하이에크도 비슷한 구상을 했다는 것입니다. 그도 1973년에 출간한《법, 입법, 자유》Law, Legislation and Liberty에서 민주주의적 원리를 적용받지 않는 별도의 의회를 제안해요. 그 역시 선거제로만 작동하는 의회만 있어서는 '다수의 전제專制'를 견제할 수가 없다고 생각한 것입니다. 그래서 특정 정당과 이익집단의 영향력에서 자유로운 이들에게 15년의 임기를 보장하는 독립 의회를 구상한 것이지요. 물론 이 또한 실현되지 못합니다. 1인 1표의 민주주의 상식에 위반되기 때문입니다. 역설적으로 하이에크의 구상은 영미권이 아니라 정치적 실력주의 전통을 오래 경험한 중국의 문화적 토양에 더 적합할 수 있습니다.

이 하이에크와 중국의 결합이라? 흥미롭습니다. 선생님이 직접 번역까지 하신 장칭의 의회삼원제는 어떻습니까? 하이에크가 구상했던 그 독립 의회가 장칭의 통유원通儒院과 비슷하지 않을까요?

벨 저는 의회삼원제가 보편적 호소력을 가지려면 통유원을 고수해서는 안 된다고 생각합니다. 꼭 유학자들로 한정될 이유가 없어요. 선조와 후세, 외국인, 동식물 등 '비非유권자'들의 집합적 의사를 대변하는 기구라는 목표에 집중할 필요가 있습니다. 그렇다면 응당 그에 필요한 지식과 자격이 무엇인지에 대해 논의가 이루어질 것이고, 그 기구에 적합한 인물을 선발하는 방법과 평가 등 구체적 논의로 진전될 수 있습니다. 최근의 인지과학 발전을 응용하여 정책 결정자들이 의사결정에서 범하는 인지적 편향을 줄여갈 수도 있고요. 그러나 제가 의회삼원제가 현실적으로 실현되기 어렵다고 여기는 까닭은 통유원보다는 서민원庶民院 쪽에 있습니다.

이 왜 그렇습니까?

삘 세 개의 의회 중 하나만이라도 1인 1표제가 도입되어 실행된다면, 즉 일부의 중앙정치인을 선거를 통해 뽑기 시작한다면, 그렇게 선출된 정치인들이 다른 기관의 견제를 받으려고 할까요? 즉 민주정치를 일단 수용하고 나면 삼원의 견제와 균형이라는 이상이 작동하기 힘들 것이라는 게 저의 판단입니다. 흔히 장칭을 '반反민주주의적'이라고 비난하는데요, 제가 보기에 의회삼원제는 너무 민주주의적이라서 중국에서 실현 가능성이 덜합니다. 서민원이 득세할 가능성이 크고, 정작 통유원은 주변화될 공산이 높습니다. 그런 의미에서 후쿠야마의 '역사의 종언'은 부분적인 진실을 담고 있어요. 일단 1인 1표제가 시작되고 나면, 제도의 역진이 좀처럼 쉽지 않기 때문입니다. 쿠데타나 혁명이 아니고서야 유권자가 독점적으로 행사하던 권한을 회수하기가 힘들지요.

이 그래서 과거제와 선거제의 분리 적용을 제안하는 것이죠?

삘 그렇습니다. 기층과 상층을 나누어 생각하자는 것입니다. 풀뿌리 자치는 민주주의로, 국가 통치는 실력주의로 가자는 것이지요.

중국 모델, 세계에서 가장 큰 '마을자치국가'

벨 아리스토텔레스부터 루소, 몽테스키외 등 많은 정치이론가들도 민주주의란 작은 공동체에 최적화된 제도라고 말했습니다. 언젠가부터 이 점이 간과되고 있어요. 정치 단위가 작을수록 유권자들도 후보자들의 면면, 실력과 덕성을 잘 알 수 있습니다. 정치적 사안에 대한 이해도 역시 높습니다. 마을 학교를 개선해야 하는가, 병원을 더 지어야 하는가 등 생활정치의 영역이기 때문입니다. 유권자들의 관심 또한 자연스레 높아지고요. 토론도 활성화되겠죠. 그리고 나의 선택이 곧바로 나의 가족과 이웃, 내 아이의 친구들에까지 영향을 미칠 것을 알기에 공공심을 더욱 고양시킬 수도 있습니다. 아테네는 아주 작은 도시였습니다.

이 노자의 '소국과민'小國寡民에 빗댈 수 있을까요? 당장 떠오르는 것이 일본입니다. 지방에 내려가면 참으로 모범적인 자치가 잘 이루어지고 있는 마을이 많아요. 그런데 중앙정치는 영 딴판이지요. 똑같이 선거제 민주주의로 작동하는데도 규모에 따라 전혀 다른 결과가 나옵니다.

벨 정치 단위가 커질수록 유권자들의 판단은 이데올로기와 이미지에 좌우됩니다. 인지적으로 자연스러운 현상입니다.

이 중국에서 지방자치는 작동하나요?

벨 향촌 자치에 대한 광범위한 합의가 있습니다. 마을 선거가 도입된 것이 1988년입니다. 1998년에는 촌민 선거가 전면화, 전국화되었습니다. 마을의 크기에 따라 3인에서 7인까지 3년 임기의 마을대표 자위원회를 구성합니다. 18세 이상이면 유권자이자 입후보의 자격도 주어지죠. 그래서 2008년에 투표권을 행사할 수 있는 농민의 숫자가 9억에 이르렀어요. 물론 촌민 선거도 부작용이 없지 않아요.

토착 세력과 유지들의 권력 남용이 빈번합니다. 관권 선거도 많고요. 그런데 이는 선거제 일반의 문제라고 해야겠죠. 그래서 중국 정부는 숙의민주주의 또한 마을 자치 차원에서 도입하고 있습니다. 촌민들에 대한 정치교육을 의무적으로 강화함으로써 선거제의 결과적 유효성을 증진시키려고 하는 것이지요. 이런 실험을 외부에서는 좀처럼 주목하지 않아요.

이 상층부의 실력주의란 중국공산당의 운영체계를 말씀하시는 것이니 더 여쭐 이유가 없겠습니다. 다만 중국에서 국가적 차원의 선거는 전혀 필요 없다고 보십니까?

벨 저는 리위안차오에게 국민투표를 제안한 바 있습니다. 현재의 중국공산당 일당체제에 대한 선호도 투표를 정기적으로 실시하라는 것입니다. 중국인들의 현 체제에 대한 지지도와 만족도는 대체로 80퍼센트가 넘는 것으로 나와요. 10년에 한 차례 정도 국민투표를 실시함으로써 대내적인 통치 정당성을 확보할 뿐만 아니라 대외적인 설득력도 높일 수 있다고 봅니다. 선거를 통하여 일당 통치의 합법성을 확보해가는 것이지요. '내정 불간섭'이라는 소극적 주장보다 훨씬 적극적인 대처 방안이 아닐까요?

이 최고 지도자의 선출이 아니라 체제에 대한 지지도를 선거를 통해 확인한다? 재미있습니다. 기층의 민주주의, 상층의 실력주의는 어느 정도 이해가 되는데요, 중국의 규모가 워낙 크지 않습니까. 성省과 시市 등 중간 단위에 대한 고민은 없으신가요?

벨 중간 단위에서는 각종 실험과 혁신이 전개됩니다. 개혁개방의 성공을 이끌었던 경제특구가 대표적인 경우죠. 일부 시와 성이 먼저 성공을 거두면 그 도입 범위를 더욱 넓히고, 결국에는 전국적으로 확대합니다. 각 시와 성에 새로운 과제의 해결을 시도하는 실험과 혁신을 독려하고 중앙정부와 피드백을 하면서 국가적 어젠다를 만들어가는 것이지요. 거기에서 성과를 내는 이들이 중앙 진출의 가능성도 높아지고요. 이런 실험과 혁신이 많아질수록 중국공산당 또한 마르크스-레닌의 이데올로기와는 무관한 집단이 되어갑니다.

2014년에는 일부 소도시와 마을에서 GDP 성장을 직무 평가에서 제외하기 시작했습니다. 대신에 빈부격차 해소와 환경보호를 평가 항목으로 넣었어요. 중앙에서 '생태문명 건설'을 표방하자, 중간의 행정 단위에서 경쟁적인 실험에 들어간 것입니다. 이러한 역동적인 변화 과정은 베이징에만 있어서는 제대로 파악할 수가 없어요. 제가 보기에는 오늘날 중화인민공화국은 소련보다는 미국의 이상에 더 가깝습니다. 존 듀이의 '교육국가', '혁신국가'와 비슷해지고 있다는 인상입니다.

이 기층의 민주주의, 상층의 실력주의, 그리고 중간 단위에서의 혁신주의가 '중국 모델'의 골자인가요?

벨 그간의 베이징 컨센서스나 중국모델론은 경제적 자유주의와 정치적 권위주의의 결합만으로 중국의 현재를 설명합니다. 실상과 매우 어긋나는 진술이에요.

경제적으로 자유시장이 작동하고 있음이 사실이기는 하죠. 노동과 자본, 상품과 정보가 갈수록 자유롭게 교환되고 있습니다. 그러나 국가가 여전히 기간산업의 중심을 틀어쥐고 있어요. 통신과 교통 등 주요 산업과 금융도 장악하고 있지요. 중화인민공화국의 경제는 거대한 국영기업, 지방 기업과 외국 기업, 그리고 중소 규모 자본주의가 공존하는 복합경제입니다.

정치적 권위주의 또한 부분적 진술에 그칩니다. 일당체제를 유지하기 위해 광범위한 안보망을 구축해두고, 미디어 규제도 수시로 진행되고 있는 것도 사실입니다. 그러나 동시에 중국공산당이 앞장서서 끊임없이 제도개혁을 추진해가는 중추기관이라는 점도 부정할 수 없는 사실이에요.

그래서 경제적 자유와 정치적 독재의 단순 조합으로 중국 모델을 설명하는 것은 너무 평면적인 접근입니다. 기층의 민주주의, 중간의 혁신주의, 상층의 실력주의로 작동하는 독특한 기제를 '중국 모델'이라고 불러주는 게 더 합당하다고 하겠습니다.

이 장칭이 '정도'政道의 차원에서 천지인天地人을 두루 대의하는 제도를 궁리하고 있다면, 선생님은 '치도'治道의 차원에서 상중하上中下에 적합한 개별적 제도를 연구하고 있다고 정리해도 되겠습니까?

벨 저는 상층에서 의회삼원제를 도입하기보다는 상중하의 단위에서 가장 최적화된 제도를 입안하는 편이 중국에서 더욱 실현 가능한 대안이라고 생각합니다.

이 그 중국 모델은 중국에만 해당하나요? 다른 국가에도 적용될 수 있습니까?

벨 1인 1표의 선거제 민주주의의 대안을 고안하는 데 유력한 참조 방안이 될 수 있다고 생각합니다. 시간이 지날수록 점점 더 주목받게 될 것입니다. 중국은 싱가포르가 아니거든요. 싱가포르보다 150배나 큰 나라입니다. 다시 한 번 마르크스를 상기하자면, 한 시대의 지배이념은 지배국가의 이념을 따르기 쉽습니다.

나는 '중국 모델'을 존 듀이에 빗대는 것이 얼마나 적합한지 다소 의문이다. 차라리 '중화제국의 근대화'라고 하는 편이 더 어울리지 않을까.

향촌 자치의 전통은 송나라까지 거슬러 오른다. 지방의 자발적 마을 복지를 골똘히 궁리했던 이가 주희였다. 향교와 사창社倉 등을 직접 운영하기도 했다. 그 전통을 20세기에도 계승했던 이가 '최후의 유학자'로 불리던 량수밍이다. 그가 주도했던 운동 역시 '향촌건설운동'이었다. 그렇다면 사회주의 시기의 강제적인 합작사(코뮌)들이 해체되면서 그 오래된 마을 자치의 전통이 되살아나고 있는 게 아닐까? 그래야 20세기 사회주의 혁명의 유산 또한 설명이 될 수 있지 않을까? 즉 마을 자치에 참여할 수 있는 문호가 만인에게 개방되는 의미로서의 혁명＝대민주를 통과해온 것이다. 그래서 어느덧 중국은 세계에서 가장 큰 '마을자치국가'가 되어가는 역설이 일어나고 있는 것이다. 과연 역사는 직선으로 질주하는 것이 아니다. 구불구불, 울퉁불퉁, 태극의 운동에 가깝다.

이제 동유라시아에서 남유라시아로, 인도양 세계로 남하한다. '유라시아 견문'도 2년차에 들어간다.